李志强　主编

中国企业海外投融资法律研究系列丛书

Legal Research on Investment and Financing of Mainland Enterprises in Hong Kong, Macao and Taiwan

内地企业赴港澳台投融资法律研究

中国金融出版社

责任编辑：贾　真
责任校对：刘　明
责任印制：程　颖

图书在版编目（CIP）数据

内地企业赴港澳台投融资法律研究（Neidi Qiye Fugangaotai Tourongzi Falü Yanjiu）/李志强主编．—北京：中国金融出版社，2017.7

ISBN 978-7-5049-9083-9

Ⅰ．①内…　Ⅱ．①李…　Ⅲ．①企业—投资—经济法—研究—香港②企业—投资—经济法—研究—澳门③企业—投资—经济法—研究—台湾　Ⅳ．①D927.658.229.191.4②D927.659.229.191.4③D927.582.291.914

中国版本图书馆CIP数据核字（2017）第155797号

出版发行　中国金融出版社
社址　北京市丰台区益泽路2号
市场开发部　（010）63266347，63805472，63439533（传真）
网上书店　http：//www.chinafph.com
（010）63286832，63365686（传真）
读者服务部　（010）66070833，62568380
邮编　100071
经销　新华书店
印刷　北京市松源印刷有限公司
尺寸　169毫米×239毫米
插页　10
印张　25.5
字数　408千
版次　2017年7月第1版
印次　2017年7月第1次印刷
定价　56.00元
ISBN 978-7-5049-9083-9

内地企業赴港澳台投融資

法律研究

鄒瑜

全国人大常委会副秘书长李飞与著名法学家李昌道教授亲切交谈

上海市人民政府市长应勇亲切会见美国史带保险集团董事长格林伯格先生和史带财产保险股份有限公司副董事长董颖女士

2017 年 3 月 1 日，司法部党组成员、副部长熊选国主持召开学习贯彻《关于发展涉外法律服务业的意见》座谈会，李志强律师受邀参会并发言

周汉民副主席就“一带一路”最新理论和实践发表主旨演讲

上海市政协副主席周汉民（右四）与中外嘉宾合影（从左到右：李志强、刘辉、Bart、张宁、陈卓夫、周汉民、Peter Corne、钱衡、杨冬雨）

参加中国企业赴亚洲投融资法律研讨会的专家合影（从左到右：李志强、钱衡、刘晓红、吕南停、王桂埙、张宁、马屹、刘辉、吴根宝、陈功）

环太平洋律师协会主席 Denis McNamara、新西兰前总督萨提雅南和李志强律师合影

香港特别行政区终审法院首席大法官、大紫荆勋章授勋者马道立与李志强律师合影

著名法学家李昌道教授与上海市高级人民法院常务副院长盛勇强亲切交谈

全国人大常委会香港基本法委员会副主任梁爱诗与金茂凯德律师合影（从左到右：陈说、李志强、梁爱诗、欧龙）

香港国际仲裁中心和香港律师会前主席王桂埙（右三）与内地和香港专业人士合影

刘辉局长与环太平洋律师协会前主席王桂埙和李志强律师合影

亚洲基础设施投资银行法律总监 Gerard J. Sanders 与李志强律师合影

上海市政协常委、经济委员会副主任张宁，中共上海市黄浦区委常委、政法委书记吕南停和上海政法学院校长刘晓红为上海政法学院教学科研学术实践基地启幕

上海政法学院校长刘晓红在中国企业赴亚洲投融资法律研讨会上致辞

吕南停书记在中国企业赴亚洲投融资法律研讨会上致辞

环太平洋律师协会前主席王桂壎在中国企业赴亚洲投融资法律研讨会上作香港投融资法律实务专题报告

上海国际仲裁中心副主任兼秘书长马屹在中国企业赴亚洲投融资法律研讨会上就亚太地区仲裁机构最新发展作主题报告

李志强律师在中国企业赴亚洲投融资法律研讨会上作中国企业在亚洲投融资法律风险防范专题报告

马来西亚律师范晓钧在中国企业赴亚洲投融资法律研讨会上作马来西亚投融资案例分享专题报告

著名法学家李昌道教授就上海合作组织律师服务联盟成立发表讲话

香港律师会理事、的近律师行资深合伙人 Simon Lai（左三）律师夫妇与内地和香港法律界人士合影

中华全国律师协会会长王俊峰与李志强律师在香港律师会成立 110 周年纪念活动上合影

2017 年 5 月 12 日，由香港律师会主办、香港贸发局和国际律师协会、环太平洋律师协会、国际律师联盟等支持的“一带一路：连接、融合及协作”国际论坛在香港召开，李志强律师受邀在双边和多边贸易下的机遇和挑战分论坛上就基础设施投资和融资发表英文演讲

高雄律师会理事长郭清宝与李志强律师参加香港律师会成立 110 周年庆典合影

中央人民政府驻澳门联络办公室副主任陈斯喜莅临力图律师事务所

环太平洋律师协会中国理事李志强为“一带一路”法律研究中心澳门站授牌，左三为全国人大常委会澳门基本法委员会委员、澳门著名律师林笑云女士

2017年6月27日，“人民币国际化：风险与挑战”研讨会在伦敦举行，李志强律师受邀出席研讨会并作主旨演讲

编委会

总　序

习近平总书记提出的“新丝绸之路经济带”和“21世纪海上丝绸之路”的战略构想，也就是我们现在所说的“一带一路”，是党中央在新的全球治理背景下提出的新思维，是推动全球合作发展的新理念。它依靠中国与有关国家既有的双边和多边机制，借助既有的行之有效的区域合作平台，旨在借用古代丝绸之路的历史符号，高举和平发展的旗帜，主动地发展与沿线国家的经济合作伙伴关系，共同打造政治互信、经济融合、文化包容的利益共同体、命运共同体和责任共同体。

2016年5月20日，习近平总书记主持召开了中央全面深化改革领导小组第24次会议，提出要发展涉外法律服务业，要适应构建对外开放型经济新体制要求，围绕服务我国外交工作大局和国家重大发展战略，健全完善扶持保障政策，进一步建设涉外法律服务机构，发展壮大涉外法律服务队伍，健全涉外法律服务方式，提高涉外法律服务质量，稳步推进法律服务业开放，更好地维护我国公民、法人在海外及外国公民、法人在我国的正当权益。

在实施“一带一路”国家战略过程中，中国企业“走出去”参与全球投资和融资活动亟须法制保障，亟须优质高效的专业法律服务，亟须开展深入细致的法律研究。由金茂凯德律师事务所“一带一路”法律研究与服务中心发起汇集全球优质法律资源组织相关国家的著名律师和法律专家将相关国家和地区的法律进行分类研究，在此基础上出版中国企业海外投融资法律研究系列丛书，着实做了一件十分有意义的工作。该丛书由蜚声海内外的著名法学家、曾参与《中华人民共和国香港特别行政区基本法》制定工作的李昌道教授审定，国际律师协会和环太平洋律师协会理事李志强一级律师主编，一批国内外知名的专家、学者和企业家、金融家担任该丛书顾问和编委。我相信，该丛书的出版发行将有利于我国企业更好地参与国际经济贸易和金融活动，有利于推动中外法律文化交流与合作，也有利于提供我国参与全球治理的智力支持和法制保障。

李飞

2016 年 12 月 28 日

序

《内地企业赴港澳台投融资法律研究》是中国企业海外投融资法律研究系列丛书的开局之作。1997年7月1日和1999年12月20日，中国政府先后对香港和澳门恢复行使主权，开启了“一国两制”和平实现祖国统一的创造性篇章。港澳特区和台湾地区作为我国领土不可分割的组成部分，在内地企业“走出去”进行投融资活动中发挥了不可替代的功能和作用。

回想20世纪80年代中叶，我借调到新华社香港分社参加《中华人民共和国香港特别行政区基本法》（以下简称《香港基本法》）制定工作。弹指一挥间，香港已回归20年了，香港不仅仍是内地最大的外商直接投资来源地和内地企业最大的境外融资中心，还日益成为人民币国际化和推进“一带一路”建设的重要战略平台。香港的地域优势与发达的交通网络为企业全球化经营带来了便利；香港还是世界主要金融中心，它作为发达经济体，在通信、管理、科技、服务业等领域，均有其独特的优势所在。这一切均昭示出邓小平先生提出“一国两制”科学构想的远见卓识和英明预见。2017年5月27日，全国人大常委会委员长张德江在纪念香港基本法实施20周年座谈会上指出，香港回归以来所取得的巨大成功已经充分证明，《香港基本法》是符合国家和香港实际情况的一部好法律，是能够为“一国两制”伟大事业提供根本保障的一部好法律，是经得起实践检验的一部好法律。我作为一名曾经参与香港回归这一人类和平解决历史遗留问题的前无古人的伟大实践的法学家，深感荣幸和欣慰。

1990年《香港基本法》通过当年，我的研究生、忘年之交李志强开始从事律师工作。他虽身在律界，但心系学界，长期注重前沿课题研究，2012年党的十八大闭幕当天获评一级律师。自习近平主席提出“一带一路”倡议以来，金茂凯德律师事务所开启了“一带一路”法律研究与服务中心，在港澳台地区和五大洲等数十个国家设立站点，李志强充分发挥他的特长和优势，广交海内外朋友，利用各种渠道和网络，传播中国法律制度和法律文化的正能量，并积极研究港澳台地区和各国法律。加强对港澳台地区投融资法律的研究，将有助于中国企业更好、更稳、更快地实践“一带一路”伟大战略，也是法律界参与“一带一路”倡议和构建人类命运共同体的伟大实践。

作为一名从事法学教学科研、立法执法、法治宣传、法律服务和参政议政等工作已达60多年的法律人，我祝愿更多的法律人投身国家依法治国的伟大事业，投身“一带一路”的伟大事业，在中华民族伟大复兴的中国梦征程中实现自身的人生梦。

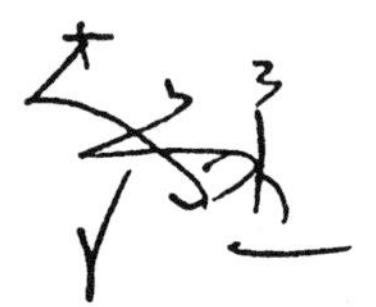

2017年7月1日

目 录

◆台湾投融资法律研究篇

◆投融资争议解决篇

◆媒体报道篇

“一带一路”领航篇

“一带一路”引领全球合作共赢

周汉民

由中国政府倡导的“一带一路”国际合作高峰论坛刚刚在中国的首都北京举行，李志强律师，应该说是积极响应，认真推演，使得本次论坛紧跟“一带一路”国际合作高峰论坛的主旨和精神。我认为，这是十分值得赞赏的！从第二次世界大战结束到今天，已经72年了，世界亟须有政治发展、经济发展、文化发展、社会发展和法治发展的坚强动力。中国勇敢地站出来，以“一带一路”为重要力量，向前推进。

回想2013年9月7日，习近平主席在中亚的哈萨克斯坦首都阿斯塔纳的纳扎尔巴耶夫大学首次提出“丝绸之路经济带”的倡议。2013年10月2日，习近平主席在印度尼西亚首都雅加达的印尼国会演讲中，首次提出建设“21世纪海上丝绸之路”建议。“一带一路”从此就成为中国和世界进一步融合的重要力量。我们从历史感悟上，又从现实出发考虑，我们应走向何处？我以为，三个问题是应该考虑的。第一，我们为什么需要有新的全球化运动？第二，“一带一路”的推进，我们要做哪些事？第三，法律界、律师界、司法界如何为“一带一路”的前行作出独特的贡献？独特的贡献可以是对国家、对组织的，也可以是对企业的。由此，我今天愿意就这三个问题与各位分享。

我国于公元前开启丝绸之路，到15世纪、16世纪迎来鼎盛时期。前辈先贤义无反顾地走向世界，我认为有四点值得总结和学习。第一，开放的胸襟。前辈先贤不是由于我们中国的国土面积狭小、人民民不聊生而去逃难的，而是以一种朴实而恢宏的心迹愿意向更广阔的、未知的世界迈进。于是，开放就成为我们这个民族的本能和本性。第二，走向世界的道路何其崎岖而漫长，今天的“一带一路”由中国和世界进行全面、全方位的融合和合作，因此合作精神是前辈先贤留给我们宝贵的精神财富。第三，我们在整个进程中形成的文明的互鉴。文明，只有相互欣赏才能相得益彰；只有相互借鉴，才能美美与共。中国的四大发明顺着丝绸之路，走向世界，影响世界。而与此同时，世界的伟大文明，无论是文学还是医学，无论是艺术，还是日常生活的点点滴滴，我们深受世界文明的沁润，而在与世界文明比肩的过程中，中华民族才变得更加强大。第四，我们非常需要明确一个核心的问题，就是古丝绸之路的前辈先贤能够以开放的胸襟和合作的胸怀互鉴文明，为了什么？为的就是赢得各国自身发展的繁荣。所以今天我们来谈“一带一路”，我认为其一，要找到“一带一路”深入推进的坚实基础。世界文明不同，文化各异，政治制度更有不同的安排，然而，坚实基础是人类社会要迈向更大的繁荣。由此，在贸易领域，要有更开放的安排；在投资领域，要有更顺畅的推进；在交流平台上，不管是顶层设计，还是民心相通，要走得更近，要谈得更多，要想得更远。所以追求经济繁荣应该成为“一带一路”未来推进的坚实基础。其二，什么是“一带一路”前行的保障？我以为，核心的核心，是要文化包容。文明没有定式，文化没有定论，作为直达心灵的力量，各民族、各国家、各地区、各种族对各自的文化的尊重之感、膜拜之义都是一样的。因此，尊重文化多样性、尊重文明差异性是我们推进“一带一路”的本质特征。其三，“一带一路”悠悠长程，绝不可能毕其功于一役，因此“一带一路”未来前行的道路在很大程度上需要我们众志成城。但是，众志成城更需要从长计议。因而，可持续发展就是“一带一路”未来成功的基石之一。我们看到，各国经济发展的规划不同、阶段不同、动力不同、手段不同，因此，中国推动“一带一路”，必须坚持一个正确的观点，那就是“一带一路”战略是中国融入世界而不是中国规划世界。一切短视行为、一切急功近利、一切蜂拥而至都应该避免。其四，我们必须明白，“一带一路”的推进，还是得总结我们近40年中国经济发展的经验：“要致富，先修路。”基础设施的连通应当成为“一带一路”推进的重中之重。因而，我们今天所说的“一带一路”，不再是前辈先贤在路上踏出的北丝绸之路、中丝绸之路、南丝绸之路的翻版，也不是顺着我们的古人曾经走过的南海丝绸之路和东海丝绸之路，再去推动我们今天意义上的“一带一路”战略。今天的“一带一路”战略，从海上和陆地，要形成亚洲、非洲和欧洲的大闭环。不仅如此，我们从来没有主张，“一带一路”要设立小集团，“一带一路”要另起炉灶。恰恰相反，一切愿意与“一带一路”为伍的，我们都要竭诚地欢迎，我们都要积极地合作。因而，六廊六路和五家港口建设就成为我们基础设施的根本。

六路是空路、铁路、公路、海路、管路和通路。海上要贯通，铁路要修建，公路要铺设，航空要发达，油气管道要延长，通信设施要现代化。一句话，没有任何一个伟大的事业，可以不通过伟大的实践就能成功。而“一带一路”是伟大的事业，今天需要伟大的实践。因此，六廊就成为极为关键的战略通道。第一条走廊是欧亚线。欧亚线始于俄罗斯的哈巴罗夫斯克，在中国的东北穿越满洲里，然后进入中亚，在中亚平缓推进，通过欧亚交界的莫斯科，进入欧洲，然后，向南则进入基辅。非常关键的是，我们要在欧洲的中心，将欧亚线贯通欧洲。这一条线是“一带一路”将欧洲贯通的生命线。第二条走廊是中亚线。从中国的乌鲁木齐出发，到喀什，然后进入中亚的吉尔吉斯斯坦、乌兹别克斯坦，还要向西亚折一折，进入伊朗，再往上抬一抬，进入土耳其，之后进入德国柏林，连接刚才说的第一条线。第三条走廊是中南线。因为“一带一路”非常强调亚洲的每一个组成部分，东亚、中亚、南亚、西亚乃至北亚都有自己的战略支撑。中南线从我国的云南昆明，一路向南，尽可能地连接上东盟十国的相关发展战略。我们看到，中国与老挝、柬埔寨、印度尼西亚、马来西亚合作的高铁项目赢得很精彩，但是将来要做得更精彩！第四条走廊是中巴经济走廊。从乌鲁木齐出发，翻越红其拉普，到达巴基斯坦瓜达尔港，行程 4625 公里。这样一个大战略，将来能让中国的企业、商船，无限接近印度洋；反过来，也为巴基斯坦与中国的经济联系更为紧密发挥不可替代的作用。第五条走廊是孟中印缅经济走廊。缅甸、印度、孟加拉国和中国，这一重要的经济走廊如何建设和推进，我们要深入探讨。其中，企业的作用不可替代，也不可多得。第六条走廊是中蒙俄经济走廊。俄罗斯总统普京出席此次国际论坛，中国、蒙古、俄罗斯三个国家在经济、社会发展方面，由“一带一路”做更深入的连接，现在已到了关键时刻。

至于海上，我们强调中国的港口群，比如辽宁的港口群、浙江的港口群、上海的港口群、广东的港口群、香港和澳门的港口群以及福建的港口群。这些中国的港口群与亚洲、非洲、欧洲的港口群直接连通。比如，就近的柬埔寨西哈努克港、韩国的釜山港、日本的横滨港、新加坡的新加坡港，非洲的埃及亚历山大港、肯尼亚蒙巴萨港。所有这些港口连通，都需要国际共同发力。

刚才所谈，其实就是战略路线图。而这幅战略路线图也通过“一带一路”国际高峰论坛得到进一步的落实。就在这一次北京举行的“一带一路”国际高峰论坛上，习近平主席的主旨演讲，已为“一带一路”的未来发展定性：“一带一路”要成为五条路。第一，和平之路；第二，繁荣之路；第三，开放之路；第四，创新之路；第五，文明之路。其实这是对历史的思考、对历史的回想，也是对未来的写照。由此我们中国一定要做好以下几件事。这几件事应当成为各位未来工作的关注点。

第一，要同有关国家深化中欧班列的合作协议。各位都知道，国家有四大战略应当融合和统合。一是京津冀发展战略，二是长江经济带发展战略，三是“一带一路”发展战略，四是自贸区战略。我们重庆有班列开往欧洲，我们湖北有班列开往欧洲，我们浙江也有班列开往欧洲。这三个地方都是国家自贸区所在地。“要致富，先修路”，这第一桩事情，就是与路有关。

第二，我们要向丝路基金新增资金1000亿元人民币。各位都知道，为了“一带一路”战略，国家在金融领域“三箭齐发”。一是亚投行的正式运行。亚投行运行从2016年1月16日到今天也不过是一年多的时间，亚投行的成员已经增长到了77位。二是丝路基金的设立。丝路基金设立是在2014年，当时投入400亿美元，这次要增加1000亿元人民币。这其中有两个含义值得我们思考。其一，我们增资扩容，目的是让我们的企业更好地融入“一带一路”之中。其二，这次增资是人民币元的增资。人民币国际化，人民币更大规模地走向世界是我们“一带一路”重要的考量。

第三，国家开发银行和中国进出口银行，分别提供2500亿元和1300亿元等值人民币的专项贷款，用于“一带一路”的三个建设——基础设施建设、金融合作建设、产能合作建设。我认为这样一个决策是一个极为重要的雪中送炭的举措。总结过往，我们在“一带一路”相关国家的投资超过500亿美元，2016年一年，接近150亿美元。我们主要的投资领域，第一是基础设施，第二是产能合作。因此，这一次两个国家级银行的贷款，全部用于基础设施、金融合作、产能合作。我认为，这就是精准定位。

第四，就在这次“一带一路”国际合作高峰论坛上，我们签署相关的经济合作协定和自由贸易协定，超过30亿元，这很了不得。也就是说，当今世界的经济合作，是两条腿走路。既有多边合作的框架，如世界贸易组织；又有双边和诸边合作的安排，如国与国之间的自贸协定安排、诸国之间的自贸协议。从中我们认识到，应该推动中国和东盟，再加上日本、韩国、澳大利亚、新西兰、印度16国在内的RCEP相关谈判，我们应该推动中国、日本、韩国三国自由贸易协定谈判，推动中国和海湾地区自贸协定谈判。总而言之，我们应该在多边、诸边自由贸易安排相关方面作出新的独特贡献。

第五，从2018年开始，中国将举办专门的国际进口博览会，这是从来没有过的。大家都知道，中国最具影响力的贸易相关博览会，是广交会。广交会几十年来一直在春季、秋季举行，就是为了中国商品走向世界。中国现在是世界上最大的出口国，广交会起到了极为关键的作用。但是反过来，中国今天同样是世界上最大的进口国。那么如何将世界优质产品、先进技术介绍给国人，让人民的生活更美好？2018年将举办的国家级国际进口博览会，就会发挥这样的作用。

第六，我们要安排2500人次的外国青年科学家，来中国进行短期的科技方面的培训工作。我们要培训5000人次的科学工作人员，而且要投入运行50家联合实验室。由此大家意识到，“一带一路”并不仅仅只限于经济合作，也不仅仅限于人文交流。今天我们把科技合作放到极为关键的领域，因为当下的世界新的工业革命和科技革命正在酝酿，进行集群式的突破。许多年轻科学家需要平台，这个平台是合作平台，需要基础性设施，那就是联合实验室。我们提供这样的合作与安排，是为了吸引“一带一路”沿线国家的年轻人，尤其是青年英才的加入，使我们的合作更具内涵。

第七，我们为“一带一路”建设提供600亿元人民币的援助。援助的国家是“一带一路”相关国家和相关国际组织，原因十分清楚，许多国家和国际组织愿意投身于“一带一路”事业，但是不能实现。有的是有此心，无此力。在这样的关头，我们提供相关的经济援助，就是体现中国所提倡的“一带一路”战略，不是独乐乐，而是众乐乐的安排。我们的南南合作要提供10亿美元的援助，这样的合作体现了合作的焦点。今天“一带一路”，既有南南合作，又有南北合作。但是我们认为，南南合作就是培养、壮大我们发展中国家集体自力更生的力量。

第八，“一带一路”沿线国家发展水平参差不齐，有些国家自然资源太过贫乏，因此我们这次向发展中国家提供20亿元人民币的紧急粮食援助。由此可以看到，中国关注“一带一路”战略的推进，不是为了一己私利，而是为了在更大范围和程度上，将世界人类命运共同体的理念变为现实。

第九，中国改革开放以来，一直在做很多项目，比如，我们要在未来一段时间内在沿线国家实施100个幸福家园、100个爱心助困、100个康复助医项目。这“三个100”直接关系到人的幸福感。人的幸福感无非由就业、就医、文化摄取、交通、通信，以及对未来美好生活的预期。这次我们提出的幸福家园、爱心助困、康复助医就是解决民生最基本的问题。由此可见，“一带一路”同样是民生工程。

今天举行的，是一个与法律相关的论坛，我们总的来谈谈对于“一带一路”法治建设的建议。“一带一路”需要良好的法治环境，法治环境集政治环境、经济环境、文化环境、社会环境之大成。大家一定要关心法治环境的三个层面。

第一，今天世界已有的多边国际法律框架是否够用了？这里指的是已经拥有160多个成员国家的世界贸易组织，其法律框架能否涵盖整个“一带一路”相关国家的所有合作？回答是，不能。原因是“一带一路”沿线的有些国家，至今仍然不是世界贸易组织的成员。因此，对于这些国家，我们更要关注，希望通过双边的努力来弥补多边法律框架不能适用的缺陷。

第二，有关双边国际合作的法律规制，希望大家关注几个要点。首先，两国是否有双边投资协定。目前我国与世界近60多个国家有双边投资协定，但联合国成员国有193个，与我们有双边投资协定的国家不及1/3。其次，中国和相关国家是否有避免双重征税和偷漏税协定，即国际双边税收协定。核心包括两个内容：一是避免双重征税，二是防止偷漏税。中国与其他国家之间的此类双边协定也没有超过60个。由此可见，还有相当大的空间，需要行使别的法律来弥补。希望大家关注的还有，如果有争议发生，哪里去解决争议？解决争议又有什么法律框架、法律协定可以为其基石？另外，希望大家关注两个重要的国际公约，一个是关于承认和执行外国仲裁裁决的《纽约公约》，另一个是解决国际投资争议的《华盛顿公约》。《纽约公约》有150多个成员国，因此商事仲裁的裁决得到承认和执行似乎不是问题。但反过来，在投资领域没有这样的国际多边法律框架。而《华盛顿公约》是目前解决国际投资争议最行之有效的法律框架。但是对公约的态度、对公约的实行，不同国家有不同的选择。

第三，很多人把一个国家的法律分为大陆法系、英美法系。分是可以分，但是相关法律的着眼点大相径庭，大有歧义。因此在这样的关键时刻，认真掌握相关国家的国内法律就成为十分紧要的事情。中国企业走向世界需要两根拐杖，一是法律服务，二是金融服务。法律和金融服务如何能够推进，最原则的问题就是对你要去往国家的法制环境有基本了解。总结近四年来中国在“一带一路”沿线国家发生的法律争议，我认为大概有以下几个领域的焦点问题。首先，合同法问题。合同法问题十分关键，因此，契约之争如何得到妥善解决，是首要考量。其次，与税法相关的问题。中国能否接受外国政府的税务稽查，能否按照外国的税法进行正常运营，这已经成为中国企业走向世界一个十分重要的问题。再次，知识产权保护问题。当下世界强调“一公平、四保护”。“一公平”就是竞争环境的公平，“四保护”其中之一就是知识产权的保护。没有良好的法治，就没有精准的实施，知识产权相关法治的实施今天需要精准。最后，劳工法问题。目前，“一带一路”相关国家投资总额超过了500亿美元，2016年接近150亿美元，我们在世界17个国家办了56个各种形式的园区，我们已经解决了当地18万名员工的就业问题。劳工法问题涉及面之广、涉及面之深，是我们目前在国际法研究中不可或缺的一个领域。

总之，“一带一路”的宏伟战略，要推演未来35年，我们能够在这样的时刻，服膺于国家的伟大事业，服膺于人类的伟大事业，何其荣幸！司法界、法学界、法律实务界应该进一步地团结起来，将中国企业走向世界、世界企业走向中国以及良好的法治环境的创造，作为我们义不容辞的职责！

（此文系全国政协常委、民建中央副主席、上海市政协副主席周汉民在中国企业赴亚洲投融资法律研讨会上的主旨演讲）

高校服务“一带一路”大有可为

刘晓红

非常荣幸，上海政法学院能够有机会和其他主办方一起，来举办中国企业赴亚洲投融资法律研讨会。在此，首先请允许我代表上海政法学院，向这次研讨会的召开表示热烈的祝贺！同时，对各位来宾在百忙之中前来参加这次研讨会，表示热烈的欢迎和衷心的感谢！

“一带一路”战略提出以后，得到了世界越来越多的国家的赞同和支持。应该说“一带一路”是我们中国作为一个新兴的大国，向国际社会所提供的，能够惠及“一带一路”沿线国家乃至世界各国的一项公共产品。提出以后，它的影响力不断深入，随着“一带一路”建设的推进，越来越多的国家投入到“一带一路”的建设过程中。我们知道世界上已经有一百多个国家赞同“一带一路”战略，同时，也有四十多个国家或者国际组织同中国签订了相关的协议。在当前国际经济复苏非常乏力的情况下，“一带一路”战略的提出注入了一个非常好的活力和动力。“一带一路”战略，应该说为中国企业“走出去”提供了一个非常好的国际舞台和发展前景。我们知道，现在中国已经有企业在“一带一路”沿线国家建立多个经贸区，同时投资额也达到500多亿美元，应该说是一个巨大的投资。当然，我们也知道机遇和风险往往是并存的，在海外投资的过程中，可能会遇到各种各样的风险。例如，一些国家政权变更、政策变更非常快。又如，一些“一带一路”沿线国家，经济水平低下，文化比较封闭，政府的公信度和透明度都存在问题。尤其是有些国家法律体制是非常不健全的，而且与国际经贸规则相比较有很大的缺陷，这些无疑会给去投资的中国企业带来非常大的挑战。特别是在国际投资争议解决上，大家都知道，中国在国际投资争议解决上有很多案件是由解决争议的投资中心，即我们所说的 ICSID 在解决，而 ICSID 争端解决机制的正当性正受到全世界的质疑。比如，它在审理案件中，其适用法律和国际规则的平衡性方面、对于外国投资者和国家主权保护的不平衡方面等，都受到质疑。所以，我们正在想办法去解决对于包括类似国际投资争议在内的各类国际争端的解决措施。

上海政法学院作为上海的一个地方高校，一直以来以服务国家战略、服务上海的地方经济社会发展为己任，利用学科优势不断地在国内外合作方面进行探索，已经形成了自己的办学特点。上海政法学院建有中国（上海）国际组织与司法合作基地，这个基地应该说是一个国家平台。它是在 2013 年的时候由国家主席习近平在上合组织比什凯克峰会上提出的，他提出要在中国上海的政法学院建立一个上合组织的国际司法培训基地。基地建设以来，国家发展改革委和地方政府已经投入了近 2 亿元，预计在 2017 年 7 月正式运营。这个上合组织基地可以说是上海政法学院直接为国家外交、国家安全和国家“一带一路”战略服务的一个重要的平台和窗口。我们也希望利用这样一个基地，可以为企业“走出去”提供服务。上海政法学院成立了丝路律师学院，还设有最高人民法院“一带一路”司法研究基地，并且在外国法查明和国际商事规则的查明方面，已经积累了非常多的经验。总之，我们今后可以为企业的海外投资提供更好的法律服务。

律师服务“一带一路”大有作为

吕南停

中央刚刚召开了“一带一路”国际合作高峰论坛，金茂凯德律师事务所就紧紧跟上，围绕着赴亚洲投融资的法律实务做一些专题的研究，我感觉非常好。在“一带一路”过程当中，我们很多企业要“走出去”。“走出去”之后，我们企业面临最多的问题，一个是文化问题，另一个非常现实的就是法律问题，因为各个国家的法律体系不一样。

黄浦是上海的“心脏、窗口和名片”，地处上海市核心，黄浦区面积并不大，从面积来看是上海最小的一个区，大约 20 平方公里。但是黄浦区这两年律师业得到了长足的发展。特别是像金茂凯德律师事务所等一批专业律师机构在服务好国内企业的同时，围绕着“一带一路”战略积极“走出去”。比如，金茂凯德律师事务所在亚洲、欧洲、澳洲、非洲、美洲设立了“一带一路”法律研究和服务中心共 25 个站点，今天我也看到有马来西亚的律师来。这既加强了“一带一路”的法律研究，同时，为我国国内企业“走出去”，围绕国家“一带一路”战略，提供了强有力的法律支撑，这一点我感到非常高兴！我们律师的服务要有质量、有高度，关键是要为国家战略、为市场经济的发展提供强有力的支撑。最近，黄浦区为促进律师业的发展，区司法局和金融办专门研究了一个促进律师业发展的实施意见，目的一是为律师人才的培养，特别是青年律师的培养，提供一个平台和载体；二是为律师发展，特别是律师“走出去”，走到长三角，走到“一带一路”提供支撑，关键是我们通过律师业发展也为企业的发展保驾护航。另外，黄浦区的工作一直得到各位的关注，我们希望大家有空多来黄浦区指导。同时，我们也希望各个企业有机会来黄浦区发展。

在“一带一路”发展过程中，在金茂凯德律师事务所前行的过程中，我们希望在座的各位，在今后的发展过程中不光“走出去”，同时在“走出去”的过程中避免风险，走得更好、走得更稳、走得更远。

Infrastructure Financing and Development

李志强

Ladies and gentlemen, good afternoon. It is my great honor to be invited to address on the construction of infrastructure investment and financing under the "One Belt One Road"Initiative.

On December 20, 2016, the Chief Executive of the Hong Kong Monetary Authority, Mr Chan Tak-lin, delivered a speech in Beijing. Hong Kong has an advantage in areas such as investment and financing and professional services. It can play an important role in the construction of the national"One Belt One Road" Initiative. The Hong Kong Monetary Authority's Building Financing Facilitation Office, which was established shortly before, is an important platform for promoting infrastructure investment and financing along the way. On the same day, the Hong Kong Monetary Authority Finance and Financing Promotion Office signed a memorandum of understanding with the National Development Bank and the Export-Import Bank of China to jointly promote the investment and financing of infrastructure projects. In the future, China Development Bank will provide financial support and business opportunities worth more than $ 10 billion for infrastructure investment and financing projects through the Hong Kong platform, and will focus on risk management, legal arrangements and regulatory arrangements for infrastructure investment and financing alongside with the "One Belt One Road"Initiative.

Sources and Ways of “One Belt One Road”Initiative Infrastructure Investment and Financing

As a basis for economic and social development and the necessary conditions, infrastructure is energy for urban development, and if infrastructure construction is not modern and efficient enough, it may become a bottleneck to restrict the urban development.

For the“One Belt One Road” infrastructure construction, the funds that can be used mainly include financial resources within the country along the “One Belt One Road”, financial resources interchange between countries as well as international financial resources.

1. Financial Resources within the Country Along the “One Belt One Road” Line

“One Belt One Road”, along the country regardless of the level of development, in addition to individual regional conflict countries, have their own savings, credit, but also bonds, stocks and other direct financing market. These domestic financial resources are the underlying sources of funding for their development of domestic infrastructure.

According to the World Bank, the total savings in the “One Belt One Road” in 2014 were about $ 9 trillion, with more than 70% of the country’s domestic credit and GDP accounting for more than 40%. In addition, 31 countries of statistics, have the total amount of stock transactions of more than 15 trillion US dollars.

2. Exchange of Financial Resources Between Countries Along the “One Belt One Road” Line

There are 19 high-income countries, 22 middle-income countries, 20 lower-middle-income countries and 3 low-income countries. There are significant differences in the level of economic development in 64 countries along the way. Among these countries, some are rich in funds, but some are not. Thus, through the strengthening of financial resources and integration to achieve the unity of entire region facilities is a good financial foundation to broaden investment spaces.

3. International Financial Resources

There are three types of international financial resources: one is multilateral or regional development finance, such as the World Bank's International Bank for Reconstruction and Development (IBRD) loans and IDA loans, ADB loans, Asia Infrastructure Investment Bank (AIIB) Loans. In 2014 and 2015, AIIB grants donations and loans of $ 10 billion and $ 12.2 billion respectively, and the World Bank's loans, grants, equity investments and guarantees amount to $ 65.6 billion and $ 60 billion respectively. These funds are only partially used for infrastructure construction. In AIIB, for example, about one-third of AIIB's loans are invested in transport infrastructure. Due to the focus on infrastructure investment, AIIB makes up for the shortage of existing international development finance. In December 2015, the Asian Infrastructure Investment Bank, was formally established, and in January 16 of the following year it was officially started its business.

The "One Belt One Road" infrastructure projects are eligible for international development financing if they meet the requirements. As of the end of 2014, the balance of IBRD loans and IDA loans received by 42 countries along the route was US $ 167.259 billion, accounting for more than 40% of the total size of the two loan balances. Among India, China, Indonesia, Pakistan, Turkey, Vietnam, Bangladesh, the balance is of more than 10 billion US dollars of loans.

Second, the source of funds comes from the sovereign wealth fund, by a national or regional government to set up the official investment fund. According to data from the United States Sovereign Wealth Fund Research Institute (SWFI), the global sovereign wealth funds managed by a total of 7.4 trillion US dollars of assets, including oil and gas-related fund assets of 4.32 trillion US dollars. Sovereign wealth funds are often more focused on returns rather than liquidity, and therefore have higher risk tolerance than traditional foreign exchange reserves and can serve as an important financing channel for infrastructure investment.

Third, the source of funds comes from multinational institutional investors, including insurance companies, pension funds, investment funds dedicated to infrastructure investment and so on. Most of these institutional investors are financial investors in infrastructure projects, mainly seeking revenue through early investment into the project, so as to achieve a reasonable return of funds. They usually do not participate in the operation of the project. In general, the better the return on the project is, the easier for multinational institutional investors to invest.

The Key to “One Belt One Road” Infrastructure Investment and Financing Is High Quality Project

For infrastructure investment and financing, the project shall firstly deserved to be invested, and then the project has to carry out financing and follow-up business. The nature of the capital is profit seeking, which makes investors favor those who have good development expectations of quality projects. In reality, high-quality projects in infrastructure projects along the “One Belt One Road” Initiative are concentrated in high-income economies and a small number of middle-income countries (including China), with favorable access to market funds and a relatively well-funded financing environment. However, there are a number of low quality projects in countries and regions that need development by improving infrastructure, suffering from the constraints of the shortage of funds. From the research data, although there are many potential investment infrastructure projects in these countries and regions, the lack of high quality projects is the main reason against the attraction of funds. The following three points may reveals the reasons.

1. Huge Difference in Legal Background

Among the countries and regions, there are significant differences between the political system, the economic and social system and the degree of development, the legal system and the policy system. The external capital shall take great effort to acknowledge the investment environment of the host country. In the field of infrastructure, these problems, together with issue of large-scale investment, long return period, further increase the difficulty of attracting market funds to enter. These problems are particularly serious in countries with underdeveloped economies, political instability, and poor legal systems.

2. The Lack of Stable Profit Model

For the construction side of the infrastructure, the operator is concerned that the financial payment model is subject to the overall financial capacity of the host country. Alongside "One Belt One Road" Initiative, many countries have serious fiscal deficits, and debt default risk are higher. The risk of the commercial appreciation model in the surrounding area lies in the land system of the host country. For land privately owned countries, the surrounding land is not necessarily available to the infrastructure operator, and the benefits of third party development are not necessarily shared.

3. Geopolitical Risk is Greater

Country on "One Belt One Road" line usually has a unique source of energy, in the center of the interests of large countries competing, the political and economic situation is very complex. Also the international situation, especially foreign powers will inevitably affect the policy of these countries, so it brings uncertainty to the regional infrastructure construction and increase investment risk.

In short, in order to solve the above problems, the large-scale infrastructure investors should not only analyses the potential development projects, but also to improve the investment environment, so as to enhance the infrastructure environment and projects attraction, and work together to form a virtuous circle.

RMB Internationalization
——Risk and Legal Protection

李志强

Part I Background

The US subprime mortgage crisis has made the international financial system increasingly prominent, but also makes the dollar as the center of the international monetary system inherent defects are increasingly exposed. The world is deeply aware that a diversified international monetary system will reduce the impact of the international financial crisis on the real economy, the world began to gradually find other international currency or regional currency, in order to reduce the depreciation of the dollar to its own losses. At the same time, China's economic marketization and globalization continue to deepen the process, making China's economy has been rapid devdloping, its international influence and international competitiveness of the continuous improvement of the RMB to internationalization has laid a solid economic and credibility basis. In response to the financial crisis, China's attitude to maintain the yuan does not devalue, and strive to stabilize the value of the RMB, to a large extent, to improve the international credibility of the RMB. Therefore, the RMB gradually in trade settlement and financial investment as a trading currency in the international use, to speed up the process of internationalization of the RMB.

In addition, China in the 21st century put forward two important strategies, namely:“One Belt One Road”and the RMB internationalization. The communication of policies, facilities, trade, funds and public opinion are the core objectives of "One Belt One Road". Nevertheless, infrastructure construction, resource cooperation, trade, investment and other specific regional economic cooperation content are inseparable from the currency. The realization of "One Belt One Road" and Five-Communication will be promoted and complemented with the RMB internationalization with each other. The use of RMB in investment and financing activities helps the yuan to promote the growth of the RMB into a mature international currency. The use of RMB as a regional trade and investment pricing currency is also conducive to regional financial interaction, which will promote regional trade and economic integration. ①In May 2017, the cross-border trade of RMB settlement business occurred 374.1 billion yuan, up 11% from the prior month. The direct investment of RMB settlement business occurred 83.6 billion yuan, fell 8.63% from the prior month. The cross-border trade and the direct investment of RMB settlement business totaled 457.7 billion yuan in May, up 6.8% from the prior month.

Some Cases in Recent Years

On March 14, 2014, Daimler, Mercedes-Benz holding company, issued RMB bonds in China for the first time, the amount of 500 million yuan for a period of one year, Daimler has also the first foreign company to issue RMB bonds in China.

In March 2016, Chongqing Grain Group issued the offshore RMB bonds in Singapore at a coupon rate of 4.02%, the amount of one billion yuan for a period of three years.

On May 20, 2016, Chong Hing Bank issued panda bonds, the amount of 1.5 billion yuan for a period of three years.

On May 26, 2016, China Resources Land in the inter-bank bond market successfully issued 5 billion panda bonds, the issuance has been the largest single issue, including 2 billion 3-year and 3 billion 2-year medium-term notes.

---

① International Monetary Research Institute, People's University of China. RMB Internationalization Report 2015 - Currency Strategy "One Belt One Road" [M]. Beijing: People's University of China Press, 2015: 89-91.

On June 20, 2016, Bank of China and the Polish Ministry of Finance signed a memorandum of cooperation about the issuance of panda bonds, Bank of China will act as one of the lead underwriters to assist the Polish Ministry of Finance to register and issue Panda debt, the proposed size will be 3 billion yuan and the period will be 3 years.

In June 2016, Industrial and Commercial Bank of China as the lead underwriters issued 4 billion panda bonds in the form of private issuance in the national inter-bank bond market for the Daimler Group.

Part II The Current Situation of RMB Internationalization

1. Bilateral Currency Swap

Our government have reached a total of 650 billion RMB of bilateral currency swap agreements successively with some important trade countries (South Korea, Malaysia, Argentina, etc.) since 2008, which means that the internationalization of RMB campaign officially open. According to the official figures, by the end of 2015, Chinese government has closely reached a total of 3.3 trillion bilateral currency swap agreements with 33 countries and regions, and these countries agreed to use RMB in their trade and investment.

2. Cross-Border Trade Settlement

The State Council promulgated cross-border trade settlement pilot measures in July 2009, decided to start pilot in several coastal cities. On August 23, 2011, the Chinese government began to open up cross-border RMB settlement business, the domestic cross-border RMB settlement business has expanded from the original coastal cities to the whole country, foreign regions from Hong Kong SAR, Macao SAR, Taiwan regions and neighboring countries to expand to all countries and regions outside. Under the promotion of relevant departments, the scale of cross-border trade settlement of RMB began to rapidly grow since 2010. According to statistics, RMB has been rapidly growing to 4.63 trillion yuan by 2013, the amount of which is $502.8 billion in 2010. As the first offshore financial center in China,

Hong Kong has a relatively developed and muture financial market, undertake the main business of RMB trade settlement. Each year by the Hong Kong offshore processing of RMB trade settlement reached 80% of the total settlement. Hong Kong as a relatively freedom developed financial market, is a very important foreign trade settlement platform in our country, especially in recent years, the Chinese government has vigorously promoted the surrounding business, leading the amount of RMB deposits in Hong Kong offshore financial market to grow rapidly. By the end of December 2014, Hong Kong deposits reached 1.003557 trillion yuan, for the first time exceeding one trillion yuan, 17% than a year earlier.

3. Function of International Reserve

The Central Bank of Nigeria has already used the RMB as a reserve currency, and the RMB foreign exchange reserve of Nigeria accounts for 5% to 10% of its 33 billion USD foreign exchange reserves. Jun Azumi, the Japanese finance minister, also revealed on March 13, 2012 that the Chinese government has agreed, on March 8, the Japanese government to buy the Chinese government bonds of up to 65 billion yuan (equivalent to 10.3 billion USD), which will be bought in batches. In addition, the Bank of Korea has started to buy the Chinese government bonds in the inter-bank bond market in April 2012 with the trading quota of 20 billion yuan (equivalent to 3.2 billion USD) obtained previously, and to buy the Chinese stocks with the QFII quota of 300 million USD from July 2012. In addition, Philip Lowe, deputy governor of the Reserve Bank of Australia, said on April 23, 2013 that the Reserve Bank of Australia plans to invest up to 5% of its foreign reserves in Chinese government bonds, and the plan has been approved by the People's Bank of China. According to the Wall Street Journal, the current foreign exchange reserves of Australia is about 38.2 billion Australian dollars, and 5% of the reserves is about 1.91 billion Australian dollars, equivalent to 12.4 billion yuan (about 2 billion USD in equivalence).

Part III The Risk of RMB Internationalization

The internationalization of the RMB is a double-edged sword that can bring great benefits to the developing China and, of course, trigger a series of risks. With the deepening of the RMB internationalization, the problem of risk will become increasingly prominent.

1. Threatening the Stability of the Domestic Economic, Financial and Financial Regulatory System

After the internationalization of the currency, it will easily become a conduction tool. The internationalization of the RMB will make the domestic economy and the world economy closely relate to the economic crisis or financial crisis in other countries, so that it will make the economy suffered from external shocks. With the internationalization of a country's currency, domestic and foreign interest rate differences will stimulate short-term speculative capital flows, triggering international huge arbitrage behavior, threatening the stability of domestic economic and financial.

In addition, China Banking Regulatory Commission has been established more latter than China Securities Regulatory Commission and China Insurance Regulatory Commission. From the beginning, the banking system is not perfect. In 2003, the Banking Regulatory Law appeared to have changed. However, although the Banking Supervision and Management Law has determined the important roles and functions of the Bank of China, there are a lot of legal risks, such as the responsibilities, functions and implementation procedures of the Bank of China. After the internationalization of the RMB, the bank, as the main body of the financial and economic markets, in the absence of monitoring, supervision and management of the law to run, will face a greater international risk.

2. Encountering with Triffin Dilemma

Triffin Dilemma put forward by the United States Yale University professor Robert Triffin in his book "dollar and gold crisis" believes that if a country's currency was international currency, it must be in dilemma of the currency Stability ——on the one hand, with the development of the world economy, countries holding of the international currency increases, which requires the country to achieve through the balance of payments deficit, which means it will inevitably bring the country's currency depreciation; on the other hand, as an international currency, it is a necessary requirement of stability which means not to continue to the deficit. This makes the country as an international currency in a dilemma, which is called the Triffin Dilemma.①

Once a currency becomes an international currency, it must be guaranteed its liquidity in the world. As other countries need to increase the reserves of RMB, China's imports will increase faster than exports, leading to China's international balance of payments deficit. China's long-term balance of payments deficit will also affect the anticipation by RMB holding countries on its settlement capacity. Therefore, after the internationalization of the RMB, it is necessary to deal with the balance between the RMB as the international payment currency, the international reserve currency and the international investment currency.

3. To Increase the Difficulty of Macroeconomic Decision-Making

According to the "ternary paradox", the following three objectives cannot be reached at the same time——the international free flow of capital; the stability of the exchange rate; and the effectiveness of monetary policy. RMB internationalization must ensure the stability of the exchange rate and the international free flow of capital, which will shake the independence of China's domestic monetary policy formulation and implementation. A large number of RMB in the international financial markets will surely disrupt the domestic monetary policy, the macroeconomic situation of the judgments and decision-making will be more difficult.

4. Risk of Illegal Outflow of RMB

If the outflow of the RMB cannot return to China through normal channels, then most of it is likely to return through the illegal channels towards the Mainland,

---

① ROBERT TRIFFIN, Gold and the dollar crisis [M]. Beijing: Commercial Press, 1997: 35-86.

which causes the active underground banks and money smuggling. This is not only a great threat to China's financial security, but also affects the willingness of neighboring countries and regions to make RMB as their main regional reserve currency. With the multiplication of drug smuggling, the number and size of casinos in China's neighboring countries increases rapidly, coupling with the complexity and concealment of transnational money laundering activities, the outflow of RMB through illegal channels increases sharply. In the context of economic globalization and internationalization of the RMB, these activities will become more rampant, and the security of the international financial system as well as the international political and economic order will be greatly harmed.

Part IV Legal Protection for RMB Internationalization

1. Control the Issuance of RMB Independently

History and reality have repeatedly proved that enterprises can be privatized, commercial banks can also be privatized, but the issuance of public currency in the central bank can not be privatized, currency issuance can not be in a small number of private hands. Article 2 of the Law of the People's Bank of China stipulates that "the People's Bank of China is the central bank of the People's Republic of China". Article 8 stipulates that "all the capital of the People's Bank of China shall be allocated by the state and owned by the state". Until now, China is one of few remaining government which directly issue the currency.

Monetary sovereignty is one of the inalienable fundamental powers of a sovereign state, the sovereign state has the right to set out the currency policy according to self-characteristic. Monetary sovereignty should serve the public interest, and it should be higher than all foreign factors, as well as external pressures, and it cannot be manipulated or eroded by foreign factors.[①] If people of a state process their own currency sovereignty, then there is no sovereignty over

① SONG HONGBING. Currency war [M]. Beijing:CITIC Publishing House,2011:273-274.

other important political matters, including the current accusations that the Chinese government manipulated the exchange rate, forcing the appreciation of the RMB, which is the threat of China's currency sovereignty. RMB is the economic blood of the Chinese people. When the yuan is manipulated by others, the Chinese people are not only involuntarily, hence our people's destiny shall be handed in their own hands.

2. Promote the Development of Offshore RMB Market

As an offshore RMB market, Hong Kong will make RMB offshore market development to 2 trillion yuan deposit scale in the next two to three years. During this process, to encourage foreign-funded enterprises to use RMB FDI replace foreign currency FDI, to encourage RMB settlement and pushing usage of RMB in Hong Kong and overseas third countries are quite important. At the same time, there should be the appropriate control the financing and reflow of Chinese-funded enterprises in Hong Kong's RMB market. In this way, to make ensure the development of offshore market in accelerating the internationalization of the RMB will not occur to much impact on the domestic currency supply, foreign exchange reserves, hedging operations and domestic and foreign capital flows.

3. Financial Risks Prevention

Firstly, expand the scale and scope of RMB cross-border settlement. Moreover, expanding the scale of China-ASEAN trade free trade zone settlement, promoting the mainland China and Taiwan, Hong Kong SAR and Macao SAR form a "Greater China Economic Zone", and make RMB as the free circulation, the common use currency in this Zone. Secondly, to speed up the construction of RMB reflow mechanism to enhance the confidence of foreign residents and institutions to hold the RMB. If RMB lack of reflow channel, then the internationalization of the RMB will be difficult to last long. Thirdly, to speed up the pace of reform of the domestic financial system, to establish an international financial regulatory service system. Currently, some problems threatening the stability of domestic financial market such as underdevelopment of financial market, imperfect management mechanism, low level of international regulation and service. Therefore, in order to meet the requirement of the internationalization of the RMB, it is necessary to establish a mature, efficient and well-regulated domestic financial regulatory service system to prepare for the docking of international financial markets.

4. Perfect the Relevant Legal System

RMB internationalization must be built with the corresponding central bank legal system. Internationalization of commercial banks is inevitable requirement of RMB internationalization. Besides, relevant perfect methods for policy banks, securities companies, insurance companies, private financial institutions and other financial institutions system should be follow up.

5. Promote the Reform of the International Monetary System by Using International Law and Diplomacy

Throughout the history of currency internationalization, most of which occurred in global financial crisis and the time of requirement of the international currency system reformation, like pound and US dollar. For instance, the internationalization of US dollar is according to Agreement of the International Monetary Fund and Articles of Agreement of the International Bank for Reconstruction and Development. Current international monetary system and the international financial system have been widely questioned under the background of financial crisis and also provide a rare historical opportunity for RMB internationalization. Moreover, it is also a historical opportunity to actively promote the reform of the international financial legal system. In additional after RMB joined the currency basket, it should increase its shares in the basket, expand the using scale of RMB in the international trade, investment financing and international reserves, to enhance its voice in the international financial system, finally to achieve the internationalization of the RMB.

“一带一路”建设与涉外法律服务

李志强

一、引言

2017年5月14日，“一带一路”国际合作高峰论坛在北京召开，预示着“一带一路”发展战略达到了一个新的阶段。自从2013年9月和10月，中国国家主席习近平先后提出共建“丝绸之路经济带”和“21世纪海上丝绸之路”（以下简称“一带一路”）倡议，“一带一路”从中国的单方战略发展成为一个得到全球普遍共识的世纪工程，其内涵和外延包括了政治、经济、文化、社会、环境等诸多方面。同时，伴随着“一带一路”的发展，我国涉外法律服务问题也开始凸显。毋庸置疑的是“一带一路”的发展需要我国涉外法律服务的保驾护航，然而我国涉外法律服务的现状却不容乐观。对此，本文从涉外法律服务的重要意义着手，分析我国涉外法律服务的不足，针对这些不足，提出促进涉外法律服务改善的建议。

二、发展涉外法律服务对于“一带一路”建设的意义

2016年5月20日，中央全面深化改革领导小组第二十四次会议审议通过了《关于发展涉外法律服务业的意见》，其中第一条就阐明了发展涉外法律服务业的重要性和必要性：发展涉外法律服务业，是适应经济全球化进程、形成对外开放新体制、应对维护国家安全稳定新挑战的需要，对于增强我国在国际法律事务中的话语权和影响力，维护我国公民、法人在海外及外国公民、

法人在我国的正当权益具有重要意义。[①]"一带一路"建设的重点在于"走出去","走出去"必然伴随着一系列的风险,而涉外法律业务能够帮助预防或者克服这些风险,这便是发展涉外法律服务对于"一带一路"建设的意义所在。

(一)"一带一路"建设中的风险

1. 因直接投资产生的法律风险。由于我国与"一带一路"沿线国家的利益并不完全相同,一些国家的法律出于意识形态、国家利益、安全等方面的考量,会对合营企业中外国投资者的投资范围和持股比例设定许多限制,或是要求合营企业中必须有所在国政府及其委派机构参与经营。即使有些国家没有此类法律限制,其政府也往往拥有对合营企业重大决策的否决权,从而极大地削减了合营企业的自主经营权。一些国家的法律出于反垄断和维护有效竞争的考虑,对外国投资者的跨国并购提出了特别要求,或建立了不透明的跨国并购审查程序,可能会大大增加我国企业海外跨国并购的难度。而且,当所在国一旦对特定的跨国并购项目持有怀疑时,有时甚至会借助"临时立法"的方法加以限制,从而形成较为严重的法律风险。

2. 因市场准入产生的法律风险。市场经济条件下的准入制度,其目的是促进市场的合理竞争和适度保护。"一带一路"建设中,一些贸易伙伴出于对保护本国经济利益的考虑,往往会通过设置严格的法律和市场准入门槛,以及苛刻的通关程序,来限制海外投资主体及产品进入其本国市场。近年来,随着贸易保护主义势力的抬头,从以往赤裸的诉诸关税壁垒,到今天各种隐性非关税壁垒的实施,贸易保护主义的形式可谓五花八门,由此引发的法律风险愈演愈烈。

3. 因知识产权保护产生的法律风险。知识产权作为一种竞争性资源要素在国家的经济和科技发展中扮演着极其重要的角色。当前,国际投资法发展的一个重要特征是高标准的知识产权保护,这方面的规定甚至比世界贸易组织《与贸易有关的知识产权协议》的要求更高,这就要求一些国家对其现有的知识产权进行有效调整。"一带一路"建设中的投资贸易行为,必然会引

---

① 参见《关于发展涉外法律服务业的意见》,http://legal.people.com.cn/n1/2017/0111/c42510-29013508.html。

发知识产权保护问题。如果对外投资与贸易各方对知识产权考虑不周，措施不到位，很容易造成知识产权资源的流失，甚至引发知识产权纠纷。

4. 因国际金融交易产生的法律风险。随着中国企业"走出去"步伐的加快，中国企业参与国际金融投资的情况越来越多。然而，国际金融交易和监管十分复杂，且涉及两个或两个以上国家的金融交易法和金融监管法，这就决定了国际金融交易风险较国际贸易风险和国际直接投资风险更大。同时，国际金融交易风险还具有影响范围广、破坏性扩张性强、控制难度大等特点。近年来，中国平安、中信泰富的巨额海外金融投资亏损，蒙牛、雨润、太子奶和中华英才网等因签订对赌协议所导致的"对赌危机"都是因盲目进行海外金融投资所产生的法律风险。

5. 因劳工问题引发的法律风险。随着国际社会对人权关注程度的增加，劳工标准作为工作中的人权，已逐渐渗透到国际投资法、国际贸易法等领域。劳工权保护已成为国家的义务、企业的社会责任。"一带一路"建设中因劳工问题可能引发的法律风险主要有：一是因不平等招工，忽视所在国特有的民族问题、性别问题等，触犯平等劳动及反歧视相关的法律，将会面临行政罚款等处罚；二是漠视所在国法律赋予工会的权力，未能与当地工人及工会形成良好关系，可能会面临工人罢工和激烈抗议的风险；三是在雇工待遇和福利保障方面，如果触犯所在国的劳动法，可能面临处罚、诉讼，甚至导致并购失败等风险；四是企业在进行人员裁减或调整时，要特别注意所在国有关裁员力度、裁员补偿等方面的法律，否则也容易引发纠纷。

6. 因环境问题产生的法律风险。随着国际环境法的发展和生态文明价值凸显，世界各国尤其是发达国家的环境保护标准和法律越来越严。"一带一路"建设中，海外企业如果不能严格遵守所在国的环境标准和法律，将会引发严重的环境问题。由于部分中资企业在海外投资中履行环保社会责任存在缺陷，中国投资者在海外已面临过多起此类事件。

7. 因经营管理不善产生的法律风险。由于法律意识淡薄和固有的商业惯性，我国海外投资企业在经营管理中容易出偏，触犯法律，从而产生法律风险。一是可能产生商业腐败法律风险。欧洲等国家对企业腐败有严格法律规定，一旦发现企业有行贿、贪污等问题，将面临严重的竞业禁止和制裁风险，企业声誉可能毁于一旦。二是可能产生税收法律风险。同一主权国家都会根据其本国法律对同一纳税实体进行征税。因此，企业在境外经营时，既要根据属人原则向我国政府纳税，又要根据属地原则向所在国政府纳税。如果企业的纳税情况及避税手段不符合所在国的税收法律，则会面临复杂的税收法律风险。三是可能产生项目规划设计法律风险。如果某一项目的规划设计不符合东道国相关法律的规定，项目完成后，就无法通过东道国的验收，从而导致投资遭受重大损失。四是可能产生合同管理法律风险。现代的合同管理涉及合同的谈判、起草、签订、履行、变更、终止、违约处理等过程。在这一全过程管理中，任何一个疏漏，都可能引起争议或纠纷，从而产生风险，造成损失。①

（二）涉外法律服务的作用

面对上述各类风险，我们的企业往往没有足够的专业能力予以应对，这时就需要专业的涉外法律人士提供法律服务，为企业规避这些风险。涉外法律服务通过各种形式，能够给客户起到巨大的帮助作用。

1. 参与规则制定的作用。“没有规矩，不成方圆”，国际经济往来中的规矩就是各国的法律规范以及国际公约或者是区域性的规定。“一带一路”的建设伴随着国内外多个方面的近距离接触，其中会产生良性的合作，当然也不乏各类冲突，规则的制定和适用就显得尤为重要。在沿线企业的实践下，很可能出现现行法律规制的盲点了，这时候一方面需要法律的适用和解释，另一方面就需要新的规则的制定。律师在制定新规则中应该享有一定的发言权，因为律师长期以来一直走在法律适用的前沿阵地，对于法律的得失具有较为深刻的理解。律师针对“一带一路”实施过程中的法律问题，可以提出自己的思考和立法建议，这对于“一带一路”法制建设的完善意义重大②。

2. 开展对外法治宣传的作用。律师为各方主体提供法律服务，代表的是一种法治理念，尤其是在“一带一路”框架背景下，涉外法律服务的不断兴起。在“一带一路”建设过程中，中国企业大量地走出国门，法律服务也伴随着这些企业走出国门，接受世界法律服务浪潮的洗礼。在这一过程中，中国律师代表中国的法律制度、法治理念与国外的各类制度进行交流，使得“一带

① 李玉璧，王兰．“一带一路”建设中的法律风险识别及应对策略 [J]. 国家行政学院学报，2017(2).

② 赵大程．在首届丝绸之路法律服务合作论坛上的讲话 [J]. 中国律师，2016(10).

一路”沿线国家乃至辐射开去的更多的国家看到中国的身影，了解中国的法律机制。这在一定程度上是对中国法律服务在世界市场份额缺失的一种弥补，更加是将中国法治理念推向世界，让世界更加认识中国的一个契机。

3. 促进依法决策的作用。这里的决策包含政府的决策，也包含企业的决策。政府决策引领方向、影响深远，企业决策关乎经营发展大计。在“一带一路”建设过程中，无论是政府管理决策，还是企业经营决策，都需要律师发挥法律咨询和参谋作用，用法治思维和法治方式推进“一带一路”建设。“一带一路”背景下，无论是政府还是企业，必然接触国外的法律规范，对此有必要进行相关的研究。律师在日常的执业活动中更有可能接触这些法律规范，相对而言对这些法律规范有更为清晰的理解。对于政府而言，各项政策的制定需要了解沿线国家的法律规范；对于企业而言，其日常的经营活动更加离不开对于各国相关法律的研究。律师提供的涉外法律服务即包括这些法律研究以及决策建议的内容。

4. 提供企业经营法律服务的作用。涉外法律服务的主体部分还在于为企业提供有关经营的各类法律服务，这里包含较多的内容。从宏观视角来看，律师可以为国际货物贸易、服务贸易、知识产权国际保护等提供法律服务，切实维护中外当事人的合法权益。从微观视角来看，律师可以围绕交通、能源、通信等基础设施重大工程、重大项目的立项、招投标等活动，提供法律尽职调查服务，防范投资风险；参与合作工程、项目的谈判、合同文本的起草等，严把合同订立的法律关等。

5. 化解矛盾纷争的作用。“一带一路”沿线国家和地区法治水平差异大，法治环境较为复杂，国际经贸合作、跨国投资经营存在法律风险，易引发矛盾纠纷。在矛盾发生以后，就需要律师充分运用代理诉讼、仲裁、调解等手段，化解矛盾纠纷，维护国家、企业、公民的合法权益。“一带一路”框架下企业法律纠纷面临着更为严峻的形势，一方面是在纠纷的量上因为上文提到的众多法律风险而增多；另一方面在案件难度上会体现更加复杂的特性，与国内案件相比更多的可能适用国外法律。这一点对于企业提出了更高的要求，需要专业的涉外法律服务予以解决。

三、涉外法律服务的现状

（一）律师事务所“走出去”的现状

总体而言，律师事务所“走出去”的方式有在国外设立分所、加入国际性行业组织和与国外律师事务所结盟三种方式。

1. 中国律师事务所在国外设立分所的现状。中国律所最早在国外设立分所是 1993 年，当年北京君合律师事务所的周晓琳律师取得了纽约律师执照，君合随后在纽约开设分所。之后，也有律师事务所陆陆续续在国外设立分所。截至 2012 年 6 月，中国本土律所只有不到 20 家在海外设立分支机构。这是一个非常小的数字，与中国的经济发展状况和中国的大国地位极不匹配！在这些律所中，律所规模上大多是国内的一流大所；地理位置上，基本上以北京和上海所为多。截至 2016 年 12 月底，在国外设立分所和代表处的律师事务所有金杜、君合、德恒、段和段、中伦、金茂凯德等，这一数据与英美等国相比，差距惊人。截至 2016 年初，在我国设立的外国律师事务所分支机构达到了 229 家。仅美国和英国两个国家在中国的分支机构就达到了 142 家，占所有在中国的外国律师事务所分支机构的 62%。相比之下，中国律所“走出去”的程度还远远不够。

2. 中国律师事务所加入国际性行业组织的现状。加入国际性律师行业组织，也是中国律所“走出去”的一种方式。1997 年，北京君合律师事务所就加入了拥有分布在 100 多个国家的 160 家顶尖律所成员的国际律所协会 Lex Mundi，其后又加入了 Multilaw。2003 年，金杜先后加入了 Pacific Rim Advisory Council 和 World Law Group。2009 年，大成加入 World Service Group。北京中伦律师事务所、北京浩天信和律师事务所、北京柳沈律师事务所和广东敬海律师事务所是 Terralex 的成员。金茂凯德律师事务所加入了 Alliance of International Business Lawyers 国际商业律师联盟。凭借这些行业组织平台，律所成员经常联络、相互熟悉、建立信任关系，可以为今后的合作铺平道路。但是加入国际律所组织的多是起步较早的大所，对于后起之秀，这种机会很难获得。

3. 中国律师事务所与国外律师事务所结盟的现状。对于法律服务业，与国外律师事务所结盟，不论是松散型的还是紧密型的结盟，都是扩大律师事务所网络的另一种方式。现在可知的与国外律师事务所结盟的主要有北京金杜律师事务所和北京大成律师事务所。首先是2012年3月1日，北京金杜律师事务所与澳大利亚万盛国际律师事务所Mallesons Stephen Jaques结成联盟，初步形成了今天的金杜律师事务所（King & Wood Mallesons），金杜成为第一家总部设在亚洲的全球性律师事务所。2013年，金杜宣布与国际律师事务所SJ Berwin结成首个全球法律联盟，这样的结盟极大地提升了金杜的实力，金杜律师事务所国际联盟如今是全球排名前25位的律师事务所之一，总收入约10亿美元。2015年1月27日，亚洲最大律师事务所——北京大成律师事务所与全球十大律所之一的Dentons律师事务所正式签署合并协议，共同打造一个全新的、布局全球的世界领先国际律师事务所。新律所执业律师人数超过6500人，这是目前全球律师业规模最大的律师事务所。①

（二）我国涉外法律业务律师现状

我国提供涉外法律服务的律师人数不多，这是目前涉外法律服务现状的主要特征。涉外法律业务律师的缺乏一方面影响我国提供涉外法律服务的质量和效率，另一方面在一定程度上阻碍了我国律所“走出去”的步伐。在涉外法律业务人才问题解决上，一方面通过自身培养，另一方面通过人才引进。对于自身培养而言，培养投入大、周期长、回报慢、稳定性不足，存在被大所“挖人”且连市场、业务一起被挖走的风险。另外，大多数政府及律师协会没有建立有效的人才培养机制及政策，律所自身的培养经费及机制不足。对于人才引进，一方面存在大量的成本，另一方面需要面临国内大所之间的争夺乃至和国外律所之间的争夺。在这样的背景下，直接导致我国涉外法律业务律师的不足。相关材料显示，即使如东部发达地区的深圳，作为成长了平安、华为、招商银行等世界500强和中国百强企业的中国经济中心城市，很多企业涉外法律业务需求量非常大，但大部分市场份额被欧美律师占有。其原因主要在于深圳的涉外律师只有不到300人，涉外律师缺口达千人以上。

①洪建政．中国律师“走出去”的现状与展望[J]. 法治与社会，2017(10).

四、对于涉外法律服务问题的完善建议

（一）支持中国律所“走出去”

根据上文的分析，中国律所“走出去”包含三种模式，即在国外设立分所、加入国际性行业组织和与国外律师事务所结盟，这三种模式到目前为止都发展有限。“一带一路”建设的时代背景为中国律所“走出去”创设了重大契机，此时应该借助“一带一路”的东风，实现中国律所“走出去”的战略布局。

1. 将设立境外法律服务机构纳入对外投资管理，落实扶持政策。毋庸置疑的是，国家“走出去”的政策所涉的投资主体范围，当然包括律师法律服务在内的服务业。一方面，这是服务业发展的客观要求；另一方面，“一带一路”建设下众多企业走出国门，法律服务作为其配套设施，必不可少。针对现阶段律所“走出去”所面临的困境，应该制定相应的法律规章，支持国内律所到境外设立分所，扩宽律所的服务面。不仅如此，国家还应该出台并落实扶持政策。国内律所到境外开设分所，与本土的律所相比，存在先天的劣势，这些劣势包括语言交流的劣势、法律法规熟悉程度的劣势、地理人文环境熟悉程度的劣势等。这些劣势并非一朝一夕能够弥补，需要长时期的发展才能见效。所以相关部门应该给予各方面的优惠政策，支持国内律所跨境设立分所或代表处的活动。

2. 创新联盟形式，建设为“一带一路”提供专门法律服务的联盟模式。与以往相比，现在有“一带一路”的大背景，在这一背景下，律所应该把握机遇建立联盟。据悉，国内已有律所提议、酝酿整合有“一带一路”市场资源、业务实践、研究及实务人才储备的律所联盟，专门为“一带一路”建设提供法律服务。可以预见，类似东南亚、南亚、中亚、西亚、中东欧、非洲等综合性或区域性的法律服务专业联盟将会在不久应运而生，且将占据一定的国际法律业务市场份额。当然，在这一过程中，也可以吸收“一带一路”沿线国家的律所加入联盟，用于加强联盟的专业性。①

① 赵耀．“一带一路”法律服务布局的难点与创新 [J]. 法治与社会 ,2016(12).

（二）引进和培养涉外法律人才

我国律所“走出去”，提供涉外法律服务，这些都需要涉外法律人才的加入，然而我国的现状是涉外法律人才极度匮乏。对此，一方面需要大量引进国外的相关法律人才，另一方面应该着力培养我国的涉外法律人才。“一带一路”沿线国家的法律人士对于当地的法律更为熟悉，国内律所如果能够吸收这些人才，为我国“一带一路”建设所用，将能在最短的时间内弥补国内涉外法律人才短缺的状况。

当然，治本之策还是培养我国的涉外法律人才，这才是我国律所进一步发展的核心力量。其实国内对于培养相关法律人才已经采取了一定的措施。自2012年起中华全国律师协会实施了《第八届全国律协涉外高素质律师领军人才培养规划（2012—2015年）》，计划在四年内培养300名精通国际法律业务律师人才。自2008年起浙江省由政府出资选送百名律师到美国和欧盟培训“百名反倾销律师”，人均费用15万元，其中由省政府承担12万元，省律协、地（市）律协、律所或律师个人各负担1万元，这些受训律师归国后，已承办了十多起反倾销大案，为促进解决国际贸易纠纷、维护国家利益发挥了重要作用。此后，浙江省又连续制定了培训“百名产权律师”“百名跨国并购律师”政策。被称为“三年三个政策，三年三个一百”。江苏省2008年政府拨款486万元，对55名律师通过国内、国外两个阶段的培训，成为高端涉外法律服务人才。类似的培训还应该继续下去，且应该扩展开去，这是涉外法律服务的需求，也是“一带一路”大背景下时代的需求！

五、结语

2017年5月14日至15日，中国在北京主办“一带一路”国际合作高峰论坛。会议共达成政策沟通、设施联通、贸易畅通、资金融通、民心相通5大类，共76大项、270多项具体成果。丰硕的成果一方面意味着中外经济往来更为频繁，另一方面也意味着涉外法律行业将面临井喷的时代。在这样的时代背景下，涉外法律服务人员应该进一步增强自己的业务能力，以更加优质的服务为政府、为企业的行为决策保驾护航，为我国“一带一路”的世纪工程贡献力量！

全球治理中的法律人才培养

——携手打造人类法律服务共同体

李志强　盛琳杰

一、法律人才培养

2017 年 5 月 3 日，习近平主席来到中国政法大学考察，并针对法律人才培养发表重要讲话[①]。讲话全面阐述了法治人才培养在全面推进依法治国系统工程中的重要地位和作用，强调高校要充分利用学科齐全、人才密集的优势，加强法治人才培养，加强法治及其相关领域基础性问题的研究，为完善中国特色社会主义法治体系、建设社会主义法治国家提供人才和理论支撑；系统提出了培养德法兼修法治人才的明确要求，强调要加快构建中国特色法学学科体系，处理好法学知识教学和实践教学的关系，不仅培养学生法治知识，而且要提高学生思想道德素质。习近平总书记的这些重要论述，是全面依法治国和加强法治人才培养的又一次动员和部署，为高等教育战线全面推进依法治教，深化法学教育改革提供了科学指南和根本遵循。

（一）确保正确的法治理论引领

要不断巩固和发展马克思主义法学思想和中国特色社会主义法治理论在高校法学教育和研究阵地的指导地位。坚持立德树人、德育为先导向，法治和德治两手抓，两手都要硬，着力加强理想信念教育，推动中国特色社会主

① 参见《习近平五四前夕考察中国政法大学 话青春谈初心讲法治》，http://finance.sina.com.cn/wm/2017-05-03/doc-ifyexxhw2172055.shtml。

义法治理论进教材进课堂进头脑，强化法治人才培养的政治方向，使学生形成对中国特色社会主义法治的内心拥护和真诚信仰。加强法学基础理论研究，坚持从中国实际出发，总结和运用党领导人民实行法治的成功经验，围绕社会主义法治建设重大理论和实践问题，推进法治理论创新，发展符合中国实际、具有中国特色、体现社会发展规律的社会主义法治理论，为依法治国提供理论指导和学理支撑。

（二）抓好法学卓越人才培养

法学教育要处理好知识教学和实践教学的关系，要深入实施“卓越法律人才教育培养计划”，大力引进优质司法资源进入高校、进入课堂，成为优质的教育资源，打破高校与社会之间的制度壁垒，增强校地合作，进一步拓展高校与法治工作部门合作的新模式、新路径，实现培养目标共同制定、课程体系共同设计、优质教材共同开发、教学团队共同组织、实践基地共同建设，探索形成常态化、规范化的法治人才培养机制。

二、全球治理

2017 年 1 月 17 日，国家主席习近平在瑞士达沃斯举行的世界经济论坛 2017 年年会开幕式上发表了题为《共担时代责任　共促全球发展》的主旨演讲，在国内外引起强烈反响[①]。在眼下国际风云变幻、西方保护主义思潮泛起的关键时刻，习近平主席在演讲中就经济全球化、世界经济困境等问题宣示了中国主张和中国方案，为世界经济航船指明了前进方向。习近平主席同时阐释了中国的发展道路、中国与世界的互利关系，表明了中国破解难题，推动经济保持中高速增长、迈向中高端水平的路径。

（一）把脉世界问题的根源

当今世界，问题丛生。有些人认为问题都出在经济全球化上，主张让世界经济的大海退回到一个一个孤立的小湖泊、小河流。对此，习近平主席明

① 参见《习近平主席在世界经济论坛 2017 年年会开幕式上的主旨演讲（全文）》，http://news.xinhuanet.com/2017-01/18/c_1120331545.htm。

确指出，把困扰世界的问题简单归咎于经济全球化，既不符合事实，也无助于问题解决。

从英国"脱欧"到美国大选，全世界在近段时间经历了太多冲击性事件。在这样一个充满不确定性的时期，中国领导人提出对全球化的坚定主张，体现了中国的引领作用，有"定海神针"的作用，是为全球化发展注入的强心剂。

纵观人类历史不难发现，经济全球化是社会生产力发展的客观要求和科技进步的必然结果，它为世界经济增长提供了强劲动力，促进了商品和资本流动、科技和文明进步以及各国人民的交往。与任何事物一样，经济全球化进程并非十全十美，也存在不足之处，给世界带来了一些新问题，但不能就此把经济全球化一棍子打死，而是要适应和引导好经济全球化。

既然世界经济的主要问题不是来自全球化，那么从何而来？为此，习近平主席把脉世界经济，指出三大突出矛盾：一是全球增长动能不足，难以支撑世界经济持续稳定增长；二是全球经济治理滞后，难以适应世界经济新变化；三是全球发展失衡，难以满足人们对美好生活的期待。

（二）阐释中国道路

习近平主席提出打造"四个模式"：坚持创新驱动，打造富有活力的增长模式；坚持协同联动，打造开放共赢的合作模式；坚持与时俱进，打造公正合理的治理模式；坚持公平包容，打造平衡普惠的发展模式。

现在出现的问题实际上是，全球经济增长放缓，国际治理不能反映发展中国家的贡献，以及在经济快速发展过程中发达国家内部出现了一些贫富不均的问题。所以，习近平主席提出了创新驱动，改善全球治理结构，让发展中国家能发出更多声音，让全球化能够推动全球的发展。在发展过程中，不仅是富人得到好处，普通民众也能得到实惠。

（三）倡导"一带一路"战略

作为中国推动各国合作、促进世界经济增长的重大举措，"一带一路"倡议自习近平主席提出以来，在短短 3 年多时间里已得到了 100 多个国家和国际组织的积极响应支持，40 多个国家和国际组织同中国签署合作协议。2017 年 5 月中旬，首都北京主办了"一带一路"国际合作高峰论坛，"一带一路”战略得到了进一步的发展。

可以说，在世界经济面临困境、保护主义抬头的背景下，中国以长远眼光和切实行动展现了大国的时代担当。“一带一路”就是下个版本全球化的催化剂。全球化的实质是开放包容地发展，而“一带一路”正是倡导开放包容，互联互通，它所推动的是联动式的发展，以及机遇与红利的共享。从这个角度看，“一带一路”是全球化处于困难时期，推动全球化向更深层次发展的催化剂，这就是中国的贡献。

然而，在“一带一路”建设过程中，存在着各种风险，比如，因直接投资产生的法律风险、因市场准入产生的法律风险、因知识产权保护产生的法律风险、因国际金融交易产生的法律风险、因劳工问题引发的法律风险、因环境问题产生的法律风险以及因经营管理不善产生的法律风险等。如何应对这些法律风险？其中，极为重要的一点就是发挥我国涉外法律人才的作用，携手打造人类法律服务共同体。

三、打造人类法律服务共同体

2016 年 11 月 21 日，由上海上市公司协会、上海股权投资协会、上海国际服务贸易行业协会、金茂凯德律师事务所、上海大学法学院和浦东新区金融服务局联合主办的“中国企业赴美投融资法律研讨会”在上海举办。为更好地对接“一带一路”国家战略，为中国企业海外投融资提供法律保障，由上海市专业服务贸易重点单位金茂凯德律师事务所联合 G20 相关国家专业律师机构成立了首个 G20 律师服务联盟[①]。著名法学家、上海市人民政府原参事室主任李昌道教授在致辞中，首次提出要“打造人类法律服务共同体”。之所以提出打造人类法律服务共同体，是因为其在全球治理中的独特作用。

1. 参与规则制定的作用。“没有规矩，不成方圆”，国际经济往来中的规矩就是各国的法律规范以及国际公约或者是区域性的规定。“一带一路”的建设伴随着国内外多个方面的近距离接触，其中会产生良性的合作，当然也不乏各类冲突，规则的制定和适用就显得尤为重要。在沿线企业的实践下，

① 参见《中国企业赴美投融资法律研讨会举办》，https://www.myzaker.com/article/5832d35e1bc8e07a4a000001/。

很可能出现现行法律规制的盲点，这时候一方面需要法律的适用和解释，另一方面就需要新的规则的制定。律师在制定新规则中应该享有一定的发言权，因为律师长期以来一直走在法律适用的前沿阵地，对于法律的得失具有较为深刻的理解。律师针对“一带一路”实施过程中的法律问题，可以提出自己的思考和立法建议，这对于“一带一路”法制建设的完善意义重大①。

2. 开展对外法治宣传的作用。律师为各方主体提供法律服务，代表的是一种法治理念，尤其是在“一带一路”框架背景下，涉外法律服务的不断兴起。在“一带一路”建设过程中，中国企业大量地走出国门，法律服务也伴随着这些企业走出国门，接受世界法律服务浪潮的洗礼。在这一过程中，中国律师代表中国的法律制度、法治理念与国外的各类制度进行交流，使得“一带一路”沿线国家乃至辐射开去的更多的国家看到中国的身影，了解中国的法律机制。这在一定程度上是对中国法律服务在世界市场份额缺失的一种弥补，更是将中国法治理念推向世界，让世界更加认识中国的一个契机。

3. 促进依法决策的作用。这里的决策包含政府的决策，也包含企业的决策。政府决策引领方向、影响深远，企业决策关乎经营发展大计。在“一带一路”建设过程中，无论是政府管理决策，还是企业经营决策，都需要律师发挥法律咨询和参谋作用，用法治思维和法治方式推进“一带一路”建设。“一带一路”背景下，无论是政府还是企业，必然接触国外的法律规范，对此有必要进行相关的研究。律师在日常的执业活动中更有可能接触这些法律规范，相对而言对这些法律规范能够有更为清晰的理解。对于政府而言，各项政策的制定需要了解沿线国家的法律规范；对于企业而言，其日常的经营活动更加离不开对于各国相关法律的研究。律师提供的涉外法律服务即包括这些法律研究以及决策建议的内容。

4. 提供企业经营法律服务的作用。涉外法律服务的主体部分还是在于为企业提供有关经营的各类法律服务，这里包含较多的内容。从宏观视角来看，律师可以为国际货物贸易、服务贸易、知识产权国际保护等提供法律服务，切实维护中外当事人的合法权益。从微观视角来看，律师可以围绕交通、能源、通信等基础设施重大工程、重大项目的立项、招投标等活动，提供法律尽职

① 赵大程 . 在首届丝绸之路法律服务合作论坛上的讲话 [J]. 中国律师 ,2016(10).

调查服务，防范投资风险；参与合作工程、项目的谈判、合同文本的起草等，严把合同订立的法律关等。

5. 化解矛盾纷争的作用。“一带一路”沿线国家和地区法治水平差异大，法治环境较为复杂，国际经贸合作、跨国投资经营存在法律风险，易发矛盾纠纷。在矛盾发生以后，就需要律师充分运用代理诉讼、仲裁、调解等手段，化解矛盾纠纷，维护国家、企业、公民的合法权益。“一带一路”框架下企业法律纠纷面临着更为严峻的形势，一方面是在纠纷的量上因为上文提到的众多法律风险而增多；另一方面在案件难度上会体现更加复杂的特性，与国内案件相比更多的可能适用国外法律。这一点对于企业提出了更高的要求，需要专业的涉外法律服务予以解决。

四、如何培养涉外法律人才

（一）我国涉外法律人才现状

中国法学十几年来经历了跨越式的发展阶段，法学成了人文社会科学中的一门“热学”和“显学”。教育部《2006 年全国教育事业发展统计公报》显示，全国开设法学专业（本、专科）的普通高校占到了全国高校的 42%，有法学类专业研究生培养能力的高校也约占到有法学类专业研究生培养能力高校总数的 31%。每年法学的各类毕业生达几十万人，但法学学生就业情况却遭遇了普遍偏低的危机，至今就业率持续低迷的情况也未有改观。我们不禁要问：“中国的法律人才真的已经饱和了吗？”

回答是否定的，上述问题反映的只不过是低水平人才的过剩。与此相反，高端法律人才却是供不应求，涉外法律人才更是凤毛麟角，几乎到了求贤若渴的程度。涉外法律服务市场上，真正能从事涉外经贸法律代理业务的中国律师事务所和中国律师为数极少。几乎没有一个中国律师事务所或中国律师能从头至尾独立承担一起反倾销诉讼，通常需要聘用欧美律师事务所或专门律师合作或协助办案，而且往往由政府主管部门出面联系海外律师。64% 的涉外案件因涉外法律人才的匮乏鲜有人问津，目前中国律师中 99% 的从事国内法律服务，在国外从事法律服务的仅占 1%，涉外业务在整个行业中所占份额极小，而且中国在海外的案件胜诉率极低，海外仲裁七成以上案件败诉[①]。

（二）培育的重点

2017 年 5 月 24 日，上海市委书记韩正来到复旦大学，为师生们作形势政策报告。他引用了一句歌词“生活不止眼前的苟且，还有诗和远方”，希望大家志存高远、脚踏实地、勤奋学习、勇于创新[②]。那么，对于我们法律人才培养，培养的重点是什么？培养的重点应该在于智商、情商和爱商。

1. 培养智商。智商在这里是一个代名词，代表的是我们法学人士的专业水平。法学人士需要什么样的专业水平？首先，要精通国内法，这是我们“安身立命”的基础。我们从事法律服务，接触最多的就是我们国内的法律规范，只有了解我们国内的法律规范，我们才能更好地执业，为客户提供更优质的法律服务。对于国内法律的理解体现在我们法律工作的方方面面，从最基础的法律检索开始，到法律咨询工作、合同的拟订、法律意见书的制作乃至纠纷解决等都需要我们对于法律条文的精通。

其次，要通晓外国法。上面已经说到，在新时期，市场对于涉外法律人才的需求急剧扩大，打造人类法律服务共同体也要求我们的法律工作者拥有更多的涉外法律知识，能够应对国际法律服务工作。国际秩序依照国际法律规则而建构，国际法律规则也是涉外法律服务和解决纠纷的基本准则。经济全球化下的中国，其政治、经济、文化及法律与国外的联系日渐不可分离，涉外领域也变得越来越广泛和深入，目前已涉及经济贸易、运输、保险、知识产权、金融、投资、婚姻、继承等诸多领域。面对复杂的国际环境，涉外法律人才应拥有更开阔的视野、更完善的知识结构、更强劲的实战能力、更广泛的适应能力。要拓展中国涉外法律服务领域，为中国融入全球经济提供法律上的支持，涉外法律人才要在知晓本国法律的基础上拓宽知识领域，要通晓国际规则和国际惯例，掌握国际上民商事法律的基本规则，熟悉国际公法、国际私法、国际经济法、国际贸易法、世界贸易组织规则、国际司法协助等相关知识，还必须尽可能与不同的语言和不同的法律文化接触，锐意开阔视野，

---

① 杨风宁 . 经济全球化视野下涉外法律人才培养问题初探 [J]. 民族教育研究 ,2014(3).

② 参见《韩正在复旦大学作形势政策报告》，http://cpc.people.com.cn/n1/2017/0525/c64094-29299750.html。

与国际接轨。

最后，要我们熟用外国语。涉外法律人才主要从事与外国人打交道的法律领域，有其特殊性。其“涉外性”要求必须掌握国际交流的工具，精通一门或者多门外语。外语是通向世界的桥梁，是进行国际交流和国际合作的工具，也是培养涉外法律人才的题中之义。要想在国际社会中生存、对国外的法律有正确的认知、准确理解他人的意思、妥善表达自己的观点、提供周到细致的涉外法律服务，离开娴熟的外语都不可能实现。因此，精通外语是法律人能够应对全球化工作的需要，是其增加职场竞争实力的根本保证。当然，这不意味着涉外法律人才要通晓多国语言，因为这种要求不仅过高，事实上也难以做到，涉外法律人才所应具备的外语能力主要还是英语能力。英语在世界各国各领域得到广泛运用，是国际活动和国际交往中使用最频繁的语言。法律人士只要能精通英语，基本上就能在国际法律市场上做到畅通无阻，游刃有余。

2. 培养情商。首先要树立正确的价值观。特定时代社会中流行的核心价值观，是国家用制度维系推行、人们自觉追求践行的核心价值观念。社会主义核心价值观，是社会主义本质的价值体现，是全社会共同坚持的价值追求。2013 年 12 月 23 日中共中央办公厅印发的《关于培育和践行社会主义核心价值观的意见》提出，“富强、民主、文明、和谐是国家层面的价值目标，自由、平等、公正、法治是社会层面的价值取向，爱国、敬业、诚信、友善是公民个人层面的价值准则，这 24 个字是社会主义核心价值观的基本内容”。

考察中国的核心价值观，作为国家层面的价值目标，“富强、民主、文明、和谐”中的前三者，是中国几十年来一直努力奋斗的价值目标。在 1987 年 10 月的中共十三大政治报告中提出，要把中国建设成“富强、民主、文明”的社会主义现代化国家。“和谐”概念在 2004 年党的十六届四中全会上首次提出，这次全会号召要构建社会主义和谐社会。实际上，考察这四个国家层面的目标就会发现，它正好对应着经济建设、政治建设、文化建设和社会建设这“四位一体”，而“和谐”概念不仅包含着人与人之间的社会和谐，也包含着人与自然关系的和谐，因此，上述提法也包含了生态文明建设，涵盖了“五位一体”的各个方面。作为社会层面的价值取向，“自由、平等、公正、法治”，既继承了人类社会发展过程中的共同价值追求，也突出了社会主义追求公正公平和人人平等的基本要求。这些价值取向，需要社会在制度上加以保证。作为公民个人层面的价值准则，“爱国、敬业、诚信、友善”，蕴含了中华文明传统的精神特质，也融合了新时期的时代内涵，能够得到全民族的广泛认同。

西方社会提出的“普世价值”观念，主要有三个，即“自由、民主、人权”。此外还有其他的如“平等、博爱、法治”等。这些价值观念的形成，在人类历史发展历程中经历了一个漫长的过程。

按照马克思主义学说，社会主义社会是在资本主义高度发达的基础上建成的，其经济生产方式和人们的意识形态、道德观念相对更上一个高的层次。现实中，社会主义社会今天仍处于初级阶段，需要不断吸取当今资本主义的一切优秀文明成果。资产阶级在反对封建制度过程中形成发展起来的价值理念，无产阶级同时也可以继承吸收。在社会主义社会，这种吸收和扬弃应当持续进行。比如，社会主义核心价值观中，同样包含了自由、民主、平等这些价值观念，但蕴含了社会主义本质的更高层次、更广泛的内涵；在实践中，社会主义初级阶段更是应当不断地完善民主制度和法律制度，确保人民群众充分行使自由权利，加强民主的有效性，提高民主的质量和水平，确切地保障人权。

当然，我们也不必刻意贬低西方的“普世价值”。这些价值理念，对西方社会几百年来发展成现代社会应当说居功至伟，当然有值得我们吸取的合理因素。资料表明，1974 年，世界上只有 35 个选举式民主国家，不到整个世界国家数量的 30%，而到 2013 年，选举式民主国家已增加到近 120 个，占世界国家和地区总数的 60% 多。尽管这些国家里的一些成员有非常不成功或者失败之处，但对于民主制度的普遍运用，显示出这种理念的深入人心。

我国的社会主义核心价值观，传承了中华民族的优秀文化，禀赋着马克思主义的精神实质，包含着人类社会普遍认同的优秀基因，它是适用于全人类的合理和进步的理念。中国的道路和制度也具有这种特性，也是特殊中蕴含着一般，从而创造了改革开放 30 多年来的中国奇迹。用这种方法论看问题，才能进一步增强我们的“价值观自信”[①]。

① 包霄林 . 社会主义核心价值观与西方“普世价值”比较研究 [J]. 科学社会主义 ,2015(1).

其次要学会沟通与交流。沟通与交流是我们开展业务的起点，也是我们进行业务的必备工具或方式。这里的沟通与交流体现在两个层面，第一个层面是对于我们在校生而言的。我们的学生在学校尽管学习了很多的专业知识，但是真正现身职场，却很少能放开自己，主动与同事、老板、客户进行沟通与交流，这一点是我们需要改进的。对于我们在校生，应该大胆地迈出一步，学会多与他人交流，通过与同事交流，可以获得工作中的经验；通过与老板交流，可以明白老板布置的任务；通过与客户交流，可以明确客户的要求，更好地为客户服务。

第二个层面体现在我们"走出去"的过程中。正如我们上面提到的在全球治理过程中，在"一带一路"建设过程中，我们必不可少地需要在不同的地域工作，在陌生的环境中，学会与他人进行沟通与交流，更是我们优质高效完成工作任务的保障。

3. 培养爱商。2016 年 10 月 20 日，马云在清华 EMBA 课堂进行了以"企业家精神与未来"为主题的演讲，他说："一个老板要成功，绝大部分要有三个商，第一情商，第二智商，还有一个爱商，大爱之商"。[①] 所谓爱商，就是对未来、对社会、对将来、对人之间有一种爱心。

我们常常有疑问，即如何打通我们校内与校外最后一公里？这里就需要我们的爱商发挥作用，那就是要发挥校友的作用。很多母校培养的学子，在社会上成就一番事业，拥有一定资源后都会想着回报母校。从我们法律行业来说，这种回报对于我们的法律人才培养极为重要。上面也曾经提到法学教育要处理好理论和实践的问题，法谚有云："法律的生命不在于逻辑，而在于经验。"现在我们的学子在法学理论上通过在学校多年的学习已经具备了一定的功底，但是却缺乏实践经验。而我们很多的校友通过多年的社会实践已经拥有了良好的资源，有些开办了自己的事务所，有些在事务所中担任了一定的职务，有些成为了公司的法务，还有些进入了公检法机关。这一些资源可以向内或向外输出，为我们法律人才培养起到巨大的作用。向内输出即邀请这些人士回母校进行各种形式的交流，为我们的学子打开实践的窗户。对外输出即让我们的学子真正拥有实践的机会，真实地投入到这些法律实践

① 参见《第一情商，第二智商，还有一个爱商》，http://www.sohu.com/a/117040989_463963。

中去。比如，金茂凯德律师事务所，已经同众多法学院签订了战略合作协议，每年都有大量的法学院的学生到本所实习，我们也乐意向学生们提供这样的实践机会。当然，一批一批学子将来也应该将这一份爱商传承下去，这样就形成一种良性循环，为我们国家法律人才的培养提供源源不断的助力！

（三）培育具体的措施

1. 拓宽学生的国际视野。要使涉外法律人才具备国际视野，一是要具有多元文化素养和跨文化适应能力。作为涉外法律服务的专门人才，需要面对来自不同种族、不同国度的人群，凸显出提高多元文化素养和跨文化适应能力的重要性和迫切性。多元文化素养包括如何对待自己、如何对待不同国度的人们、如何对待所处的环境。这不仅指对发达国家文化的理解，也指对欠发达国家文化的理解，熟悉他国的文化，尊重外国人的宗教传统和生活方式，提高对域外文化的敏感，在此基础上进行跨文化的交往和沟通，建立尊重与互信，才有可能树立良好的形象，引发关注，引起共鸣，提高说服力、影响力及竞争力。

二是熟悉国外法律实践环境。脱离具体法律实践环境的人才培养无异于纸上谈兵，其培养出的人才不能解决实际问题，也不可能具备国际视野。在人才培养的过程中，应当尽可能为涉外法律人才打造所需的外部环境和实践平台，如外语环境、法律实践场景、国外生活场景，让学生到国外学习和生活一段时间，这将有助于学生对对象国国情和法律文化的熟悉，增强其对当地社会特点和生活习惯的了解，以及对宗教信仰等文化背景对法律实践可能产生的影响的深刻认识。

三是在专业教学中弥补跨文化教育不足的缺陷。作为国际化的人才，需要具有国际观念、具有跨文化的沟通能力和职业能力，这需要文化做基础和前提。涉外法律人才首先要有本民族文化的积淀，有中国传统文化的底蕴，其次要了解对象国的历史文化、风俗习惯、宗教传统，只有这样才能进行深入透彻的跨文化交流，增进对其他国家、民族的文化和价值观的尊重，学习并吸收他国的先进文化，构建和谐的开放的对话关系，担当起具有国际视野的高素质法律人才的重任。因此，涉外法律人才的培养应在专业课之外开设中国传统文化及跨文化交流课程，以满足拓展学生知识面和提升跨文化交际能力的要求。

2. 强化涉外法律外语的教与学。综合运用外语能力是衡量国际化人才的首要标准。我国现有的法律外语的教学水平和学生实际运用能力与全球化的要求相距甚远，强化法律外语教学成了人才培养中的重中之重。要解决这一问题，首先要高度重视法律外语的教学，制定明确的法律外语的教学目标和考核标准。目前许多法学院的研究生教育中都开设有法律英语，但法律英语是选修还是必修课、课时量多少、使用的教材及考核方式等并没有统一的标准，各院校的差异很大，绝大多数的法律英语教学严重滞后于社会发展的需要。涉外法律人才的培养方案应当将外语作为一项硬指标纳入教学管理体系之中，以学生能自如地运用外语进行交际、具备外语思维及跨文化交流能力，最终能以外语为媒介开展涉外法律服务为目标。其次，加大外语授课的力度。涉外法律人才必须以法律外语教学为基础，应在教学计划中为外语教学设定不少于全部课程三分之二的比例，以保证人才培养的质量。教学方式之一为双语教学，之二为全外语教学。随着我国留学归国人员队伍的不断壮大和引入国外的教师资源，运用外语讲授法律课程的障碍将会越来越小，一定比例的外语教学要求有助于提高学生法律和外语的综合运用能力。

3. 加大涉外法律人才实际运用能力的培养力度。涉外法律人才培养必须克服现阶段以理论教学为主、缺少法律技能训练的通病。在课程的设置上，可以拓宽涉外法律知识的外延，增加国际商务谈判、国际经济贸易、涉外民商事纠纷解决、国际司法协助等与涉外实践联系密切的课程，增加涉外知识的含量。在整个课程体系中明确涉外法律实践课的具体要求，以确保涉外法律实践课落到实处。推动我国法学教育的改革与创新，必须与政府对外经济贸易管理部门、外向型企业、涉外争议解决机构进行密切合作，建立涉外法律人才培养的实训基地，为学生创造参与涉外法律实践的平台，提供处理现实问题的机会。另外，聘请上述实务部门的成员担任老师，使学生在涉外法律知识的储备上与涉外法律的操作上实现无缝对接。

五、结语

十年树木，百年树人，打造人类法律服务共同体，涉外法律人才的培养成为重中之重。让我们以只争朝夕、时不我待的锐气，敢为人先、勇立潮头的志气和持之以恒、坚韧不拔的朝气，在习近平总书记治国理政新理念新思想和新战略引领下，续写不愧于时代的新篇章！

"一带一路"基础设施建设法律研究

李志强　邱泽龙

一、基础设施建设的重要性

基础设施作为经济社会发展的基础和必备条件，是一个城市发展的能量，为城市发展增添后劲，而建设滞后则可能成为制约发展的"瓶颈"。

（一）城市基础设施是社会经济活动正常运行的基础

若把经济视作人体看待，基础设施犹如人体的生理系统，交通则是人体的脉络系统，邮电是人体的神经系统，给排水是消化和泌尿系统，电力是血液循环系统，要维持人体正常运转，这些系统缺一不可，任何一方面失灵，都将导致人体失衡。基础设施伴随城市而生，并与城市相辅相成、互相促进。它是城市存在和发展的物质基础，是城市生活及各种活动的基本条件，是城市现代化的主要标志，也是城市竞争力的重要因素。

（二）建设城市的基础设施是经济发展的重点

经济起飞离不开基础设施建设的助推，基础设施是生产力要素的一种体现，它反映了一个现代化社会物质生活的丰富程度。经济快速发展的地区有一条共同的经验就是通过率先启动大规模的基础设施建设，为经济高速增长奠定坚实的基础。便捷的交通、畅达的通信、发达的信息、充足的能源、优美的环境等基础设施，能够增强城市的集聚与辐射效应，保障投资环境及运行效率。[①]

二、基础设施投融资模式

（一）PPP（Public-Private-Partnerships）模式

20 世纪 90 年代后，一种崭新的中小企业融资模式——PPP 模式（Public-Private-Partnerships，即公共部门—私人企业—合作的模式）在西方特别是欧洲流行起来，在公共基础设施领域，尤其是在大型、一次性的项目，如公路、铁路、地铁等的建设中扮演着重要角色。

PPP 模式是一种优化的项目中小企业融资与实施模式，以各参与方的"双赢"或"多赢"作为合作的基本理念，其典型的结构为政府通过政府采购的形式与中标单位组建的特殊目的公司签订特许合同（特殊目的公司一般是由中标的建筑公司、服务经营公司或对项目进行投资的第三方组成的股份有限公司），由特殊目的公司负责筹资、建设及经营。政府通常与提供贷款的金融机构达成一个直接协议，这个协议不是对项目进行担保的协议，而是一个向借贷机构承诺将按与特殊目的公司签订的合同支付有关费用的协定，这个协定使特殊目的公司能比较顺利地获得金融机构的贷款。

PPP 模式的机构层次就像金字塔一样，金字塔顶部是政府，是引入私人企业参与基础设施建设项目的有关政策的制定者。政府对基础设施建设项目有一个完整的政策框架、目标和实施策略，对项目的建设和运营过程的各参与方进行指导和约束。金字塔中部是政府有关机构，负责对政府政策指导方针进行解释和运用，形成具体的项目目标。金字塔的底部是项目私人参与者，通过与政府的有关部门签署一个长期的协议或合同，协调本机构的目标、政策目标和政府有关机构的具体目标之间的关系，尽可能使参与各方在项目进行中达到预定的目标。这种模式的一个最显著的特点就是政府或者所属机构与项目的投资者和经营者之间的相互协调及其在项目建设中发挥的作用。PPP 模式是一个完整的项目中小企业融资概念，但并不是对项目中小企业融资的彻底更改，而是对项目生命周期过程中的组织机构设置提出了一个新的模型。

---

① 雷冰 . 我国城市基础设施建设存在的问题及对策分析 [J]. 山西建筑 ,2011(1).

它是政府、营利性企业和非营利性企业基于某个项目而形成以“双赢”或“多赢”为理念的相互合作形式，参与各方可以达到与预期单独行动相比更为有利的结果。参与各方虽然没有达到自身理想的最大利益，但总收益即社会效益却是最大的，这显然更符合公共基础设施建设的宗旨。

（二）BOT（Bulid-Operate-Transfer）模式

BOT，即建造—运营—移交模式，具有市场机制和政府干预相结合的混合经济的特色。

一方面，BOT 模式能够保持市场机制发挥作用。BOT 项目的大部分经济行为都在市场上进行，政府以招标方式确定项目公司的做法本身也包含了竞争机制。作为可靠的市场主体的私人机构是 BOT 模式的行为主体，在特许期内对所建工程项目具有完备的产权。这样，承担 BOT 项目的私人机构在 BOT 项目的实施过程中的行为完全符合经济人假设。

另一方面，BOT 模式为政府干预提供了有效的途径，这就是和私人机构达成的有关 BOT 的协议。尽管 BOT 协议的执行全部由项目公司负责，但政府自始至终都拥有对该项目的控制权。在立项、招标、谈判三个阶段，政府的意愿起着决定性的作用。在履约阶段，政府又具有监督检查的权力，项目经营中价格的制定也受到政府的约束，政府还可以通过通用的 BOT 法来约束 BOT 项目公司的行为。

（三）BT（Build-Transfer）模式

BT 模式是 BOT 模式的一种变换形式，即建设—移交，政府通过特许协议，引入国外资金或民间资金进行专属于政府的基础设施建设，基础设施建设完工后，该项目设施的有关权利按协议由政府赎回。

通俗地说，BT 模式也是一种“交钥匙工程”，社会投资人投资、建设，建设完成以后“交钥匙”，政府再回购，回购时考虑投资人的合理收益。标准意义的 BOT 项目较多，但类似 BOT 项目的 BT 却并不多见。

（四）TBT 模式

TBT 模式就是将 TOT 与 BOT 中小企业融资方式组合起来，以 BOT 为主的一种中小企业融资模式。在 TBT 模式中，TOT 的实施是辅助性的，采用它主要是为了促成 BOT。TBT 模式的实施过程如下：政府通过招标将已经运营一段时间的项目和未来若干年的经营权无偿转让给投资人；投资人负责组建项目公司去建设和经营待建项目；项目建成开始经营后，政府从 BOT 项目公司获得与项目经营权等值的收益；按照 TOT 和 BOT 协议，投资人相继将项目经营权归还给政府。实质上，是政府将一个已建项目和一个待建项目打包处理，获得一个逐年增加的协议收入（来自待建项目），最终收回待建项目的所有权益。[①]

三、“一带一路”基础设施建设投资的融资来源及方式

（一）资金来源

对于“一带一路”基础设施建设而言，可以利用的资金主要包括沿线国家内部的金融资源、沿线国家之间的金融资源互通以及国际金融资源。

1. 沿线国家内部的金融资源。“一带一路”沿线国家无论发展水平如何，除个别存在地区冲突的国家，均拥有自己的储蓄、信贷，也有债券、股票等直接融资市场。这些国内金融资源是其发展国内基础设施的基础性资金来源。

根据世界银行统计，2014 年“一带一路”沿线国家的总储蓄约为 9 万亿美元，其中超过 70% 国家的国内信贷与 GDP 的比例超过 40%。此外，有统计的 31 个国家的股票交易总额超过 15 万亿美元。

2. 沿线国家之间的金融资源互通。“一带一路”沿线 64 个国家的经济发展水平存在明显差异，其中有 19 个高收入国家、22 个上中等收入国家、20 个下中等收入国家、3 个低收入国家。这些国家中，有的资金相对充裕，有的资金十分匮乏，通过加强金融资源的互通与整合来实现整个区域的设施联通有着良好的资金基础和广阔的投资空间。

3. 国际金融资源。国际金融资源主要分为三种类型：一是多边或区域开发性金融，如世界银行的国际复兴开发银行（IBRD）贷款和 IDA 贷款、亚洲银行贷款、亚洲基础设施投资银行（以下简称亚投行）贷款等。亚洲银行

① 赵艳 . 发展 PPP 项目融资模式，加快公共基础设施建设 [J]. 中国工程咨询 ,2015(7).

2014年和2015年发放的赠款及贷款金额共计分别为100亿美元和122亿美元，世界银行2014年和2015年发放的贷款、赠款、股权投资及担保金额共计分别为656亿美元和600亿美元。这些资金中仅部分用于基础设施建设。以亚洲银行为例，目前亚洲银行发放的贷款中约有1/3投到交通基础设施领域。因专注于基础设施投资，亚投行弥补了现有国际开发性金融的不足。2015年12月，亚投行正式成立，并于2016年1月16日正式开业。

“一带一路”基础设施项目在符合条件的情况下，可以获得国际开发性金融的支持。截至2014年末，42个“一带一路”沿线国家获得的世界银行IBRD贷款和IDA贷款余额共计1672.09亿美元，占两项贷款余额总规模的40%以上。其中，印度、中国、印度尼西亚、巴基斯坦、土耳其、越南、孟加拉国的贷款余额超过100亿美元。

二是主权财富基金，是由一个国家或地区政府设立的官方投资基金。根据美国主权财富基金研究所（SWFI）的资料，全球各类主权财富基金所管理的资产共计7.4万亿美元，其中与油气有关的基金资产4.32万亿美元。主权财富基金通常更加注重回报而非流动性，因此，较传统外汇储备具有较高的风险承受能力，可作为基础设施投资的重要融资渠道。

三是跨国机构投资者，包括保险公司、养老基金、专门从事基础设施投资的投资基金等。这些机构投资者多数是基础设施项目的财务投资者，主要寻求通过早期参与项目，实现资金的合理回报，通常不参与项目的运营。一般情况下，项目的回报预期越好，越容易得到跨国机构投资者的青睐。

（二）“一带一路”基础设施投融资顺利推进的关键在于挖掘与打造优质项目

对于基础设施投融资而言，首先要有可投的项目，然后才有融资及后续业务的开展。资金的逐利本质决定，投资者青睐那些有良好发展预期的优质项目。现实中，“一带一路”沿线基础设施项目中的优质项目主要集中在高收入经济体和少数上中等收入国家（包括中国在内），有条件获得市场资金的青睐，融资环境相对宽裕，而那些亟须通过改善基础设施挖掘发展潜力的国家和地区优质项目缺乏，受资金短缺的束缚较为严重。从调研的情况来看，虽然这些国家和地区的基础设施潜在投资项目众多，但缺乏优质项目是无法回避的难题，其主要原因在于以下三点。

1. 沿线国家的发展环境差异大。“一带一路”涉及65个国家和埃及的西奈半岛，各国在政治制度、经济社会体制和发展程度、法律体系和政策体系、文化和宗教等方面均存在显著差异，由于透明度不足及语言多元的原因，外部资本在进入各国国内基础设施领域时往往心存疑虑，要花大量的精力和财力去了解东道国的投资环境。即便做了充分准备，在进入后也难以避免水土不服的问题。而且由于多方面的差异，国家之间协调的难度很大（个别跨境基础设施项目历时20多年仍没有得到有效协调），难以通过国家间的合作为外部资本的投资行为提供有效保障。在基础设施领域，这些问题与基础设施项目固有的投资规模大、回报周期长等问题叠加，进一步提升了吸引市场资金进入的难度。这些问题在经济不发达、政治不稳定、法制不健全的国家表现尤为明显。

2. 缺乏可靠稳定的盈利模式。基础设施投资的盈利主要来源于三个方面，一是使用者付费，二是在因基础设施改善提高的财政收入中安排资金进行支付，三是因基础设施改善带来的周边区域商业升值。第三种来源是中国发展基础设施的重要经验。这三种盈利模式都存在一定的风险。对于基础设施的建设方、运营方而言，使用者付费模式存在市场发展低于预期的经营风险。在经济欠发达地区，市场发展低于预期的可能性较大。财政资金支付模式受制于东道国的整体财政能力。“一带一路”沿线很多国家均存在严重的财政赤字，债务违约风险较高。周边区域商业升值模式的风险在于东道国的土地制度，对于土地私有制的国家，周边土地并不一定能提供给基础设施建设运营方开发，第三方开发的收益也不一定会与其分享。现实中，“一带一路”沿线国家基础设施的债务违约率较高，有的国际咨询机构甚至将有些国家列入高风险债务人。

3. 地缘政治风险较大。“一带一路”沿线部分国家和地区具有独特的资源能源和区位，处于大国利益角逐的中心地带，政治、经济形势十分复杂，国际形势特别是域外大国势必影响这些国家的政策。虽然“一带一路”沿线国家在改善基础设施、实现更好发展方面拥有共同的愿望，但并不排除其与其他利益集团之间也存在难以割舍的利益诉求（包括政治、军事、经济），从而给本地区基础设施建设带来不确定性，增加投资风险。

为解决上述问题，将规模庞大的基础设施投资需求变为真实的投资行为，参与“一带一路”基础设施建设的各类主体既要通过分析研究挖掘具有发展潜力的优质项目，更要在改善投资环境、提升域内基础设施项目对市场资金吸引力方面共同努力，形成“投资环境改善—优质项目增多—融资渠道拓宽—经济快速发展—投资环境进一步改善”的良性循环。

香港投融资法律研究篇

全面准确实施基本法
充分发挥“一国两制”优势

徐静琳

一、基本法实现了“一国两制”的法律转化

“一个国家，两种制度”的科学构想，是20世纪80年代初邓小平为中国统一的目标针对台湾问题而提出的，这是根据历史遗留问题和中国国情作出的构想，最初在解决香港问题上获得实现，无愧是中国特色的伟大创举。我国《宪法》第三十一条规定，国家在必要时，将设立特别行政区并通过法律来规定特别行政区制度，从而以国家根本大法的形式确定了“一国两制”的基本国策。20世纪90年代初，《香港基本法》和《澳门基本法》的制定，则最终完成了“一国两制”的法律转化。

经过近二十年的实践，“一国两制”方针政策在特别行政区获得了丰富发展，我们对其认识也不断深化。概括地理解，“一国两制”方针政策，是指在“一个中国”的前提下，在中国主体（内地）实行社会主义制度的同时，在香港和澳门两个特别行政区保留资本主义制度。因此，从国家主权的逻辑论证，“一国两制”方针政策构成中国特色社会主义理论体系和实践的重要组成部分，同样，体现“一国两制”方针政策的基本法和特别行政区的法制体系，也成为中国特色社会主义法制体系的重要组成部分。

中共十八大报告指出：“中央政府对香港、澳门实行的各项方针政策，根本宗旨是维护国家主权、安全、发展利益，保持香港、澳门长期繁荣稳定。”这清楚表明了“维护国家主权、安全、发展利益”与“保持香港长期繁荣稳

定”是落实“一国两制”的基本目标，充分体现了国家安全及发展与特别行政区繁荣稳定的统一关系。《香港基本法》和《澳门基本法》将“一国两制”的这一基本目标和核心内容固化为法律条款，成为落实“一国两制”的基本法律依据。

从法律所调整的社会关系而言，《香港基本法》和《澳门基本法》属于宪法性法律，其效力及于我国所有领土范围及中央管辖区域。由于基本法体现了国家对香港和澳门的基本方针政策，也由此成为特别行政区的最高法律，特别行政区的所有制度和政策，包括社会、经济制度，有关保障居民的基本权利和自由的制度，行政管理和司法方面的制度，以及有关政策，都必须以基本法为依据，特别行政区制定的法律均不得与基本法相抵触。因此，基本法在特别行政区的法律位阶是至上的，它与《宪法》共同构成特别行政区的宪制基础。

二、特别行政区制度体现了“一国两制”的实践模式

为了保障国家对香港、澳门的基本方针政策的实施，基本法根据《宪法》，规定特别行政区实行的制度，也就是说，特别行政区制度是国家按照“一国两制”方针对特别行政区实行的特殊管理制度。由此，“一国两制”在中国的真正实践，正是通过《香港基本法》和《澳门基本法》所设计的一套特别行政区制度和体制来实现的。因此，基本法既是“一国两制”的法律体现，也是“一国两制”的法治保障，任何偏离、违背或者对抗基本法的言行，实质上就是背离了“一国两制”的宗旨和基本原则。

基本法所确立的特别行政区制度框架，包括中央对特别行政区居民的基本权利和义务、政治体制、基本经济制度、文化制度、对外事务等基本政治制度和经济制度，概括起来，主要涉及三层法律关系：中央与特别行政区的关系、中央管治权与特别行政区自治权的关系，特别行政区政治体制内部即行政、立法与司法的权力关系。从这三层法律关系分析，无不透视出“一国两制”的丰富内涵。

从全国与特别行政区的关系来看，基本法反映了坚持“一国原则”和尊重两制差异的基本原则。按照我国《宪法》和基本法的规定，国家行政区域

的治理体系包括：一般行政区域、民族自治地方和特别行政区。国务院统一领导全国地方各级国家行政区域的工作，省、自治区、直辖市人民政府的各工作部门受人民政府统一领导，并依法受国务院主管部门的领导或业务指导。特别行政区是国家基于“一国两制”的方针政策，实行专有的特别行政区制度。因此，特别行政区制度既是国家管理制度的重要组成部分，也是国家对特定区域采取的特殊管理制度。在行政建制上，特别行政区属于国家一级行政建制，直辖于中央人民政府，但其享有的权力完全不同于内地其他省级单位，而是“享有高度自治权”，即在特别行政区依法享有的行政管理权范围内，中央政府不再行使这方面的行政管理权，中央人民政府所属各部门也不得干预特别行政区根据基本法自行管理的事务；在立法领域，特别行政区充分享有自治范围的立法权，若涉及主权性质的全国性法律在特区实施，须有基本法附件的规定；在司法领域，特别行政区充分享有独立的司法权，如果发生“人大释法”，即便是最高立法解释，对此后特区法院判案发生最高解释效力，而并不溯及之前特区法院已经生效的判决。基本法还规定在教育、科技、文化等领域，特别行政区与内地的民间团体和组织关系，须遵循“互不隶属、互不干涉和互相尊重”的原则。

从中央管治权与特别行政区自治权的关系来看，反映了主权与治权的不可分割的密切关系。主权是指一个国家在其管辖区域所拥有的独立自主处理其内外事务并不受他国干预的最高权力，治权则是由主权所包含的国家行使管辖及治理的权力。基于中国对香港和澳门拥有主权，中国政府对香港和澳门便具有当然的治权，也就是说，中国政府就是通过对香港和澳门行使管治权来体现主权的。基本法明确规定了中央对港澳管治权的原则及制度，包括中央与特别行政区的关系以及特别行政区基本制度等。在中央对港澳管治权的行使方式上，既有中央直接行使的权力，也有授予特别行政区自行行使的权力，还具有对特区自治权是否依法运行的监督权力。根据授权理论，特别行政区享有的自治权均由基本法明确作出规定，基本法条款未明示的，则不归属于特别行政区，因而特区的高度自治权是有界限的。基本法第二章界定的“中央和特别行政区的关系”，主要体现的是行政管理关系，也涉及对特区立法的监督权等。第三章规定的政治体制以及相关附件，是基本法对特区政治体制的架构及运作原则的明确规定，表明特区政治体制的设置、权力运作、选举方式、政制发展等不属于特区的自治范围。也就是说，作为中国的地方政权，特别行政区自身并不具有其政治体制及政制发展的决定权。

从特别行政区政治体制的权力关系来看，反映了横向和纵向的多重权力关系的特点。特别行政区政治体制是国家政权组织方式的组成部分，是国家授权香港居民依法行使高度自治的地方政权组织方式，不仅涉及特别行政区内部的权力关系，也涉及中央与特别行政区之间的权力关系。如前所述，纵向关系包括中央依法直接对特区行使管治权、特区经中央授权实行高度自治权并接受中央监督的关系。基本法确立的特区政治体制，其架构包括行政长官、行政机关、立法机关、司法机关等基本内容，其权力配置及权力关系的特点可以概括为：行政主导，行政与立法相互制衡、相互配合，司法独立。特别行政区实践证明，在这横向关系中，只有维护以行政长官为核心的权力体系的平衡，才能有效发挥政治体制的政治保障作用。行政长官“位高权重”，居于特区权力体系的核心地位，肩负着“就执行基本法向中央负责”的重要职责，中央政府正是通过对行政长官的领导，实施对特别行政区健康有序运作的管治权。

三、推进“一国两制”必须全面准确实施基本法

《宪法》和基本法构成了特别行政区的宪制基础，是实践“一国两制”的法治保障，基本法的理论和实务也成为我国宪法领域最活跃的部分。在《香港基本法》和《澳门基本法》制度实施近二十年之际，总结成功的经验，反思存在的问题，探索如何在主权回归之后实现真正意义上的治权回归，需要我们对基本法的内涵及实质再认识，坚定不移推进基本法的全面准确实施，基本法的生命力也正是在其实践中不断丰富而完善的。

（一）坚守法治原则，准确执行基本法

依法治港和依法治澳是依法治国方略的重要组成部分，基本法在特别行政区具有宪制地位，是特别行政区的最高法律，任何特区制定的法律和保留的“原有法律”，包括司法判决均不得超越基本法，因此，依法治港和依法治澳，最根本的就是依照基本法治理特别行政区。然而，在实践中，选择性

适用或者曲解适用基本法的情况不在少数，比如，香港对于“行政主导”政治体制的理解、对基本法第二十三条的理解、对特区法院就基本法条款进行司法解释界限的理解、对人大释法和人大决定的理解等，以致发生诸如“占中”等违法行动。理解基本法不仅仅是对个别条款的解读，还应就基本法的立法背景和精神实质结合理解，全面准确理解基本法是全面准确实施基本法的前提。基本法规定了行政长官具有依法负责执行基本法的权力，这不只是指行政长官对基本法的某个条文或具体规定的实施负责，而是就整部基本法在特区实施向中央负责。与此同时，在实施基本法的过程中，倘若发现若干问题，应当允许在法制框架下作出调整。例如，近期香港“七警察案”引发的量刑争议，于是有了对司法主权的质疑。基本法规定，香港可以从其他普通法适用地区聘用法官，但并未涉及聘用比例，目前香港终审法院 22 位法官中有 18 位外国人、高等法院 35 位法官中有 13 位外国人，这些外籍法官并不熟悉中国国情（包括基本法在内的中国法律），至少在理解上是有差距的，由他们在高等法院处理中国案件，令人担忧。上述外籍法官的聘用比例是否合理？是否符合基本法的立法原意呢？是否有利于推进“一国两制”呢？基本法经过这么多年实施，是否应作出修订或者建立一个实施机制？值得探索。

（二）强化中央对特别行政区的管治权及全面监督权

《香港基本法》和《澳门基本法》规定，“五十年不变”，是指在“一国两制”下，港澳保持原有的资本主义制度和生活方式不变，绝非中央对其“五十年不管”。有效行使中央对特别行政区的管治权，是《宪法》和基本法明确的宪制权力。中央直接行使的管治权主要包括：组建特区政权机关、指导特区行政长官和政府依法施政、负责管理与特区有关的外交事务和特区防务、行使《宪法》和基本法赋予人大常委会的职权等。[①] 回归以来，全国人大常委会先后三次对有关香港行政长官和立法会产生办法有关问题作出了决定，如 2014 年 8 月 31 日全国人大常委会关于普选的决定，对香港行政长官选举的健康有序发展起了决定性的作用。全国人大常委对《香港基本法》有五次释法，2016 年 11 月 7 日人大主动释法，再次表明中央依法行使宪制权力，

① 中华人民共和国国务院新闻办．“一国两制”在香港特别行政区的实践 [M]. 北京：人民出版社,2014:8-11.

以厘清“重大的法律争议”。随着特别行政区民主政制的深入推进，应防止任何偏离基本法原则和规定的政改，也应防止任何超越基本法规定的权力界限的做法和提法，中央依法有权对特别行政区政制的深入发展进行引导和作出决定。

基本法规定的中央对港澳特别行政区的管治权包括有多个层面，如通过对特区行政长官的领导，切实加强包括对特区政府、立法会和司法机关执行基本法的指导和监督，以使“维护中央权力和保障特区高度自治权”两者的结合具有可执行性。比如，涉及国家安全的基本法第二十三条立法规定，澳门已严格实施，而香港立法会搁置至今，没有履行基本法规定的宪制义务。鉴于《香港基本法》第二十三条立法目前处于空白状态，中央应责成并监督香港特别行政区权力机关，包括特区政府、立法会和司法机关，依照《香港基本法》有关规定，防范和阻止“港独”泛滥，严惩“港独”行为。有关香港《刑事罪行条例》《公安条例》等本地法律应根据基本法作出相应的修改或补充。立法会应重新启动该项法案的立法程序或至少有明确的时间表。当然，如果香港特区发生非常情况引致非常状态，如前所述，并不排除在香港适用有关国家安全法律。按照《香港基本法》第十八条规定，如果发生香港特区政府不能控制的危及国家统一或安全的动乱，全国人大常委会有权决定香港进入紧急状态，中央人民政府可发布命令将有关全国性法律在香港特别行政区实施。

（三）发挥特区制度优势，融入国家发展洪流

基本法为我国特别行政区设计了一套崭新的制度和体制。① 这套制度和体制彰显了“一国两制”下特别行政区的制度优势：既有强大的国家支持和保障，又充分享有特区的高度自治权。准确理解基本法，全面实施基本法，珍惜这一独特的制度优势，尽力发挥该制度的功效，是港澳特别行政区的智慧所在。比如，行政主导体制是基本法对特区政治体制的宪制性安排，也是切合港澳特区实际设置的政治管理方式，含有高度的行政管理权、充分的立法权和独立的司法权，如何充分运用基本法授权，推进行政主导体制顺畅运行，对于

① 吴邦国 . 深入实施香港特别行政区基本法，把“一国两制”伟大实践推向前进 [R]// 纪念香港基本法实施十周年文集 . 北京：中国民主法制出版社 ,2007:6.

优化特别行政区的管治模式以及保持特别行政区的繁荣发展至关重要。又如，“一带一路”是国家全方位对外开放新格局和推动经济长远发展的重大发展战略，港澳如何积极参与其中，是新时期港澳特别行政区的重要历史机遇及历史使命。香港在金融、贸易、人才等方面具有领先优势，被认为是世界上“五流”，即人流、物流、服务流、资金流和资讯流最融通的地区之一；澳门在建设“世界旅游休闲中心”及“中国与葡语系国家商贸合作服务平台”方面，集葡语及经贸、人文资源等自身优势于一体。港澳在“一带一路”建设中，应发挥各自优势，发掘市场潜力，推动与沿线国家的互联互通，探索区域经济合作新模式，包括与内地企业和智库联手合作，共同向外拓展，自觉融入国家发展洪流，既为港澳繁荣稳定谋利，也为国家发展作贡献，可谓“双赢”之策。

内地企业在港投融资法律实务精要

王桂埙

我第一次来这个饭店是1991年，那时也是刚刚认识李律师。1988年，我们还在一起给企业介绍PE、企业重组等，时间一晃就过了25年。我现在是六家上市公司的董事或独董。这些公司大部分是国家的企业，我每天都和大型国企的工作人员一起工作，甚至面对年青的一辈，我都不敢教他们什么规则，他们对这些都熟得不得了，而且很多人每天都很留意整个股票市场、融资市场的情况变化。所以今天来，我看到你们大多是在上市公司工作，我在这里不敢说我有什么深入的研究，只是想简单地和各位交流一下有关融资的问题。以及我们的企业“走出去”投资的时候经常要碰到的一些问题。

香港是整个亚太区金融服务的平台，“十二五”规划以后，“走出去”是一个很大的计划，香港扮演了一个很重要的角色。因为香港有一个很好的交易所，也有很多其他的配套设施。其中一个很重要的是人民币的离岸中心，香港是第一个，是在中国内地以外人民币最多的一个地方。虽然后来新加坡有，伦敦也有，台北也有，但是香港还是最大的一个，是内地以外每年用人民币结算数量超过1万亿元的地方。很多事情，如QDII、QFII，都是通过香港来做。通过香港，也发行了很多人民币债券。从2013年习近平主席宣布“一带一路”战略以后，香港就非常积极地参与。李律师刚才提过，9天前在北京召开了很大型的“一带一路”峰会，其实在11天前，我在香港搞了一个“一带一路”国际律师论坛。“一带一路”的论坛多得不得了，可是从来没有一次是律师论坛。我们吸引了约650位律师前来参会，他们来自26个国家，一共有50多个不同的律师协会派人来参加。那天李律师也来了，盛况空前，而且很多人发表了演讲。与会的“一带一路”沿线的国家都派人出来说我们要全力以赴，所有的律师要为了“一带一路”共同工作，希望能寻找一些共同的法律的观点，共同规划一些有需要的法律文件。其实很奇怪，有很多国家，根本不在“一带一路”的沿线范围内，我们本没有邀请他们过来，他们不开心，他们来信说希望和我们合作，他们非常热情。

所有的公司，无论民企还是国企都需要资金。取得资金有两种方法，一是去上市，就是把自己的股份加大；二是去贷款，银行可以贷款，也可以发行债券。这两个加起来是英文的 Capital Markets，Market 后面一定要有 s，因为 Capital Markets 包括基本的 Equity 和 Debt。香港就有非常好的 Capital Markets，过去十三年，香港融资量排在世界前列。近几年，香港逐渐排在了第一位。除了阿里巴巴去纽约上市，香港上市融资基金一直都是比纽约、纳斯达克要多。

过去几年，香港在债券方面还是落后了。新加坡这些年来一直看着香港，香港股票期权一直比它早很多。A 股、H 股把香港的股票拉得很远，新加坡觉得跟香港竞争很困难，所以把很多的资源放在债券市场里面，香港稍微就退后了一点点，债券市场的流动量、活跃度不及新加坡。可是这几年，我们国家的债券市场就厉害了，我国债券市场除了美国、日本以外是世界第三大债券市场。我们国家和其他所有的市场都有不同，股票市场有很大差异。在香港，70%~80% 持有者是机构，内地则是 70% 在自然人手中，全民买股票。债券也是，差不多也有这样的特征。我们知道股票买卖在交易所，上海有上交所，深圳有深交所。但是请问债券在哪里买卖？债券有两种，一种是上市的，还有一种是非上市的。上市的在香港是通过香港联交所买卖，可是大部分的债券是非上市的，是在场外，通过一套电脑系统，我们叫 Off the Counter，即场外买卖，一般是有经验的机构投资者进行买卖。为什么有上市的呢？上市的债券很多时候是为了满足各种规矩，有些大公司的章程写得很明白，不能买无证、非公开、非上市的债券。所以某些大的基金、保险公司，有一些限制，不能买非公开的债券，因此才有一些拿去上市，可是大部分债券是不上市的。公开发售的债券发售时是很困难的，跟上市股票差不多，也有招股书之类的文件。另外，5 月 16 日宣布了债券通，可能以后海外的人可以通过香港来购买中国的债券，国内的人通过香港购买海外的债券。通过以后，首先是北上通，先让海外的人通过香港来购买国内的债券。他们不一定需要使用QFII或者RQFII，只要在一家指定的银行开一个账户，就可以买我们国内发行的债券。债券可以是大型国企的、政府的，也可以是民企的。

对于海外融资应该注意的问题，我们首先要理解海外资本市场的运作，这个是不容易的。比如，选择上市的地点、了解气候再把公司内部上市与不上市分开、根据国际的会计标准管理账户，企业的架构重组等。其次，引进国际水平的高管人才，这个绝对需要。我发现，近年来，很多公司高管都很年轻，并且很多都是我们国家最顶尖的学府毕业，还有很多在国外念过书。很多公司的CEO，甚至它们内部的会计人员，都是很有经验的，也非常专业，做过很多风险管理工作。另外，人事部也很重要。这些高管人才加起来就是上市公司的灵魂，当然董事也是。上市的时候，每一个人，包括高管，都有法律责任，如果上市过程有任何的违法、违规，这些董事如果有问题，都可能被别人控告，所以我们要很小心。再次，改善公司的管理也很重要。以前很多高管都是上面派来的人，他说做什么就做什么，可是上市以后，有的时候做了错误的投资决定，也有可能承担法律责任。另外，管制也很重要。我是香港董事协会的理事，每一年我们都有一个很大型的活动去评选哪一家公司的管制能力是最好的。最后，风险内控这一块是很重要的，现在公司里一般有一个风险内控的委员会。该委员会的主要任务是注意公司里面是否存在一些潜在的风险，应该怎么做去避免这些风险。

接下来我要说的是还没有发生问题以前我们有哪些需要注意的。首先，我们要投资、核准、备案，这些是企业可以让国内律师提供意见的，如何去拿合同、备案？近年来，国资委等部门都越来越开放，有些根本不需要核准，只需要备案就行。其次，要理解投资目标地的有关法规，这个很重要。刚才提过了，你去那个地方投资，投资地的法律是怎么样的你都没有弄清楚，就很麻烦。中东是我们经常去投资的一个地方，但是其中有很多法规我们听都没有听过。我们经常说大陆法、普通法，但是还有很多其他法律，比方说伊斯兰法律，有些投资的法律我们是想都想不到的。再次，要做好尽职调查。认识投资目的地的市场地位等材料，这个很重要，因为每一个地方都需要会计的估计、商誉的估计，这些事情不做好，以后发生问题会很麻烦。很多公司做跨国的MNA，一个不变的原则就是每一个项目开一个SPV。有关审批管理风险，印度尼西亚、缅甸这些地方的审批风险大得不得了，还是让当地人拿了审批告诉我们，你要想清楚才可以进去。合规风险也是，违约的风险绝对要接受，在第三国很有机会违约，要注意违约风险。还有要注重保密，不能随意地把相关合同给别人看。还有政权风险，和政府签订了协议，但这个政府可能一年以后改选了，也可能半年后因军事政变不存在了，下一届政府是否会承认这也是需要考虑的。合约的承认、谈判、签订，很多条文是差不多的，谈判的时候却完全不同。有些地方规定对，有些地方规定错，这些都需要我们去找当地的律师了解。人事风险、劳工问题等很重要。文化的差异，我们企业到国外买了品牌、公司，我们尽量少派人过去，尽量少和它们的文化冲突。而且我们不会派人到每一个阶层里头，引起他们一种排外的情绪。投资中所有东西都应该有一个计划，要明白不成功的话应该怎么做，在投资之前要明白如何进入，发生问题后如何退出。最后就是公平有效地解决纷争，争议双方找到一个公平的第三方，到哪个地方去解决，是占主动权一方来决定的。对方需要你的程度大于你需要他，一般而言你就有决定权。

“债券通”的问题研究

李志强　邱泽龙

2017年4月11日，国务院总理李克强在会见新晋香港特区行政长官林郑月娥时表示，2017年，中央政府要研究制定粤港澳大湾区发展规划，将推出内地和香港之间的“债券通”，目的就是进一步密切内地与香港的交流合作，继续为香港发展注入新动能。

2017年5月31日，中国人民银行起草了《内地与香港债券市场互联互通合作管理暂行办法》（以下简称《暂行办法》）并向社会公开征求意见。《暂行办法》规定，符合要求的境外投资者可使用自有人民币或外汇，通过“北向通”投资银行间债券市场，标的债券为可在银行间债券市场交易流通的所有券种。

21世纪以来，我国债券市场借鉴国际经验，坚持市场化的改革方向，取得了较好的发展成绩。截至2017年3月末，我国债券市场托管量达到65.9万亿元，位居全球第三、亚洲第二，公司信用类债券余额位居全球第二、亚洲第一，其中，银行间债券市场产品序列完整、交易工具丰富，已成为我国债券市场乃至整个金融市场的主体。

近年来，我国银行间债券市场对外开放程度不断加深。2016年中国人民银行发布3号公告，进一步拓宽了可投资银行间债券市场的境外机构投资者类型和交易工具范围，取消了投资额度限制，简化了投资管理程序。

同时，内地与香港金融市场始终保持良好互动，联系不断深化，具备较好的合作基础。目前已有近200家在港金融机构进入内地银行间债券市场投资。作为国际金融中心，香港拥有与国际接轨的金融基础设施和市场体系，许多国际大型机构投资者已经接入香港交易结算系统。在此背景下，以两地基础设施互联互通实现内地与香港“债券通”，是中央政府支持香港发展、推动内地和香港金融合作的重要举措。

一、“债券通”推出具有重大意义

（一）金融市场开放再下一城

“债券通”的推出标志着中国资本账户加速开放前景可期。“债券通”是继“沪港通”“深港通”之后，内地与香港之间的又一资产类别的互通机制。随着“沪港通”和“深港通”的落实，内地与香港股票市场的互联互通已基本实现，而我国债券市场对外开放程度相对较低，境外投资者持有债券占内地债券市场总托管量比重不足2%，“债券通”的推出有望吸引更多境外资金投资于内地债券市场，可被视为资本账户开放的又一重要举动。

债券市场是我国金融市场的重要组成部分，“债券通”的推出意味着银行间债券市场对外开放进程的推进，也标志着我国金融市场对外开放再下一城。目前，境外投资者参与银行间债券市场主要有三种渠道，一是境外中央银行或货币当局、境外人民币清算行、跨境贸易人民币结算境外参加行、参加跨境服务贸易试点的其他境外金融机构；二是合格境外机构投资者；三是人民币合格境外机构投资者。以上三类机构分别于2010年、2013年、2013年获准进入内地银行间债券市场。“债券通”的推出简化了境外投资者进入银行间债券市场的手续，长期来看有利于促进我国的评级、结算、清算等基础设施与国际接轨。

（二）助力人民币国际化

随着人民币被纳入国际货币基金组织特别提款权货币篮子，国际三大债券指数对纳入在岸人民币债券释放积极信号，未来将有更多人民币资产配置需求，人民币的国际认可度不断提高。

“债券通”的开通，增加了离岸人民币的投资渠道，从而提升了海外企业和居民持有人民币的意愿。随着人民币跨境结算和离岸市场规模扩大，购买人民币金融资产的需求日渐增长。“债券通”机制的设立，从客观上简化了境外投资者投资银行间债券市场的手续，为离岸人民币回流境内增添新的渠道，有利于激活境外离岸人民币市场，推动人民币从计价货币、结算货币到储备货币的演进，助力人民币国际化进程。

（三）巩固香港国际金融中心地位

相比于股权类资产市场，香港的债市规模相对较小，存在“股强债弱”的缺点，“债券通”的设立，为境外资金在境外设置购买内地债券的平台，弥补了香港在固定收益产品方面的短板，同时也为香港的人民币存款、海外资金提供了配置人民币资产的新通道。

从中长期来看，香港债市规模、固收类产品的丰富度都将获得一定提升。同时，“债券通”以香港为连接节点，将内地债券市场与境外多个不同经济体市场和投资者连接起来，强化了香港在金融市场对外开放中的桥头堡地位。

二、“债券通”的先北后南

根据安排，“债券通”初期将先开通“北向通”，未来将适时研究扩展至“南向通”。之所以“先北后南”，主要与香港债券市场的复杂性和资本外流风险有关。

（一）香港债券市场的复杂性

与股市相比，香港债券市场起步较晚，规模较小且较为复杂。香港债券市场可以分为三个子市场，包括本地港元债市场、在香港发行和交易的非港元债市场和欧洲美元债市场，其中以港元计价的债券占比很小，大部分是国际上流通的债券。从一级市场来看，以香港特区政府为发行主体发行的债券或我国财政部发行的境外人民币债券是通过债务工具中央结算系统（CMU 系统），其他以企业为发行主体发行的债券则多采用承销的方式。从二级市场来看，香港的债券市场以场外市场（OTC）为主，多数企业发行的非港元债券不在 CMU 系统托管，交易所市场也只有少量债券交易。根据上海清算所、香港金融管理局联合公告，境外投资者通过“债券通”投资内地银行间债券市场，上海清算所登记托管的所有产品均为“债券通”项下的可投资标的。但如果是“南向通”，由于香港债券并非都托管在 CMU 一个系统下，很难一次把它们通过一个路径全部实现“债券通”。

（二）资本外流风险

对于境内而言，“南向通”落地后可能会带来一定的资本外流风险。虽然 2017 年人民币汇率逐渐趋稳，但资本外流压力仍然存在，所以资本项目开放政策还是会延续宽进严出的风格，以吸引境外资金流入为主。

香港债市对境内投资者具有吸引力。首先，在香港发行的债券票息较高。比如，财政部 2016 年 6 月 29 日在香港发行的 3 年期、5 年期、7 年期、10 年期国债中标利率分别为 2.9%、3.25%、3.3%、3.38%，而同期在国内发行的对应期限国债的中标利率分别为 2.56%、2.65%、2.77%、2.81%。此外，在同一评级及期限下，中资企业在香港发行的债券票面利率也要比境内高，对于熟悉中资企业的投资者来说是一个很好的投资机会。其次，香港市场交易的美元债，可以满足境内投资者多样化投资的需求。如果是在人民币贬值预期背景下，美元债的投资需求会更旺盛。

“南向通”将提供投资渠道。目前内地投资者可以投资境外债券市场的渠道不多，只能通过 QDII 和 RQDII 投资境外债券市场，主要方式是购买基金，不能自主择券和选择买卖时机。“南向通”的落地将会给内地投资者一个投资境外资产的渠道。

三、“债券通”的风险与防范

“债券通”为中国债市发展带来好处的同时，也需正视多方面潜在的风险。不同于股票市场的互联互通，债券市场的互联互通更为复杂，这不仅涉及两地交易、结算等多家金融基础设施平台的联通，还涉及税收、风险对冲、评级认可等多个方面。

债券交易中存在的风险主要是信用风险、利率风险和汇率风险。其中，信用风险涉及内地信用评级体系的国际认可度问题。目前，内地评级体系在国际上认可度较低，具备国际评级的债项仍较少，这可能会限制国际机构参与人民币债券的交易。此外，内地对信用违约事件的处理方式仍未足够规范和透明，会令违约事件的处理难度增加。

利率风险对冲方面，我国债券市场利率波动性较高，但目前境外投资者缺乏有效的工具对冲利率风险。除三类机构外，其余境外投资者并不能参与债券回购市场，也不能参与国债期货市场进行利率风险对冲。

汇率风险方面，目前离岸市场已有对冲人民币汇率风险的工具，例如，港交所的人民币期货和期权，但都是以离岸人民币（CNH）为交易基础。由于在岸人民币（CNY）与离岸人民币（CNH）的定价及走势均有所不同，参与境内债券买卖的离岸投资者并不能有效对冲汇率风险。要应对这一问题，需要开放境内外汇市场让“债券通”的参与者进入。国家外汇管理局 2017 年公布允许参与银行间债券市场的境外机构在境内进行外汇衍生品交易，以管理由债券投资所产生的外汇风险。如果这项政策能覆盖至“债券通”的参与者，将能提升其吸引力。

客观上看，实施“债券通”可能在跨境资金流动、投资者保护与市场透明度、基础设施互联、跨境监管执法等方面面临一定风险与挑战。我们主要采取以下应对措施：

一是分步实施。现阶段实施“北向通”，未来根据两地金融合作总体安排适时开通“南向通”，影响总体可控。特别是，人民银行始终注重引入以资产配置需求为主的央行类机构和中长期投资者，“债券通”引入的境外投资者与已有可直接入市的投资者范围相同，资金大进大出的风险相对较低。

二是完善相关制度安排。初期拟采用成熟市场普遍采用的做市机构交易模式，可以有效降低境外投资者的交易对手方风险，在市场发生波动时也可较好地吸收流动性冲击、稳定市场。同时，加强基础设施管理，制定稳健合理的系统连接安排，确保业务系统在软硬件架构设计、人员保障、监控管理等方面的可靠性。

三是深化监管与执法合作。人民银行一直与香港金管局等监管部门保持紧密沟通。下一步拟签署监管合作备忘录，“债券通”实施后两地监管当局将在信息共享、联合执法等方面进一步密切合作。

四、债市仍有很大开放空间

近年来，我国银行间债券市场对外开放程度不断加深。2016 年人民银行发布 3 号公告，进一步拓宽了可投资银行间债券市场的境外机构投资者类型和交易工具范围，取消了投资额度限制，简化了投资管理程序。截至 2017 年 6 月，已有 473 家境外投资者入市，总投资余额超过 8000 亿元人民币。但是，与其他开放程度较高的国际市场相比，仍需要进一步全面深化开放。

香港金融管理局总裁陈德霖表示："'债券通'的推出是国家推动资本账户开放的另一个里程碑。随着'沪港通'和'深港通'的落实，两地股票市场已基本达到互联互通，债券市场是资本市场的另一重要组成部分。中国内地债券市场境外投资者持有债券占比不到 2%，在境外投资者参与程度方面有很大的提升空间。透过'债券通'提供的平台，香港可以为境外投资者进入内地债券市场提供便利化的窗口，发挥香港作为国际金融中心的角色和资金进出内地的中介功能。"

近年来，内地与香港金融市场始终保持良好互动，联系不断深化，目前已有近 200 家在港金融机构进入内地银行间债券市场投资。在此背景下，以两地基础设施互联互通实现内地与香港"债券通"，是中央政府支持香港发展、推动内地和香港金融合作的重要举措，有利于巩固和提升香港的国际金融中心地位，有利于加强内地和香港合作。

中资金融机构投资香港的法律环境简述

金 宁 邢 莉

近年来，中资银行的国际化发展不断深入，“走出去”的进程不断推进。香港出于其与内地之间的紧密联系，以及其金融自由的特征及完善的法律制度，成为中资银行国际化的重要桥头堡。香港的资本市场已经成为内地企业上市、融资的一个主要途径，并且香港在很多方面正在向内地投资者进一步开放其金融市场。例如，“沪港通”“深港通”的开通，中港基金互认等，越来越多的中资机构进入香港从事商业银行、投资银行、保险、资产管理等各方面业务。

香港的商业环境和金融自由度相对比较友好，政府对经济活动的干预总体较少，对外商投资没有特别限制，资本流动自由、税率较低、拥有自由的汇率市场。香港特区政府在一些方面也有投资促进政策，例如，专注于科技创新、制造和服务升级或中小企业等的外商投资企业可能获得香港特区政府的一定优惠或资助。但与此同时，出于保护投资人利益和维护市场公平透明的需要，香港特区政府对金融活动也有一系列的监管措施，对违法违规行为有相对严厉的打击力度。因此，中资金融机构在港开展业务时，也应充分了解香港的相关法律规定，对可能面临的法律及合规风险有深入的认识。

一、香港金融监管方面的法律法规及监管结构

香港的金融监管机构主要包括香港金融管理局（以下简称金管局）、香港证监会、港交所、保险业监理处、独立保险业监管局、强制性公积金计划

管理局等。分别对香港的银行、证券、期货、保险、强制公积金等行业进行监督管理。涉及金融管理的主要法规包括《香港银行法》以及金管局制定的各种规定、《香港证券及期货条例》、《保险公司条例》、《强制性公积金计划条例》、《外汇基金条例》、《放债人条例》、《反洗钱法》、《存款保障计划条例》、《个人隐私条例》、《银行实务守则》等。

（一）银行业监管

金管局是负责银行业监管的主要机构，其主要职责包括向所有在港开展银行业务的机构核发、暂停或撤销其金融执照，检查并修订银行监管方面的政策和准则，审批认可机构控权人、董事及行政总裁任命，收取银行报表并进行现场检查及对有问题机构进行监管等。所有希望在港进行银行及存款业务的机构都应具有金管局核发的金融执照。香港对境外银行在本地经营的业务（以港元或其他货币进行的交易）不设任何特殊限制。金管局将其认可的机构分为持牌银行、有限制牌照银行和接受存款公司三类（统称授权机构）。只有持牌银行可以经营往来及储蓄户口业务，接受公众任何数额与期限的存款，发放贷款，以及支付或接受客户签发或存入的支票。持牌银行可经营的业务一般来说没有特殊限制。有限制牌照银行主要从事商人银行（Merchant Bank）及资本市场活动，可以接受 50 万港元或以上任何期限的存款及最初存款期少于 3 个月的短期存款。接受存款公司主要从事私人消费信贷及证券等专门业务，可接受 10 万港元或以上、最初存款期最少为 3 个月的存款。

申请成为持牌银行的机构应具有最低 3 亿港元或同等价值的实缴股本；申请成为有限制牌照银行的机构应有最低 1 亿港元或同等价值的实缴股本；申请成为接受存款公司的机构应有最低 2500 万港元或同等价值的实缴股本。

除授权机构外，中资银行也可在金管局的批准下于香港设立代表处。代表处可以开展联络、营销等活动，但不能开展银行业务。

根据银行法的相关规定，向金管局申请银行牌照时，申请人需提交注册地监管批准、控权人说明、商业计划书、业务经营方式、财务资源及流动性说明、资产负债表、会计制度、大额贷款暴露监控、内控流程、管理层资料等一系列申请材料。金管局将主要依据《银行业条例》附表 7 中规定的认可准则来审核是否批准牌照申请。其审核项目包括申请人是否有充足的母国监管、其高级管理人是否满足“合格及合适”（fit and proper）的条件、申请人的资本充足性、流动性、财务资料披露、实缴股本、资产基础等。

此外，金管局将对申请人的控权人进行审核，以确保知晓这些控权人的身份。控权人也包括大股东的控权人（独自或与其他关联结构共同持有该机构或其直接或间接控股母公司超过 50% 的表决权）。

获得认可的机构在开展业务的过程中，持续受到金管局的监管。并且在开展一些商业活动（如出售任何银行业务、设立海外分支机构、重组资本）之前，需要获得金管局的批准。金管局还有权力对认可机构的控权人、高管等进行监管。任何人成为认可机构的控权人之前都需要取得金管局的同意，并向其进行报备。认可机构或其高管如有违规行为，金管局可以对其处以吊销执照、违纪处罚等惩罚。

（二）证券市场监管

香港证券及期货事务监察委员会（SFC）负责监管证券经纪商、投资银行、投资顾问和资产管理公司等，并对香港的证券期货市场交易进行监管。任何机构（包括金管局认可的“授权机构”）希望在香港从事受 SFC 管制的业务的话，均需向 SFC 申请相关牌照，成为其认可的“注册机构”。

目前 SFC 的牌照主要有十种，包括证券交易和期货合约交易（第 1、第 2 类）；杠杆式外汇交易（第 3 类）；就证券和期货约合提供意见（第 4、第 5 类）；就机构融资提供意见（第 6 类）；提供自动化交易服务（第 7 类）；提供证券保证金融资（第 8 类）；提供资产管理（第 9 类）和提供信贷评级服务（第 10 类）。每一项授权业务都应有至少两名负责人（responsible officer）负责监督该项业务。

SFC 会对授权公司的主要股东（单独或与其他关联机构一起持有授权公司的 10% 或以上的权益或表决权，或持有其主要股东的 35% 或以上权益或表决权）进行审核，以确保其满足“合格和合适”的条件。SFC 授权的机构在进行业务外包前，也应取得其批准。

除对金融机构从事受管制业务进行牌照核发和监察外，SFC 在审核上市申请、公司并购、证券期货交易、资产管理等方面也有广泛的监督审核权。如下文所述，SFC 在打击内幕交易等市场失当行为方面一直发挥着重要作用，在（尤其是面向公众的）基金销售等方面也起着重要的监管作用。

（三）联交所

香港联交所主要负责审核拟在香港上市公司的上市申请、监管上市公司的各种业务活动、监管股票期货市场交易、交易清算等职责。

（四）保险业务监管

保险业监理处和独立保险业监管局主要负责监管香港的保险行业。除银行法授权的一些例外情况外，所有在港开展保险业务的公司都应得到保险业监理处的授权。

（五）强积金

香港强积金管理局负责监管强积金产品的注册、销售、营销，以及负责管理销售强积金产品的中介机构。同时，金管局和 SFC 也会对销售强积金产品的授权银行和证券公司进行监管。

二、中资金融机构准入香港市场的方式

海外机构准入香港市场的方式主要有：设立代表处或办事处、设立代理行、设立分行、子行、联营或合资、收购香港本地金融机构等。海外银行一般必须是在香港成立的分行或子行才可以向金管局申请银行牌照。

此外，对于海外银行来说，申请持牌银行的一个前提条件是该分支机构已经至少连续三年具有有限制牌照银行或接受存款公司的身份，因此除例外情况外（如声誉和财务状况都被广泛认可的海外银行），海外银行在香港所设立的分支机构一般无法在成立后马上申请成为持牌银行。实践中，海外银行可以考虑收购已经具有牌照的香港本地银行，来完成持牌的要求。

海外银行收购香港本地银行或证券机构时，对外资持股的比例没有要求；外汇方面也没有限制。但收购当地金融机构时，需要获得金管局的批准。例如，收购 10% 或以上金管局批准的持牌银行、有限制牌照银行或接受存款公司的股份，或出售任何比例该类机构的业务之前，都需要获得金管局的批准。金

管局审批是否同意收购时会考虑是否符合“合格及合适”的标准、储户利益等。

三、针对银行的主要监管要求

（一）资本充足率和流动性

金管局根据《巴塞尔新资本协议》中的规定制定了香港关于资本充足率和流动性的规定。根据《巴塞尔新资本协议》，自 2015 年 1 月 1 日之后，银行的资本充足率应满足核心一级资本率不低于 4.5%；第一级资本率不低于 6%；或总资本率不低于 8%。金管局有权要求资本充足率的计算在合并报表或非合并报表的基础上进行。同时，所有金管局认可的银行应保持资本流动性在每个月都不低于 25%。各银行还应建立在正常情况和压力情况下的流动性风险管理机制及现金管理机制和发生流动性危机时的应急处理方案。

（二）大额风险暴露

银行大额风险暴露指银行集团合并报表后的资产组合对单个交易对手或一组有关联的交易对手、行业或地理区域、特定类别的产品等超过银行集团资本一定比例的风险集中暴露。为保证银行在持续经营基础上可以有效吸收非预期损失，提高资本质量，一般要求对大额风险和贷款集中度进行风险管理。香港法规界定大额风险承担为“认可机构对某一交易对手或一组有联系的交易对手的任何风险承担超过或相当于认可机构资本基础的 10%，则这项风险便被视为大额风险承担”。大额风险承担需要向金管局进行汇报。

（三）存款保险制度

除获香港存款保障委员会豁免的机构外，香港所有授权银行均为《存款保障计划条例》成员，须遵守《存款保障计划条例》的各项要求。

（四）母国监管

1983 年《巴塞尔资本协议》要求跨国银行的东道国分支机构由其母国实行并表监管。1983 年巴塞尔委员会颁布的《对银行国外机构的审批程序》中规定，在对母国银行设立境外机构的审批中，应确保母国当局可以定期收到此类海外机构的营运状况信息。

（五）风险管理

金管局将所有银行业务风险分为信贷风险、利率风险、市场风险、流动性资金风险、运作风险、声誉风险、法律风险、策略风险八类，并将贷款的五级分类分为更详细的十一级分类。对各银行按照该标准进行评估后，将银行的风险状况反映在 CAMEL 评级上。

四、主要业务及相关法律风险

金融机构在香港可以从事包括商业银行、投资银行、证券交易、资产管理等全方面的业务。不同业务类型可能面临不同的监管要求和法律风险。

（一）证券承销方面的法律风险

SFC 对证券承销商的工作质量有一定的要求。例如，要求承销商更充分地了解申请上市企业的经营状况及所处地区、行业的具体情况，以便在招股说明书中进行更详尽的披露。上市承销商在香港面临的一个重大法律风险是如果在招股书中做出不实或误导性陈述，将承担法律责任。根据 SFC 的规定，承销商要对其明知或有重大疏忽情况下在招股书中所作出的不实或重大误导性披露承担民事或刑事责任；招股书中对专家意见的依赖要有合理根据；以及承销商与上市交易有关的文件需要保存 7 年以上等。

（二）内幕交易及其他市场失当行为

为保护投资者利益及保证金融市场的公平性，香港证券市场有比较严格的法律禁止内幕交易或其他市场失当行为，对违规交易也有比较强的监管和打击力度。例如，在禁止内幕交易方面，内幕信息包括关于上市公司股票、衍生品、公司股东、高管及其他任何可能影响股价的信息；受制约人士既包括直接进行交易的机构、人员，也可能涉及提供该消息的内幕人士。例如，2013 年，SFC 对老虎基金亚洲利用内幕信息进行交易处以 350 万港元的罚款，并对其涉案的高级管理人员处以为期四年的冷淡对待令和内幕交易、虚假交易、操纵价格和操纵市场方面的禁止令。

除内幕交易外，市场失当行为还包括：虚假交易（在明知或有重大疏忽的前提下做出任何有可能造成虚假市场的行为）；操纵价格；披露关于违规交易的信息；以及披露虚假信息以吸引投资或对股价产生重大影响。从事市场失当行为可能导致 SFC 处以的罚款、吊销执照或者民事及刑事法律责任。

发生市场失当行为时，公司被要求立即向 SFC 汇报该失当行为。拖延汇报或不汇报会导致罚款等处罚。例如，2015 年 7 月，SFC 曾对一家日本金融机构未能及时汇报交易过程中的市场失当行为开出了450万港元的罚单。此前，还对一家美国金融机构延迟汇报市场失当行为的过失处以600万港元的罚款，以及中止其负责人（RO）资格 8 个月。

除机构本身外，公司董事和高管也有义务确保公司成员不作出市场失当行为，在这方面的失责可能导致其负有民事或刑事责任。例如，2015 年 SFC 曾因一家金融机构的 RO 没有尽到应付的合规监管责任，未能及时发现并汇报可疑交易、没有建立内部反洗钱控制、没能就开户过程和客户资产保护建立健全的内部制度而对其进行处罚。

另外，“沪港通”“深港通”开通之后，也可能增加跨境市场操纵或其他违规行为。两地证监会将联合对涉及“沪港通”“深港通”股票的市场失当行为进行执法。

（三）反洗钱、反腐败

香港在反洗钱方面的法律主要有：《反洗钱和反恐怖主义融资法》《SFC 反洗钱和反恐怖主义融资指引》《贩毒（追讨得益）条例》《有组织及严重罪行条例》《联合国反恐怖主义措施条例》等。

近一段时间以来，香港证监会加强了反洗钱和第三方存款、转账方面的审查和惩罚力度，若干金融机构都受到了证监会的处罚。例如，2017 年 3 月至 4 月，香港证监会对粤海证券、中泰国际证券有限公司、国元证券经纪（香港）有限公司、证星国际期货有限公司等在处理第三方资金转账时未能遵守打击洗钱的监管规定，未进行充分有效的查询及审查以降低洗钱风险而进行了公开谴责及处以金额不等的罚款。这些举措使得中资金融机构急需提升在港遵守反洗钱方面合规要求的能力。从金融机构角度看，为避免产生触犯反洗钱规定方面的法律风险，应制定详尽的内部控制流程，加强对客户身份和资金来源（特别是第三方支付）的核查，并进行持续有效的监督。

在反腐败方面，香港的反贿赂法禁止以商业利益为交换直接或间接向任何个人或机构提供好处。1974 年香港成立廉政公署，一致保持独立运作，其执行的《防止贿赂条例》维护社会廉洁公平，使香港成为全球最廉洁的都会之一。而《防止贿赂条例》对于贿赂行为的容忍度很低，在其他法域可能被认为处于灰色区域的行为在香港也有可能被认为构成贿赂的犯罪行为，例如，雇佣可以为自己提供商业利益的政府官员、客户或其他人士的子女可能被视为违反反贿赂法；又如，雇员滥用客户或其他有价值资料为自身谋取利益等。

（四）客户信息保密

香港《个人资料（隐私）条例》规定金融机构等服务商对客户资料应尽到保密义务，个人资料隐私专员公署作为独立法定机构，负责监察该条例的施行。对客户的个人资料保密义务一般也会在客户签订的协议中明确列明。金融机构一般只可在业务所需范围内收集客户资料，且所收集的客户信息只可在必要限度内用于该业务，避免信息泄露给非授权的第三方。金融机构只可以在必要期限内保存客户的信息。

涉嫌违反对客户资料的保密义务时，一般由个人资料隐私专员公署先进行调查，然后进行调解或责令违规机构采取补救措施。如违规机构不执行该委员会的强制命令，则有可能面临刑事处罚。另外，客户也可以自行提起民事诉讼。

（五）资产管理

资产管理业务在香港主要由香港证监会（SFC）管理。其相关法律主要包括 SFC 单位信托和互惠基金守则、非上市结构性投资产品守则、SFC 基金管理人行为守则等。

在香港开展业务的大部分对冲基金、私募基金等成立于开曼群岛等避税地。大部分以有限合伙形式成立。也有少部分对冲基金采取香港法下的单位信托形式。房地产基金必须以信托形式存在。养老基金大部分是强积金计划或职业退休计划，该等计划同时受香港强制性公积金计划管理局（MPFA）制定的守则的规管。如果基金管理人在香港开展 SFC 管理下的十种业务中的任何一种业务，需要向 SFC 申请牌照。此外，SFC 还可能有域外效力，即即使某一海外基金管理人并不在香港本地开展受监管业务，但如果其积极地向香港公众营销属于 1~10 类监管业务的产品或服务，就也可能受到 SFC 的监管。

向公众发售的零售基金除有特殊豁免情况外，需要得到 SFC 的授权。SFC 对“公众”的定义是 50 人以上。而如果只面向符合 SFC 规定的经济基础和投资经验的专业投资人（Professional Investors）销售非零售基金，则无须 SFC 的批准（但非零售基金的基金管理机构一般也必须是 SFC 授权的）。

（六）保险业

在香港经营的保险公司需要得到保险业监理处的授权方可开展业务，并且在经营过程中需要遵守《保险公司条例》的相关规定。

有些特殊的保险产品，例如，“投资相连保险计划”如需面向公众销售，则需要得到 SFC 的授权，并有持续汇报义务。在销售过程中，销售材料首先需要得到 SFC 的批准。其次，客户必须得到关于该保险产品的销售材料，并且在销售材料中必须披露一些关于该产品的基本情况，例如，投资于保险计划的目的、费用、该产品的一些长期特性、中介收取的除客户缴付的费用之外的其他费用等。如果银行销售保险产品，则需披露其所获得的金钱或非金钱的利益。保险代理需要至少披露基本佣金率。

（七）销售金融产品

根据 SFC 的规定，金融产品的销售方应对产品进行详尽的调查，并向客户提供该产品的充分信息以供参考。销售商还应对产品是否适合客户进行评估，以确保该产品适合特定客户的资产情况、风险负担能力和投资所需。应保证投资人充分理解该产品的性质和投资风险。SFC 行为守则要求销售商公平对待客户，从产品设计、核心条款和信息披露等各方面保证对待客户的公平性。

同时，金融产品的销售中间商在向客户提供产品信息时也被视为提供投资咨询意见，因此也需要遵循提供投资意见方面的合规规定。中间销售商应向客户充分披露其销售该产品所能从发行人处得到的利益，且不能向客户提供除折扣费用之外的其他特殊利益。

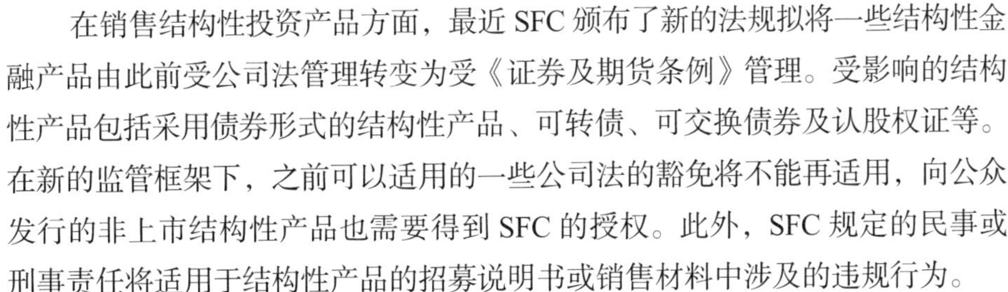

在销售结构性投资产品方面，最近SFC颁布了新的法规拟将一些结构性金融产品由此前受公司法管理转变为受《证券及期货条例》管理。受影响的结构性产品包括采用债券形式的结构性产品、可转债、可交换债券及认股权证等。在新的监管框架下，之前可以适用的一些公司法的豁免将不能再适用，向公众发行的非上市结构性产品也需要得到SFC的授权。此外，SFC规定的民事或刑事责任将适用于结构性产品的招募说明书或销售材料中涉及的违规行为。

（八）客户资产保护

获SFC授权经营证券业务的机构应该保证有有效的内部机制控制营运风险，防止内部人员利用非法行为损害客户资产，以及在托管机构破产时，客户资产可以不受影响并可以及时返还给客户。为了实现这一点，金融机构应确保内部工作人员有适当的隔离措施，对客户账户保持完整记录，将客户资产与自有资产隔离开来，并对客户资产进行单独管理。

（九）场外衍生品市场交易强制汇报义务

在金管局和SFC联合颁布的场外衍生品交易汇报和记录保存规则中规定，金管局和SFC授权下的机构等有义务就在香港作出的场外衍生品交易的情况向SFC作出汇报。需汇报的场外衍生品包括利率掉期、无本金交割远期外汇、股票衍生品等。需要汇报的信息包括产品类别、产品级别、交易对手方、交易编号及后续发生事件等。

五、设立子公司

如不涉及监管机构的持牌业务，根据香港法例规定，任何团体或个人（不一定是香港人），均可在符合条件及程序下，登记注册成立香港有限公司或购买空壳香港有限公司，取得商业登记后，便可在港开展业务。任何商业机构如欲在香港以注册有限公司形式经营，必须根据香港的《公司条例》办理注册。申请注册的新公司，必须向公司注册处的新公司注册组申请公司注册证书。当局会核查建议的公司名称，以确定它与公司注册处处长所备存的公司名称索引内的名称不同。申请人必须向公司注册处递交注册文件，包括公司章程。在香港注册成立的公司或根据《公司条例》在香港成立的公司，不论是否在香港经营业务，均须根据《商业登记条例》登记。于商业登记署完成办理登记后，税务局会给予该公司一个税局档案编号，并向其发出利得税报税表，要求在指定日期前申报税项。任何根据《公司条例》注册的有限公司，不论是否已开始营业，均须妥善保存正式的账目，并编制年度财务报表。财务报表必须由根据《专业会计师条例》特许的独立核数师审核及签署，并在公司股东周年大会上向股东提交。公司的第一份经审核账目，必须在公司成立后 18 个月内举行的第一次周年大会上向股东提交。之后，周年大会必须在其他大会之外，每年举行一次；每次周年大会举行的时间最多不能相隔超过 15 个月。凡在香港注册成立的公司或根据《公司条例》在香港成立的公司，也须每年向公司注册处提交周年申报表。

申请人可自行到香港公司注册处及香港税务局，或通过网上电子服务（https://www.eregistry.gov.hk/），递交所需文件及申请。整个过程所需文件包括法团成立表格、组织章程细则与致商业登记署通知书。成立公司的大致流程如图所示。

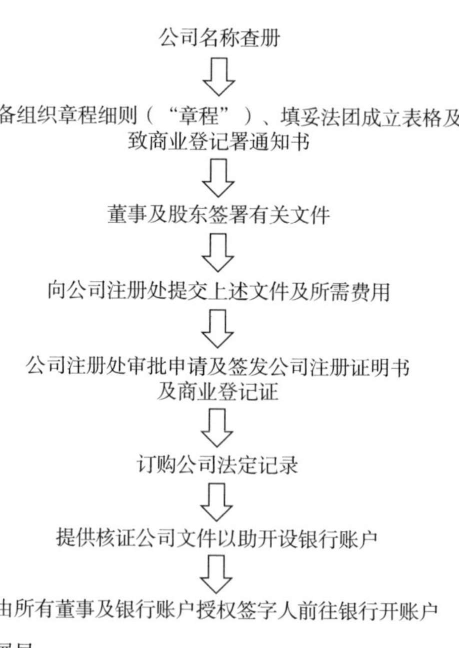

资料来源：香港贸易发展局。

图　成立公司的流程

六、税收

香港的简单税制制度和相对较低的税率对于投资者来说有很大的吸引力。香港的课税年度为每年 4 月 1 日至翌年 3 月 31 日。一般在香港营商或工作的人士，大致会涉及以下三个税种：一是利得税；二是薪俸税；三是物业税。基本来说，香港采用“产生地”标准，即所有公司（无论是否在香港注册）都需要就在香港产生或来源于香港的收入缴纳公司所得税，相反源自海外的利润则可无须在香港纳税。税务损失可以无限制被计算到下一年度的缴税计算中，可以用来抵消下一年度的公司盈利。转让香港股份（除根据证券借入借出交易进行的股份转让）时需要缴纳印花税。香港机构向海外个人或机构支付股息或利息时，无须缴纳预扣税。

香港与部分国家或地区，达成了多项避免双重征税协定，当中包括中国内地与香港于 1998 年达成所得避免双重征税安排，该等税收安排对一些符合条件的在港注册公司提供了一定税收优惠：

1. 香港企业在内地经营国际或跨境海、陆、空运输工具所得的收入，在内地可豁免征税，反之亦然。

2. 在内地经营的香港企业，除非盈利归于内地常驻机构，否则无须在内地纳税。

3. 若香港居民（包括企业）的收入，须同时在香港和内地缴税，其在内地缴纳的所得税款可申请抵免，唯抵免额不得超过该项收入，按香港税务条例计算的应缴税款。

但该等税收安排并不涵盖股息、利息、版权税或资本收益等收入。

七、FATCA 与 CRS

香港已就美国《海外账户税收合规法案》（FATCA，一项美国于 2010 年 3 月制定的税务法案，并于 2014 年 7 月生效，旨在防止美国纳税人利用海外金融账户不遵守美国税收义务）于 2014 年与美国签订《跨政府协议》以促进金融机构遵从 FATCA。在香港成立的金融机构必须根据 FATCA 直接向美国税务机构提供其要求的客户信息并在规定时间为相关客户作扣税安排，否则将可能直接面临美国税务局的处罚。

香港特区政府于2016年6月30日颁布《2016年税务（修订）（第3号）条例》。香港将于2017年1月1日开始，实行关于自动交换金融财务账户信息（AEOI）的最新国际准则。经济合作与发展组织（OECD）的共同申报准则（Common Reporting Standard,CRS）将成为香港用于披露非香港税务责任个人和公司在居住国以外的金融财务资料的标准。在自动交换资料的标准下，金融机构须根据尽职审查程序，以识辨申报税务管辖区的税务居民所持有的财务账户。金融机构须收集并向税务局提交该些账户的所需资料。相关资料会每年被交换。账户持有人可能需要就其个人资料（包括税务居民身份）提供自我证明，使金融机构能识辨须申报账户。OECD在其设立的网站内，就已承诺实施自动交换资料的税务管辖区，提供有关个别税务管辖区的税务居民身份规则的资料。根据上述立法，香港交换的时间表十分紧迫，香港金融财务机构必须于2018年向税务局提交资料，在2017年开始识别和收集相关财务账户的资料。中资金融机构必须为共同申报准则的实施立即做好充分准备。

八、雇员

香港雇员法方面的规制较英美来说较少，海外员工到港工作需申请工作签证。无工作签证在香港工作将触犯《雇佣条例》和《入境条例》的规定，雇主及雇员均将承担罚款及刑事责任。

《雇佣条例》是规管香港雇佣条件的主要法例，雇员为同一雇主连续工作4个星期或以上，并每星期最少工作18个小时，其雇佣合约便属连续性合约，劳资双方须在有关法例的规管范围内，订立各项劳动合同条款细节，包括工资支付、休息日及有薪假日等。香港设有最低工资规定，法定平均每小时最低工资目前为32.5港元。

根据《强制性公积金计划条例》，凡年龄介于18~65周岁的雇员均须参加且定期供款，以作为累积退休金之用，由雇主负责执行。供款以雇员薪酬为基数，劳资双方每月各供款月薪的5%，但供款设有上限与下限（现时每月一次的下限供款薪酬为7100港元、上限为30000港元）。薪酬少于供款入息下限者，只由雇主供款 5%。医疗保险方面，除工伤方面的保险有强制性规定之外，没有其他强制医疗保险或社会保险。

此外，在雇佣过程中，应注意《反贿赂法》的规定，应有严格的人事招聘流程和内部控制措施，防止腐败行为的发生。

九、纠纷解决机制

金融机构和客户之间的纠纷在香港多以仲裁或调解方式解决。香港金融纠纷调解中心（FDRC）负责调解和仲裁金融机构与客户之间金额在 50 万港元以下的纠纷。所有受金管局和 SFC 管理的金融机构都被强制遵守 FDRC 制订的仲裁计划。

随着“沪港通”/“深港通”的开通，境外投资者可以通过这两种渠道投资内地股市，大陆居民也可以反向投资香港股市，因此可能出现因股票投资而带来的跨境纠纷。

在内地，上交所、深交所可能面临的涉外法律风险主要是香港投资者或香港经纪商诉上交所 / 深交所。例如，境外投资者可能因境内证券交易所审核或监管内地证券市场不利、发生技术故障导致投资者受损等事由对交易所在中国内地提起诉讼。此外，除香港外的其他境外投资者通过委托香港经纪商在上交所 / 深交所买卖股票，也可能引发境外投资者在香港或其他境外法院起诉内地这两个交易所。例如，美国的证券域外管辖权近年来有不断扩张的趋势，可能会对涉“沪港通”/“深港通”的诉讼拥有管辖权。

但现实中，由于在“沪港通”/“深港通”的安排中对上交所 / 深交所设有免责规定（两大交易所主要由内地自律组织管理，只要不存在主观恶意，就不对监管或者技术问题给投资人造成的损失负责），以及政府机构可能在跨境诉讼中主张的主权豁免，现实中发生这种域外诉讼的可能性较小。并且如果在投资协议中约定采取仲裁方式，这类纠纷更有可能采取商事仲裁方式解决。

十、结语

总之，香港的投资环境相对来说比较自由，与国际金融市场接轨，市场准入和投资经营方面设置的障碍都比较少，其健全的法治环境可以为投资者的利益提供较好的保护。但同时，香港特区政府在维护市场秩序方面也有较强且不断更新的法律监管，进入香港市场的中资机构应该熟知相关法律规定，以制定相关制度和采取有效措施避免发生违规行为、产生法律风险。

香港中资企业境外并购的有效探索
——海通国际境外并购案例分析

金　宁　邢　莉

伴随全球化的进程，跨国企业将跨国并购作为其实现快速增长和海外扩张的最主要策略之一。诺贝尔经济学奖获得者、美国经济学家乔治·施蒂格勒曾在总结美国企业的发展历史时说："没有一个美国的大公司不是通过某种程度、某种方式的并购而成长起来的，几乎没有一家大公司是仅靠内部扩张成长起来的。"随着中国国家以及中国企业经济实力的快速发展，中国企业"走出去"的步伐日益加快。中国企业进行海外并购的案例每年都在递增，并购规模也在逐步扩大。而上市公司、集团企业作为中国企业的中坚力量，当仁不让地成为了中国企业"走出去"的主力。香港作为中华人民共和国的特别行政区，其拥有成熟的金融服务系统和英美法律体系，以及中西合璧的文化特色，使其成为中国企业设立子公司与战略平台，进行境外并购活动的优先选择。

海通国际控股有限公司（以下简称海通国际控股）是A股上市公司海通证券股份有限公司（以下简称海通证券）在香港成立的全资子公司，自2007年成立以来作为海通证券的海外窗口及实施国际化发展的投资战略平台，以收购主体的身份先后成功进行了以下收购交易：

1. 2009年收购了香港本地大型券商之一的上市公司大福证券集团有限公司（之后更名海通国际证券集团有限公司）的控股权。

2. 2013年收购了以融资租赁为核心业务的香港私人公司恒信金融集团100%的股份。

3. 2015年收购了葡萄牙银行BESI（BANCO ESPÍRITO SANTO DE INVESTIMENTO, S.A.）（之后更名海通银行）的全部股份。

4. 2015年通过海通国际证券集团有限公司收购了主营证券研究分析业务并在日本东京证券交易所上市的英国公司Japaninvest Group plc.。

5. 2016年海通国际证券集团有限公司的子公司海通国际（新加坡）进行内部重组收购海通银行旗下所持有印度业务及子公司海通印度的全部股份。

本文将基于以上成功的收购案例探讨一下海外收购的法律结构和部分法律问题，特别是在香港市场进行收购时所涉及的主要法律问题。

一、收购模式探索

（一）收购目标公司资产

资产收购模式中，收购者可以直接收购目标公司全部或部分资产，或通过为收购目的而成立的特殊目的公司来收购目标公司资产。当目标公司或收购方是香港上市公司或是香港上市公司的子公司且收购行为构成香港《上市规则》中的须公布交易或关连交易时，或需要向港交所进行通知及/或取得上市公司股东的事先批准。

进行资产收购涉及对每一项资产所有权的转让，在资产收购前，收购者需对资产权属进行尽职调查，认真审阅目标公司的公司章程、股东协议、重大合同及各种法律文件，以确保该资产收购行为取得了恰当的目标公司股东及第三方利益相关者的批准或同意，部分资产的转让可能涉及特殊行业许可、反垄断，甚至国家安全保护等专项问题，必须更加慎重地进行资产调查及可行性分析。

在上述海通国际完成的境外并购案例中，以内部重组方式由海通国际（新加坡）进行收购海通银行旗下所持有印度业务及资产即涉及了取得印度政府部门的审批的前置条件。尽管收购方与出售方的最终控制人均属于海通集团，但由于海通印度是孟买证券交易所、印度国家证券交易所交易及自行结算会员，并获印度证券交易委员会发牌，可从事股票经纪、商业银行及研究分析等特许业务，当局仍然会对相关业务资产的转让进行实质审查并提出相关前提要求。同时，由于收购方与出售方为香港《上市规则》中定义的关连人士，相关收购构成香港《上市规则》中规定的关连交易，须根据交易金额计算需要符合的公告及 / 或独立股东批准的要求。

（二）现金收购私有企业股份

现金收购境外企业股份的模式应当算是海外收购案中法律结构最为简单的一种。基本思路就是通过中国企业设立的境外特殊目的公司以自有资金或外部融资以全额现金方式收购境外标的公司全部已发行股份。上文提及的几个海通国际的并购案中，收购恒信金融集团以及收购葡萄牙 BESI 银行均属于这种模式。

通常而言，设立境外特殊目的公司作为收购主体可以达到隔离法律风险以及合理避税的目的。对于某些并购项目而言，利用境外子公司进行收购也可以缩短中国境内审批部门对并购交易的审核，可以享受该子公司在所在地的政策和税收优惠，也方便在未来退出时将法律风险控制在特殊目的公司的层面。《上市公司重大资产重组管理办法》修订实施之后，上市公司使用现金收购，只要不构成借壳上市，不再需要中国证监会上市部的审批，从而大大提高了上市公司境外投资并购的效率。

另外，相对于境内银行较高的融资成本，海外子公司在境外发债或举借过桥贷款有明显的成本优势。在海通国际收购恒信金融集团以及葡萄牙 BESI 银行的案例中，海通国际均使用了内部资源和外部融资相结合的方式，在交割时以现金方式全额支付对价。

（三）要约收购境外上市公司控股股权

相对于收购私有企业较为简单的结构，收购海外上市公司或公众公司则要复杂得多。每一个司法管辖区域对于并购上市公司的法律与规则均不尽相同。上述提及的海通国际并购大福证券的并购案中，大福证券在香港上市，在收购完成后继续保持其上市地位不变。而之后并购 Japaninvest 的案例中，Japaninvest 在并购完成前在东京上市，在收购完成之后在东京交易所下市通过私有化成为一家海通集团的全资子公司。

根据香港《公司收购及合并守则》（以下简称《收购守则》），收购香港公众公司（其中包括但不限于上市公司）的方式主要有自愿要约和强制要约两种。

自愿要约可以由任何个人或公司提出，只要该要约不会触发强制全面要约的要求。自愿要约可包含任何条件，但不得附带那些须取决于要约人的判断或其履行与否是由要约人支配或酌情决定的条件。自愿要约通常不得以受要约人股份市价折让 50% 以上的价格提出。

当出现以下情况时，根据《收购守则》的规定，要约人必须向受要约人的所有股东做出强制要约：

1. 任何人（或两个及两个以上一致行动的人）取得一家公司 30% 或以上的投票权时。

2. 任何（或两个及两个以上一致行动的人）持有一家公司不少于 30% 的投票权。

3. 任何（或两个及两个以上一致行动的人）持有一家公司不少于 30%、但不多于 50% 股票权的人取得额外的投票权，结果令该人（或一致行动的人）所持该公司的投票权百分比，以在此之前的 12 个月期间所持投票权的最低百分比计算，增加超过 2% 时（自由增购率）。

强制要约必须以现金形式作出或附有现金选择，金额须不少于要约人或与其一致行动的任何人在要约期内或要约期开始前 6 个月内对该类别股份已支付的最高价格。当以要约方的股票作为支付对价时，要约人须作出更多信息披露以使目标公司的股东可以在充分知晓的基础上做出恰当的投资决策。例如，要约人需披露自身的财务状况、重大合同、重大诉讼及作为支付对价的股权所附有的各种权利状况等。

举例而言，根据上述强制要约要求，海通国际收购大福证券时与大福证券的大股东达成一项买卖协议，由海通国际收购大福证券 52.86% 的股权，因此触发强制要约收购的要求，海通国际向所有大福证券的股东作出无条件强制性全面收购建议。最终完成收购后，持有大约 7.62% 股份的公众股东接纳了上述要约。而公众持股比例仍维持在 38% 左右，符合香港上市规则的最低公众持股量的规定，并继续在香港交易所挂牌交易。

当接收到收购的要约邀请时，受要约公司的董事会对其股东负有诚信义务，应考虑股东的整体利益来决定是否接受要约，不得采取任何行动导致任何真正的要约受到阻挠或导致股东无法根据要约的利弊做出决定。对于收购方来说，由于被收购企业的控股股东往往决定了收购的成败，且控股股东对收购方不负有配合其完成要约的义务，因此与目标企业控股股东保持好关系往往也十分重要。在香港并购市场上，敌意收购案例并不多见，收购方一般均会与上市公司控股股东或管理层达成一定理解后采取收购行动。

（四）私有化境外上市公司

私有境外上市公司对比上述要约收购境外公司控股权的模式，增加了收购所有小股东股权的步骤，一般通过目标当地公司法有关协议安排的强制收购模式（也称为 squeeze out 或者 freeze out）或者法律规定的协议安排（Scheme of Arrangement）收购小股东的股权。海通国际证券收购 Japaninvest 的案例从交易设计之初已确定了收购完成后私有化目标公司的策略，因此交易根据英国《公司法》第 26 部有关法院颁令的协议安排（court-sanctioned scheme of arrangement）进行。先由收购方直接和收购标的公司（并非该上市公司的大股东）达成协议，目标公司的董事及部分股东作出不可撤回的承诺于法院大会和股东大会上投票赞成该协议。之后由所有目标公司股东于英格兰及威尔士高等法院安排的法院大会上进行投票表决。当持有 75% 股份权益的股东批准该项协议且法院经过听证认为该协议公平后，该协议将由法院颁布法院令并提交英国当地公司注册处登记。生效后的协议对所有股东均有约束力。Japaninvest 的所有股份通过上述安排均转让给海通国际证券集团有限公司在 BVI 设立的子公司，其成为海通集团的全资子公司，而 Japaninvest 的股份在东京交易所停止交易，完成私有化。

在香港，如要私有化一家在香港成立的目标公司，也可通过香港公司法中规定的协议安排方式。协议安排分为转股（transfer scheme）和取消股份（cancellation scheme）两种。转股模式中，目标公司不被收购方持有的股份会在协议安排生效后转移至收购方。而取消股份模式中，目标公司不被收购方持有的股份则会在协议安排生效后被取消。由于取消股份模式可以避免转股产生的印花税，收购者一般比较倾向于采取这种方式。

协议安排模式下，当收购者收购了目标公司 90% 或以上的股份之后，就可以行使强制收购权收购所有剩余股份。

二、境外收购实践中的法律风险

（一）境外法律及监管

收购对象所在地的法律及政府对收购行动往往都有严格的审核批准制度，某些国家针对特定行业还有特别严格的安全审查。这方面的限制主要包括外商投资许可、反垄断审查、并购规则和政府对国家安全和公共利益的审查。很多中资企业的境外并购案最终因为外国政府的干预或当地政策法律原因没有成功。海通国际进行的收购案例由于涉及金融行业，属于各个国家和地区严格规管的领域。所以也遇到很多监管机构的审查，除了境内母公司需要遵守中国证监会、金融办、商务部以及发展改革委颁布的各项规定外，也需要在收购项目中积极符合各个海外的金融机构的规管要求。比如在香港的并购需要遵守香港《公司收购及合并守则》，收购上市公司时必须遵守当地上市规则。例如，根据香港《上市规则》的规定，香港上市公司子公司之间的交易构成关联交易，或需披露或取得独立股东的批准。但由于在海通国际（新加坡）收购海通印度的交易中，所有收购事项计算的比率均低于 5%，因此该交易仅需披露而无须得到独立股东的批准。涉及一些特殊行业的并购时，需获得相关监管部门的特殊批准。例如收购 10% 或以上一家香港金融管理局（以下简称金管局）认可机构的股份时，必须得到金管局的事先批准。收购香港证监会核准的持牌法团、获认可的保险公司、或持有香港电视牌照的公司时，也有类似规定。在并购葡萄牙 BESI 银行时需要取得葡萄牙中央银行的批准，另外当收购目标持有当地金融或证券牌照时，其控股股东的变化也要接受发牌机构（如当地证监会）的审查。这方面的风险需要在收购项目启动之前由熟悉当地法规的专业团队进行全面的分析，在项目进行中与监管机构保持有效的沟通，也需要企业的管理团队始终保持谨慎的态度并制定全面统筹的方案。

（二）收购对象的风险

收购对象的股权结构、法律合规、财务状况、纳税义务、债权债务、重大合同履行、公司治理等都是作出收购决定前必须进行尽职调查的内容。对于已经有长期经营历史，但并无信息披露义务的私人公司而言，尽职调查需要收购对象的高度配合。收购方和负责调查的专业团队也必须通过其他第三方对收购对象提供的信息进行核实。这方面需要企业管理层和专业顾问的勤勉和努力。举个例子，在收购交易即将完成之前，必须对目标公司的贷款协议以及长期合作协议进行审核，很多贷款协议或合资合作协议中有控制权变更条款或排他性条款。收购时由于控股股东的变更，很有可能触发该等协议的违约事项的发生，必须在收购方案实施的早期，和贷款方以及合作方进行接触，并取得该等第三方的豁免，或对现有的排他性安排进行修订，确保收购不会构成违约，而收购方和收购目标的所有业务也均可以继续履行。尽职调查有时不仅仅针对收购对象，还必须将收购对象的信息纳入集团框架中进行考虑。外聘的专家（财务顾问、律师或会计师）既需要调查被收购方的信息，也需要了解收购方的业务及商业策略，确保给予及时准确的专业意见，而不仅仅关注收购交易文件本身。

（三）争议解决

争议解决条款是收购交易风险管理的重要工具。选择一个高效经济、可以预测、没有腐败并可能作出可执行裁决的争议解决地点，可以最大限度地避免在不熟悉的司法管辖区域遭遇意料之外的司法风险。相对传统的法院诉讼，仲裁有一裁终局、私密性、可自选仲裁员、裁决被《纽约公约》缔约国（或根据其他双别条约）认可执行等优势，根据一项国际组织的调查问卷，目前国际仲裁越来越多的成为当事人解决跨国争议的方式。在这项调查中，90% 的受访者选择了国际仲裁或包括国际仲裁在内的争议解决选择作为跨国交易的争议解决方案，只有不到 5% 的受访者选择跨国诉讼。因此，对于中国企业而言，选择香港国际仲裁中心的仲裁解决跨境收购的争议也许最能被境外对家认同，也有利于中企业控制司法风险。因此，需要律师在起草仲裁条款时使用清晰明确、没有歧义的语言，避免就合同语言的解读产生附属诉讼，并尽可能避免使用复杂的多层次争议解决条款。

三、其他关注事项

收购过程中对信息披露事项必须非常谨慎。除了必须符合相关的监管披露要求之外，其他有关交易谈判的信息必须严格保密。任何不恰当的披露都有可能危及整个交易（该等披露可能违反保密义务或当地上市规则要求，也可能引起政府机构、交易对手或投资者的过度反应）。企业的业务人员或高管在接触媒体或发表公开言论时需要注意不能发表尚未完成的交易的相关评述。如果需要发表任何有关交易的公开信息，务必请专业顾问审核后才能做出。

另外，在进行境外收购的实践中，完成交易只是一个开端，更重要的是如何有效地在并购之后将境外资源整合到中国企业中。其中，涉及方方面面的融合和调整，如人事、IT 系统、合规、企业文化、客户资源等。收购的过程纵然繁复，但之后的整合过程更加漫长。如果整合失败，此前收购中付出的努力也将付之东流。所以，建议收购方公司的管理层团队在作出收购决策的同时，在早期就制定明确的战略意图，以及之后的整合规划。部分整合计划的实施（如管理层的留任、维持主要合作方的业务等），还需要收购目标公司管理层或者大股东的配合，有必要时，可以在收购文件中要求相关方作出承诺和赔偿保证。在收购完成的半年时间里，一个切实详尽的过渡计划对成功整合收购资产非常有帮助，在可行的范围内，整合计划做得越细致，才能保证平稳过渡。有必要时，也可以邀请专家团队参与整合计划的制订和实施。

跨国并购是中国企业提高竞争力和进军海外市场的重要手段，同时，跨境并购也是一项涉及面庞杂且需要较高专业水平的工程，本文期望在跨境并购的法律问题方面起到一些抛砖引玉的作用，并期待与各位同仁共同切磋探讨。

澳门投融资法律研究篇

澳门投融资法律概况之基本法律环境

林笑云[①] 罗卓彦[②]

一、概述

澳门特别行政区，包括澳门半岛、氹仔岛和路环岛，[③] 自古以来就是中国的领土，16 世纪中叶以后被葡萄牙逐步占领。

1987 年 4 月 13 日，中葡两国政府签署了关于澳门问题的联合声明，确认中华人民共和国政府于 1999 年 12 月 20 日恢复对澳门行使主权，从而实现了长期以来中国人民收回澳门的共同愿望。[④]

就地理位置而言，澳门位于中国内地东南沿海，地处珠江三角洲的西岸，毗邻广东省，与香港特别行政区相距仅 60 公里。

根据中华人民共和国国务院令第 665 号，为支持澳门特别行政区经济社会持续稳定发展，中央人民政府决定将澳门特别行政区海域面积明确为 85 平方公里。[⑤]

事实上，国家政策与澳门的发展息息相关，早于"十一五"规划中，国家已将澳门纳入五年发展规划，并就澳门的未来发展方向定位：支持澳门发

① 林笑云，中华人民共和国全国人民代表大会代表、中华人民共和国全国人民代表大会常务委员会澳门特别行政区基本法委员会委员、澳门执业律师、私人公证员及中华人民共和国委托公证人。

② 罗卓彦，澳门执业律师。

③ 路氹填海区已把氹仔和路环两个离岛连为一体。

④ 参见《中华人民共和国澳门特别行政区基本法》（以下简称《基本法》）序言。

⑤ 现时，澳门特别行政区区域由陆地及海上两部分组成。陆地部分由关闸澳门边检大楼段和鸭涌河段两段组成；海上部分由内港段、路氹航道段、澳门南部海域段、澳门东部海域段、人工岛段和澳门北部海域段六段组成。

展旅游等服务业，促进澳门经济适度多元发展。

“十二五”规划中，国家明确支持澳门建设世界旅游休闲中心，加快建设中国与葡语国家商贸合作服务平台，也就是推进澳门作为“一个中心[①]”“一个平台[②]”的建设进一步定位，促进澳门的长远发展。

“十三五”规划中，国家在“十二五”规划基础上，进一步深化并阐述澳门未来的发展方向，除了再次强调澳门发展会展商贸等产业外，更支持澳门参与“一带一路”建设，鼓励内地与澳门企业发挥各自优势，通过多种合作方式“走出去”，加强澳门作为平台的作用。

此外，澳门未来发展的定位已纳入国家“十二五”规划及“十三五”规划，为此，澳门特区政府还提出《澳门特别行政区五年发展规划（2016—2020年）》。当中明确提出：“澳门要充分发挥独特优势，扩大和深化粤港澳合作以及泛珠三角洲的区域合作，互补共赢，互利互惠，共同打造‘粤港澳大湾区’，为国家‘一带一路’战略的实现提供助力。”[③]

除此之外，于2017年3月召开的第十二届全国人大五次会议中，中国国务院总理李克强提出要推动中国内地与港澳特区的深化合作，研究和制定粤港澳大湾区发展规划；透过粤港澳大湾区发展规划，国家再次向澳门提供发展机遇，除了继续为区域融合提供休闲式服务，更要发挥“精准联系人”的角色。[④]

事实上，多项国家政策，包括多次的五年规划均体现了国家对澳门的重视，因应澳门的发展需要订定适合澳门的发展策略，确保了澳门的长期繁荣稳定。

二、政治环境

中华人民共和国政府于1999年12月20日恢复对澳门行使主权，国家考虑到澳门的历史和现实情况，故决定在对澳门恢复行使主权时，根据《中华人民共和国宪法》第三十一条的规定，设立澳门特别行政区，并按照“一个

① 一个中心，即世界旅游休闲中心。

② 一个平台，即中国与葡语国家商贸合作服务平台。

③ 梁维特．抓机遇担责任积极融入大湾区 [N]. 新华澳报 ,2017-04-27.

④ 马志毅．澳门融入粤港澳大湾区建设 [N]. 澳门日报 ,2017-03-20.

国家，两种制度”的方针，不在澳门实行社会主义的制度和政策。[①]

《基本法》第五条规定：澳门特别行政区不实行社会主义的制度和政策，保持原有的资本主义制度和生活方式，五十年不变。

澳门特别行政区政府是澳门特别行政区的行政机关，澳门特别行政区行政长官是澳门特别行政区的首长，代表澳门特别行政区及对中央人民政府和澳门特别行政区负责。

（一）高度自治

《基本法》第二条规定：中华人民共和国全国人民代表大会授权澳门特别行政区依照本法的规定实行高度自治，享有行政管理权、立法权、独立的司法权和终审权。

也就是说，全国人民代表大会授权澳门特别行政区按照《基本法》的规定实行“高度自治”，故此，这并不是特别行政区所固有的权力，而是来自中央的授权。故此，“高度自治”存在一个前提条件，那就是建立在授权与被授权的基础上。

“高度自治”主要体现在两个方面：

第一，从澳门特别行政区自治权的内容上看，包括了一般地方政府所没有的权力。例如，在行政管理权方面，澳门特别行政区可以发行货币；在立法权方面，澳门特别行政区可以自行制定法律；在司法权方面，澳门特别行政区有终审权。

第二，从特别行政区自治权的程度上看，一些权力虽然一般地方政府也享有，但没有澳门特别行政区自治权的程度那么高。例如，在行政管理权方面，一般地方政府可以与其他国家和地区发展经济关系，然而，澳门特别行政区在经济、贸易、金融、航运、通信、旅游、文化、体育等领域，享有对外事务管理权，可单独同世界各国、各地区及有关国际组织保持和发展关系，并签订和履行有关协议；在立法权方面，一般地方立法机关虽可制定一些地方的规范性文件，但不能制定法典，尤其是对人的基本权利和自由方面的规范性文件，然而，澳门特别行政区依据基本法可以制定居民权利和自由的法律；

① 参见《中华人民共和国澳门特别行政区基本法》（以下简称《基本法》）序言。

在司法权方面，任何地方法院有审判权，但无终审权，然而，澳门特别行政区法院不仅有审判权，而且有终审权。[①]

然而，“高度自治”也存在其界限：“高度自治”是地方自治的一种形式，是中央与地方分权的产物，自治也只能限于其行政区域内的管理，不能涉及国家的事务；“高度自治”是相对的、有限度的自治，是就比较意义而言的。如果自治权没有限度和范围，离开一定条件就变成了主权，就不符合“一国两制”的规定。所以，“高度自治”不包括应该由中央管理的事务，也不能自行处理涉及特区与中央关系的事务。

（二）澳人治澳

《基本法》第三条规定：澳门特别行政区的行政机关和立法机关由澳门特别行政区永久性居民依照本法有关规定组成。

“澳人治澳”是指由澳门人自主管理澳门；澳门特别行政区行政长官、主要官员、行政会委员、立法会议员、终审法院院长及检察长必须是澳门特别行政区永久性居民，其中部分职位还必须由永久性居民中的中国公民担任。

除此以外，骆伟健教授就“澳人治澳”进行解读时导出了其更深层的内涵：“澳人治澳”须以爱国爱澳者为主体。尤其体现于行政机关、立法机关和司法机关中的主要职位必须是由永久性居民中的中国公民担任。

《基本法》规定，澳门特别行政区行政长官、行政会委员、政府主要官员、立法会主席和副主席、终审法院院长、检察长必须是永久性居民中的中国公民担任，并要求他们效忠中华人民共和国，体现了中国对澳门恢复行使主权。

至于“爱国者”就是指尊重自己的民族，诚心诚意地拥护国家对澳门恢复行使主权，不损害特别行政区的稳定、发展和繁荣的人。在“一国两制”条件下，必须维护国家的统一和主权，维护特别行政区的稳定和发展。

爱国的标准可以从道德和法律两个层面来说：爱国的道德标准是一种对国家认同的价值观念，发自内心的崇高情感；爱国的法律标准是一种对国家

---

① 刘高龙，赵国强，骆伟健，范剑虹．澳门法律新论（上卷）[M]. 北京：社会科学文献出版社，2011: 54-55.

的义务，不能从事破坏国家统一、安全的活动。[①]

三、经济环境

澳门经济规模不大，但外向度高，是中国两个国际贸易自由港之一，货物、资金、外汇、人员进出自由，也是区内税率最低的地区之一，具有单独关税区地位，与国际经济联系密切，更与欧盟及葡语国家有着传统和特殊的关系。因此，澳门在区域性经济中占有重要地位，是连接内地和国际市场的重要窗口和桥梁。

随着澳门内外经济环境的转变，被称为澳门四大经济支柱的制造业、旅游博彩业、金融业、建筑房地产业在本地生产总值所占的比重明显出现变化。近年，旅游博彩业在本地生产总值所占的比重已超过制造业、金融业及建筑房地产业所占比重之和。[②]

直至 2015 年，澳门经济受到全球经济下行压力及国际金融市场反复波的所影响，博彩毛收入连月下跌；然而，2015 年澳门博彩总收益仍然超越美国内华达州博彩收益的 2.5 倍，保持全球最大博彩市场的地位。[③]

如上所述，澳门未来的定位是世界旅游休闲中心，故此，于 2015 年 10 月 28 日，澳门特区政府成立“建设世界旅游休闲中心委员会”，并以行政长官为主席，启动《旅游业发展总体规划》的编制工作，规划未来五年特区经济社会发展的总体蓝图。

除了“一个中心”的目标外，澳门未来的另一个定位是成为“一个平台”，即发展为中国与葡语国家商贸合作服务平台，为此，于 2016 年 2 月 4 日，澳门特区政府成立“中国与葡语国家商贸合作服务平台发展委员会”，并以行政长官为主席，以推进“一个平台”的建设并明确订出阶段性的目标及工作计划。

---

① 刘高龙，赵国强，骆伟健，范剑虹 . 澳门法律新论（上卷）[M]. 北京：社会科学文献出版社，2011: 54-55.

② 《澳门年鉴》编辑委员会 . 2016 澳门年鉴 [M]. 澳门：澳门特别行政区政府新闻局，2016:143.

③ 《澳门年鉴》编辑委员会 . 2016 澳门年鉴 [M]. 澳门：澳门特别行政区政府新闻局，2016:191.

四、社会环境

（一）医疗

澳门特别行政区的医疗卫生水平与大多数先进国家和地区相近。据统计暨普查局 2015 年的统计，澳门医护资源中，医生、护士、病床与人口的比例分别为 0.26%、0.35% 及 0.23%。

2015 年的死亡率为 0.31%，一岁以下婴儿的死亡率为 0.16%。出生时平均预期寿命男性为 79.9 岁，女性为 86.3 岁（2012—2015 年），达到世界领先的水平。[①]

（二）教育

《基本法》第三十七条规定：澳门居民有从事教育、学术研究、文学艺术创作和其他文化活动的自由。

除此之外，澳门特别行政区更是大中华区第一个提供 15 年免费教育的地区。根据第 9/2006 号法律《非高等教育制度纲要法》的规定，非高等教育分为正规教育和持续教育两种类型。正规教育包括幼儿教育、小学教育、中学教育和特殊教育；持续教育则包括家庭教育、回归教育、小区教育、职业培训以及其他教育活动；职业技术教育只在高中阶段开设，可同时在正规教育和回归教育中实施。

澳门的学校系统由公立学校和私立学校组成，并由公立学校和接受资助、提供免费教育的私立学校组成免费教育学校系统。

（三）宗教

《基本法》第三十四条规定：澳门居民有信仰的自由。澳门居民有宗教信仰的自由，有公开传教和举行、参加宗教活动的自由。

《基本法》第一百二十八条进一步规定：澳门特别行政区政府根据宗教信仰自由的原则，不干预宗教组织的内部事务，不干预宗教组织和教徒同澳门以外地区的宗教组织和教徒保持及发展关系，不限制与澳门特别行政区法

---

① 《澳门年鉴》编辑委员会 . 2016 澳门年鉴 [M]. 澳门 : 澳门特别行政区政府新闻局 ,2016:283.

律没有抵触的宗教活动。

第 5/98/M 号法律也规定了与宗教及礼拜的自由，当中指出：澳门地区[①]不指定信奉任何宗教，它与各宗教教派的关系以分离原则及中立原则为基础；在法律面前，所有宗教教派平等。

澳门的宗教充分体现中西文化交融的特征，除佛教、道教、儒教信仰为主体的民间信仰之外，也有传入的天主教、基督教、伊斯兰教等，历史源远流长。

五、法律环境

《基本法》第八条规定：澳门原有的法律、法令、行政法规和其他规范性文件，除同本法相抵触或经澳门特别行政区的立法机关或其他有关机关依照法定程序作出修改者外，予以保留。

澳门特别行政区现行法律体系包括以下四个层次：

1. 宪制性法律。
2. 在澳门适用的全国性法律。
3. 澳门本地区立法机关制定的法律。
4. 行政法规、行政命令、行政批示及其他规范性文件。

在澳门现行法律体系下，宪制性法律应当包括两个法律：《中华人民共和国宪法》（以下简称《宪法》）及《澳门特别行政区基本法》。虽然，《宪法》属于社会主义性质的宪法，澳门特别行政区实行资本主义制度，但《宪法》作为国家的最高“母法”，在整体上依然适用于澳门特别行政区。实行“一国两制”，仅表明《宪法》中关于社会主义制度和政策的规定不适用于澳门特别行政区，并由《基本法》取代，但涉及中国主权的条款仍然适用于澳门特别行政区。

《基本法》第十八条规定：全国人民代表大会常务委员会在征询其所属的澳门特别行政区基本法委员会和澳门特别行政区政府的意见后，可对列于本法附件三的法律作出增减。列入附件三的法律应限于有关国防、外交和其

① 根据第 1/1999 号法律附件四的规定：任何“澳门”“澳门地区”“本地区”“澳门法区”等名称应解释为“澳门特别行政区”。

他依照本法规定不属于澳门特别行政区自治范围的法律。[①]

澳门本地区立法机关制定的法律可分为两大类：一类是1999年12月20日之前制定，但经全国人大常委会通过并采用的原有法律和法令；另一类是1999年12月20日之后由澳门特别行政区立法会制定的法律。

最后，行政法规、行政命令、行政批示及其他规范性文件等不属于法律权的产物，但同样具有相应的法律效力，因而属于广义的法律规范。[②]

事实上，基于历史原因，澳门法律体系与葡萄牙法律体系有着密切关系，两者均奉行大陆法系，并以成文法作为主要法律渊源；此一特征与同为特别行政区的香港有着完全不同的发展方向，后者奉行海洋法系，并以判例法作为主要法律渊源。[③]

通过比较法角度进行分析：大陆法系的体系结构严谨，概念和用语抽象、严密、精确，具有形式逻辑特点，且主要以制定法为其法律渊源；[④]海洋法系建基于统一的地方习惯法，以规范的判例语言形成，来自法院的创制。[⑤]

---

① 在澳门特别行政区实施的全国性法律包括：（1）《关于中华人民共和国国都、纪年、国歌、国旗的决议》；（2）《关于中华人民共和国国庆节的决议》；（3）《中华人民共和国国籍法》；（4）《中华人民共和国外交特权与豁免条例》；（5）《中华人民共和国领事特权与豁免条例》；（6）《中华人民共和国国旗法》；（7）《中华人民共和国国徽法》；（8）《中华人民共和国领海及毗连区法》；（9）《中华人民共和国专属经济区和大陆架法》；（10）《中华人民共和国澳门特别行政区驻军法》；（11）《中华人民共和国外国中央银行财产司法强制措施豁免法》。

② 刘高龙，赵国强，骆伟健，范剑虹．澳门法律新论（上卷）[M]. 北京：社会科学文献出版社，2011: 13-15.

③ 参见邓志强律师为澳门大学法学院四年级法律葡语课程所编制的教材。

④ 大陆法系的基本特点：（1）法典化的法律渊源（大陆法系是成文法国家，所以人们往往认为制定法是大陆法系的主要渊源）；（2）判例不创立法律规范（判例不像法律规范般具命令性质）；（3）公法与私法的划分；（4）实体中心主义（即实体法优于程序法）；（5）法学家的法（法学家及其学说起着主导作用，尤其在法典化运动中，而很多法律主要原则也是从13世纪至19世纪在各大学定出来的）。

⑤ 英美法系的基本特点：（1）非法典化的法律渊源（英美法系从未全面实现法典化，宁愿用特别的制定法而不是概括性和系统性的法典来处理问题）；（2）判例法（法官通过判决形成的法律规范，其基础和核心是遵循“先例的原则”“先例主义”或“判例拘束力”）；（3）普通法与衡平法的划分（前者属于严格的法律规则，后者主要以良心的需要和道德戒律的要求对普通法进行补充）；（4）程序中心主义（程序法优于实体法，因此被告应该享有在诉讼程序中的公正待遇）；（5）法律家的法（大陆法系重视大学的法律教育和法律学说，但英美法系则更多受到律师和法官的影响，而不是大学教授的影响，其法律教育重视的是实践和经验，培养的是职业技术，而不是理性和学者型的科学理论）。

六、结语

综上所述，基于历史的原因，澳门与葡语系国家之间，不论在经济、文化、法律和社会等方面都存在密切的联系。为配合国家政策，澳门更应致力于推动中葡双语教育，培养中葡双语人才，通过澳门本身的优势与葡语系国家合作发展，以充分发挥澳门担当起桥梁和平台的角色。

澳门投融资法律概况之澳门企业与内地企业的合作现状与趋势

曾泽瑶

“一带一路”是我国在国际上提出的一项重大倡议。这一倡议有多重意义：有利于促进沿线各国经济繁荣与区域经济合作，加强不同文明交流互鉴，促进世界和平发展，是一项造福世界各国人民的伟大事业；更具体地说，要与相关的国家政策沟通、设施联通、贸易畅通、资金融通、民心相通。[①] 澳门作为中华人民共和国的特别行政区，无论过去还是现在都与世界各地保持着一些特别的联系，理应在国家“一带一路”的建设中发挥独特的作用。

当前，澳门由官方到民间都已经行动起来，积极参与国家“一带一路”的建设。澳门特别行政区政府于 2017 年 3 月设立了由行政长官办公室牵头的专门工作委员会，统筹澳门参加“一带一路”的工作。民间方面，以研究“一带一路”为主要宗旨的民间组织——“一带一路”研究会和思路智库相继成立，为澳门参与有关的工作建言献策。

澳门特区政府对澳门如何参与“一带一路”已有了总体的构思和一些具体的举措。《澳门特别行政区五年发展规划（2016—2020）》的第一个篇章“战略篇”就提到：把握祖国大力推进全面建成小康社会，以及落实国家“十三五”规划，聚焦建设“一带一路”的大好机遇，充分发挥澳门独特优势，努力扩展中国与葡语国家商贸合作服务平台，推动澳门经济社会发展迈向新阶段，让广大居民享受更优质的生活。可见，参与“一带一路”已成为澳门地区的

① 参见国家发展改革委、外交部、商务部联合发布的《推动共建丝绸之路经济带和 21 世纪海上丝绸之路的愿景与行动》，2015 年 3 月。

发展战略之一。澳门参与“一带一路”建设的空间可能很广泛，但本文只集中探讨澳门企业与中国内地企业合作的现状和未来趋势。

一、澳门内地资本企业概况

早期，为发展澳门与内地的贸易或以澳门作为贸易中转站，开展对外贸易，以及向澳门同胞供应日常生活物资，一些有国家资本背景的企业相继在澳门设立。这些企业包括1949年成立的澳门南光贸易公司、1950年成立的澳门南通银行（1987年易名为中国银行澳门分行）、1963年成立的澳门中国旅行社等。在本地，这些企业习惯上被称为“中资企业”，一般属于内地企业的分支机构或者是直接受内地部委所管辖。

20世纪70年代末，随着内地实施改革开放政策，地方政府资本背景的中资企业也陆续进入澳门，迅速汇聚成为澳门经济商业活动的主力大军。澳门中国企业协会于1991年宣布成立，更进一步确立了中资企业在澳门商界的地位，向社会宣示了中资企业力量正式登上澳门的经济舞台。综合有关的资料及研究成果，中资企业与其他资本背景的企业比较，具有以下的特点：

1. 数量庞大。不完全统计，至目前，澳门中资企业总数已超过200家，任职于中资企业的职工超过1万人。若计及广义下的中资企业，其总规模更庞大。

2. 涉足商业范围相当广泛，涉及贸易、金融保险、旅游、酒店餐饮、建筑房地产、运输、商业零售、劳务服务、工业、科技等行业。

3. 除博彩业外，中资企业在各个行业占据很高的比重，在金融保险业中占50%至60%，在其他行业中也占了30%以上。

4. 中资企业在大多数行业中担当了“领头羊”的角色。特别在金融、贸易、劳务服务、建筑等行业中，表现相当突出，不仅业绩优异，而且对澳门整体经济作出相当大的贡献。

5. 总体而言，中资企业的总资产值已达到数千亿澳门元，对澳门整体经济肩负了极大的承担。[①]

---

① 柳智毅，苏振辉．中资企业在澳门经济适度多元战略中的作用 [J]．澳门经济，2014（36）．

上述的企业是传统意义上的中资企业，即以国有资本为背景的企业。国家改革开放前，这些企业很少和澳门本地的企业展开投资合作。改革开放后，情况有了变化，中资企业在不同的领域和澳门本地企业，包括大型企业和中小企业展开合作，有些甚至走出国门到海外投资。因此，内地企业和澳门企业合作已有一定的基础。

随着内地民营企业的兴起，以及国家鼓励企业“走出去”，2000 年以后不少内地的民营企业家到澳门投资成立企业，而这类企业虽然资本来自内地，但由于不属于国有资本，不是传统概念的中资企业，没有直属的管理部门，因而也没有统计数据。如果单从资本来源地看（不分国有和民营企业），倒能看到一些端倪。澳门统计暨普查局的数据显示：至 2015 年，澳门的外来直接累计投资当中，来自中国内地的资金占第四位，达 347 亿澳门元，仅次于开曼群岛、中国香港、英属处女岛；这些资金当中，八成是投放于银行业及证券业。[①] 由此来看，国有企业仍是内地投资澳门的主要力量。从公司的数目来看，2016 年在澳门成立的、资本来源为内地的公司数目为 686 家，占总数的 1/5，八成以上来自泛珠三角的九个省区，多数从事批发零售、建筑业和工商服务行业。相信这些企业绝大部分是民营企业，而且多属中小企业。

二、澳门企业和内地企业的合作迎来大好机遇

澳门企业和内地企业同属一个国家，既有“一国”的优势，又有“两制”的特色。“十三五”规划重申，支持澳门建设世界旅游休闲中心、中国与葡语国家商贸合作服务平台，积极发展会展商贸等产业。在深化内地与港澳合作方面，“十三五”规划明确提出，支持港澳参与国家双向开放、“一带一路”建设，鼓励内地与港澳企业发挥各自优势，通过多种方式合作走出去，促进经济适度多元可持续发展。

在中央政府的大力支持下，澳门特区政府正努力配合国家的“十三五”规划和“一带一路”的国家战略，加紧建设“一个中心”（世界旅游休闲中心）

① 资料来源于澳门统计暨普查局的《直接投资统计》，2016 年 10 月。

和"一个平台"（中国与葡语国家商贸合作服务平台），这为澳门企业和内地企业的合作提供了前所未有的机遇。

《澳门特别行政区五年发展规划（2016—2020年）》就澳门如何参与"一带一路"建设提出了一些务实的手段：

1. 积极参与国家双向开放、"一带一路"建设等发展战略。发挥澳门社会各界能量，加强与本地及海内外商会合作，有系统地组织世界华商、海外宗亲、同乡活动，大力推广"一带一路"的合作发展理念。邀请更多"一带一路"沿线国家及地区的企业和经贸机构来澳门参展参会，尤其要加强与东盟的合作关系，举办更多澳门与东盟的经贸交流活动。

2. 每年组织企业家代表团走访"一带一路"沿线国家及地区，协助澳门及内地企业开拓新的市场商机，争取更多"一带一路"沿线国家及地区来澳门举办会展活动。着力携手内地及香港共同开拓"21世纪海上丝绸之路"沿线国家及地区，尤其是葡语国家和东南亚国家市场。

3. 促进"一个平台"与"一带一路"有机结合。澳门作为"一个平台"，争取在推进"一带一路"建设中形成迭加效应，凭借澳门众多归侨侨眷、与葡语国家及东南亚等地有着紧密联系的优势，发挥协助"一带一路"沿线国家及地区拓展与内地以及葡语国家商贸合作的平台功能。充分发挥澳门的区位、语言、文化、产业等优势，积极参与"一带一路"在旅游、会展、商贸服务等领域的合作。

4. 在开展中葡论坛框架下的一系列工作过程中，重点加入"一带一路"元素，促进"一带一路"沿线国家及地区与葡语国家的基建合作，致力于推动企业多边合作，开拓更广阔的市场，加强培养中葡双语专业人才，为建设"一带一路"提供更多样化的专业服务，进一步凸显澳门作为"一个平台"的重要角色。通过举办"中国—葡语国家文化周"，充分发挥澳门多元文化的优势，进一步凸显澳门特色的中葡平台，促进文化交流，营造国际良好合作环境，孕育产业和商机，助力达致"一带一路"所倡议的"民心相通"，促进"一带一路"沿线国家及地区的相互沟通、相互理解、相互认同。①

经济财政司司长梁维特在引介2017年经济财政领域施政方针时提出多项

① 参见澳门特别行政区政府制定的《澳门特别行政区五年发展规划（2016—2020年）》，2016年9月。

更具体的措施：

1. 支持业界拓展财富管理业务。结合本澳归侨众多、业界客户融通中外的优势，拓展“一带一路”沿线国家和地区市场。

2. 促进区域金融合作。推动建立粤澳金融业支持“一带一路”建设的交流与合作机制。

3. 促进澳门、内地与“一带一路”沿线国家地区的经贸合作。丰富本地会展活动的“一带一路”元素，组织本澳企业家到“一带一路”国家地区参展参会和考察。

4. 参与及助力“一带一路”。促进中葡商贸合作服务平台与“一带一路”建设有机结合。“第七届国际基础设施投资与建设高峰论坛”以“创新产融合作，助力基础设施发展”为主题，探讨“一带一路”建设及国际产能合作，多个“一带一路”沿线地区和葡语国家高层政府领导及企业来澳门交流。

5. 继续精准发力，以“会议为先”的会展业、特色金融产业作为发展新兴产业的重点切入点，提升行业发展质量，加大力度培养行业所需的人才，为经济发展注入更多新动力。

6. 继续用好国家的支持政策和澳门的传统优势，积极落实李克强总理在“中国—葡语国家经贸合作论坛（澳门）第五届部长级会议”宣布的新举措，进一步促进澳门、内地及葡语国家的双向经贸合作，深化推进中葡平台“三个中心”的建设，促进“平台”与“一带一路”建设有机结合。

7. 推动特色金融产业发展，助力“一个平台”及“一带一路”建设。具体做法包括：推进“中国与葡语国家商贸合作金融服务平台”的建设；推动融资租赁行业成长发展；支持业界拓展财富管理业务；促进区域金融合作；完善金融基建；加强培养金融人才，提升业界专业水平。

8. 促进澳门、内地机构与“一带一路”沿线国家地区的经贸合作。支持归侨及业界参与“一带一路”建设，推动澳门与东南亚国家的经贸联系和合作，组织到澳门企业和内地企业合作国家地区参展、参会和考察。研究继续将“粤澳名优商品展”引入沿线国家，促进企业对接交流。继续支持世界华商高峰会在澳门举办。

三、澳门企业和内地企业合作的优势

澳门虽然面积小、人口少，但却可以为本地企业和内地企业合作提供广阔的空间。两地企业在“一带一路”的战略之下，可以选择以澳门为基地，然后再寻求向外发展。在澳门营商有以下优势。

（一）澳门的自由经济制度和低税制有利营商

澳门的自由经济制度体现在以下三个方面：

1. 贸易的自由。澳门是自由港，被世界贸易组织（WTO）评为全球最开放的贸易和投资体系之一。澳门与全球100多个国家和地区保持贸易往来，所参加的国际性组织达50多个。据美国传统基金会和《华尔街日报》联合发布的2016年度“全球经济自由度指数”报告，澳门在全球178个经济体中排名第37位，在亚太地区排名第9位。除了少数受管制货品外，一般货品都可以免税自由进出澳门，价格方面也不会受到管制。

2. 金融的自由。澳门实行较开放的金融制度，没有外汇管制，资本可以自由进出，货币可以自由兑换。

3. 企业经营的自由。政府只对博彩业、公用事业等实行专营制度，其他行业的企业经适当登记注册后，均可以自由经营，而且投资的门槛很低。对于重大的投资，澳门特区政府还对公司的成立给予协助。

另外，澳门实行低税制和简单税制。基于自然人及法人在本地区取得工商业收益所征收的所得补充税（纯利税）的最高税率为12%（最低为3%），而近年，年度收益不超过60万澳门元则获得特区政府豁免缴纳。企业每年缴纳的营业税一般为300澳门元（出入口企业税额为1500澳门元，商业银行则为80000澳门元），该税项近年同样获得豁免。澳门税种很少（只有10余种），与企业经营有直接关系的则更少，只有所得补充税、营业税、凭单印花税等几个税种。

（二）政府为企业提供强有力的支持

澳门特区政府为鼓励本地工商业发展，先后推出多项对企业的支持政策，包括：

1. 企业融资贷款利息补贴。该计划旨在鼓励在本地投资的企业在其业务范围内增加所需投资，从而达到促进本地经济活动多元化、增强环境保护、协助企业技术革新及转型，以提升竞争力，使业务趋向现代化。受惠企业可享受每年 4% 的利息补贴，补贴期限最长为 4 年，每一家受益企业每年可获补贴贷款金额最高为 1000 万澳门元。

2. 中小企业信用保证计划。由澳门特区政府为中小企业借贷提供担保，协助中小企业取得银行融资。申请资格为已在澳门登记，营运至少 1 年且符合澳门中小企业定义的公司。每一家中小企业可获由政府提供的信用保证上限为所申请银行贷款的 70%，最高上限为 350 万澳门元，还款期不超过 5 年。

3. 中小企业专项信用保证计划。该计划旨在协助中小企业取得为开展专门项目所需的银行融资。申请资格为已在澳门登记，营运至少 3 年且符合澳门中小企业定义的公司。每一家受惠企业提供上限为所申请银行贷款额的 100%，最高达 100 万澳门元的信用保证额度；信用保证期最长为 5 年。

4. 中小企业援助计划。该计划旨在为中小企业改善经营提供财政援助。援助款项主要用于购置设备，为营运场所进行翻新、装修及扩充等工程，订立商业特许合同及特许经营合同，取得技术专用权、知识产权，进行宣传及推广活动，提升企业的经营能力或竞争力，作为企业的营运资金等。申请资格为已在澳门登记，营运至少 2 年且符合澳门中小企业定义的公司，援助上限为 60 万澳门元，还款期不超过 8 年。

5. 青年创业援助计划。本计划旨在为拥有创业理想但缺乏资源的本地青年提供一笔免息援助款项，协助他们减轻创业初期的资金压力。申请资格为年龄介于 21~44 岁、符合首次创业定义的澳门永久性居民。资金的用途类似中小企业援助计划所规定。

（三）"一个中心""一个平台"加紧建设

澳门未来发展的愿景是要成为世界旅游休闲中心。这个目标在"十三五"规划获得再次确认，并且在澳门特区的五年发展规划中得到确立。世界旅游休闲中心的内涵远远超越一个世界级的旅游目的地，它不仅代表世界级的旅游设施、世界级的旅游服务，更代表围绕这个中心的多元产业的协同发展，例如，会议展览等商业服务的发展，特色食品、中医药产品、健康产品和文化创意产品的开发、推广和销售。世界旅游休闲中心的概念更加超越地域的界限，随着区域合作的进一步加强，交通基建的无缝对接，它的影响力将辐射到整个粤港澳大湾区。

除了“一个中心”之外，澳门的另一个目标是要成为“一个平台”。在中央政府的支持下，中国—葡语国家经贸合作论坛（澳门）自 2003 年在澳门创立以来，紧密联系了安哥拉、巴西、佛得角、几内亚比绍、莫桑比克、葡萄牙、圣多美和普林西比，以及东帝汶八个葡语国家，使澳门能发挥中国与葡语国家商贸合作服务平台的作用，论坛五届部长级会议分别签署了五个《经贸合作行动纲领》，并于最近一届部长级会议签署了《中葡论坛关于推进产能合作的谅解备忘录》，开启了中国和葡语国家经贸合作新模式。

（四）发挥澳门侨界的桥梁作用

基于各种原因，有不少的海外华侨在不同的时期来到澳门定居。他们分别来自约 60 个国家和地区，其中大部分在东南亚、中南半岛等地区。澳门归侨总会是本地归侨的组织，团体会员包括澳门越柬寮归侨联谊会、澳门秘鲁归国华侨协会、澳门非洲华侨联谊会、柬埔寨华侨联谊会、澳门印度尼西亚归侨协会、澳门侨界青年协会和澳门侨界妇女协会。在这些归侨和他们的后代之中，不少人仍与原居地的华人、华侨，甚至当地政府、人民保持着一定的关系，有一些本身还是企业家，不时为了业务奔走世界各地。在澳门参与“一带一路”建设的过程中，他们可以助力内地和澳门的企业“走出去”，同时也可以发挥“引进来”的作用。除了经济领域的作用之外，澳门的归侨也可以凭借与海外的联系，为“民心相通”作出贡献，而“民心相通”反过来也有助于其他的“四通”的发展。

四、澳门企业和内地企业合作的重点领域

（一）商品贸易

澳门地处沿海，历史上就是一座因海而立的城市，也是中国连接东南亚、印度洋直至欧洲大西洋海上丝绸之路的一个重要节点。以公元 16 世纪之初，

明朝政府将市舶司泊口（今日的贸易港口）移至澳门为开端口标志算起，澳门从海边小渔村转型为贸易转运港至今已历经 400 多年。从 16 世纪之初至 17 世纪中期，澳门作为欧洲与中国、东南亚和日本海上贸易的转运港，凭借丝绸、茶叶和陶瓷贸易曾经兴盛了 100 多年。[①]

“一带一路”所提倡的“五通”之一是“贸易畅通”。澳门作为一个传统的贸易港口，可以在“贸易畅通”方面继续发挥和扩大它的独特功能。澳门要成为中国与葡语国家商贸合作服务平台，这个平台的其中的一个重要作用是与相关国家拓展贸易往来。自中国—葡语国家经贸合作论坛（澳门）2003 年成立以来，中国与葡语国家的贸易额增加了近 10 倍，其中澳门这个平台发挥了不少的作用。值得一提的是，澳门在建设“一个平台”的同时，也可以同时兼顾和其他地区的经贸关系，例如，利用澳门侨界的力量发展东南亚、中美洲、南美洲等国家的贸易。

另外，澳门和内地的企业可以利用每年一度的澳门国际贸易投资展览会这一盛会，寻找“一带一路”的商机。该活动是澳门首个荣获国际展览业协会 UFI 认证的展会，是澳门的年度国际性经贸盛事之一。2016 年的活动汇聚了来自 50 多个国家及地区的经贸代表团参展参会。

（二）基建投资

根据罗兵咸永道发表的“一带一路”报告，2016 年七项核心基础设施领域（公用事业、交通、电讯、社会、建设、能源和环境）的项目与交易总额超过了 4930 亿美元，其中，中国内地占总量的 1/3，“一带一路”沿线其他国家与地区占 2/3。报告又称，2016 年经济呈活跃景象，基础设施项目总量和平均金额均有提升。在中国内地，平均项目规模上涨了 14%，主要得益于政府和公共部门对基础设施这项支柱经济政策的大力支持。[②]

以上数据表明，“一带一路”相关的基础建设的投资，无论是在国内抑或是海外，都有无限的商机，关键是澳门如何分一杯羹。澳门的建筑工程界经过十多年的建筑兴旺期，尤其是参与了大型综合休闲旅游设施的兴建，无论管理和技术都有长足之进，完全有能力参与国际的基建项目。澳门业界在

---

① 杨道匡 . 乘海上丝路之势　建休闲旅游中心 [N]. 经济日报 ,2015-09-05.

② 罗兵咸 .“一带一路”投资不会停滞 [N]. 文汇报 ,2017-02-16.

国际视野和国际联系方面都有优势，可联同内地业界一起参与“一带一路”相关的基建工程。事实上，近年已经有澳门建筑企业到厄瓜多尔参与当地的工程项目。

目前，澳门已经有一个很好的国际基建投资互动平台。国际基础设施投资与建设高峰论坛由第三届开始移师澳门举办，至 2017 年已连续 6 年在澳门举办。该论坛旨在为业界提供一个交流思想、获取信息、发现机遇、寻求合作的国际化专业平台。第七届（2016 年）论坛吸引了 36 个国家和地区的 46 位部长级嘉宾出席，有来自国际金融机构、承包商、专业咨询机构及同行业组织的 600 多家单位的逾 1400 名代表参会。澳门和内地的业界应更好地利用这个平台来寻找工程建筑方面的商机。

基建投资方面，鉴于近期内地的外汇流失，对资金的外流的监管有所加强，澳门的金融界可参与一些海外基建项目的融资，这样一方面可为澳门和内地的投资主体和工程业界提供支持，另一方面可开拓澳门金融业的海外业务。

（三）融资租赁

《澳门特别行政区五年发展规划（2016—2020 年）》及《2017 年财政年度施政报告》均提到，澳门要着力发展特色金融业。融资租赁作为特色金融的其中一项业务，很适合在澳门发展。融资租赁可跨地域操作，其目标物（如机械、设备等）的生产制造、租用地点都不需要在澳门本地。换而言之，澳门可单纯作为融资租赁公司运作的所在地。这样既有助于产业多元的发展，又有助于澳门培养相关的业界人才。

近年来，内地政府推出一系列措施促进融资租赁的发展，鼓励通过租赁推动装备走出去和国际产能合作，使该行业获得较快的成长。《中国融资租赁行业 2016 年度报告》显示：2015 年我国融资租赁行业企业数量快速增长，截至 2015 年末，登记在册的融资租赁企业共计 3615 家，增速为 76.8%；资产总额增速加快，截至同年末，全国融资租赁企业资产总额 16271.8 亿元，同比增长 47.8%。该报告认为，租赁公司国际化大有可为，“一带一路”“中国制造走出去”等都是租赁业可以借力、发力之处。①

① 中证网，http://www.cs.com.cn/ssgs/hyzx/201703/t20170324_5219811.html, 2017-03-24.

澳门作为自由港，有条件吸引内地的融资租赁公司前来设立分公司，从而协助内地的制造业“走出去”，尤其可以在葡语国家和“一带一路”相关国家寻找业务机会。2016 年 12 月，由中国华融资产管理股份有限公司发起设立的中国华融（澳门）国际股份有限公司开业，表明内地业界看好澳门发展的相关业务。当然，澳门特区政府也要努力创造有利于业务经营的环境。

（四）引进来

“十三五”规划提出，支持港澳参与国家双向开放、“一带一路”建设，这意味着港澳企业既可以联同内地企业“走出去”，也可以参与内地“引进来”的工作。国家的“一带一路”倡议本来就是一个双向的概念，因此，澳门的企业也可以引领国外的企业到内地开拓业务，甚至可以反向地和内地企业展开合作。

近年，中国内地的不同地区相继设立了自由贸易试验区（自贸区）。与澳门邻近的广东省也于 2015 年设立了中国（广东）自由贸易试验区，在实现粤港澳深度合作的前提下加强对外开放，并以负面清单及备案制度简化外商投资管理。广东自贸区包括了广州南沙新区片区、深圳前海蛇口片区，以及珠海横琴新区片区。澳门企业可利用自身的优势探索走联同葡语国家企业及“一带一路”沿线国家的企业走进内地自贸区的可行性，尤其是走进与澳门接近的广东自贸区。利用外地进口的原材料在自贸区进行生产（或与内地企业合作生产），然后分销内地或海外市场，对某种商品来说，可能是替代直接进口商品的可行方法。

澳门已经有民间团体和内地城市达成合作协议，在自贸区设立葡语国家产业园，这表明澳门在引进来方面也可以发挥一定的作用。

五、结语

“一带一路”是国家战略，也是澳门机遇。从内地层面来讲，具有“走出去”实施国际产能合作、开拓国际市场、保持经济可持续发展等诸多功能；对澳门来讲，把建设“一个中心”“一个平台”和参与“一带一路”有机地结合起来，对发挥自身所长、促进经济适度多元有迭加效应。然而，澳门对

“一带一路”的实质参与主要依靠企业。澳门企业和内地企业同属一个国家，有相同的语言和文化背景，中央政府和澳门特区政府若能创设更有利的条件，彼此在“走出去”和引进来方面的合作必能水到渠成。

澳门投融资法律概况之“一带一路”下葡语国家的发展及其与中国的合作

魏　丹[①]

一、“一带一路”的战略要旨与精髓

中国有句俗语说“要致富，先修路”。我们今天所谈之“路”的概念不是传统意义上的路，而是“丝绸之路经济带”和“21世纪海上丝绸之路”，是连接众多国家的重要海陆交通通道，是引领参与国家共同致富繁荣的经济之路，是加强不同文明对话和理解的文化之路，是建立在不同国家广泛参与、平等对话、和平发展的友谊之路，是促进全球治理体系建设和改革的健康之路。

中国还有句民谚，“一花独放不是春，百花齐放春满园”，用这句话来形容“一带一路”发展战略的宗旨既形象又贴切。当今，经济全球化导致包括商品、服务、人员、资金、技术、信息等在内的生产要素在全球范围内流动，经济活动超越国界，各国各地区参与国际分工不断深化。根据传统的国际贸易比较优势理论分析，全球化和自由贸易可以为所有的国家的几乎所有人带来利益。但是，随着三十年来全球化的不断推进，现实的情况却表明，我们所生活的世界存在越来越多的风险和不确定性，国际关系的结构性矛盾和安全问题不断凸显，很多发展中国家遭遇着严重的经济危机和政治危机，一些国家更是面临破产的危险，财富和全球化带来的机遇没能在各国之间进行较为均等的分配，无论是各国内还是国家间的贫富差距仍在继续增大。全球化

① 魏丹，澳门大学法学院副院长、教授，巴西司法部项目合作专家。此文来源：王成安．葡语国家发展报告(2015—2016)[M]. 北京：社会科学文献出版社，2017:33-43.

只有以兼顾各国发展的差异化需求和谋求均衡共同的发展为目标才能实现世界经济的繁荣。如何能成功应对全球化带来的挑战，如何享受全球化带来的好处，如何更好地维护国家利益，如何建构更为民主的全球治理体系并扮演更重要的角色，广大发展中国家必须要进行发展路径的选择，那就是要深入合作、平等协商、民主共建、共同发展。

世界上的大多数人口生活在广大发展中国家。目前，参与“一带一路”沿线的 66 个国家[①] 也绝大多数是发展中国家，这反映出这些发展中国家与中国开展南南合作的意愿。根据国家发展改革委公布的《推动共建丝绸之路经济带和 21 世纪海上丝绸之路的愿景与行动》（以下简称《愿景与行动》），“一带一路”是一个全球性的平台，不设地缘范围限制，不设国家名单，任何国家和国际、地区组织均可参与。《愿景与行动》不仅表明了“一带一路”的开放性、包容性和中国政府持有的新型国际关系理念，也为重塑全球治理提供了崭新的模式。贸易投资一体化和全面经济合作不应仅局限于发达国家和发展中国家之间，研究表明，发展中国家之间的各种壁垒一旦被消除，将会为彼此产生更大的收益。[②]

目前，“一带一路”将通过五大走向贯穿亚欧非大陆，建设中蒙俄、中国—中亚—西亚、中国—中南半岛、中巴及孟中印缅六大合作走廊。本文将根据《愿景与行动》的宗旨，探讨葡语国家这一独特的国际经济文化走廊的战略意义以及论证葡语国家（以葡语系大国巴西为例）如何能通过参与“一带一路”的建设实现互惠双赢、共同发展。

二、独特的葡语国家经济文化走廊

目前，全世界共有约 26700 万人讲葡语。以葡语作为官方语言的国家有安哥拉、巴西、佛得角、几内亚比绍、莫桑比克、葡萄牙、圣多美和普林西比、东帝汶，分布在亚洲、欧洲、非洲和南美洲。葡语国家的人口占世界总人口

---

① http://beltandroad.hktdc.com/tc/country-profiles/country-profiles.aspx。

② FUGAZZA, MARCO and VANZETTI, DAVID. A South-South Survival Strategy: The Potential for Trade among Developing Countries, Policies Issues in International Trade and Commodities Study Series[J]. New York and Geneva: United Nations, 2006,p.3.

的 4.7%；土地面积约 1100 万平方公里，占世界总陆地面积的 7.2%。[①] 葡语的应用与影响力并不仅局限于葡语国家。葡萄牙语还是一些如美洲国家组织、非盟等区域组织的工作语言。葡萄牙语是南半球第一大语言，是世界第六大商务语言、世界第六大口语交流语种，还是使用率位居全球第五的网络语言。[②]

所有的葡语国家都参与了区域一体化的进程，各自都在所在地区具有一定的地缘战略价值或者扮演独特的作用。葡萄牙是大西洋通向美洲的桥梁，是欧盟成员国，在欧盟理事会和欧洲议会拥有的投票权和席位的代表性均超出了葡萄牙自身的人口规模。巴西是南美洲最大的国家，是金砖国家成员，也是南方共同市场的成员，其影响力举足轻重。几内亚比绍和佛得角是西非国家经济共同体成员，圣多美和普林西比加入了中部非洲国家经济共同体，安哥拉和莫桑比克加入了南部非洲发展共同体和东部和南部非洲共同市场。东帝汶比邻澳大利亚和印度尼西亚，与东南亚国家联盟也有联系。[③]

此外，所有葡语国家都是葡语国家共同体的成员。葡语国家共同体成立于 1996 年。巴西前外交部长、圣保罗大学塞尔索·拉费尔教授曾精辟地指出："葡语国家共同体成立的背景与英联邦或法语国家组织成立的背景有所不同。这两大组织的创立是在非殖民化进程的框架和两极格局的大背景下进行的，目的是在英语和法语为纽带形成的文化遗存的基础上，建立原欧属殖民地成员和原宗主国英国、法国之间的联系。葡语国家共同体则是在非殖民化进程结束后成立的组织，它出现于以两极格局终结为标志的后冷战时期。"[④] 因此，葡语国家共同体并不强调地缘划分，更不含有殖民文化的色彩，而是把葡语作为成员国之间相互沟通的工具以及共同的文化遗产和历史纽带，其共同的宗旨和价值是谋求成员国之间的相互平等合作、摒弃霸权主义和扩大共同利益。

由此，众多葡语国家形成了一条独特的经济文化走廊。从地理分布的特点来看，这一历史原因形成的经济文化走廊有别于传统意义上的陆路走廊，

① 李向玉 . 强化葡语教育配合"一带一路"[N]. 澳门日报 ,2016-03-13.

② http://observalinguaportuguesa.org/?s=L%C3%8DNGUA+PORTUGUESA+MAIOR+NO+MUNDO。

③ 魏丹 . 全球化世界中的葡语国家与中国 [M]. 北京：社会科学文献出版社 ,2014:85.

④ 魏丹 . 全球化世界中的葡语国家与中国 [M]. 北京：社会科学文献出版社 ,2014:15-16.

海洋是连接各个葡语国家的纽带。其实，早在15世纪，葡萄牙在航海扩张时期就建立了与西班牙扩张大不相同的治理统治模式。西班牙直接对幅员广阔的土地进行控制，而葡萄牙则通过发展海上战略和防卫以及对航海线安全的控制建立了一个“海上帝国”。[①]葡语国家的这条走廊从西欧到巴西，横贯非洲，再到太平洋，与印度洋交汇，具有重要的战略价值。

2016年10月8日至12日，葡萄牙总理科斯塔访华期间也特别谈到了葡语国家的海上走廊以及葡萄牙希望成为中国海上丝绸之路的一站。他认为，“葡萄牙在沿大西洋海岸的港口，可以发挥连通大西洋与欧洲内陆的战略作用。现在随着巴拿马运河新航道开放，以及大西洋周边国家的互联互通，葡萄牙从地理位置上确实起到联系欧洲、非洲、南美洲和亚洲的桥梁作用”。[②]

多年来，葡语国家在这一经济走廊的交流越来越频繁，越来越深入。共同的语言为葡语国家之间的贸易、相互投资和人员往来带来了极大的便利。除了语言之外，一般文化上的相似和法律制度的接近也同时是位于世界不同大洲的国家产生密切联系的原因。葡语国家的社会制度、文化层面和法律制度非常接近。尤其是在法律方面，葡语国家法律体系的基础都是相同的，它们都源自罗马法的传统，而且在葡萄牙法律制度的基础上各自发展起来，并表现出高度的相似。正因为成员国之间的经济深度融合和社会制度、文化及法律体系的高度相似，如果第三国与葡语国家共同体中的某一成员的经济文化交流越发深入时，一定会发现很多经验同样会适用于其他葡语国家，而且，葡语国家共同体的这一走廊也会为外国投资者拓展新的机遇提供诸多便利。葡语国家企业的相互投资已成常态，某一个葡语国家的企业也往往持有在其他葡语国家企业的股份或者在其他葡语国家设立分公司或子公司。[③]近年来，中国企业收购了大量葡萄牙公司的资产，并利用葡语国家这条经济走廊便利的销售渠道与客户资源，借道进军非洲和巴西等其他葡语系国家。[④]

---

① 叶士朋 . 澳门法制史概论 [M]. 周艳平，张永春翻译 . 澳门：澳门基金会出版，1996:9.

② http://m.news.cctv.com/2016/10/09/ARTI5GBK45EYr4myVa4igZyA161009.shtml。

③ 例如，中石化收购葡萄牙石油和天然气巨头 Galp 能源公司巴西子公司 30%的股份。

④ http://www.chinadaily.com.cn/interface/toutiao/1138561/2014-12-20/cd_19125959.html。

三、中国与葡语国家的交流合作

中国与一些葡语国家的通商和交往的历史悠久。位于海上丝绸之路另一端的葡萄牙在 15 世纪开启了航海大发现时代，葡萄牙人在 16 世纪中期抵达澳门，在明朝政府的应允下，定居驻扎下来并建立了商站，开辟了跨越亚、非、欧的海上航线。澳门出发的商船可以通向长崎、马尼拉、里斯本和美洲，澳门也一度成为了世界贸易的重要中转站。葡萄牙是近代推动“西学东渐”与“东学西传”的主要国家。① 当时，生活在澳门的利玛窦、罗明坚、汤若望等传教士让中国人认识了西方的科学技术、音乐、文化，也同时让欧洲人真正开始了解中国，他们把中国的典籍翻译成拉丁文，把汉学推介到西方。至今，在拥有超过 725 年历史的葡萄牙科英布拉大学，人们还可以参观到据说是当年康熙皇帝赠送给葡萄牙国王的一块巨大磁石和在法学院的古老图书馆中一间深受中国文化灵感启发的镶金彩绘书架的“中国厅”。这些有趣的历史印迹反映了中葡贸易通商和文化交流的源远流长。

远在南美洲的巴西与中国的结缘可以追溯到 18 世纪，中国和巴西的交流归因于葡萄牙。在葡萄牙人开辟的海上运输通道中，巴西是其中一站。19 世纪初，葡萄牙国王的一项命令使得 300 名中国人抵达里约热内卢的庄园开始采摘茶叶。此后，在相当长的一段时间里，巴西一度被称为“热带中国”，② 很多中国的文化元素在建筑、着装、饮食、日常生活中潜移默化地影响着巴西，中国的文化与印第安、欧洲和其他国家的文化一起共同构成了巴西文化的共生体。

在 21 世纪国际体系重组的时代，中国和葡语系国家都具备重要的潜能，而加强彼此的互信合作也显得比以往更加重要。有鉴于中国与葡语国家合作的战略性、全局性、互利性、广泛性和示范性，2003 年 10 月，中国与葡语系国家共同成立了经贸合作论坛，在澳门设立了论坛常设秘书处，以推进多方在贸易、投资、农业、渔业、基础设施建设、自然资源和人力资源等多层面、多领域的机制化合作。

当前，在世界经济复苏乏力、大宗商品价格走势持续低迷、各国政府政

① 李向玉 . 强化葡语教育配合“一带一路”[N]. 澳门日报，2016-03-13.

② 魏丹 . 全球化世界中的葡语国家与中国 [M]. 北京：社会科学文献出版社 ,2014:96-97.

策性的措施效果减弱的背景下，中国与葡语系国家的合作更要立足长远并尝试新的合作模式。深化中国与葡语国家的合作无疑符合“一带一路”战略所倡导的“平等合作、共同发展”的目标和“共享发展经验和机遇”的理念。葡语国家共同体的存在促进了世界文化的多样化，为“一带一路”提供了更多一条的便利走廊和机遇，而中国实施的“一带一路”战略也为葡语国家共同体的经济繁荣提供了新的发展机遇。

四、中国—巴西经贸概况以及双方能源基建合作

接下来，我们仅以葡语系大国巴西为例，来探讨参与“一带一路”如何为两国发展带来新的机遇。我们首先来简要分析中巴经贸的结构特点。巴西拥有世界上面积最大的农田，而且其中大部分还没有开发。巴西是世界最大的咖啡、大豆、橙子和甘蔗的生产国和出口国。巴西拥有极为丰富的矿产和石油资源，目前是世界第十大能源生产国。国际能源署预测，巴西在2035年可望成为全球第六大石油生产国。巴西的工业基础良好，石油化工业生产能力居世界前列，生物燃料乙醇工业十分发达，巴西把从甘蔗中提炼的酒精用于代替石油，在国内所有的汽车加油站都混入了酒精来减少汽车对环境的污染。巴西也是汽车生产大国和世界主要的飞机生产国。在各种日用消费品方面，巴西的制造业实现了自给。在产业结构方面，巴西较接近发达国家的特点，工业占国民生产总值不到30%，农业约占6%，其他均为第三产业。

巴西对中国出口主要集中在农业、矿业和采掘业。中国对巴西出口的商品基本上是工业制品。尽管近年来中巴双边贸易总体发展良好，但是由于经济环境的低迷，贸易保护主义的抬头，双边贸易摩擦也越来越多。巴西最大的《圣保罗页报》曾经举了个例子来描述巴西与中国双边贸易的不平衡：“超过50%的巴西进口铁轨来自中国，平均成本为每吨850美元。中国钢铁制造商每生产一吨铁轨使用1.7~1.8吨铁矿石，其巴西出口价仅为136美元。”[①]巴西国内某些产业部门联合会担心中国对巴西的竞争力构成威胁，频频向贸易救济机构申请对来自中国商品的反倾销调查。巴西不仅是拉美国家中而且

① 魏丹．全球化世界中的葡语国家与中国[M]．北京：社会科学文献出版社，2014:68.

是发展中国家中对中国产品采取反倾销措施最频繁的国家之一。2008 年国际金融危机以后，巴西出台了一系列新举措以强化反倾销措施的效力。2013 年 10 月 1 日起，巴西全新的《反倾销法》开始实施。这部新法称得上是所有世界贸易组织成员中最全面的反倾销法律之一。鉴于其娴熟运用反倾销规则的能力以及多次成功地向世界贸易组织争端解决机构挑战发达国家滥用反倾销的行为，巴西也被世界贸易组织称为“世界上最大的贸易勇士”。[①] 其实，当我们更为详尽地分析受巴西反倾销措施影响的中国产品就可以发现，至少有 83% 的巴西从中国进口的产品用于工业生产，只有很少一部分是最终消费产品。[②] 巴西外贸秘书处定期公布巴西从世界（包括中国）进口最多的前 100 类产品清单，这份清单清楚地表明零部件、配件、生产设备占据绝大比例。也就是说，中国的出口产品大多用于巴西的工业，辅助巴西的工业，而并不取代巴西的产品。巴西过度使用反倾销措施将会损害中间产业和最终消费者的利益。[③] 此外，在双边贸易额结算上，巴西持续保持对中国的贸易顺差，那些被征收反倾销税率的商品仅占双边贸易额的很小一部分。由此看来，并非所有的问题都可以通过贸易救济措施来实现。巴西近年来经济危机的主要原因是其贸易格局太过于依赖大宗原材料的出口来实现国内的经济发展，一旦当贸易伙伴需求减少和商品价格下跌，巴西的经济就缺乏新的增长动力。

巴西产业缺乏竞争力的原因有很多，物流设施不足导致的成本高昂是其中一个主要原因（当然还包含腐败、劳动力成本高昂、复杂的行政程序和高税收等原因）。尽管巴西各类能源和矿产资源丰富，但其基础设施严重不足，公路的运输成本相对高昂却效率低下，铁路运输极为滞后，这都大大减低了巴西的出口竞争力。[④] 从长远看，两国经贸关系的稳定和可持续发展并不能只建立单纯的贸易买卖关系，而是应该增加经贸的依存度和深度融合，做到你中有我、我中有你。如何做到这一点呢？答案很简单，就是扩大相互投资，实现互利共赢。只有直接投资才能真正拉动经济的增长，促进就业，加快技

---

① 孙琬钟 . WTO 法与中国论坛 2014 年刊 [M]. 北京：知识产权出版社 ,2014:182.

② http://www.abece.org.br/Noticias/ComercioExteriorRead.aspx?cod=583。

③ 魏丹 . 拧紧反倾销的螺丝：论中巴双边贸易摩擦与巴西反倾销措施的使用 [J]. 澳门法学，2013(10):67.

④ http://automotivelogistics.media/zh-hans/%E6%96%B0%E9%97%BB/south-america-summit-high-logistics-costs-put-brazil-behind-mexico。

术的升级换代和产业的现代化，不断提高生产链的附加值。对于中国而言，增加在巴西直接投资和基础设施建设，可以有效缓解国内过剩的产能和对生态环境的压力，减少与贸易伙伴的摩擦，以更低廉的成本制造出产品和服务，并更容易占领巴西市场。而对于巴西来讲，良好的基建设施可以从长远有效提高国内产业的竞争力，使巴西国内的企业得到高新的技术，为本国经济创造更多的就业机会，还可以为本国企业创造参与国际化的经验和机遇。中国拥有巴西不具备的强大的资金优势、技术优势和融资优势，而巴西则拥有庞大的市场规模、稳定的法律体系和无限的经济增长潜力，为中国企业提供广大的平台和可期的投资回报。中国在巴西投资的最重要优势就是基础设施投资，而中国进行的所有基础设施（不仅在巴西还包括在海外其他国家）都离不开安全稳定的能源供应，后者又正是巴西的强项。双方在“一带一路”战略中可以发挥各自优势，实现互惠双赢。

2014 年 7 月，习近平主席成功对巴西进行国事访问，习近平主席同巴西总统共同确认了连接太平洋和大西洋的两洋铁路项目的推进。2015 年 5 月，李克强总理再次访问了巴西，与巴西达成了 2015—2021 年联合行动计划，并首次提出了中拉产能合作“3 × 3”新模式的重大倡议，双方未来在物流、电力和信息方面将扩大深化合作。国家电网近年来在巴西成功中标美丽山等多项特许经营项目，近日宣布还将斥资约合 120 亿元人民币收购巴西圣保罗工业集团（Camargo Correa SA）。三峡集团也新近成为巴西第二大私有电力公司。2016 年 10 月 11 日，《巴西环球报》报道，美国大型电力生产商杜克能源（Duke Energy）已同意将其持有的巴西资产作价 12 亿美元出售给中国三峡集团。巴西的《经济价值报》（*Valor Econômico*）在 2016 年 7 月 4 日发表的文章中谈到，中国企业将改变巴西的电力行业格局。此外，中海油、中石油和中铁集团在巴西还在跟进国际招标进程。在不久的将来，中国与巴西的能源合作在石油、输电、太阳能、风能等领域将会大有可为。

五、未来的挑战

有句成语说得好，“知易行难”。虽然中巴在能源基建领域合作前景广阔，但是大型投资项目本身都面临周期长、风险大的难题。投资者需要理性投资，合理规避风险，避免经营不善，谋求长远发展。每个基建投资项目往往都有独特的运营模式、技术转移法律框架和风险共担的合同责任，有些项目采用公私合营的方式，有些项目则采用建造—运营—转让的方式，其中无数的细节问题和技术难题都需要被一一考虑、分析、论证。

我们通过巴西的例子得到的规律也同样会适用于所有葡语系国家，还有参与“一带一路”的其他国家。

要想在合作过程中加深彼此的互信和友谊，在尊重对方利益的前提下获得自身发展需要的利益，我们就必须重视文化的力量和作用。历史的经验告诉人们，经济的统计数字往往昙花一现，而文化的力量才会天长地久。“文化如水，滋润万物，悄然无声。”[①] 文化的力量看似柔弱，实则坚强。国之交在于民相亲。文化交流首先遇到的困难就是语言的分歧，中国与巴西等葡语国家的经贸人文交流首先面临的困难是语言障碍。也正因为意识到语言相通是文化从多元向统一发展过程中的首要条件，所以中国和葡语国家都在积极推广语言课程。除了语言之外，文化还包含价值观念、社会制度和意识形态。法律作为国家制度的组成部分，也是文化的组成部分。随着经济的联系与人员的交往不断密切，法律文化的多元性与法律制度的多样性的问题必然凸显。中国与葡语国家的经贸关系和能源基建的合作出现的各种纠纷和摩擦在某种程度上不单单是利益的相异，也体现了文化的差异和彼此的不了解。在解决各种经贸纠纷和争议时，如何对待不同法律文化的碰撞，如何构建创造性的机制来扩大共同利益缩小分歧，是多元文化实现趋同的必要途径。正因为如此，确保中国与葡语国家互惠双赢与共同发展，还需要比语言相通更深一个层次上的文化的沟通。我们的所有研究都将着眼于如何更好地服务中国与葡语系国家在“一带一路”背景下的合作。

---

① 孙家正 . 当代中国文化的追求与梦想 [M]. 北京 : 外文出版社 ,2007:31.

澳门投融资之市场准入

刘伟健[①] 张奕施[②]

一、引言

澳门作为一个自由、开放的服务经济体，尽管面积不大，人口不多，但却拥有较为完善的基础设施，奉行简单低税制度，企业和个人所得税税率最高不超过12%，是区内税率最低的地方之一。澳门同时享有自由港、单独关税区地位以及《内地与澳门关于建立更紧密经贸关系的安排》（CEPA）等多项独特的营商优势，资金进出自由，无外汇管制，多年来一直被世界贸易组织（WTO）评为全球最开放的贸易和投资体系之一。据美国传统基金会和《华尔街日报》联合发布的2015年《全球经济自由度指数》报告，澳门在全球178个经济体中排名第34位，在亚太地区排名第9位。2015年12月，在《FDI外国直接投资》杂志中，澳门被列为“2015—2016年度亚太区未来外商直接投资战略城市”第8位。

澳门国际市场网络广泛，与全球100多个国家和地区保持贸易往来，参与的国际性组织多达50余个，而同葡语国家的联系则尤为紧密。澳门特区成立以来，投资环境不断优化，各项建设事业加快推进，区域性商贸服务平台，特别是中国与葡语国家商贸合作服务平台的角色日益凸显。

澳门自1999年回归以来，经济稳步增长，GDP由回归前的约60亿美元增长至2014年的554亿美元；旅客数量由回归当年的740万人次增加至近年

① 刘伟健，澳门法律专家。

② 张奕施，澳门法律专家。

的年均3000多万人次；会展数量也由2001年的250多项增加至近年的每年1000多项。

近两年，由于受到内外多种因素的影响，澳门经济同样步入新常态，由过去较高速的增长转入调整期。但在澳门特区政府和社会各界的共同努力下，发展依然平稳有序，整体失业率仅为1.9%，依然保持在较低水平。

随着CEPA的进一步扩大开放和《泛珠三角区域合作框架协议》《珠江三角洲地区改革发展规划纲要》的逐步落实，以及《粤澳合作框架协议》的签署，特别是《中国（广东）自由贸易试验区总体方案》和《2015年广东自贸试验区珠海横琴片区改革创新发展总体方案》的公布，必将进一步深化澳门与内地的经济融合，推动粤澳全方位的交流与合作。而包括港珠澳大桥、粤澳新信道以及澳门轻轨系统等区内多项大型交通基础设施的陆续竣工，澳门的投资环境将进一步优化。以港珠澳大桥为例，大桥设有通道直接连接香港国际机场禁区，旅客从外地抵港后，仅需约30分钟车程便可抵达澳门，为旅客及客商提供更大便利，强化区域联动效应，促进客源互引，深化区域合作。

国家“十二五”规划提出，支持澳门建设世界旅游休闲中心，加快建设中国与葡语国家商贸合作服务平台；支持澳门推动经济适度多元化，加快发展休闲旅游、会展商务、中医药、教育服务、文化创意等产业，为保持澳门长期繁荣稳定和经济可持续发展奠定了坚实的基础。

目前，中葡商贸合作“三个中心”，即“中葡中小企业商贸服务中心”“葡语国家食品集散中心”和“中葡经贸合作会展中心”的建设正在不断向前推进，2015年4月开通的“中国—葡语国家经贸合作及人才信息网”也在进一步持续优化，在线陆续增加葡语国家食品供货商和中葡双语人才的信息，线下积极筹建“葡语国家食品集散中心”实体馆，不日将投入运作。

作为区域性商贸服务平台，澳门正充分发挥背靠祖国、面向世界的优势，有效把握国家“一带一路”、“十三五”规划、自贸区、“互联网+”以及“跨境电商”等战略发展机遇，结合澳门特区自身的发展定位，百尺竿头，积极进取。

2015年12月，澳门回归祖国16周年前夕，国务院常务会议审议通过了新的《中华人民共和国澳门特别行政区行政区域图》，调整界定了澳门特区的水域和陆地界限，明确决定澳门特区政府依法管理85平方公里的海域面积，使澳门特别行政区的区域面积由原来的约30平方公里陆地面积扩展了近3倍，为澳门加快推进经济适度多元和可持续开拓了广阔的发展空间，为澳门有效参与国家“海上丝绸之路”建设提供了必要的条件和有力的支持，也对澳门发展海洋经济，吸引更多以海洋为主题的展会到澳门举办创造了契机，意义极其重大。

2017 年 3 月，中国国务院总理李克强在第十二届全国人大五次会议上的政府工作报告中正式推出“粤港澳大湾区”，并提出，要推动中国内地与港澳特区的深化合作，研究和制定粤港澳大湾区发展规划，以香港和澳门的独特优势，提升中国的经济发展；粤港澳大湾区是由香港、澳门、广州、深圳、珠海、佛山、中山、东莞、肇庆、惠州和江门组成的城市群，是继美国纽约都会区、美国大洛杉矶地区和日本东京都市圈之后，世界第四大湾区。

澳门奉行自由港政策和利伯维尔场经济制度，投资营商手续简便，外地与本地投资者成立企业的程序相同，也可通过澳门贸易投资促进局的投资者“一站式”服务协助办理各项行政手续。为此，我们竭诚欢迎海内外工商企业集聚澳门，一如既往地为投资者提供优质、高效的商贸平台服务，协助投资者开拓商机，缔造双赢。

而本文将会重点介绍澳门的龙头产业及支柱性产业——旅游博彩业，因该产业获得的税收占澳门特别行政区公共收入的 70% 以上；另外，也会介绍文化创意产业、会展业、中医药和教育服务等新兴产业；最后，会向一般投资者介绍澳门的营商环境及市场准入的相关规定。

二、澳门博彩业

澳门博彩业历史悠久，跨越 3 个世纪，被冠以“东方蒙地卡罗”及“亚洲拉斯韦加斯”之美誉，是澳门现时最重要的经济支柱。2009 年博彩税的收益约占澳门特别行政区政府财政收入的七成多。近年来，澳门的博彩毛收入更曾超越了美国拉斯韦加斯金光大道，成为全球第一大赌城。澳门博彩业有今天的成就，基于多年来中央及澳门特区政府在政策上的支持、商人的积极投资及华人对博彩游戏的喜爱。

（一）澳门博彩监管机构

澳门特区政府涉及博彩监管的政府机构主要有：博彩监察协调局、刑事警察机关（主要是司法警察局和治安警察局[①] 和博彩委员会。博彩监察协调局负责博彩业的日常监管及科处行政处罚，刑事警察机关在司法当局的领导下负责博彩罪案的调查，博彩委员会性质上属于一个咨询机构。

1. 博彩监察协调局。澳门特区政府设立了博彩监察协调局，目的是能落实博彩委员会的政策及在法律赋予的职责范围内行使权限。博彩监察协调局的性质为向行政长官提供辅助及协助的局级部门，而行政长官通过授权方式，使博彩监察协调局由经济财政司司长管理。

该局组织机构是由一名局长及一名副局长构成，设有附属单位：幸运博彩监察厅、互相博彩监察厅、审计厅、研究调查厅及行政财政处。其中，幸运博彩监察厅是执行监察、监督及监管的前线部门。

根据《博彩监察协调局的组织及运作》（第 34/2003 号行政法规），博彩监察协调局的主要作用是在博彩批给行政合同执行期间能使特区政府获得最高利益。其法定职责为监察、监督及监管获批给行政合同的公司及受到《娱乐场幸运博彩经营法律制度》（第 16/2001 号法律）所规范的人的活动，特别是关于他们履行其法定义务及合同义务方面及其适当资格及财力；批准供经营博彩业的场地的程序中向政府提供协助；许可及证明获批给行政合同的公司用作经营有关批给业务的所有设备及用具。

由于法律承认了博彩中介人及其合作人的存在，因此，法律也赋予其监察、监督及监管这些人的职责。在发出娱乐场幸运博彩或其他方式业务的准照后，该局可以依具体的法规查处行政违法行为。

2. 司法警察局和治安警察局。司法警察局和治安警察局是澳门的刑事警察机关，[②] 负责预防、调查和侦查犯罪工作。在组织上，司法警察局和治安警察局属保安范畴，受保安司司长的领导。在与刑事诉讼有关的业务上，司法警察局和治安警察局要按刑事诉讼法的规定，受司法当局的领导。

在与博彩有关的罪案方面，司法警察局和治安警察局有竞合侦查权，但

---

① 参见第 5/2006 号法律《司法警察局》。

② 参见《澳门刑事诉讼法典》第一条第一款 c 项。

是，对于“在赌场及其他博彩场所内实施的犯罪，又或在该等场所周围实施的与博彩有关的犯罪”，司法警察局享有专属权限，本澳其他刑事警察机关，除须按澳门《刑事诉讼法典》的规定行动外，应将获悉的属于司法警察局专属权限的犯罪预备及实行的事实立即告知司法警察局，并作出保留证据的一切必要的行为，直至司法警察局介入为止。应当注意，司法警察局的专属博彩罪案调查权首先基于博彩场所，其次才基于博彩犯罪的性质。首先，发生在赌场及其他博彩场所内的犯罪，与博彩有关的，例如，赌博高利贷，归司法警察局专属管辖，与博彩无关的，如盗窃他人财物、伤害他人身体等，也归司法警察局专属管辖。其次，发生在博彩场所周围的犯罪，与博彩有关的，归司法警察局专属管辖，与博彩无关的，司法警察局和治安警察局都有管辖权。司法警察局内设博彩及经济罪案调查厅，其下又设博彩罪案调查处，专门负责博彩罪案的预防及调查工作。

3. 博彩委员会。博彩委员会是由行政长官、经济财政司司长、社会文化司派出的一名代表，保安司派出的一名代表，博彩监察协调局局长及一名法律范畴技术协调员组成的，并由行政长官担任主席。该委员会是澳门特别行政区管理娱乐场幸运博彩或其他方式博彩经营产业、互动博彩、互相博彩以及向公众提供博彩活动领域内的经济政策制定的最高权限组织。

（二）澳门博彩法律的主要渊源

1. 《澳门特别行政区基本法》。《澳门特别行政区基本法》第一百一十八条规定：“澳门特别行政区根据本地整体利益自行制定旅游娱乐业的政策。”这是澳门发展旅游娱乐业的宪制档基础。

2. 立法会的法律。立法会的法律包括澳门回归祖国之前澳葡政府制定的法律以及澳门回归祖国之后特区立法会制定的法律。从澳门回归祖国之后到2012年底，立法会共制定通过了四项博彩法律，分别是《娱乐场幸运博彩经营法律制度》（第16/2001号法律）、《娱乐场博彩或投注信贷法律制度》（第5/2004号法律）、《预防及遏止清洗黑钱犯罪》（第2/2006号法律）和《规范进入娱乐场和在场内工作及博彩的条件》（第10/2012号法律）。

3. 行政长官的行政法规。截至2012年底，关于博彩的行政法规有四项，分别是《规范娱乐场幸运博彩经营批给的公开竞投、批给合同，以及参与竞投公司和承批公司的适当资格及财力要件》（第26/2001号行政法规）[①]、《从事娱乐场幸运博彩中介业务的资格及规则》（第6/2002号行政法规）、《博彩中介人佣金税项的部分豁免》（第10/2002号行政法规）和《博彩机、博彩设备及博彩系统的供应制度及要件》。[②] 四项行政法规均属执行第16/2001号法律的补充性行政法规。

4. 行政长官的行政命令。截至2012年底，行政长官共发布了23项有关博彩的行政命令。其中，15项关于幸运博彩，内容全部是批准相关博彩公司设立兑换柜台；5项关于赛马博彩，其中2项许可澳门赛马有限公司以摘要方式公布资产负债表，3项涉及赛马博彩有关项目的规章；2项关于赛狗博彩，其中1项是授权经济财政司司长与澳门逸园赛狗有限公司签署续期合约，另外1项是核准赛狗博彩有关项目的规章；1项关于体育博彩，内容是核准篮球彩票规章。

5. 行政长官批示。截至2012年底，行政长官共发布40项行政长官批示。其中，24项关于幸运博彩，在这24项行政长官批示中，9项关于赌牌的竞投或批准，13项关于博彩公司所得补充税的豁免，1项关于某博彩公司兑换柜台开业期限的延长，1项关于娱乐场吸烟区的要求；11项关于赛马，其中8项关于批准和延长赛马投注经纪业务，1项关于转授权予经济财政司司长与澳门赛马有限公司签署续期合约，2项关于许可澳门赛马有限公司引入新的博彩项目；1项关于赛狗，内容是许可澳门逸园赛狗有限公司引进新博彩项目；4项关于体育博彩，其中3项关于批准和修改澳门彩票有限公司组织和经营篮球彩票，1项关于修改足球博彩的每日最高派彩金额。

6. 经济财政司司长批示。截至2012年底，经济财政司司长共发布批示21项。其中，19项关于幸运博彩，在这19项中，1项是授予赌牌竞投委员会权限的，1项是核准博彩中介人准照式样的，17项是规定各种幸运博彩方式的；1项关于赛马，内容是核准赛马互联网投注规章；1项关于赛狗，内容是核准赛狗互联网投注规章。

7. 以训令形式出现的行政规章。澳门回归祖国之前，澳葡政府使用训令发布行政规章。涉及博彩的训令多以政务司司长的名义发布，所以其效力基

① 后经第34/2001号行政法规、第4/2002号行政法规修订。

② 后经第23/2005号行政法规修订。

本上相当于回归后经济财政司司长发布的规范性批示。这些训令的内容多为博彩规例，目前仍在适用，所以，它们仍然是有效的法律渊源。

8. 博彩专营批给合同。澳门博彩业实行专营批给制度，澳门特区政府与每一个专营批给公司签订批给合同，规定博彩专营公司的权利义务，博彩专营公司必须遵守，所以博彩专营批给合同也属博彩法律渊源之一。

（三）投资方式、准入条件及审查

1. 公开竞投。《博彩法》第二章专门规范了获得各个幸运博彩经营权的制度。按该法规定，幸运博彩的经营权的批给必须经过公开竞投才可以获得。该制度规定了开投时须预先评定投标者资格；经评定后，位于前三名的公司，须以行政长官的批示作出判给的行为，并须与澳门特区政府签署批给合同。有关批给合同还须在《澳门特别行政区公报》第二组公布。为了加快批给程序，《博彩法》将有关的行政及司法上诉的行为期间减少了一半，且规定为司法的紧急程序，即法院必须立即处理。

2. 幸运博彩合约。《博彩法》规定，澳门特区政府只能批给至多三个经营娱乐场幸运博彩业务的公司，且应订定期间不得多于20年。[①] 各间参加竞投的公司通过“公开竞投及娱乐场幸运博彩经营批给首次公开竞投委员会”的评定后，澳门特区政府分别与澳门博彩股份有限公司、永利度假村（澳门）股份有限公司及银河娱乐场股份有限公司三间公司签署了三个博彩经营批给合同。澳门特区政府以行政合同中的批给合同给予博彩公司经营权限，为了公平原则，法律订定了基本的要求，使经营博彩公司必须履行一些义务及获得一定权利，当然还有监察和处罚的制度的订定。

为了能使获得批给行政合同的博彩公司灵活处理业务，特区政府容许以经核准的管理合同形式将银河娱乐场股份有限公司关于娱乐场幸运博彩或其他方式的博彩经营的管理权移转予“威尼斯人澳门管理股份有限公司”。

3. 义务。

（1）股东义务。拥有获批给公司5%或5%以上公司资本的股东及其董事，必须接受一个审查——是否具备适当资格的程序，当通过之后才可以有

① 第6/1999号行政法规第七条第二款及第十三条第一款。

资格成为股东及董事。这些股东是不能担任其他获批给的公司及转批给公司的股东。

获批公司必须在澳门特区内的信用机构或获许可在澳门特别行政区经营的信用机构的分支机构或附属公司存放现金缴足金额不少于 2 亿澳门元的公司资本。获批公司必须接受审查——是否具备财力经营娱乐场幸运博彩或其他方式的博彩。

获批公司必须在每年 5 月 31 日为所有属于澳门特别行政区且用作批给业务的财产及权利制作一式三份财产清册；在批给期间届满的年份，财产清册必须于批给终止前 60 日作出，并将上述的财产清册分别送交博彩监察协调局及财政局。

（2）税捐。根据《博彩法》第二十七条第二款规定，博彩特别税为毛收入的 35%，另外为了使获批给的博彩公司在经营上存在多一点空间，特区政府把经营娱乐场幸运博彩的溢价金设定为固定及浮动两部分。

① 固定部分。各家获得批给的博彩公司须缴纳每年溢价金固定部分的金额为 3000 万澳门元。

② 浮动部分。

a. 各家获得批给的博彩公司须每年为每一张专供博彩厅（俗称赌厅）博彩的博彩桌缴纳 30 万澳门元，而且不少于 100 张，如增加每一张博彩桌，每一年须增加支付 30 万澳门元；另须每年为非专供特定博彩（俗称大厅）的每一张博彩桌支付 15 万澳门元，也不能少于 100 张，每增加一张博彩桌，每一年也须增加 15 万澳门元。

获得批给的公司所经营的每一台电动或机动博彩机，获得批给的公司须每年缴纳 1000 澳门元。

b. 各家获得批给的博彩公司必须向特区政府缴纳一项相当于博彩经营毛收入 1.6% 的拨款，该项拨款将交予一个由政府指定的，以促进发展或研究文化、社会、经济、教育、科学、学术及慈善活动为宗旨的公共基金会运用；并必须向政府缴纳一项相当于博彩经营毛收入 1.4% ~2.4% 的拨款，用于发展澳门特别行政区城市建设、推广旅游及提供社会保障。

（3）特别合作义务。除了一般合作义务外，获批给的公司尚有义务与政府合作，尤其是与博彩监察协调局及财政局合作，在进行特别审计方面提供所要求的数据及信息、协助该等部门分析或查核获批给的公司的会计系统。

① 政府获得的保障。获批给的公司必须保持一项以政府为受益人的、最高金额为7亿澳门元、担保期由订立获批给合同之日至2007年3月31日，以及最高金额为3亿澳门元、担保期由2007年4月1日至该批给合同终止之日加180日独立银行担保，以保证支付因全部或部分不履行获批给公司在批给合同中必须履行的义务而造成的损害及所失利益构成的合同责任所引致的任何损害赔偿。

② 合同地位的让与、设定负担、顶让、转让及转批给的禁止。在未经政府许可下，任何获批给公司有义务不以明示或默示、正式或非正式的方式将某一娱乐场或某一博彩区域的经营全部或部分让与、顶让、转让或以任何方式对之设定负担；不将获批给的全部或部分作转批给，又或作出以达至相同结果为目的的任何法律行为。

③ 赎回。除法律另有规定外，政府可自批给的第7年至第15年起以具收件回执的挂号信，在最少提前一年通知获批的公司赎回批给。但获批的公司有权获得合理及公平的损害赔偿。

④ 宣传。《博彩法》允许了各家获得批给合同的公司与其他合格的公司建立博彩中介人关系。这样是把这一个存在已久但经营上起极重要宣传推广作用的博彩中介人及将其派生的合作人正式规范化。

获批给的公司有义务及协助政府为其设施，尤其是娱乐场，在澳门特别行政区境内外进行宣传及市场推广活动。但未经政府许可，获批给的公司有义务不允许在远程传播的系统上利用其获批给业务的场所及相连部分的影像进行宣传。

⑤ 暂时行政介入。如获批公司在未经政府许可且非因不可抗力的情况下，发生或即将出现全部或部分终止或中断经营所获批给业务的情况，政府可以暂时通过行政介入方式直接或通过第三人代替获批给公司继续经营以确保政府的利益。

这期间用作维持正常经营所获批给业务所必需的开支，由获批公司支付，如未能获满足，政府可动用保证的担保。

当上述导致暂时行政介入的原因消失后，如政府认为适宜，则通知获批公司在规定的期限内重新正常经营所获批给的业务。如政府认为不适宜或获批公司不欲或不能重新经营，政府可以合同不获履行而宣告单方解除合同。

⑥ 各种合同义务。各家获得批给经营权的公司，在与政府签订行政合同时，都分别就投资额、投资年期、建设、义务作出不同的承担，如读者有兴趣可参阅博彩监察协调局网页中各个幸运博彩的承批合同内容。

4. 权利。获批给的公司的最大保障是在澳门特别行政区内获批给经营娱乐场幸运博彩的批给合同至多为三个。[①]

5. 处罚。获得批给合同的公司，如将娱乐场或博彩区域的经营全部或部分让与、顶让或转让，须要向政府缴纳违约金10亿澳门元或5亿澳门元；获得批给合同的公司对娱乐场或博彩区域的经营的全部或部分设定负担须向政府缴纳3亿澳门元的违约金，并可能接受其他的处罚。

假如，获得批给的公司在未经政府许可的情况下，将获得批给的全部或部分作转批给，又或作出以达至相同结果为目的的任何法律行为，须向澳门特别行政区缴纳5亿澳门元或3亿澳门元的违约金，也可能接受其他的处罚。

6. 司法管辖权。当发生为订立合同双方在规范获得批给合同的规则的有效性、适用、执行、解释或填补等事宜上出现问题或分歧，必须进行磋商。如不能解决，需要进行司法诉讼时，澳门特别行政区法院具有对可能出现的任何争执或利益冲突所作出裁判的专属管辖权。其含义是获得批给的公司须承认放弃在澳门特别行政区以外地方的任何法院提出诉讼的权利。

7. 幸运博彩。幸运博彩是指其结果是不确定，博彩者纯粹或主要是靠运气的博彩，当中包括电动或机动博彩机的博彩，经营者必须在经澳门特别行政区政府许可及定为开展幸运博彩业务的地点及场所内的娱乐场经营博彩，且必须经事先批给。

《博彩法》规范了下列获准在娱乐场内经营的幸运博彩方式：百家乐、“铁路”百家乐、廿一点、廿五门、花旗骰、骰宝、十二号码、番摊、掷牛、鱼虾蟹骰宝、十三张扑克、麻雀、麻雀百家乐、麻雀牌九、弹子机、牌九、小牌九、富贵三公、五张牌扑克、轮盘、十一支或十二张牌博彩、九家乐、台湾牌九，及三公百家乐。

当有新种类的幸运博彩，经其中一家或一家以上获得批给的公司向经济

① 参见《博彩法》第七条第二款的规定。

财政司司长提出申请，且须由博彩监察协调局发表意见后，在获得司长以对外规范性批示作出许可后才可以经营，其幸运博彩的施行规则，须经博彩监察协调局建议，由经济财政司司长以对外规范性批示核准。上述的许可及核准必须在《澳门特别行政区公报》刊登才会产生效力。在《博彩法》生效后，有三种幸运博彩方式，分别是足球纸牌博彩、幸运轮，及联奖扑克，经上述程序后而产生法定的效力。

上述娱乐场内不得经营互相博彩，也不得经营向公众提供的博彩活动，但可依据法律规定在娱乐场内经营电动或机动博彩机，包括“角子机”的博彩。

各个娱乐场应全年运作，除不可抗力或经政府许可的例外情况外，获批给的公司可中止某一家娱乐场的运作 1 日或 1 日以上，并为此订定各个娱乐场的博彩活动每日向公众开放的时间。假如，对任一娱乐场的每日开放时间作任何更改，应至少提前 3 日通知博彩监察协调局，但遇到不可抗力的情况，应尽快将娱乐场暂停运作一事通知政府。

8. 监管。

（1）进入博彩厅或区域的限制。

① 禁止进入博彩厅或区域。为了保护特区政府的利益，《博彩法》规定下列人士禁止进入博彩厅或区域：未满 18 周岁的人；无行为能力人、准禁治产人，以及蓄意破产过错人，但已恢复权利者除外；特区公共行政工作人员，包括保安部队及治安部门的人员，但获许可或在执行其职务者除外；非在值班时间的娱乐场幸运博彩承批公司的雇员，但以有关雇主实体所经营的博彩厅或区域为限；处于醉酒状态或受毒品作用影响的人；及携带武器、爆炸装置或物品以及录像或录音仪器的人。

② 在博彩厅或区域内享有自由通行权。为了各种的原因，下列人士可在博彩厅或区域内享有自由通行权，但不得直接或通过他人进行博彩：行政长官、司长及行政会委员；廉政专员；审计长；警察总局局长；海关关长；经营娱乐场幸运博彩承批公司的公司机构成员及其邀请的人；管理公司的公司机构成员及其邀请的人；及娱乐场所在地的市政议会[①] 及市政执行委员会主席。

③ 在执行职务时，可进入博彩厅或区域。为了工作原因下列人士可进入

① 市政议会已被取消，应视为民政总署执行委员会主席。

博彩厅或区域，但不得直接或通过他人进行博彩。法院及检察院司法官、廉政公署的公务人员、审计署的公务人员、特区保安部队及治安部门的人员，及博彩监察协调局的公务人员。

④ 自我约束。虽然法律制度已无明文的规定，但博彩监察协调局局长会批准一些经常出入博彩厅或区域的人士提出的限制其进入博彩厅或区域的请求。当这些人不自觉地进入博彩厅或区域时，会被博彩监察协调局的公务人员禁止其进入博彩厅或区域，其目的是约束一些欠缺自制能力的病态赌徒。

（2）刑事处罚制度[①]。任何人在未经许可的地方进行赌博，在澳门是符合罪状所描述的行为，是必须要接受刑事处罚的，但在许可地方内赌博也可能是不法行为。例如，违反《博彩法》规定经营博彩或任何类型的投注，特别是接受未经适当许可的投注者，处最高 3 年徒刑或罚金；向未经许可的人作出投注者，处最高 6 个月徒刑或罚金。所以经营者也可能被刑罚。

如属于组织任何形式的未经适当许可的彩票或互相赌博，处最高 3 年徒刑或罚金。如出售未经适当许可的彩票、奖券或其他同类性质的抽奖券，处最高 2 年徒刑或罚金。如出售六合彩，可处最高 2 年徒刑或罚金。

（四）博彩中介人法律制度

长期以来，贵宾厅收入占澳门赌场收入的 60%~70%，甚至更多。而贵宾厅绝大多数的客人是博彩中介人拉来的，所以，博彩中介人对于澳门博彩业的发展举足轻重。但博彩中介人的行为也容易与洗钱、暴力、有组织犯罪等社会问题联系起来。所以，为了发挥博彩中介人优势，并防止博彩中介人的负面社会效果，澳门特区政府自《娱乐场幸运博彩经营法律制度》（第 16/2001 号法律）开始，将博彩中介人及博彩中介业务纳入法制管理轨道。2002 年，澳门特区政府又颁布了《订定从事娱乐场幸运博彩中介业务的资格及规则》（第 6/2002 号行政法规），将第 16/2001 号法律的规定进一步具体化、明确化。2009 年，澳门特区政府又以第 27/2009 号行政法规对第 6/2002 号行政法规进行了修订，并将该法规的名称改为《规范娱乐场幸运博彩的中介业务》。

① 参见第 8/96/M 号法律《不法赌博》。

1. 博彩中介人的概念范围。在澳门，博彩中介人包括两部分人，一是承包贵宾厅的赌厅承包人，二是不承包贵宾厅，但符合上述概念标准的一般博彩中介人。

（1）赌厅承包人。赌厅承包人俗称“厅主”。澳门赌场多年来形成了一种独特的赌厅（贵宾厅）承包制。在这个体制下，赌厅承包人与博彩经营公司签订合约，承诺在一定时期内（如1个月）完成一定量的赌码销售额，并因此从博彩经营公司获得一定比例的报酬。赌厅承包人完成赌码销售额的方式，就是把赌客安排到由其承包的贵宾厅进行赌博，赌客的投注额就是赌厅承包人的赌码销售额。赌厅承包人并不承包贵宾厅内具体的博彩活动。事实上，贵宾厅内的一切博彩活动仍由博彩经营公司主持，赌客赌博的对象是博彩经营公司，而不是赌厅承包人，赌厅承包人只不过是把赌客介绍给博彩经营公司，所以，赌厅承包人的业务，本质上属于博彩中介业务。赌厅承包人因此可以被称为博彩中介人。不仅如此，至少到目前为止，赌厅承包人还是澳门博彩中介人的主要形式。

（2）一般博彩中介人。2001年澳门赌权开放之后，外资开始进入澳门博彩市场。它们继承了澳门传统的赌厅承包制，但也创立了由博彩经营公司直接经营的贵宾厅。按照澳门博彩法律的定义，如果有人直接与这些贵宾厅合作并为其介绍业务，其也应属于博彩中介人之列。但相对于“厅主”阶级而言，这种类型的博彩中介人在数量上仍然较少。

2. 博彩中介人的准入管理制度。澳门对于博彩中介人实行牌照制度，对于博彩中介人的合作人实行核准制度。没有取得博彩中介人执照的，不准经营博彩中介业务。

第6/2002号行政法规第三条规定，可以在澳门担当博彩中介人角色的，只能是公司或属自然人的商业企业主。这就是说，成为博彩中介人，必须符合澳门《商法典》规定的“商业组织”的特征，符合法律关于商业企业主的规定，普通的自然人不能成为博彩中介人。

除了要求博彩中介人符合澳门《商法典》关于商业组织的一般要求之外，澳门博彩法律也专门从商业组织的角度对博彩中介人制定了一些规范措施。如果博彩中介人属公司，则须满足以下几项要求：（1）该公司所营事业仅为博彩中介业务，不能兼营其他业务。（2）只有自然人方可成为公司资本的拥有人。（3）如有关公司属股份有限公司，其股份必须为记名股份，且公司资本应在公司设立之时已全部认购及缴付。（4）禁止以公开认购的方式设立博彩中介公司。（5）获发博彩中介人准照后，方可就公司的博彩中介人的设立作商业登记。如果博彩中介人属自然人商业企业主，则其只有在获发准照后，方可就关于属自然人商业企业主的博彩中介人的事实作商业登记。博彩中介人作出登记后，应于15日内将登记证明送交博彩监察协调局。

为了获得博彩中介人准照，申请人需要向澳门博彩监察协调局提交申请。如果申请人属于公司，申请人应向博彩监察协调局呈交一份填妥的“属公司的博彩中介人资料披露表”，每名拥有其5%或5%以上公司资本的股东及每名董事的资料披露表，以及每名主要雇员的资料披露表。如果申请人属于自然人商业企业主，则应呈交个人资料披露表，以及每名主要雇员的个人资料披露表。

除了以上表格外，申请人还须提交由法律规定的或博彩监察协调局要求的其他资料或文件，并附具一份由承批公司的法定代理人或可使承批公司负责的董事签署的声明书，签名及身份须经公证认定，声明书内应指出承批公司拟与有关博彩中介人经营业务的意向。

3. 博彩中介人佣金税项的部分豁免。根据《订定从事娱乐场幸运博彩中介业务的资格及规则》的规定，获得批给的公司必须负责代收关于给予博彩中介人的佣金或其他报酬的法定税率5%，并于每个月的第10日内向财政局缴纳。但行政长官根据《博彩法》第二十九条第三款规定，基于公共利益的原因，由2002年4月1日起至2007年3月31日止，给予40%（免除责任的适用税率定为3%）为期5年之部分豁免。

三、澳门旅游业

旅游业是澳门具有特色的支柱性产业，自1999年澳门特别行政区成立以来，澳门特区政府确立了以博彩旅游为龙头，致力于开发文化、休闲旅游资源和积极发展会展及奖励旅游，促使澳门成为国际会展及休闲中心的旅游经济发展体的思路。2008年12月由国家发展和改革委员会制定的《珠江三角洲地区改革发展规划纲要（2008—2020年）》首次提出澳门“世界旅游休闲中心”

的定位。因此，接下来每年特区政府的施政报告均有配合落实“世界旅游休闲中心”的指导方针，其中《2016年财政年度施政报告》表明，澳门正进入加快建设世界旅游休闲中心的重要阶段，长远目标是到21世纪30年代中期，建成具有国际先进水平的宜居、宜业、宜行、宜游、宜乐的城市。毋庸置疑，旅游业是澳门一项极具前景的行业。

（一）主管部门及相关机构设置

1. 旅游局。旅游局是澳门特别行政区政府的公共部门，专门负责分析、协助制定并推行澳门的旅游政策，以及举办宣传活动推广。旅游局由局长领导，两名副局长辅助。为履行其职责，旅游局设有七个附属单位：旅游推广厅、组织及计划发展厅、传播及对外关系厅、执照及监察厅、行政财政厅、旅游产品及活动厅及培训及质量管理厅。旅游局通过各项工作，确保业界严格按照法律规定运作，包括向本地旅游业界的实体发出牌照并监管其活动及场所，确保澳门旅游业界以诚信待客及具有良好的服务素质。

2. 旅游发展委员会。为落实制定澳门旅游业发展策略及旅游政策，并行使咨询职能及建议职能，行政长官设立旅游发展委员会，主要就区内旅游业发展、政府制定及执行旅游政策，尤其是在起草必要的法例及规章方面，以及与旅游业有关的一切事宜发表意见及建议。旅游发展委员会分别由社会文化司司长、旅游局局长、社会文化司代表、保安司代表、运输工务司代表、海关代表、文化局代表、劳工事务局代表、人力资源办公室代表、民政总署代表、消费者委员会代表、澳门酒店业代表、澳门旅游业代表、澳门娱乐场博彩业代表、澳门公共运输业等代表组成，因此，该委员会具有广泛的代表性。

3. 旅游基金。为了使旅游局举办的活动在行政上及财政上比较灵活，容易及快速与外界沟通，旅游局属下还设置旅游基金。其宗旨为资助具推广本地区性质的活动，以及资助施政方针每年在旅游领域内所定的活动。旅游基金由旅游局局长主持，副局长、行政暨财政处处长及经特别行政长官委任的财政局代表而组成的行政管理委员会管理，该基金是以合议机关形式运作。

（二）投资方式及准入条件

1. 旅行社的定义及业务。旅行社，指从事和经营旅游业务的公司。任何人拟在澳门成立旅行社，经营旅游业务，需要向澳门旅游局提出申请。旅行社业务范围包括：办理旅行证件，尤其是签证；组织旅游及出售旅游产品；出售任何交通工具的票证及预订座位，以及与该等票证有关的行李托运；还可以预订酒店场所、同类场所及任何旅游场所提供的服务；并且以中介名义出售澳门或澳门以外同类旅行社提供的服务和向旅客提供接待、中转及援助等服务。

另外，旅行社在经营上述业务时，还能够依法经营出租运输业务；预订及出售影演项目或其他公开演出的入场券；在获许可的公司办理保险，以承保由旅游活动产生的风险；所有旅行社均应为推广澳门的旅游业提供合作，尤其是应参加由旅游局主办或赞助的活动，展出、分发旅游局派发的宣传资料。

2. 旅行社的设立。旅行社是指在澳门旅游局登记及按照经第 42/2004 号行政法规修改的第 48/98/M 号法令规定有资格经营旅行社业务的公司，否则任何公司不能以旅行社名义进行活动。申请注册成为合法从事旅行社业务需符合以下条件：

（1）申请资格。

① 专属性。申请人须设立一家住所设于澳门的公司，公司的宗旨为专门经营旅行社业务。

② 资本额。公司最低资本额为 1500000 澳门元，并已全数缴付；每开设一家分社须最少增加 300000 澳门元。

③ 场所。开设旅行社 / 分社 / 服务柜台前，要注意旅行社及分社应在设有独立出入口及只作经营其业务的独立设施内营业。旅行社及分社须在作商业、服务业、写字楼或自由职业用途的不动产内经营业务；服务柜台准许开设在澳门国际机场、码头、车站、火车站及边境口岸，而旅游局得按情况许可在其他地点，如酒店场所开设服务柜台。

④ 设施。旅行社设施总面积应不小于 40 平方公尺；分社的总面积不得小于 20 平方公尺；旅行社及分社应具备接待客户的区域及经营有关业务的合适设备。

⑤ 担保。因从事本身业务而产生的须对客户承担的责任，旅行社须提供一项担保，并须办理民事责任保险，即 500000 澳门元的担保，保险金额不得

少于 700000 澳门元的职业民事责任保险。

⑥ 技术主管。旅行社最少具备一名技术主管，其须在澳门居住；能正确讲写最少两种语言，其中之一必须为中文或葡文；具有在澳门特别行政区开设或在澳门特别行政区获认可的旅游范畴专业高等教育机构的职业技术课程学历；以及具有不少于三年旅游业的专业经验。旅游局在收到申请成为技术主管的申请书后，会由最少两名旅游学院代表及一名旅游局代表组成的委员会对技术主管候选人作履历审查及考核。另外，其不得同时担任一家以上旅行社的技术主管职务。

（2）申请所需文件。

① 开设旅行社表格。旅行社名称必须以两种澳门官方语文（中文和葡文）作成，但同时得有另一语文的名称，如英文。同时，拟采用的名称在两种正式语文中应基本对应，且其名称须与其他已设立的旅行社名称不相混淆。申请表格须由申请公司的合法代表按其身份证明文件上的签名式样签署，并附上签署人的身份证明文件影印本。倘申请公司授权他人为其作出申请，须递交已作签名公证认定的授权书正本或鉴证本，并附上被授权人的身份证明文件影印本。

② 证明拟聘用的技术主管符合有关法定要求之档。技术主管的身份证明档影印本；其学历证书鉴证本；工作证明正本或鉴证本社会保障基金供款证明书正本；已填妥的技术主管个人履历及声明书。

③ 其他必要数据。过去3个月内由商业及动产登记局发出的与申请公司的登记有关的证明；由物业登记局发出的与旅行社不动产设施的登记有关的证明；比例为1∶100的旅行社设施平面图（需由已在土地工务运输局注册的专业技术人员签署）；与本地及外地旅行社合作的证明档；财政局的营业税M/1表格影印本；职业民事责任保险保单的正本或鉴证本，以及500000澳门元的担保。

（3）申请查验。申请人应自收到申请获批通知函起计 6 个月内向旅游局申请设施检查。申请人须向旅游局递交申请检查表格，签署申请表格人士的身份证明文件影印本。旅行社准照有效期为一年，并且须每年办理续期，并应于有效期届满前至少提前 30 日办理，逾期须缴交逾期附加费。

3. 导游制度。

（1）导游的定义及资格。在澳门从事接待及陪同旅客，以及向旅客提供旅游解说服务而收取报酬的专业者，称为导游。作为导游，必须在澳门居住；及通过由旅游学院开设授予有关资格的课程；或通过由旅游学院或澳门其他高等教育机构开设的属旅游范畴的高等专科学位或学士学位课程，又或在澳门以外的高等教育机构取得属旅游范畴且获旅游学院接纳的高等专科学位或学士学位课程（符合此项规定及具备所定的资格者，必须参加由旅游学院开办的更新旅游、文化及经济等方面知识的课程并通过有关考试）；在旅游局登记及获发导游工作证，以及与旅行社有合同联系。导游佩戴工作证属强制性，且应以使人易于认别持证人身份及其有合同联系的旅行社的方式佩戴，旅行社的识别数据须载于导游工作证上的标志内。禁止导游参与任何形式的幸运博彩、诱导旅客在预先约定的场所购物、向旅客推销及售卖商品、向另一导游以提供法定的服务为由要求或收受金钱、财产利益或任何其他利益等活动。除此之外，导游须三年续期一次，还需要接受定期考试及抽查以考验其职业操守及知识。而一些未能通过考核或正修读有关课程的人士，只能在导游的带领下工作。

（2）接送员的定义及资格。为了解决导游不足的问题，还设有接送员制度。接送员是指由旅行社付酬聘用，在各口岸之间或口岸与酒店场所之间从事接待及陪同旅客的专业者。从事接送员职业须完成初中教育，并参加旅游学院经听取旅游局意见后特别开办的课程，且通过最后考试；具备上述资格的接送员，须在旅游局登记及获发接送员工作证后，方可从事接送员职业。接送员的工作证须三年续期一次，还需要接受定期考试及抽查以考验其职业操守及知识，当接送员与旅行社的劳动合同解除或失效，需要重新向旅游局申请。

（3）导游及接送员之监督。澳门旅游局和警察当局负责监察从事导游及接送员职业。由警察当局及其人员发现的违法行为，应在送交旅游局的实况笔录中载明。例如，导游或接送员违反法规的要求，警察当局或其人员发现后必须要制作实况笔录送交旅游局，经法定程序后，由旅游局作出决定，可以对违法的导游或接送员科处警告、罚款或取消工作证等处罚。有时，因具体个案中的违法行为的严重性或情节而认为适宜时，要通过社会传播媒介公开所科处的处罚。

4. 经营旅行社。

旅行社在从事经营时，需依法为其接待的个人或团体提供双方约定的综合性服务要求。团体旅游必须有导游陪同，导游必须经旅游局考核合格后方可任职。导游向游客提供的任何旅游数据，均应符合事实。严禁导游诱导游客：进入未列入旅游路线的赌场及其他博彩场所；参与任何形式的幸运博彩，以及在固定或确定的场所购物。

经营业务时，旅行社应依法维护客户的权益，根据议定的价格和条件向客户提供其所要求的服务。如未依法提供约定的服务，旅行社应向客户退回提供服务的预付款并承担相应的其他责任，但在不可抗力、提供约定服务的企业罢工、因汇率变化等原因提高价格而不获客户接受的，报名参加旅游的客户未达到预定的数目而撤销旅游计划情况下，旅行社对未能提供的服务可予免责。旅行社须对客户交托其保管的物品、金钱或行李的丢失、毁损或未按原定计划运送负责。旅行社有权就其所提供的服务向客户收取费用或酬劳。若发生因不可归责于客户的原因而导致客户不能完成旅游，旅行社须给予援助，直至客户抵达出发地或目的地，且应采取一切必要的措施。客户投诉时，应由旅行社证明其已尽力寻求适当的解决办法。

旅行社在承办团体旅游时，必须向每一客户提供旅游行程表。该表应载明：旅游的起点、路线及目的地，逗留的期间及日期；实现旅游所需的最少参加人数，如未能达到此人数而须通知客户取消旅游的限期；所使用的交通工具、其级别及特点，启程及回程的日期、时间及地点；住宿处的质量、等级及地点，以及事先规定的膳食安排；可供自由选择的游览活动、其价格及倘有要求的最少参加人数；旅游及逗留是否需要护照、签证及办理与卫生有关的手续；所组织旅游的价格、依法容许修改价格的方式及期限，以及因旅游而应支付的不包括在价格内的税款或费用；首期支付的金额或其占价格的百分比、余款的支付日期及不付款的后果；以及与旅游有关的特别事项。

旅行社承办团体旅游时还需向每位客户提交一份办理报名时签署的合同。该合同需载明：旅行社的名称、地址、电话及执照号码；客户的姓名、住址、电话；旅游起止日期，出发及抵达时间、地点；客户已交旅费数目；提供服务的运输及其他服务企业的名称；旅行社及客户撤销已售旅游项目的限期、超过限期才提出取消旅游项目时各方需付的款项、是否可更改已约定的价格、与客户间达成的任何特别协议、客户需办理的为旅游所需的行政及卫生手续以及客户可由另一人代替其旅游的条件。

5. 旅行社的审查及监督。

（1）旅游局。澳门特区政府旅游局是法定的对包括旅行社在内的旅游业实行监管的政府机关。其主要职责是制定政府的旅游政策，监管旅游业的经营活动，采取有效措施，促进澳门旅游业的发展以及开展对外旅游交往活动。当旅行社符合设立及经营范围的基本要求后，还必须经过旅游局局长，及旅游局的发出执照暨稽查厅、发出执照处各组织发出意见书后交由行政长官作出决定。每年为了准照的续期，旅行社需要接受例行检查，除此之外，还有突击的稽查行为，以防止出现行政上的违法行为。旅游局有权以纪律约束和监察旅行社遵守有关法律、法规。各旅行社应及时将有关资料提供给旅游局备查，包括旅行社及附属办事处的名册，其技术主管及导游的身份资料。各旅行社需按季度向旅游局上报其接待游客的人数及游客的国籍等资料。

对于旅行社违反法律规定的，任何人均可向旅游局举报。负有监察权力的旅游局在受理举报后应作笔录，记录被举报旅行社的名称、违法的时间、地点和违法行为。所作笔录，应由被举报的旅行社的代表签字，如该代表拒绝签字，应在笔录中注明。完成笔录后，应由旅游局内的稽查员对举报进行调查并提出报告，说明对被举报行为的认定，该行为的性质及危害性，所触犯的法律及应给予的处理建议。稽查员的报告应提交给旅游局局长，并由其作出决定。如旅游局局长认定指控事实不成立则会把笔录归档；如认定事实成立，便会追究实施违法行为的旅行社的责任。当旅行社违反第 48/98/M 号法令的规定时，须受到警告、罚款、暂时关闭场所、永久关闭场所及取消准照处罚。例如，旅行社无技术主管而运作，罚款 20000 澳门元，处罚的权限属于旅游局局长。

（2）旅游警察。随着澳门旅游业的蓬勃发展，澳门治安警察局于 2014 年 8 月启动成立特别巡逻组，并于 2015 年 4 月开始，安排特巡组员驻守人流较多的旅游观光区，进行治安管理、维持秩序、回答旅客查询等。2017 年 3 月，治安警察局正式成立旅游警察，其主要职责是防止旅游区内的犯罪、疏导指挥人流、应对特别事件，以及实时协助旅客解决问题。现时，澳门半岛范围约有 30 名旅游警察，分别驻守于议事亭前地、大三巴牌坊、岗顶前地、圣老楞佐教堂等地；而离岛范围则会有 10 名旅游警察，分别驻守于官也街、地堡街及路氹连贯公路（金光大道）等地。旅游警察的建立，将令治安警察局更有效地于旅游景点执行治安防控、维持公共秩序及进行人群管理等工作，从而借此提升澳门重要旅游景点的旅客承载力，为构建世界旅游休闲中心作出积极贡献。

6. 旅行社的担保制度及职业民事责任保险制度。

旅行社在从事经营活动时，必须向客户负责，向客户提供的一切服务承担责任，特别是旅行社对所约定的服务承担过失或不作为的法律责任。如数间旅行社参与提供服务，均应承担连带责任。

为了保证旅行社在为客户提供旅游服务时认真履行对客户承担的义务，法律规定旅行社在经营业务时，必须就其保证履行对客户承担的义务进行担保，保证对担保有效期间作出的一切行为承担责任，包括民事、经济和法律责任。即使该旅行社关闭一年内，担保继续有效，并对在该期间内提出的一切索赔负责，只要该等索赔系因旅行社关闭前所承担的债务而产生。担保必须符合法律的规定，担保的金额为 500000 澳门元，担保的方式是透过以旅游局为受款人的银行担保或银行存款为之。如果不提供法定的保证金或所提供保证金不足时，旅游局有权质询并依法追究责任。

除了担保之外，旅行社在从事经营时还必须为客户和第三人办理旅行社强制民事责任保险，以在必要时保证承担旅行社法定代表人及其服务人员实施的作为和不作为行为给客户和第三人造成的人身、财产和其他损失。旅行社提供的保险总额应不低于 700000 澳门元。此项保险的范围包括因未提供约定的服务、服务不足或有瑕疵而致使顾客支付额外的费用。如旅行社组织的旅游目的地是外国，保险的效力包括游客所到国家期间的旅游活动。按照有关规定，旅行社强制民事责任保险的范围不包括任何人对旅行社法定代表人及其服务人员造成的损失或损害，以及由客户或第三人造成的损害或顾客因不遵守旅行社依法发出的指示而导致的损害。在旅行社提供的服务中所使用的交通工具发生意外而造成的损害或损失，只要所使用的交通工具非旅行社专有及运输人有现行法律对所使用的交通工具要求的生效保险时，得排除在保险范围外。

（三）与澳门旅行社及游客相关的旅游法律规范

早在澳门回归之前，立法者已经设立了相关法律来规范管理旅行社。1978年颁布并实施第28/78/M号法令，核准旅游公司章程。该章程是总结第1664号立法性法规——核准旅游社章程，对澳门地区旅游业务的发展和管理具有积极的意义。其后，1993年公布了第25/93/M号法令，检讨关于旅行暨旅游社及旅游旅行社活动的管制法规。

还有一个重要的法令就是第48/98/M号法令，《核准旅行社及导游职业之新法律制度》。回归后至今，澳门特区政府将其作了修改之后重新颁发第42/2004号行政法规《修改规范旅行社及导游职业的若干规定》，共105条，并作为目前澳门规范旅游领域主要法规。该法规规范旅游社、技术主管、导游、接送员及旅游主管机构；明确规定了所有从事旅行社的业务范围，以及对这些旅行社活动的监督管制，还具体规定了旅行社的活动类型、领取执照的手续、经营条件、执照的申请、旅游、与客户的关系、担保、职业民事责任保险、查核、导游及接送员以及违规处罚等条款。

此外，涉及酒店、食品安全、消费者（包括游客）保护等领域，有《核准酒店业及同类行业之新制度》（第16/96/M号法令）、《订定食品安全的一般制度》（第17/2008号行政法规）、《食品标签法》（第7/2004号行政法规）、《消费者保护法》（第12/88/M号法律）、《法定度量衡单位法律制度》（法律第14/92/M号）等保护旅客权益的法律规范。

四、澳门文化创意产业

澳门特区政府一直致力于推动文化产业发展，希望以开发具有鲜明本土特色和发展前途的文化产品，促进澳门经济逐步向多元化发展。近年来，澳门特区政府高层领导率领代表团先后前往广州、深圳、佛山等地考察当地的文化创意产业，借鉴当地的经验以加快澳门文化产业的研究和发展进程，积极开拓澳门与邻近地区文化创意产业的交流与合作。与此同时，也先后多次于“澳门国际贸易投资展览会”（MIF）中设置文化创意产业展区，展示及推广本地文化创意产业发展情况，并于展览期间举行文化创意产业相关的研讨会活动，推动澳门与海内外文化创意产业的交流与合作，开拓产业商机。近年来，澳门逐渐形成观光文化旅游、会展旅游、度假休闲旅游和购物旅游等在内的多元旅游产业，区域旅游市场进一步拓宽，为澳门文化产业的发展创造更好的条件。此外，近年来更多文化周边商品，如漫画、杂志、激光视盘、计算机游戏以及众多精致产品，在澳门本地市场上纷纷推出，吸引了不同年龄层的消费群，可见文化产业潜在商机。

（一）主管部门

1. 澳门文化局及其辖下部门。澳门文化局辖下设有文化创意产业促进厅，协助制定发展文化创意产业的政策及策略，并建议扶持文化创意产业发展的措施，另外也要负责规划文化局辖下文化资源的管理和再利用，以推进文化创意产业的发展。

2. 文化产业委员会。澳门特区政府考虑到文化产业在澳门经济多元化发展及产生文化生产力中意义重大，有必要成立一个具有广泛代表性及专业性的委员会。因此，根据 2010 年 5 月 10 日第 19 期第一组澳门特别行政区公报刊登的第 123/2010 号行政长官批示，正式成立文化产业委员会。其宗旨是协助澳门特别行政区政府制定文化产业的发展政策、策略及措施。

3. 文化产业基金。文化产业基金是根据澳门特别行政区第 26/2013 号行政法规而设立的，受社会文化司司长监督，为行政、财政及财产自治的公法人。文化产业基金的宗旨是运用其资源支持发展澳门特别行政区文化产业的项目，推动经济适度多元发展。批给资助的原则是以企业投资为主，基金扶持为辅。

（二）申请文化产业基金

根据第 73/2014 号行政长官批示《文化产业基金资助批给规章》的规定，文化产业基金向符合其宗旨的商业项目提供资金扶持，且以创意设计、文化展演、艺术收藏、数码媒体四大领域为重点扶持范围。四大领域涵盖众多行业，简列如表 1 所示。

表 1　四大领域涵盖行业门类

领域	行业门类
创意设计	商业及品牌设计、时装设计、饰品设计、珠宝设计、平面设计、广告设计、展览设计、工业设计、室内设计、建筑设计等
文化展演	戏曲、戏剧、音乐剧、歌剧、舞蹈、音乐演奏、节庆活动策划、经纪代理、表演艺术幕后服务、培训及表演场所经营等
艺术收藏	绘画、书法、雕塑、摄影、古玩、园艺、艺术品代理、艺术品拍卖等
数码媒体	书刊出版（包括电子出版）、动漫、电视、电影、软件及游戏、机械玩偶等

1. 资助对象。在澳门特别行政区依法设立，且为税务效力已在财政局登记的商业企业：

（1）如商业企业主为自然人，其必须为澳门特别行政区居民。

（2）如商业企业主为法人，则该法人 50% 以上的资本须由澳门特别行政区居民拥有。

2. 资助方式、期限及额度。

（1）无偿资助，包括项目补贴及银行贷款贴息。

（2）免息贷款[①]。

表 2　项目资助方式、期限及额度

<table>
<tr><th colspan="2">项目资助方式</th><th>重点考虑方向</th><th>期限</th><th>额度[②]</th></tr>
<tr><td rowspan="2">无偿资助</td><td>项目补贴</td><td>（1）建设、营运及发展文化产业服务平台
（2）研发有形及无形产品</td><td rowspan="2">最长 5 年[③]</td><td>资助上限为经评估后的项目总投资额或经评估后的预算营运成本</td></tr>
<tr><td>银行贷款贴息</td><td>具有发展潜力的项目</td><td>贴息上限为项目实际的利息支出</td></tr>
<tr><td colspan="2">免息贷款</td><td>将研发成果产业化、规模化及市场化的项目</td><td>最长 10 年</td><td>贷款上限为经评估后的项目总投资额的 50% 或经评估后的预算营运成本的 50%</td></tr>
</table>

① 属批给免息贷款的情况，受惠企业须提供担保。

② 项目的最高资助额度一般不超过 900 万澳门元。

③ 该期限得以相同或较短的期间续期一次，唯须经信托委员会审议后，按核准权限送交主管机关核准。

3. 主要步骤流程。

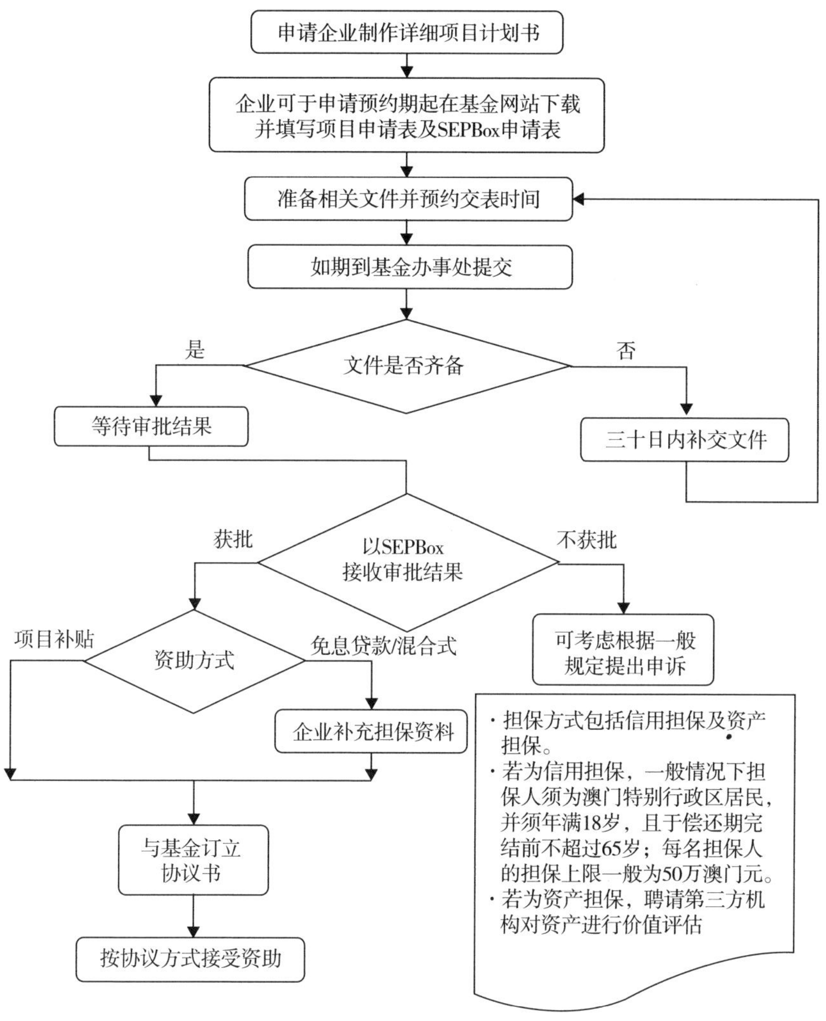

图 1　主要步骤流程

申请企业必须提交从基金网站下载的最新版“文化产业基金项目申请表”及以下文件：

（1）申请企业法定代表的身份证明文件影印本。如企业由法人商业企业主经营，尚须提交由商业及动产登记局发出的商业登记证明。

（2）营业税申报表（M/1 表格）影印本或财政局发出的开业声明书。

（3）由财政局发出的申请企业未因结算的税捐、税项及任何其他款项而结欠澳门特别行政区债务的证明文件。

（4）向社会保障基金最近一期供款的证明文件影印本，但不具有供款义务者除外。

（5）同一申请企业已向基金提交并待决的其他项目的申请收据影印本。

（6）申请资助项目的详细计划书及财务预算。

（7）申请企业在文化产业领域的经验及项目执行团队主要成员的履历。

（8）申请资助项目的资金来源证明或声明书。

（9）倘属免息贷款的申请，可作为担保的资产数据或担保人的数据。

（10）申请资助项目的责任声明书及相关文件。

（11）电子文件——为配合电子政务推行，申请企业须同时以光盘方式提交资助申请文件的电子版本，包括“文化产业基金项目申请表”、申请资助项目的详细计划书及财务预算的电子版本。

五、澳门会展业

澳门历来是东西方经贸、文化的交汇点，长期以来发挥着合作平台的作用。随着澳门的商贸、制造、服务等行业加快发展，对外交流合作不断增加，早于20世纪60年代便开始有较具规模的专题展销会举行。在70年代至80年代，出口商品洽谈会、展销会，以及展示本地制造业产品的工展会等，都是当时的品牌经贸合作活动。在1996年，“澳门国际贸易投资展览会”（MIF）首届活动举行，这个由政府经贸部门（澳门贸易投资促进局）主办，本澳和多个地区的商会、经贸单位协办的会展活动，见证着十多年来澳门会展业加快发展的历程，国际化、专业化程度不断提升。

澳门的会展数目、规模、层次和本地业界团队等也不断提升和成长，多个大型会展场地相继落成，近年来举办之会展活动及相关参与度均呈量到质的转变。“中国—葡语国家经贸合作论坛”第一至第五届部长级会议先后在本澳举行，反映了澳门具备举行大型国际性会议的能力。本地的会展活动也逐渐形成了一定的品牌效应，外地大型会展活动也相继选址本澳举行，近年在澳门举办的国际性会展活动包括“国际基础设施投资与建设高峰论坛”“第八届亚太经合组织旅游部长会议”等。

（一）主管部门

1. 贸易投资促进局。根据第33/94/M号法令，贸易投资促进局主要负责提供经贸信息咨询、市场分析和统计资料，协助开拓及扩展市场，也会主办、协办本地各种展览与推广活动，并积极参与外地各类经贸活动，务求资助本地企业参加世界各地的展览会，借此缔造商机。

2. 经济局。根据经第27/2011号行政法规修改的第15/2003号行政法规《经济局的组织及运作》，经济局当在其职责范围内协助制订经济政策及发展产业，并推动会展业发展，负责统筹和协调特区参与国际及区域的经济组织及会议的工作，并在其活动领域内负责履行已作的承诺。

3. 会展业发展委员会。根据第56/2010号行政长官批示，会展业发展委员会旨在协助澳门特别行政区政府制定会展业的发展策略、措施和政策，并为会展业的发展提升其竞争力，另制定意见书、建议及提议，也要收集、整理及研究会展业资料，尤其涉及其他国家及邻近地区的会展业发展状况资料，最后跟进及分析会展业的发展情况。

（二）澳门会展业系列支持和鼓励措施

为进一步推动澳门会展业发展，特区政府通过系列支持和鼓励措施，对在澳门举办的会展活动给予支持，努力培育和打造本澳品牌会展，支持不同地区来澳举办展会活动，支持本澳会展业开展对外交流与合作，全力打造澳门成为举办各类型会展活动的目的地。

1. 会展竞投及支持“一站式”服务。澳门贸易投资促进局向有意在澳门筹办活动的会展组织提供全方位支持服务，包括引进海外知名会展活动在澳门举办，为办展组织提供会展信息，委派专人协助跟进落实在澳门举办的会展项目，协助申请会展财务支持计划，协助澳门贸易投资促进局在参与境内外活动方面宣传推广，协助在澳成立的公司开展会展项目，提供会展合作配对服务，协助寻找合作伙伴等。

2. 会展活动财务支持计划。通过向在澳门筹办会议及展览的主办单位和策划并提供基本协助及财务支持，以提升会展业的竞争力，打造澳门成为举办各类型会展活动的目的地。会展活动财务支持计划分为会展活动激励计划及国际性会议及专业展览支持计划，两个计划旨在从多个方面提供财务支持，如住宿、餐饮、宣传、主题演讲嘉宾及团长、展览场地租金、合格买家等，并对本地单位就竞投海外会展活动提供支援，对本地社团 / 商协会加入区域或国际行业组织提供会籍费用支持，从而逐步开展竞投工作，推动本澳会展业发展。

3. 会展专业人才培训支持计划。为筹办会议及展览行业培训活动的主办单位及授课单位，以及保荐现职雇员参与会议及展览行业培训及考试活动的雇主及团体提供财务支持。其计划目的是为会展业储备人才，提升现职人员的专业水平。

4. 会展及商务旅游展积分计划。组织本澳会展及旅游业赴海外参与会展及商务旅游展，以加强宣传并推动本地与海外会展业对接交流。凡随同澳门贸促局参加海外会展及商务旅游展的企业，均可得到特定分数，积分以年度结算，并于每年末兑换成补助金额。

5. 内地参展人员赴澳便利措施。内地与澳门双方同意加强在会展业领域的合作，支持两地会展产业共同发展。为推动澳门会展业的发展，应澳门特区政府的要求，经国家主管部门的同意，协议内提及为内地参展人员办理赴澳门出入境证件及签注提供便利，方便内地企业及人员参加在澳门举办的会展活动。

六、中医药产业

基于澳门的历史条件及特殊的地理环境，中医药在澳门发展有巨大的潜力。近年来，特区政府推出一系列积极措施支持中医药教育、科研及产业化发展，将中医药作为经济多元化中的一个重点，中央政府对此也积极支持。2003 年 10 月签署的《内地与澳门关于建立更紧密经贸关系的安排》（CEPA）附件六贸易投资便利化——产业合作领域中提出，内地与澳门在中医药产业开展合作；2011 年在北京签署《粤澳合作框架协议》，其中的粤澳合作中医药科技产业园项目随之启动；此外，澳门本地高等教育机构也设立了专门的中药院研究部门，进一步推动中医药教学、科研、临床方面的应用和研究。

（一）主管部门及相关机构设置

1. 卫生局。卫生局是一个具有行政、财政及财产自治权的公共机构，受澳门特别行政区政府社会文化司监督。主要职能是保障市民健康，预防疾病，提供医疗护理及康复服务，培训卫生专业人员，辅助并监督私人医疗机构，以及提供法医服务。主要卫生部门有仁伯爵综合医院、卫生中心、疾病预防控制中心、药物事务厅、公共卫生化验所、捐血中心、私人医务活动牌照科、医院药房等。

中药房经营是经澳门卫生局批准并受有关政府部门监管的，其拥有卫生局发出的牌照，受制于从事中药配制及贸易场所法例，故不会以非法的手段经营。而参茸行所持的仅是经营杂货牌照，无权经营中药材。现时尚未有法例可以有效地监管以不正当手段经营的参茸行。

2. 药物事务厅。药物事务厅为确保居民获得安全有效的药物，有效监督药物市场，促使业界及居民遵守药事法规；落实药物风险管理及突发事件处理机制，并持续优化药物安全及质量监测工作，以确保居民及专业人士获得正确的药物信息，促进合理用药。药物事务厅下设药物监测暨管理处及稽查暨牌照处。前者职责：主要在药物上市前评估其质量、安全性和疗效，并对符合标准的药物进行登记；监管药物及健康产品的广告宣传活动；履行关于麻醉品和精神药物合法使用的联合国国际公约义务，并监察此等药物在本澳生产、供应、销售及使用。后者职责：审查药物业商号准照申请并依法发给相关准照，包括药物生产准照、药物产品出入口及批发商号、药房、药行和中药房准照；审查药剂师和药房技术助理注册申请及依法发出相关的准照；监察药物业商号及药剂专业人士的活动，包括药物进口、生产、分销及供应活动，并对违规者依法提起处罚程序等。

3. 中药事务技术委员会。中药事务技术委员会就准照的批给、进口及出口在中药房中专门出售的物质、具医生处方才可供应的有毒性药品的名单发表意见；根据科学技术知识的发展，研究及建议必需的措施，以促使从事中医及中药业务的完善；建议采取指导方针，以改善从事中药配制及贸易的场所的运作；还有就呈交予澳门卫生局局长审查的有关中医的事务发表意见。该委员会由卫生局负责药物事务的附属单位的主管担任主席、对中医有认识的同一机关的两名技术员，以及澳门中药业公会的两名代表组成。

（二）投资方式及准入条件

1. 中药房定义。中药房是指专门销售草药及配制用于中药学物质的商号，其开业及日常运作受卫生局监管，参茸行则否；中药房可出售中成药，“澳门特区所用中药材表”第一、第二及第三部分的毒性、普通及食药兼用中药材，而参茸行则只可供应第三部分的食药兼用中药材。中药房须于场所内悬挂卫生局发出的准照，市民可于店内查看，同时也可亲临卫生局药物事务厅、浏览卫生局网站或手机应用程序查阅本澳中药房的数据。

2. 中药房的设立。任何人拟申请开设从事药物业活动的商号（包括药房、药行、中药房、药物产品出入口及批发商号），必须向卫生局提出申请并递交有关申请资料；经药物事务厅稽查暨牌照处查核，汇总整理组成案卷后，上报卫生局局长，经局长交予相关的牌照技术委员会征询意见，并获卫生局局长批准场所设置许可后，案卷再送由卫生局、劳工事务局及消防局组成的查验委员会对申请的场所设施设备进行验收；最后由卫生局局长决定准照发给与否。

（1）申请资格。申请人须拥有从事业务的品行，或如申请人为一公司或社团，则其经理、行政管理机关成员或领导人，须拥有从事业务之品行；中药房应有一名技术指导人；场所须拥有适当安全及卫生条件的设施，以及拥有对产品的配制、保管及保存所必要的设备。

（2）申请所需文件。

① 以法人（公司）名义申请填妥中药房准照申请表格（公司）；法人在商业及动产登记局的商业登记证明；法人经理、行政管理机关成员或领导人的相关文件；中药房技术指导人的相关文件；中药房的设计图则；土地工务运输局发出的使用准照或物业登记局发出的不动产证明书（查屋纸）；财政局营业税申报表影印本（M/1 格式）；以及中药房营业时间及技术指导人工作时间的声明书。

② 以个人名义申请填妥中药房准照申请表格（个人）。申请人的相关文件，包括澳门居民身份证鉴证本，或出示证件（以供卫生局药物事务厅核对及鉴证）；由身份证明局发出的刑事记录证明书（俗称行为纸）；申请用途：

申请从事中药配制及贸易的场所准照；其他文件同上述。

③ 中药房技术指导。澳门政府严格执行中药管制，规定中药店必须有配药技术员一名。如从事成药进口、出口及批发商号的业务，须使用专门技术配制及保存药品，该商号也应有一名技术指导责任人。技术指导人有下列义务：以适当的方法及技术控制药品的配制；检查药品的质量，销毁不符合消费条件的药品；就药品尤其是有毒性药品的使用方法及其副作用向公众作必需的说明；如中医生或中医师开出处方，核对供给予公众的药品是否符合中医生及中医师处方上所开出的药品；确保场所的卫生及清洁条件；阻止或反对任何欺骗、误导性广告或不诚实引诱消费者的活动；遵守及促使遵守适用场所运作的规定及由澳门卫生局局长或任何卫生当局发出的指示。而持有准照在中医方面从事药剂师、医生或医师职业的权利人，以及在配制或供应中药方面至少有五年工作经验的人，只要具有第 53/94/M 号法令第四条所规定的品行要件，均可担任技术指导人的职务。

3. 中药房销售的产品。根据第 53/94/M 号法令第十四条第二款的规定，除中成药及卫生局第 7/SS/2004 号批示（澳门特区所用的中药材表）所载第一、第二及第三部分的毒性、普通及食药兼用中药材外，中药房也得向公众销售常用草药；用于烹调的添加剂及调味品；营养食品及营养补充品；皮肤用品及化妆用品，以及个人卫生产品。另外，根据上述同一法令第十四条第三款的规定，有关毒性中药材的供应须具中医生或中医师开出的书面处方。

4. 相关准照。获发准照后，卫生局药物事务厅会定期派出稽查员突击巡查获发准照的药物业场所，以确保场所贯彻遵守法令的要求；倘有数据显示场所涉及违规情况，也会进行有关的稽查。获发准照的场所在经营过程中，倘遇有场所搬迁、设施改动、所有权转让、行政管理成员变更或技术人员变更等情况，必须向卫生局药物事务厅提出申请。准照有效期为一年，关系人可于准照有效期届满前或于每年 12 月内带同有关的准照，至药物事务厅提出续期的申请，并缴纳续期费用。

5. 监督。澳门卫生局有权限通过负责其药物事务的附属单位，监察从事中医药品的配制及贸易的场所，以及对发生的违法行为作实况笔录。监察包括针对是否遵守法律及从事业务时所应遵守的技术及职业道德规则，以及产品的质量及制造产品时所用原材料的质量；如有需要对任何产品进行化验检查，监察人员得收集产品或所用原材料的样本，在检查后样本符合消费或使用条件时，则返还该等样本；又如有需要及为维护消费者的健康，澳门卫生司司长得向场所的负责人发出指示，以及得禁止制造及供应已证实对健康有害的产品；倘若监察人员不出示认别其身份的文件，场所的所有人及劳工得阻止任何监察行为，以及拒绝提供任何说明或数据。卫生局局长有权就违法行为科处处罚决定，根据第53/94/M号法令第十九条第一款a项，若在批给准照之前开设场所，则会被科处5000~8000澳门元，且同款d项也规定，若中药房中没有设立技术指导员也可被科处3000~5000澳门元。

七、教育服务业

澳门是世界上少数从幼儿园到高中实施15年义务教育的地区之一。澳门特区政府成立以来，投入大量资源，推进教育改革，致力于提升澳门教育素质。自2007—2008学年开始实施15年免费教育，即9年义务教育、3年高中教育和3年学前教育免费。近年来，随着社会的发展，双职家庭成为趋势。社会补习托管服务需求日增，教育暨青年局数据显示，澳门现时约有250所获教青局发出执照的补习社，还有部分不需执照的托管中心，形成了一个较有规模的补习市场。澳门以服务业为主体的产业结构将更为突出，低附加值的制造业比重将进一步减少，这对工作者的知识和技能也提出了新的要求，并为相关行业的发展带来契机。

（一）主管部门

教育暨青年局（以下简称教青局）是一个构思、领导、协调、管理和评核非高等教育、辅助青年及其社团的政府部门。其职能包括执行教育及青年政策；发展各类教育，为教育机构的良好运作提供所需条件；确保实行持续教育的原则及所有居民享受教育的权利；鼓励并发展有助于文化推广及青年和谐融入社会的培训工作；负责为有特殊教育需要的学生融入社群提供条件，以及协调及监察公立及私立学校的教育活动等。教育暨青年局由一名局长领导，两名副局长协助。教青局为执行其职责，设有教育研究暨资源厅、教育厅、青年厅及学校管理暨行政厅。

（二）投资方式及准入条件

1. 私立补充教学辅助中心定义。私立补充教学辅助中心，俗称自修室、补习社或督课中心（以下简称中心），是课余时间辅导及辅助私立或公立教育机构学生学习、属私人实体的机构。其他具有不同名称但有相同目的的机构等同于中心。

2. 私立补充教学辅助中心的设立。

（1）申请资格。开办中心的申请者应向教育暨青年局提出，递交填妥的申请表，包括中心的中葡双语名称、中心拟提供学习辅助的教育阶段及中心可容纳的学生数等。

（2）申请所需文件。

① 申请实体为自然人，应递交身份证明文件副本和刑事记录证明书，提交申请实体因故不在时的代任人声明书。

② 申请实体为宗教组织或非公法人的法人，应递交证明根据法律而作登记或设立的文件副本、申请实体在本地区政府注册并刊登于政府公报的组织章程副本、法人代表的身份证明文件及其证明文件（经笔迹认证的会议记录及法人代表委任书）。

③ 中心座落地点的使用权证明文件、物业登记书面报告、良好防火系统运作保证书及楼宇的图则和描述说明书。

（3）中心协调员。中心内必须驻有一名协调员，主要负责监督中心的教学辅助活动、行政工作及代表中心等。协调员必须具备高等学历或专门从事教学活动的学历，并在任何情况下均不得低于对中心所提供的教学辅助中心负责最高教学程度的教员所要求的学历。如每日中心的人数超过100名，协调员须以全职制度担任其职务。

（4）办理时间。教育行政当局会在收到申请后90天内，审查上述所提交的资料是否与实际相符。

（5）场所选址。用作设置私立补充教学辅助中心的地点须座落于远离不卫生或其他基于其性质可影响人身心健康的地点的设施内，最好位于楼宇地面层，并有通道直达公共道路；也准许中心设于地面层以上楼层，但需确保中心具有独立性及安全性。另外，中心尚应具有与学生人数相应的面积、适当的自然通风条件及照明，以及良好的卫生及安全条件。与此同时，为审查以上所指的条件，教青局应要求土地工务运输局、卫生局及消防局发出意见书。

（6）执照。当补习场所按照其所申报的教学活动，经检查后证实具备正常运作所需条件及要件时，可获发执照，批准经营。获发执照的补习场所也应继续维持所具备的要件及条件，而且不可从事有别于牌照所规定的其他活动，以及不可从事可能严重损害公共卫生，明显影响公共秩序、安全或安宁的活动等，否则，所获发的执照可被取消且补习场所会被关闭。执照自发出日起计，有效期为一年。如在检查中发现中心在技术或教学方面有不足之处，而该等不足之处可短期内改正者，则批给临时执照。

3. 义务及监督。负责中心的实体除须履行其法定义务外，也有义务维持获批给执照须具备的条件及要件，让教青局及其他有关实体进入中心所有附属地方，并向其提供评估运作条件所需的数据，在规定期限内向教青局递交使用中心的人及现有工作人员的数据，方便有监察权限的实体进行监察工作。

教青局有权限监察中心及有关活动的进行，就无有效执照以及违反现行法例中关于批给执照所需条件的规定作实况笔录①，以及关闭及查封无执照的中心，为此可要求治安警察局提供协助。教青局按有关程序展开调查后，对违反规定的实体进行处罚。根据第38/98/M号法令第十七条的规定，在无执照下，不论是未获发执照或已被取消执照而从事本法规所指的活动，罚款3000澳门元至15000澳门元；而不张贴执照，罚款500澳门元。另外，教青局也有权限以其认为较适当的途径，公开中止中心运作或关闭中心的决定。

八、在澳营商

澳门奉行自由港政策和利伯维尔场经济制度，投资营商手续简便，外地与本地投资者成立企业的程序相同。下面将会列出一般投资者会遇上的问题，并为其提供解决方案。

① 此权限由澳门保安部队行使。在此情况下，实况笔录应交予教育暨青年局，以便作审议及处罚。

（一）澳门商业企业之划分

根据 1999 年 11 月 1 日开始生效的《商法典》，在澳门经营的商业实体有三种类型：

1. 自然人商业企业主。自然人商业企业主又称个人企业主，也是原《商法典》所指的独资商人。其由自然人独立出资，以自己名义自行或通过第三者经营的商业企业。企业主需对经营业务所有债务负责。企业主可选择是否到商业及动产登记局进行登记。

2. 法人商业企业主。法人商业企业主又称公司，其成员以提供财产（金钱或劳务）作为公司组成的资本，共同从事盈利的经济活动，再将盈利分配予股东。分为无限公司、一般两合公司 *、股份两合公司、有限公司、股份有限公司、一人有限公司。

3. 经济利益集团。两个或两个以上的商业企业在不影响其法人资格的情况下联合，以促进或发展彼此的经济活动或改善彼此的经济活动的成果。此外，各种商业类型的区别和特征见表 3。

表 3　各种商业类型的区别和特征

商业类型	股东人数	注册资本	出资方式	商业名称强制性附称
无限公司	2 人或以上	不设下限	以认购出资额方式出资	无限公司（SNC）
一般两合公司	最少 1 位无限责任股东与最少 1 位有限责任股东	不设下限	无限责任股东与有限责任股东都以认购出资	两合公司（S.C.）
股份两合公司	最少 1 位无限责任股东与最少 3 位有限责任股东	下限为 100 万澳门元，不设上限	无限责任股东以认购出资额方式出资，有限责任股东则以认购股份方式出资	股份两合公司（SCA）
有限公司	最少 2 人最多 30 人组成	下限为 25000 澳门元，不设上限	以认购股份方式出资，每股票面值为 1000 澳门元（125 美元）或以上；且可被 100 澳门元（12.5 美元）整除	有限公司（Lda.）
一人有限公司	1 人	下限为 25000 澳门元，不设上限	公司资本以独一股构成，其他情况同上	一人有限公司（Sociedade Unipessoal Lda.）

注：* 股（quota）是私人有限公司的股。在某些情况下，将公司股转让予其他人士是受到限制的。

续表

商业类型	股东人数	注册资本	出资方式	商业名称强制性附称
股份有限公司	由最少 3 人组成	下限为 100 万澳门元，不设上限	公司全部资本分为股份，以股票代表每股价值相等且不少于 100 澳门元（12.5 美元）	股份有限公司（SA）

投资者可以个人企业主方式或者以法人企业主方式在澳门进行商业活动，个人企业主是由自然人独立出资，以自己名义自行或者透过第三者经营的商业企业。企业主需对经营业务所有债务负责。而公司股东仅以其认缴出资额对公司的债务承担有限责任。投资者可以选择合适的方式从事商业活动。

（二）关于股东及董事的规定

根据《商法典》的规定，注册一般有限公司最少由 2 名股东、最多 30 名股东组成，而有限公司可由 1 名或多名行政管理机关成员管理及代表组成，该等成员可以为股东或者非股东。澳门的法律没有对澳门公司的股东的国籍作出任何限制，任何人士只需年满 18 岁就可以出任澳门公司的股东。

股东可以选择亲身到澳门办理公司登记，或者授权委托他人来澳门办理公司设立。

法律并没有规定在澳门成立公司需要有澳门人持有一定股份比例。

外地的法人公司可以作为股东之一在澳门成立新公司。根据澳门《商法典》的规定，成立有限公司必须最少两名股东，因此外地法人公司可以以合资形式设立公司。如须进行独资经营，可以通过在澳门设立常设办事处的形式或通过设立一人有限公司进行经营。

（三）成立公司所需的手续

在澳门成立有限公司注册资本下限为 25000 澳门元，并且不设上限，公司在设立过程中，并不须提交验资证明文件。

邮箱不可以作为公司注册地址，但是可以选择商业写字楼、商铺或者是个人住址作为公司登记注册地址之用。公司登记后，股东可以随时根据需要更改公司名称或者注册地址。

成立公司须提供股东的身份证明档（不包括往来港澳通行证），如股东已婚，须提交配偶的身份证明档，另外也需提供澳门地址作注册之用。在股东和董事签署所有必需档后，向商业及动产登记局进行公司登记，一般需5个工作日便可完成公司登记。而成立公司的所需费用主要包括公司设立登记费、公证费、印花税等，约为注册资本的3%~4%。

股份有限公司，备有适当的账目记录，或公司注册资本超过100万澳门元，或者可课税利润在近3年平均达50万澳门元以上者，其报税手续均由注册会计师或者核数师核实，除此之外，并不须强制要求由注册会计师提交账目。

（四）非澳门居民的规定

若非澳门居民欲到本澳工作，必须根据澳门特别行政区现行法规——2月1日第12/GM/88号批示及5月16日第49/GM/88号批示的规定，通过澳门注册公司以雇主身份向劳工事务局作出申请。有关申请手续可由雇主或雇主代表前往劳工事务局设于马揸度博士大马路221—279号先进广场大厦的办事处办理。申请在经过审查及获得批准后，受聘的外地雇员须到澳门治安警察局，办理非本地劳工身份证，后方可在澳工作。

注册澳门公司与往来港澳的通行证的签证并没关系。往来港澳的通行证是中澳两地政府经过协商而订定的一种制度，由中国有关政府机构管理并根据各申请人的实际需求情况而发出，所以这与是否拥有澳门公司毫无关系。

澳门投融资之金融融资基本法律框架

高嘉炫[①]

长期以来，制造业、旅游博彩业、金融业及建筑房地产业被称为澳门的四大经济支柱，但随着澳门内外经济环境的转变，这四大重要经济支柱在本澳生产总值所占的比例出现巨大变化，加上国家开放自由行政策，令澳门博彩业在本澳生产总值所占的比重已超过制造业、金融业及建筑房地产业所占比重之和，令旅游博彩业成为澳门的龙头经济产业，甚至走向经济单一化，令澳门经济对旅游博彩业依赖性越来越强，对澳门整体社会发展及经济上的可持续发展造成饱和现象，风险也越来越大。

面对社会及经济的饱和局面，澳门对于经济发展的大方向绝对需要新的引擎及启发，以推动经济及社会的转型及适应多元化的发展及挑战，拓展经济市场上的新领域。

2013 年国家主席习近平提出“一带一路”的战略构想，而澳门作为沿线地区，应好好利用国家提出的此项重要倡议，在其固有的经济模式中，找到新的定位。澳门现正积极参与国家“一带一路”建设，努力提升澳门于国家对外战略中的功能和地位。与此同时，澳门具有自由港、低税制、资金进出自由等优势，发展特色金融为一务实之举，因此，利用本澳的历史文化背景，加上在“一国两制”的重要框架下，作为“一带一路”沿线地区与国家的“一个中心、一个平台”及以此为切入点，而发展特色金融将是澳门参与“一带一路”其中重要的一环。

为了帮助各界人士了解澳门如何借助“一带一路”政策在金融市场上找

① 高嘉炫，澳门法律专家。

到新的契机以及令读者更易掌握澳门的金融行业信息，本文旨在分析本澳现有的金融行业及其准入条件及实务上常见的融资租赁条件，从而探讨“一带一路”政策下澳门经济及金融的大环境，令各界人士更了解金融业务的运作，以推动各类金融投资者、政府部门和业界把握“一带一路”给澳门带来的机遇。

一、主要金融机构

澳门的金融业，广义上大致可以分为金融和保险两大部分。狭义上，金融服务的提供者主要包括银行、兑换店、金融公司、现金速递公司、金融中介公司、信用卡公司、投资基金管理公司、风险资本公司、融资租赁公司、财产管理公司等。而金融服务则是指任何由金融机构提供的金融性质的服务。金融活动的监管部门为澳门金融管理局，其他金融领域的行业团体主要包括澳门银行公会、澳门金融从业员协会。此外，还有一些政府性的非营利机构，如澳门金融学会。该学会旨在通过提供专业培训及资格考试，提升本澳金融从业人员的职业技能、专业水平与工作表现，以促进澳门金融行业的可持续发展。

（一）澳门金融管理局

澳门金融管理局是澳门特别行政区的“中央银行”，其历史可追溯到1980年。20世纪70年代末，中国内地开始了史无前例的经济改革，经济发展迅速，也带动了香港及澳门地区的经济发展。为了适应这一新的形势，当时的澳门行政当局意识到建立一个适当的金融监管架构的重要性，故在1980年，当时的澳门总督颁布了第1/80/M号法令，设立澳门发行机构，即澳门金融管理局的前身，负责监管包括银行、保险和其他信用活动在内的行业，促进金融业的良性发展，保障有关各方的合法权益。按照有关的法律规定，澳门发行机构既负责发行本地货币即澳门元，又负责管理官方的外汇储备，实际上扮演着准“中央银行”及货币发行局的角色。

在监管法律方面，银行法在1982年进行了修订，并在同年8月3日得以通过执行，即第35/82/M号法令。而在11年后，由于本澳银行行业的飞速发展，一部新的银行法《金融体系法律制度》面世，并于1993年7月5日正式颁布实施。有关保险监管方面，规范保险活动的法律也根据保险业的发展而在 1981 年 12 月 28 日颁布，并先后被 1989 年 2 月 20 日及 1997 年 6 月 30 日出台的新法例取代。

由于设立了适当的监管机构，加上及时的立法和监管，澳门的银行业与保险业在这段时间增长显著。同时，经过多年的实践，澳葡政府也清楚认识到有必要设立监管机构的权力与责任。在这样的情况下，1989 年 7 月 1 日，澳门货币暨汇兑监理署正式成立，并被赋予明确的职能以及行政、财政及财产自治权。

1999 年 12 月 20 日，澳门特别行政区正式成立后，为了更加符合一般惯例，澳门货币暨汇兑监理署于 2000 年改名为澳门金融管理局（AMCM），但原有的职能和权责全部维持不变。

澳门金融管理局除了根据现行的法例对澳门本地货币及金融市场进行监管外，还会向政府就促进金融业的持续发展、具体实现金融业的长期稳定与发展作出政策建议。为了让澳门进一步发展成为国际金融服务中心，也不断完善现行的有关法律制度并引入国际性的营运方案。此外，澳门金管局还会对澳门元的对外清偿能力进行监控，保障澳门元的完全自由兑换，保障自由贸易及货币流通的可能性。

1. 澳门金融管理局通则。

澳门金融管理局受行政长官监督，是具有行政、财政和财产自治权的公法人。

因金融管理局的前身是澳门发行机构，后来被澳门货币暨汇兑监理署取代，而澳门回归后也改名为澳门金融管理局。现行的澳门金融管理局通则来源于澳门货币暨汇兑监理署的组织章程，大部分也沿用至今。

澳门金融管理局是具有行政、财政和财产自治权的公法人，是具有法律人格的公共机构，其住所也位于澳门特别行政区。

根据第 14/96/M 号法令核准的金融管理局通则，关于澳门的金融保险活动的监察权属于澳门特别行政区行政长官，而具体实行监管的政府部门则是澳门金融管理局。

澳门金融管理局最主要有以下职责：

（1）通过传达资讯及发表意见，建议及辅助行政长官制定和实施货币、金融、外汇、保险等政策。

（2）研究及建议执行货币、金融、外汇及保险政策的必要措施，并确保其执行。

（3）根据通则规范货币、金融、外汇及保险活动的法规，指导、统筹及监察该等市场，并对该等市场的经营人进行监管。

（4）在货币、金融及外汇政策范围内，确保货币的内部平衡及保证本地货币的自由兑换，确保本地货币对外偿还能力。

（5）行使中央储备库职能，对外汇、黄金及其他对外支付工具储备的管理人职能。

（6）在澳门地区与外地之间成为货币及金融关系上的中介人。

（7）维持澳门整体金融体系的稳定，尤其充当最终贷款人的职能。

澳门金融管理局在市场监管方面的权限包括协助行政长官审批牌照及对获许可机构和人员作出特别登记，对金融及保险市场进行监管，对违法者提起行政违法行为程序并向行政长官提出建议或针对出现的情况或需要清算的受监管实体采取措施或干预措施。

2. 澳门金融管理局的组织架构及机关。

澳门金融管理局的管理层由三个委员会组成：行政委员会、监察委员会和咨询委员会。行政委员会，由三名至五名成员组成；监察委员会由三名成员组成，其中一名成员须为澳门财政局注册核算师；咨询委员会则由澳门金融管理局行政委员会的所有成员和监察委会员主席、澳门银行公会主席、澳门保险公会主席以及澳门两家发钞银行的负责人组成。

有关澳门金管局的上述三个管理机关的运作，除受《澳门金融管理局通则》规范外，也受《澳门行政程序法典》的规范。

3. 金融体系法律制度。

澳门的金融活动经过不断的发展及当中衍生出来的问题、责任或更多元化的金融活动，加上基于国际与澳门之间银行业务的显著革新，澳门有必要重整一套有系统、完善完整的法律框架，重整金融活动的业务范围、所营活动的纪律及监管当局的角色。同时，也须对金融活动当中有关业务的求取、主要股东及管理人适当资格的监督、新经营活动的风险及金融集团的合并监管等谨慎规则，将现代化的法律监管及完善制度，加上过往固有的经验及例子结合，为澳门迈向国际金融中心的道路奠定了重要的基石。因此，现行的7月5日第32/93/M号法令核准的《金融体系法律制度》的诞生，存在着重大的必然性及必须性。

在该法律制度及框架下，澳门不同类型的金融机构及其活动受到相应的监管及规范，同时也有多项金融活动制定了相应的特别法规。

由于金融活动属商业活动，因此，除上述规范外，澳门法律体系当中也有对商业活动和企业作出完善的、一般性的规范，而本澳的《商法典》《商业登记法典》及《公证法典》也有对个别活动作出规范。

《金融体系法律制度》主要分为四篇，分别为一般金融活动、信用机构、中介人及其他金融机构和违法行为。

此外，该法律对信用机构的设立、营运进行了进一步的规范，同时也为特定的金融活动如金融公司、汇兑活动、澳门元的发行及使用、融资租赁公司、现金速递公司、兑换店、投资基金、财产管理公司、风险资本公司等的特别法律制度奠定了基础，在规范上述的法律活动时或在某些特别事项上，《金融体系法律制度》的规定作为补充法律制度，特别是公司的设立、管理机关的组成、违规处罚等。

（二）各类金融机构

除澳门金融管理局外，澳门也设有其他金融机构，其活动及运作，也受澳门金融管理局的监管。

本澳的金融机构大致可以分为银行、储金局、金融公司、融资租赁公司、金融中介公司、现金速递公司、兑换店、信用卡公司等。在《金融体系法律制度》的框架下，也设有其相应的特别法律。

截至2016年1月，澳门现有获批的金融机构如下。

本澳现时获批准设立的信用机构共34家，包括29家全能业务银行、2家离岸银行和3家其他信用机构。而在29家全能业务银行中，10家为澳门银行，即澳门本地注册的银行，19家为外地注册银行及其在澳门的分行。2家离岸银行，是其总行设于外地的银行在澳门的分支机构。3家其他信用机构分别是1家邮政储金局、1家支付卡公司和1家融资租赁公司。还有从事有限制的银行业务的金融公司1家，属外地金融中介公司在本澳的分支机构的金融中介公司 2 家，总部设于外地的金融机构在澳门的代理办事处的信用卡公司 1 家，现金速递公司 2 家均为本澳注册，兑换店 11 家均为本澳设立的，还有获准于博彩娱乐场所内经营的兑换柜台公司 6 家，均属于博彩娱乐公司。

而其金融活动、运作及发展受第 35/82/M 号法令的规范。此外，第 35/82/M 号法令还特定规定了货币信用机构和非货币信用机构的分别及其设立的要件。

根据第 35/82/M 号法令，信用机构可再细分为（由于大部分的金融活动均受 35/82/M 号法令《金融体系法律制度约束》，以下将讨论特别的金融机构或实体）：银行；融资租赁公司；金融公司（受现行的第 15/83/M 号法令规范）；兑换店；现金速递公司；风险资本公司；财产管理公司；投资基金管理公司。

《金融体系法律制度》第二编“信用机构”主要为银行制定了整套法律制度。此外，澳门《商法典》也对商业合同、银行合同和债权证卷及相应之金融活动作出了有关的法律规范。

虽然《金融体系法律制度》第二编的规定对所有信用机构均适用，但实际上从银行的业务、经营为主，其他特别的金融活动，则有相关的特定法律，因此，《金融体系法律制度》对于特别金融活动则用作补充法律制度。

1. 融资租赁公司。在“一带一路”政策下，澳门如何利用国家这项长远的经济发展政策从而令澳门的经济模式转型，或发展澳门特色的金融产业？澳门应利用其金融活动模式中的优势，如无外汇管制、资金流动自由等制度上的优势，发展融资租赁业和资产管理业。澳门金融管理局行政委员会主席丁连星称，金融管理局正检视融资租赁业务的法律制度，他又称在资产管理业方面，积极通过金融机构吸引归侨侨眷客户，促进外地华侨利用澳门金融机构的财富管理服务。

融资租赁是澳门参与“一带一路”的其中一个切入点。澳门可作为葡语国家、东南亚国家的桥梁，例如，国内基建方面，国家也需要“一带一路”沿线国及其他东南亚国家的原材料及技术，从而满足国家对基础设施建设的需求及技术上的发展，而这点正是需于本澳设立融资租赁公司的关键及需求。中国企业可在澳门地区设立设备租赁公司，从而向这些沿线国家提供设备租赁，而澳门银行可为租赁公司融资。而 2014 年，中国银行澳门分行就成功牵头完成了莱茵大丰（澳门）国际融资租赁公司的融资租赁银团融资项目，国家现正提倡的“一带一路”政策，对于澳门融资租赁这项金融活动的需求有增无减。

有关本澳现行的融资租赁法律制度，由两部分组成：融资租赁合同，由澳门《商法典》第三卷第十六编第八章的第八百八十九条至第九百一十条规范;而第一部分有关融资租赁公司则由第 51/93/M 号法令规范，该法令将融资租赁公司定性为信用机构，适用于银行的监管规定。实际操作上，由于融资租赁公司不得吸收公众存款，相对于银行及其他金融活动，其风险相对低，因此，澳门金融管理局也积极地对《融资租赁法律制度》进行法律修订，以完整的法律框架加上本澳的金融活动优势，发展多元化的金融产业。

融资租赁合同，是指根据一种特定的合同，信用机构有义务将一物供他人使用从而收取相对应的回报，该物是从承租人本人或按承租人的指示由第三者提供，或按该承租人的意愿建造或使用。而承租人可根据合同自由制定，在规定的期间内支付确定或可确定的价金，购买该物的全部或部分。

本澳过往没有融资租赁公司的出现，但随着金融的多元化业务发展，根据第 51/2013 号行政命令，2013 年出现了第一家本澳设立的融资租赁公司。

2. 金融公司。金融公司由第 15/83/M 号法令规管，是指可提供中期及长期贷款、财务出资等金融活动的信用机构，同样也受澳门金融管理局监管。

3. 兑换店。随着澳门博彩业及旅游业的发展及兴旺，本澳出现不少的兑换店。兑换店是指澳门专门从事货币兑换业务的机构，而兑换店的分支机构则属兑换柜台。兑换店属澳门金融管理局监管，也应设有专门的经营场所及公众显而易见的方式标明外汇牌价，其中包括各交易货币与澳门元的兑换率。兑换店不得向外提供贷款或接受公众存款。

4. 现金速递公司。随着澳门的商业活动日益增加，及面对外来人口增加及需要，澳门与各国及各地之间从事小额现金速递公司发展迅速。自 1997 年起，澳葡政府也意识到现金速递公司的发展及需求，于 1997 年 5 月 5 日颁布了第 15/97/M 号法令规范本澳的现金速递公司及其运作，并建立监管机制以保障使用者的利益。现金速递公司的所营业务是指当现金速递公司在接受第三人交付指定递交的款项后，按其指令在澳门或外地速递现金。现金速递公司不能提供其他商业活动，特别是提供贷款或接受公司的存款，或以其他名义接受任何有利息或无利息的款项。目前，本澳的现金速递公司也只有两家。

5. 风险资本公司。根据第54/95/M号法令，风险资本活动是指将资金用于取得企业部分公司资本以促进企业的收益及技术的发展及革新，以及通过后来出售该等公司的出资方式，以收回所运用的资金及获得附加利润。风险资本公司属金融机构的一种，须向澳门金融管理局提出申请及受其监管。

该类公司受第54/95/M号法令规范，同时也适用《金融体系法律制度》的一般性约束规定。

目前，尚未有任何风险资本公司在澳门成立。

6. 财产管理公司。根据第25/99/M号法令，确立了本澳的《财产管理公司制度》。

财产管理公司是指专门从事管理他人财产的业务的公司，属金融机构的一种，受澳门金融管理局的监管。

本澳目前也未有任何财产管理公司的成立。

7. 投资基金管理公司。根据第83/99/M号法令的《投资基金法例》，投资基金是一种投资工具，其功能在于将不同的有价财物投入投资基金的财产组合，以便分散风险，并取得较其他投资选择更佳的回报，对投资基金进行管理须具备丰富的专业知识，尤其须具备关于金融市场的运作规范和投资基金从业人员活动规则的专业知识。

《投资基金法例》共分为六章。

第一章说明目标并解释各类名称的定义。《投资基金法例》第二条订定的“投资基金”的概念是：“由内含不同有价物之财产组合按分散风险原则而组成之特有财产，该财产组合是透过运用公众取得代表特有财产价之出资单位所筹集之资金而获得。”

第二章对投资基金作了一般规定，并对投资基金的种类，出资单位，投资基金的管理，有价物的受寄，基金内容的简介、报告书、账目及刊物，封闭式投资基金，基金集团，住所设在外地的投资基金作出了规定。

基金的种类方面，投资基金得为开放式或封闭式，而财务基金及基金中的基金均属开放式动产投资基金。此外，还可设立特别投资基金，其因应是否能定期将收入进行分配的可能性、投资风险的程度、所采用的金融工具的性质以及所针对之经济行业或地理环境而设立。在澳门设立投资基金，须预先取得金管局的许可。

第三章特别规范动产投资基金，对其制度、财产及谨慎性限制，财务基金，基金中的基金作特别规定。

第四章规范不动产投资基金，包括制度及财产、不动产有价物的取得和禁止取得、谨慎性限制、不动产的评估和权利的登记四个方面。

第五章则规范投资基金管理公司。

目前，澳门没有设立投资基金或基金管理公司。澳门市场上所提供的各类基金产品均是外地的投资基金公司通过在澳门经营的银行或金融中介人（证卷投资公司）销售。

二、外资企业融资条件

澳门被世界贸易组织（WTO）评为全球贸易和投资体系中最自由开放的地区之一，拥有高度开放的商贸环境，地理位置优越，毗邻国际金融中心香港，也与珠三角地区相接，基础设施齐备。由于澳门是一个自由港，没有外汇管制，资金进出自由，而工商业营运成本低，再者，《内地与香港关于建立更紧密经贸关系的安排》和《内地与澳门关于建立更紧密经贸关系的安排》（以下简称 CEPA）的实行使不少企业看准港澳地区的投资商机，因此，引来更多的跨国公司在港澳进行策略性投资，更是吸引了不少内地人士到澳门投资。加上澳门一直奉行简单和低税制度政策，澳门政府每年也有不同的税务优惠给予投资者、商业企业主甚至中小企业业主。

澳门作为全球最自由开放的贸易地区，根据《对外贸易法》第三条的规定，货物及其他产品可自由运入、运离及经过澳门作为中转站。澳门同时也作为一个独立关税区，机械设备和原材料等绝大部分货品进口免征关税，配合现今国家推行的“一带一路”政策，加上本澳现有的不少外资博彩娱乐公司的投资作基础，澳门大可利用自身的优势配合“一带一路”推行的经济及金融发展令澳门的经济及金融走得更前。

从国家的“十三五”规划建议，支持澳门建设世界旅游休闲中心、中国与葡语国家商贸合作服务平台，促进澳门经济适度多元可持续发展，再配合国家实施“一带一路”发展战略，为澳门开展对外经济合作和加快经济适度多元发展提供了新契机。澳门可发挥“一国两制”、国际贸易自由以及与葡语国家关系密切、东南亚归侨众多的优势，参与“一带一路”建设，进一步拓展自身的发展空间。

随着《内地与澳门关于建立更紧密经贸关系的安排》（CEPA）和《泛珠三角区域合作框架协议》《珠江三角洲地区改革发展规划纲要》以及《粤澳合作框架协议》的进一步落实，澳门与内地，特别是泛珠三角区域的经济融合进一步深化，因此，配合国家大力推动多项革新政策下，澳门除了保留固有优势外，也应完善整套金融体系，当中包括修订法律、开拓多元金融活动及产业，吸引更多的外资企业。

澳门的法定货币是澳门元，港元也通用，体现出各类货币在澳门市场内的自由流通，也可借此机会搭建中国与葡语国家金融服务平台，推动中资和葡资银行联动与合作，推动葡资银行进入内地，推广澳门作为中葡之间的人民币清算平台，并推动葡语国家银行及企业通过澳门进行人民币贸易结算以及投融资业务，推动中资银行与葡资银行借助集团的资源开展更多业务，争取与葡语国家有业务往来的内地客户，以及与内地有业务往来的葡语国家客户有效地利用澳门的银行服务。可见，澳门未来的金融业发展，在“一带一路”配合国家与澳门原有的“一国两制”基础下，定能为澳门的金融行业注入新动力。

澳门的官方语言为汉语及葡萄牙语，此外，英语也通用。除了能作为中国与葡语系国家的交流平台外，近年也吸纳不少美资公司在澳经营博彩娱乐业，作为一个多元化的国际平台，澳门也应固本培元，除了保留现有的人才资源及优势外，澳门政府也积极与国家团体进行金融、文化及投资的交流。此外，也持续培训中葡双语专才，在这些基础和资源下，更易借着“一带一路”政策更好地“走出去”。

经过上述分析，澳门社会状况、营商环境、地理优势、文化背景及各种政策配合，将会吸纳更多外资企业来澳门投资，除了博彩娱乐及基建外，“一带一路”绝对能造就澳门的金融市场发展，从而令澳门整体经济模式转型。而本文也已分析“一带一路”对澳门的优势及对澳门的金融市场作出新的定位，也列出本澳不同的金融机构。根据上述条件及政策，现针对澳门不同的金融机构作出分析，探讨外资企业如何通过澳门不同的金融机构进行投资或融资活动。

（一）信用机构的设立

上述已分析本澳的不同信用机构，其营运及金融活动均受《金融体系法律制度》的监管，除《金融体系法律制度》外，澳门《商法典》也对有关银行合同及债权证券等金融活动作出相应的法律规范。

《金融体系法律制度》除了规范信用机构的种类，业务的开发及发展、活动及许可及登记外，以下通过分析在本澳成立不同金融机构的要件，分析外资公司在本澳设立、营运及融资的条件。

《金融体系法律制度》除对银行业务进行规范外，同时也对其他信用机构以及信用机构以外的金融机构作出相应的规范，不同的金融机构有其相应的特别法律对其营运及业务作出规范。

而有关各类金融机构的牌照申请指引，载于澳门金融管理局的《申请牌照指南》内。该指南包括信用机构、离岸银行、金融公司、金融中介公司及其他金融机构、兑换店（包括兑换柜台）、现金速递公司的牌照申请及审批程序。

信用机构包括银行、储金局、融资租赁公司或金融公司，由于其从事的业务具有专门性，须预先取得行政长官根据金融管理局的意见再按个别情况发出许可，不过金融管理局在考虑某些信用机构是否具备足够资金及利害关系人能否具有适当的经验、技术能力后，可暂时中止该机构所从事的部分经营活动，或要求其取得金管局同意后方可从事该类金融活动。其他信用机构，及具有经营离岸业务准照的银行，仅可从事与其有关活动的法律或规章所准许经营的活动。在推出新的金融产品前，信用机构应将有关的信息、性质和特征通知金管局。

在名称的使用方面，未获许可经营的信用机构或金融业务，不得在其名称或金融活动内加上或在从事其业务时使用令人联想到与信用机构挂钩的有关字词，如银行、银行家、银行业、储蓄等。获许可在本澳经营的住所，其总部在外地的信用机构，应使用其所属地所使用的商业名称；如该名称有混淆的地方应加以解释。

在本澳经营信用机构业务，须预先取得行政长官及根据金管局的意见发出许可，由于“一带一路”有关金融业发展的政策部分，主要围绕融资租赁公司的设立及发展，而根据第51/93/M号法令规定，在本澳，融资租赁业务仅可由信用机构（通常指银行或专门从事该等业务的融资租赁公司）经营。

基于此，以下首先针对在本澳设立信用机构的相关要件及情况作出探讨。

1. 住所设立在澳门特别行政区的信用机构。在本澳设立公司住址为澳门的信用机构，即指在澳门注册的信用机构，其公司形式必须是股份有限公司，其有关股票须为记名股票，主要受到澳门金融管理局及受《金融体系法律制度》的规范，而规范另类金融机构则依从其他相关特别法律的要求及规定，稍后再分析。

如在澳门设立银行，其公司资本要求是1亿澳门元，须全数认购，否则不得设立，再者，住所设于澳门的其他信用机构，也应遵从在特别法内或有关许可之法规内为其所订定的公司资本要求。

在设立时，公司资本也应全数认购并以现金缴付，且须将最少相当于公司资本的一半金额存入金融管理局或其他指定的机构，以供金管局支配。信用机构在开展业务后，可提取该笔存款，以确保本澳金融市场及成立金融机构的稳定性。

申请经营澳门信用机构的业务许可，须向金融管理局提交申请书，需递交的资料也载于《金融体系法律制度》第二十二条，该条文主要规定包括：

（1）对设立机构之经济金融方面理由之具体阐述，说明相关之可行性及该机构之活动符合本地有权限机构所追随之经济及财政政策及可持续发展之目标。

（2）机构类别特征，所在地及所使用之技术、物力及人力资源。

（3）章程及草案。

（4）创立人股东之个人及职业身份资料，并详细列明每名股东所认购的资本及说明股东结构适合该机构的稳定性。

2. 在澳门开设分行。如属获许可在澳门经营的外地信用机构的分行，应至少将相等于澳门设立同类机构所要求的最低资本之50%的数额的资金长期运用于由金管局以通告形式订定的某类财产。

外地信用机构（住所设于外地的信用机构）须对其获许可在澳门经营的分行及其所经营的金融活动负责。信用机构在外地所承担的债务，可由澳门分行的登记资产负责，但该分行必须首先履行在澳门承担的全部债务，包括在澳门执行的司法判决所确定的分行未登记的负债。而澳门特别行政区法院也对开设于澳门的外地信用机构具有管辖权。有关外地信用机构分配予澳门分行的资产，首先是用于偿还澳门的债务，如澳门分行的资产不足，则外地信用机构须负责其余债务的偿还，只有在澳门的债务清偿后才可以澳门分行的资产偿还外地的债务。

3. 在澳门开设代理办事处。除了开设分行外，外地信用机构还可在本澳开设代理办事处，同样也要事先得到金融管理局的许可，而情况与澳门设立信用机构或外地信用机构在澳门开设分行并不相同。

代理办事处仅可用于维护其所代理的信用机构之业务及利益，并报告该机构所建议参与的经营活动的进展。

4. 在澳门开设支行。外地信用机构也可在澳门开设支行，即分行下属的机构。开设的支行如需向公众提供金融服务，也事先要向金融管理局作出申请并获准相关许可。

（二）企业融资租赁条件

1. 融资租赁公司成立要件。

“一带一路”政策中，融资租赁公司的发展及设立可以说是本澳经济市场模式、金融市场发展及扮演着“一带一路”参与国特别是葡语系国家的桥梁上起着最重要的一环，政府主要官员及澳门金融管理局行政委员会主席也曾经表示，澳门在“一带一路”政策下，发展有特色及多元化的金融活动，绝对有利于本澳的金融体系整体的可持续发展。而作为发展特色金融活动的切入点，融资租赁已被定作为最重要的发展方向。利用澳门利伯维尔场、贸易自由原则加上外汇限制少等优势，配合完善的法律措施及修订《融资租赁法律制度》，定能吸纳更多企业及汇聚人才。

有关第 51/93/M 号法令《融资租赁法律制度》及《商法典》第三卷第十六篇第八章第八百八十九条至第九百一十条则规范融资租赁的条件及所产生的法律问题。

在本澳，融资租赁业务仅可由信用机构（通常为银行或专门从事该业务的融资租赁公司）经营。

融资租赁的目标是可以为任何可作租赁的财产，须登记的动产及不动产的融资租赁合同签订后，须在商业及动产登记局登记。动产的租赁期限不得少于1年，而不动产的租赁期限不得少于5年。

而在任何情况下，融资租赁合同期限均不得超过20年。有关融资租赁合同订立和解除、出租人和承租人的权利和义务、租金、按金等，均在《商法典》作出相关的规定。

同时，有关融资租赁公司在本澳设立的条件、市场准入及相关要件也受第51/93/M号法律规范，融资租赁公司须以股份有限公司的形式成立，其资本不得少于3000万澳门元，同时，须向澳门金融管理局提出申请，再经行政长官批准，及后发出行政命令准许方可设立，融资租赁公司的董事会最少由三名具有适当资格人员组成，其中最少两名为澳门居民并具有相关从业资格及经历。

融资租赁公司作为信用机构之一，受规范信用机构业务的一般规定约束。融资租赁公司可进行银行获准经营的被动金融活动，但不可接受任何存款。

2. 融资租赁公司的设立流程。

（1）与AMCM银行监察处联系，讨论有关计划、批准许可的要求。

（2）提交申请文件及资料。

① 申请函，说明设立原因、背景、未来发展规划。

② 申请表及股东、董事详细资料及个人声明。

股东为法人时所需资料：集团结构图说明控股结构、公司登记证明、章程、过去3年年报及经核数师审核的财务报表、持有10%以上股份主要公司背景资料；

股东为自然人时所需：个人及专业身份资料、财务资料、无犯罪记录、个人声明书；该个人股东持有10%出资的相关公司名单及背景资料。

③ 预设立公司章程及预核名称登记表。

④ 股东大会决议或海外监管机构核准档。

⑤ 首三年的详细业务计划、首三年营运的财务预测。

⑥ 风险管理、内部监控、反洗钱及反恐怖融资结构系统文件、监控方式及报告途径。

⑦ 董事会及监事会成员的个人及专业身份资料、履历及无犯罪记录。

⑧ 外部核数师的资料。

⑨ 其他文件 / 资料。

（3）制作的文件 / 资料清单。

（4）澳门金融管理局进行适当性评估。

（三）其他金融机构的设立条件

1. 金融公司。金融公司受第 15/83/M 号法令监管，在本澳设立金融公司，仅可提供中期及长期贷款、财务出资等金融活动的非货币信用机构。在澳门特别行政区设立金融公司必须以股份有限公司的形式成立，公司资本不得少于 1 亿澳门元，同时也必须向澳门金融管理局作出申请，再经行政长官以行政命令形式作出准许，而所有金融公司均须在金管局作出登记及受其监管。

金融公司除可提供中期及长期贷款外，还可承销任何企业发行的债券，但不得超过企业资本的 50%，并可进行提供担保、协助企业取得融资或重整结构、提供咨询、管理投资基金、证券或其他有价物的组合等其他金融活动。金融公司不得向信用机构提供贷款，但以银行担保、保证形式作出的除外。

2. 兑换店。澳门兑换店的成立要件及其业务受第 38/97/M 号法令的规范，而专门从事货币兑换业务的机构称为兑换店，兑换店的分支机构如开设在博彩娱乐场所内的称为兑换柜台。根据第 38/97/M 号法令，本澳的兑换店须以股份有限公司或有限公司的形式而成立，而公司资本不得少于 100 万澳门元，也须通过金融管理局申请及行政长官预先许可。

3. 现金速递公司。现金速递公司须以股份有限公司的形式设立，而公司资本不得低于 200 万澳门元。而公司的行政管理机关成员中至少有一位成员居住于澳门，而每一客户每日交予公司的速递现金也设有上限，以保障双方的交易及将当中的风险减低。

目前，由澳门金融管理局订定的上限为 2 万澳门元，现金速递公司也须每年向金融管理局提交监察费，不得超过法定最低公司资本的 3%。

4. 财产管理公司。财产管理公司须以股份有限公司的形式设立，其公司资本须为 500 万澳门元或以上。行政管理机关成员中须至少有两名居住于澳门的成员，而财产管理公司不得以任何形式批及贷款、提供担保或接受存款。相关公司的设立及业务活动的发展受第 25/99/M 号法令规范，当中允许作出和禁止作出的行为、受管理财产的存放、自有资金、经营场所等作了详细的规定。

5. 风险资本公司。根据第54/95/M号法令，风险资本公司也属金融机构的一种，须向澳门金融管理局提出申请，经行政长官批示准许方可设立。该类公司须以股份有限公司的形式设立，而公司资本不得少于3000万澳门元。该法令对风险资本公司的资产业务、资产运用、出资限制、禁止从事的活动、公积金等作出了相关的规定。风险资本公司还受《金融体系法律制度》的一般约束。

6. 投资基金及投资基金管理公司。第83/99/M号法令属澳门第一部专门规范投资基金及投资基金管理公司的设立和运作的法规。

投资基金及投资基金管理公司须以股份有限公司的形式成立，法定最低公司资本为300万澳门元，公司每年须向澳门金融管理局缴纳金额为法定最低公司资本3%的监察费，任何违规行为将按《金融体系法律制度》的有关规定处罚。

上述已分析了不同的金融机构在本澳金融市场上的设立、开展及业务规定，以及受何种法律监管。可见澳门的金融市场及金融体系法律制度已设有监管及规范不同种类的金融公司在澳门的成立及相关的条件及发展。在“一带一路”政策下，澳门应好好利用原有的法律基础及贸易投资优势，吸纳更多外资企业，成为中国与葡语系国家之间的桥梁及投资交易平台。澳门作为一大自由贸易港，在投资条件门槛低、法律基础完善的情况下，除了不断改善固有的基础外，还可与邻埠香港——国际金融大都会，作出多方面的业务、人才交流。此外，除了不断修订及完善固有的法律条件，及完善《融资租赁法律制度》外，也可向香港学习，在各金融活动的专业领域，培训更多的人才及设立专门的考试，在通过考试后才可销售不同类型的金融产品，以保障投资者及大众的利益，令澳门的经济及金融活动走向和谐及多元化的局面。

“一带一路”战略政策，定能让国家及本澳，通过不同方向的发展及经济模式的转型，开拓新的市场，为澳门的经济及金融市场走向新的领域，跟着国家好好地“走出去”。

澳门投融资之金融融资

——澳门在“一带一路”的新机遇

李　琦[①]　张若城[②]

一、前言

“一带一路”是国家主席习近平在 2013 年 9 月和 10 月出访中亚和东南亚国家时，先后提出的共建“新丝绸之路经济带”和“21 世纪海上丝绸之路”的两个重大倡议的简称。2015 年 3 月，国家发展改革委、外交部和商务部经国务院授权联合发布的《推动共建丝绸之路经济带和 21 世纪海上丝绸之路的愿景与行动》（以下简称《愿景与行动》）中全面多层次地描绘了“一带一路”的具体方向，也再次强调了“一带一路”是现在中国最重要的海外经济体合作战略概念。

一直以来，“一带一路”沿线的省市，都积极响应国家的这项战略计划，[③]拓展新商机。澳门作为中国改革开放以来重要的对外窗口之一，无论是从经济还是文化方面，本应都具有绝对优势。然而，面对内地越来越多的城市高速发展，澳门以博彩业为主的主体经济收入下滑，如何利用国家政策，配合自身“自由港”的优势，拓展新方向，把握新机遇，调整经济结构，跟上国家发展的步伐，则成为了众多学者着力研究的方向。[④]

---

① 李琦，澳门大学国际商法（英文）硕士。

② 张若城，澳门科技大学法学学士。

③ 袁新涛．“一带一路”建设的国家战略分析 [J]. 理论月刊 ,2014(11):7-8. 刘卫东：“一带一路”战略的科学内涵与科学问题 [J]. 地理科学进展 ,2015,34(5):543.

④ 孙久文，潘鸿桂．“一带一路”战略定位与澳门的机遇 [J]. 现代管理科学 ,2016(1):27-29.

简单分析来看，“一带一路”战略中的投资资本来源，主要来自丝路基金有限责任公司和亚洲基础建设投资银行。丝路基金有限责任公司（以下简称丝路基金）于2014年在北京成立，主要是服务“一带一路”沿线省市、地区、国家、经济体之间以股权为主的多种投融资方式。相对而言，亚洲基础建设投资银行（以下简称亚投行）则依据《亚洲基础建设投资银行协议》（以下简称《亚投行协议》）设立，主要面对沿线国家的基础建设，发展大型基建项目。从投资的资本结构构成来看，澳门想要把握“一带一路”之间的新机遇，就要好好地把握住这两个重要的经济主体的特色，抓紧新机遇。

二、丝路基金

在《愿景与行动》第四章“合作重点”中提出“资金融通”[①]的概念。当中明确加快丝路基金组建运营，以充分发挥丝路基金以及各国主权基金作用，引导商业性股权投资基金和社会资金共同参与“一带一路”重点项目建设。而在第七章“中国积极行动”中也肯定，发起设立丝路基金是强化中国—欧亚经济合作基金投资功能的重要措施。可见，丝路基金的设立，是“一带一路”的主要资金来源。

（一）丝路基金的概况

丝路基金成立于2014年12月29日，是中长期开发投资基金，通过以股权为主的多种投融资方式，重点围绕“一带一路”建设，推进与相关国家和地区的基础设施、资源开发、产能合作和金融合作等专案。在中央财经领导小组第八次工作会议上，习近平主席在研究丝绸之路经济带时发起建设亚投行和丝路基金。就目前来说，丝路基金具有主权基金兼私募基金的共同特征，但是本质上来说同时也是一家有限责任公司，与一般有限责任公司不同之处在于它是由中国外汇储备、中国投资有限责任公司、中国进出口银行、国家开发银行共同出资的。丝路基金是依据《中华人民共和国公司法》，按照市场化、国际化、专业化原则设立的中长期开发投资基金，重点是在“一带一路”

① 在《愿景与行动》第四章中明确提出“一带一路”中的“五通”：政策沟通、设施联通、贸易畅通、资金融通以及民心相通。

发展进程中寻找投资机会并提供相应的投融资服务，以促进中国与相关国家的经贸合作以及互联互通。丝路基金将为“一带一路”沿线国家基础设施建设、资源开发、产业合作等有关专案提供投融资支持。

（二）丝路基金专案的申请及运作模式

丝路基金目前设计规模为400亿美元，其中首期资本为100亿美元。启动资金由中国政府或开发性金融机构注入，其中外汇储备通过其投资平台出资65亿美元，[①] 中国投资有限公司、中国进出口银行、国家开发银行分别出资15亿美元、15亿美元、5亿美元。[②] 丝路基金的投资领域目前主要集中在四个板块：基础建设、资源开发、产能合作、金融合作。[③] 由于本身具有有限公司属性，在设立以及运作中，丝路基金都受到《中华人民共和国公司法》的规管。丝路基金的投资决策方面包括专案筛选、[④] 储备、预审、立项、决策、投后管理等前、中、后各个环节。在内地法律体系中，和多数国家、地区一样，有限公司奉行董事会中心主义。权力机构是有限公司的股东大会，由董事会负责召集，特别地，当有两个以上的国有企业投资设立的有限责任公司也有特别规定。丝路基金的股东大会除了由上述的四家法人机构组成之外，对于丝路基金的专案申请是否通过，取决于出席会议的股东所持表决权是否过半数。根据法律规定，[⑤] 每一个股东都派出了公司职工代表进入董事会。相对稳健的董事会组成，也加强了投资者对丝路基金的信心。

工商注册资讯的公开数据显示，[⑥] 丝路基金有限公司的经营范围是股权、债权、基金贷款等投资；与国际开发机构、金融机构等发起共同投资基金；进行资产受托管理、对外委托投资等；以及国务院批准的其他业务。丝路基金偏重股权投资，所以当前丝路基金主要采用以股权投资为主的投资模

---

① 按出资比例，国家外汇管理局、中投公司、中国进出口银行、国开行四家法人机构分别为：65%、15%、15%、5%。

② 参见丝路基金有限公司官网，http://www.silkroadfund.com.cn/。

③ 参见丝路基金有限公司官网，http://www.silkroadfund.com.cn/。

④ 作为财务投资者，在专案筛选方面，丝路基金一般不寻求对被投资企业的控股权，但股权投资和债权融资均为其可以考虑的投资方案。

⑤ 参见《中华人民共和国公司法》第四十一条及其后相关条文。

⑥ 参见北京市企业信用信息网，http://qyxy.baic.gov.cn/。

式，[①]除去股权投资以外，同时也包括债权、基金贷款等投资。就股权投资而言，丝路基金为外汇储备在债权和股权之间分散对冲提供了更多选择。[②]对于债权、基金贷款等投资而言，按照资本需求的规律，股权融资带来的多种形式的债权融资，[③]恰好也是丝路基金这样包容的平台所能提供的。

2015 年 4 月 20 日，丝路基金与三峡集团、巴基斯坦私营电力和基础设施委员会在巴基斯坦首都伊斯兰堡共同签署了《关于联合开发巴基斯坦水电专案的谅解合作备忘录》。丝路基金将投资于卡洛特水电专案，这是中巴经济走廊优先实施的能源专案之一，总投资金额约 16.5 亿美元。三峡集团与丝路基金等投资各方计划通过新开发和并购等方式，在吉拉姆河流域实现 3350 兆瓦的水电专案开发目标。[④]关于丝路基金的“首单”亮点在于投资的方式是采取股权加债权的方式：一是投资三峡南亚公司部分股权，为专案提供资本金支持。三峡南亚公司是三峡集团对巴基斯坦等南亚国家进行水电等清洁能源开发的投资运营平台，此前已在巴基斯坦投产了一个风电专案，卡洛特水电站是该公司投资的首个水电专案。二是参与中国进出口银行牵头的银团，向专案提供贷款资金支持。[⑤]

（三）丝路基金与澳门的联系

澳门特别行政区作为我国两个特别行政区之一，是实行资本主义制度的国际自由港城市，有着资本、人才及地域的多重优势。在国家大的发展战略中，澳门应作出符合自身实际的规划，发挥自身优势并完成经济的转型。根据中央的指示和澳门自身的实际，将澳门打造成“一中心，一平台”，即世界旅游休闲中心和中国与葡萄牙语系国家商贸服务合作平台的定位，发挥澳门在“一带一路”战略中的积极作用。

---

① 已有国内企业与丝路基金合作建立了规模 300 亿元的“绿丝路基金”，主要以股权投资方式投资开展生态环境改善和新能源发展专案。

② 张建平，刘景睿 . 丝路基金“一带一路”建设的启动器 [J]. 国际商务财会 ,2015(3):10.

③ 张建平，刘景睿 . 丝路基金“一带一路”建设的启动器 [J]. 国际商务财会 ,2015(3):11.

④ 参见“老百姓能买‘丝路基金’吗”，载于新民网，http://shanghai.xinmin.cn/msrx/2015/04/21/27447626.html。

⑤ 参见“解密丝路基金首单中巴采用股权加债权投资方式”，载于《中国日报》，http://news.xinhuanet.com/fortune/2015-04/22/c_127718305.htm。

习近平主席在宣布中国将出资400亿美元成立丝路基金时就表示，丝路基金是开放的，欢迎亚洲域内外的投资者积极参与。作为一个包容的平台，本身在资金量、投资形式及投资领域也是多样化的。澳门位处海上丝绸之路节点，在打造好自身的前提下，也要积极利用中央在“一带一路”战略中给予沿线国家和地区的优惠，调动民间资本的参与。可以通过银行、保险与基金合作方式，发挥合力开展业务。一海之隔的香港的中国农业银行香港分行已和丝路基金合作开展了业务。就目前来看，丝路基金的具体作用在澳门就鲜有人知。最近，在澳门设立的“一带一路”建设工作委员会，[①]也要加大宣传力度，就丝路基金的运作模式及具体功能向相关民间社会企业进行解读。

如何利用好丝路基金，笔者认为可以从两方面入手：第一，根据以往丝路基金和其他申请国家的合作经验，可以借鉴在澳门设立区域子基金的模式与其他基金互联互通，吸引和带动金融资本、民间资本和其他投资者参与专案建设，搭建行业的专业团队；第二，就政府角度来说，可以鼓励澳门本地大型金融机构加入丝路基金，对民间资本起到引领和示范的作用。澳门政府也可以引导行业或相关投资主体共同发起设立子基金，集中某一行业或区域，发挥杠杆融资作用，撬动更多资本参与“一带一路”互联互通建设。[②]

三、亚投行

在《愿景与行动》第四章“合作重点”中明确提出“设施联通”“资金融通”[③]的概念，当中明确基础设施的建设将会是“互联互通”的重点。无论是从跨境光缆的通讯干线网络，或是已经在其他协议下兴建或准备兴建的跨境铁路、输油、输气管道等都是“一带一路”中关于设施联通的首要任务。[④]而在第六章“中国各地方开放态势”中也反映出澳门应加强与珠三角的合作，充分配合广东自由贸易试验区以及福建开放合作区的规划，打造粤港澳大湾

① 参见澳门政府公报10/2017，第一组，第44/2017号行政长官批示，222-224。

② 魏磊.丝路基金助推“一带一路”互联互通[J].国际商务财会，2015(4):10.

③ 在《愿景与行动》第四章中明确提出“一带一路”中的“五通”：政策沟通、设施联通、贸易畅通、资金融通以及民心相通。

④ 张国伍.“一带一路”的多式联运服务体系研究——“交通7+1论坛”第四十四次会议纪实[J].交通运输系统工程与信息，2016,16(5):5.

区，借扩大合作的广度，加强合作的深度。澳门如何参与亚投行，参与投资，把握新机遇；如何借助与邻近地区的合作，加强本地竞争力，都非常值得大家深思。

（一）亚投行概况

亚投行依据《亚投行协议》设立。2015 年 6 月 29 日，该协议的签署仪式在北京举行。直至 2015 年末，37 个域内[①] 成员国和 20 个域外成员国均签署了该协议，正式成为了亚投行的成员。亚投行的本质是一个多边的金融组织。[②] 然而，参予成员均为主权国家，又使得亚投行具有政府间性质。同时，亚股行也是“一带一路”战略概念中主要的金融和政治支撑。[③] 在经济学方面，亚投行也会成为解决我国产能过剩及外汇储备过多等问题，也能发挥出我国在基建设施上的竞争优势。[④] 对比起其他国际金融家族成员，亚投行有与世界银行、国际货币基金组织、亚洲开发银行、世界贸易组织等国际机构不同之处。“精简、廉洁、绿色”是亚投行的三个构想目标。而亚投行的成员份额则是以 GDP 为基础，其公式与国际货币基金组织的份额公式不同。这种方式有效地确保了具有 GDP 优势的我国，[⑤] 在亚投行中有主导位置。[⑥] 亚洲国家的主权信用相比欧洲国家偏低，这种设置也可以使我国具备投资导向，[⑦] 更加有效保障，降低投资风险。亚投行的成立对亚洲经济发展有深远意义，能使大量的资金会涌入亚洲市场，形成国际融资环状，并且集中在基础设施的建设发展中。

---

① 根据《亚投行协议》第一章第一条第二款规定，“本区域”是指根据联合国定义所指的属亚洲和大洋洲的地理区划和组成。

② 参见 https://www.aiib.org/en/about-aiib/index.html。

③ 胡海峰，武鹏．亚投行金融助力“一带一路”：战略关系、挑战与策略选择 [J]. 人文杂志 ,2016(1):20.

④ 贾根良．“一带一路”和“亚投行”的“阿喀琉斯之踵”及其破解——基于新李斯特理论视角 [J]. 当代经济研究 ,2016(2):40-48.

⑤ 顾宾．亚投行法律解读：从章程到标准 [J]. 金融法苑 ,2015,9(2):165.

⑥ 莫世健，陈石．AIIB 协议下国家豁免原则与中国法的冲突与协调 [J]. 政法论丛 ,2016(1):30-36.

⑦ 钟可铭．亚投行的中国考量与世界意义 [J]. 环球市场信息导报》,2015(3):8.

（二）亚投行项目

亚投行主要以项目形式完成每项投资，贷款金额以美元[①]计算。项目申请主要分为六个步骤，分别是项目规划、项目确定、项目筹备、董事会通过、项目执行以及项目完工和评价。第一步当亚投行团队收到一份计划书，首先会交到执行委员会，审核该项目是否符合亚投行的战略目标和主题。第二步则是在前一步通过之后开始进一步的文件准备工作，这其中主要是一份项目简述或者是一份财务可行性报告，同时，亚投行团队也会开始针对报告标的的各个方面展开尽职调查。第三步则在亚投行完成全面的尽职调查之后，由亚投行团队开始准备项目文件以及起草贷款协议和项目协议。第四步则是将此前准备好的文件在得到贷款方和亚投行团队的协商一致后，一并提交至董事会，通过之后，将由贷款方代表、亚投行副主席以及首席投资官一同签署贷款协议和项目协议。第五步就是执行了，亚投行团队会在和贷款方商権之后，由指定的项目执行中介方去进行执行，贷款方项目执行办公室则会持续跟进项目的进行程度，主要是避免项目延迟开展，以及确保预期的成效能够达成和尽早完成项目。第六步则是项目完工及评价的阶段。届时，亚投行团队会准备项目完工报告，提交至亚投行董事会。

时至 2017 年 1 月，亚投行一共通过了九个项目，主要涉及“一带一路”上的沿线国家，比如“一带”上的塔吉克斯坦、巴基斯坦和阿塞拜疆；也比如“一路”上的缅甸、孟加拉国、印度尼西亚和阿曼。“一带”上由塔吉克斯坦申请的边境道路改善项目。这个项目是亚投行首批通过的项目，主要是一条位于塔吉克斯坦国境内，连接首都杜尚别与邻国乌兹别克斯坦的公路项目。值得一提的是，这个项目是亚投行和欧洲复兴开发银行联合融资的。针对该项目，亚投行最后批出了 2750 万美元的贷款额度。而“一路”上的项目，我们则来看看缅甸的电力供应项目。作为 20 世纪 60 年代的东南亚强国，缅甸因为政治原因发展停滞，现今重新开放，回到国际社会，很多的基础设施有很大的提高空间，同时也给予投资基础建设一个新的机遇。该项目是亚投

① 笔者同样关注如亚投行的资金需求是否可以扩大货币的国际化，参照英镑、美元、欧元及日元的案例，澳门是否能在货币市场有更加稳固的可持续性发展，直接挂靠人民币是否比经港元间接挂靠美元，更能带动澳门的特色金融业发展。参见刘洋，刘谦．国际货币的经验及“一带一路”、亚投行的设立对人民币国际化的启示 [J]. 湖北社会科学，2005(5):95-99.

行和国际金融公司（世界银行成员）、亚洲开发银行联合融资的。目前该项计划仍在第四步，等待董事会批核。[①] 该项目向亚投行的申请贷款额度为2000万美元。

一般而言，融资借贷的过程中，担保机制设置的优劣和风险系数的高低呈相关关系。[②] 担保机制越完善越全面，则风险系数越低，越值得投资。在亚投行中，如贷款方均为主权国，则有主权担保作为考量。换而言之，国家如果政治不稳定，会有分裂的可能，那么投资在该国，则风险系数非常高。主权担保在其他相似的世界金融机构中也同样被注重。但亚投行的主要成员中，大部分是发展中国家，“一带一路”的沿线国家中，同样发展中国家占据大部分。但相比之下，“一路”上的沿线国家政治状况比“一带”上的沿线国家更加稳定。

（三）亚投行与澳门的联系

一直以来，主流媒体多关注台湾和香港会以什么身份加入亚投行，而关于澳门的消息，则较少出现。澳门的低调表现，令本澳社会出现诸多忧虑，怕澳门错过这个机遇。[③] 根据最新消息，香港已经获得亚投行的正式邀请，而香港政府也期望将于2017年年中之前完成相关程序。[④] 反观澳门，在加入亚投行的进程中没有具体时间表。[⑤] 虽然澳门政府多次在公开场合表示积极参与“一带一路”的建设，也设立了专会统筹相关事宜。[⑥] 而在2016年10月，李克强总理视察澳门，参加中葡论坛第五届部长级会议开幕式时，也肯定了澳门会是中央政府关注的重点。

笔者希望澳门能尽早确定以何身份加入亚投行，并且具备投资资格，可以以相对其他主权国家更少的会籍费，以非会员的身份，跟上“一带一路”

---

① 亚投行缅甸项目摘要显示，https://www.aiib.org/en/projects/approved/2016/myingyan-power-plant.html。

② 祁威威．亚投行在当前金融体系下的机遇和挑战研究 [J]. 金融视线 ,2016(2):100-103.

③ 刘熹明．加入“亚投行”机不可失 [N]. 澳门日报 ,2015-05-25(A11).

④ 参见香港特别行政区2017年施政报告第（二）经济中金融服务的第19、第20项，http://www.policyaddress.gov.hk/2017/chi/index.html。

⑤ 参见澳门特别行政区2017年施政报告第17页，仅提及将设立针对“一带一路”的委员会，但并没有对加入“亚投行”进行细节性的讨论和规划，http://www.policyaddress.gov.mo/policy/home.php?lang=cn。

⑥ 政府设专会统筹参“一带一路”[N]. 澳门日报 ,2016-11-17(B02).

中沿线国家基础建设发展的浪潮，把握自己在日后产业结构转型以及加强与沿线国家民生、经济方面的沟通与交流。澳门可以用自身为特别行政区的政治优势，弥补在亚投行中主权信贷的缺失。

笔者一直认为，服务贸易应是澳门着重发展的贸易领域，不但与周边发展不会产生“零和关系”，因其在文化旅游方面有独一无二的优势，还可以借服务贸易发展带动的高端服务业，对澳门单一的经济结构进行结构性的调整。比如在法律服务业和金融服务业方面，澳门可以借助“一带一路”打开的大门，尝试更多不同领域的磋商，从而产生更加多的机遇。

四、总结

丝路基金和亚投行的最主要任务：一是加强基础设施建设，二是加快“一带一路”沿线国家的互联互通。[①] 这两项任务和包括中国在内的整个亚洲地区区域性价值链重构与升级密切相关。对“一带一路”上经济正处于转型期的澳门更是一剂强心剂。因为我们所说的加强基础建设设施和互联互通中，从广义上来说不仅包括制造业，同时也应该包括服务业，相关政策和战略的发展，可以进一步为澳门吸引高端服务业，持久性更新和筑建服务业。

丝路基金与亚投行相比主要有三点不同之处：第一，就投资方面来说，亚投行集中于基础设施方面投资建设，而丝路基金更加灵活和多样化。第二，就主体方面来说，亚投行更倾向于政府机构之间的合作，丝路基金更倾向于民间的企业法人。第三，就金融运行模式来说，亚投行更多在于专项项目的审核，并对其进行贷款，而丝路基金主要是针对投资方面，既有股权也有债权的投资，为民间资本的活跃性提供了不少助力。澳门要在“一带一路”的战略中寻找新机遇，就应该先在丝路基金与亚投行中找到自身的定位。

澳门有地理位置的优势，地处珠三角要塞位置，但遗憾的是本身地域狭小，且不具备有管辖权的深水港口，也不具备自然资源方面的优势，所以主力发展货物贸易，成本较大，效果也未必好。笔者认为，应以服务贸易作为发展的重心，积极与周边地区合作，发挥联盟优势，互补不足；同时，也应

① 张胜满，张继栋，杨筱姝．产品内分工视角下我国对外贸易“新常态”研究——兼论“亚投行”与“丝路基金”的功能定位 [J]. 现代经济探讨 ,2015,403(7):15-19.

积极利用自身国际化的优势，协同政治身份优势，响应国家的对外投资倡议。澳门要把握新机遇，绝不能单枪匹马，而是应该充分利用国家和周边发展地区的优势。澳门有多方面的合作协议，如《内地与澳门关于建立更紧密经贸关系的安排》《珠江三角州地区改革发展规划纲要（2008—2020）》《粤澳合作协议》等，还有和国内自由贸易试验区的合作，同时细致深化重点区域，如深化粤澳合作、闽澳合作、桂澳合作等。澳门致力于建立的“一中心一平台”，与葡语国家的密切联系与合作，促进中葡商贸合作服务平台与“一带一路”建设有机结合。另外，澳门特色金融产业的发展，都需要在和邻近的城市、省份、国家的经贸合作中，找到适合自身的新机遇。

一直以来，“一带一路”的投资领域上最大的问题在于沿线国家发展程度不均，有些存在极端主义、恐怖主义以及政局相对不稳定，特别是“一带”上的国家，政党一旦轮替，对中国的政策变化会直接影响“一带一路”的项目。还有一点是“一带一路”沿线国家涉及不同的法域，很多国家的法律环境还需要考虑宗教信仰，法律保障低，法律查明成本高，特别是“一带一路”的法律位阶仅仅是一个倡议，并没有实际法律约束力可言，“一带一路”的投资风险很高，要降低风险，必须有多国跨域法律专家及团队，以及各国政府的积极配合。在“一带”上，更多的是内陆国家，且一直以来与澳门并没有稳定的交流以及合作。而在“一路”上，澳门则更能彰显其优势，无论是从硬件上大家的地理位置方面，或是从软件上看文化交流，对“一路”上的国家，澳门更加熟悉。不妨从自身的优势开始，重点关注“一路”上的国家发展契机，同时加快对高端服务行业内，特别是金融、科技、法律等方面人才的培养，抓住新机遇，一定会有更好的明天。

澳门投融资之合并收购

——论澳门公司法的法律制度

曾新智[①]

一、澳门公司法的立法背景

自葡萄牙共和国政府19世纪向中国政府租借澳门作为其在东方的港口开始，至1999年8月3日澳门葡萄牙共和国政府正式公布及核准第一部法律本地化[②]的《商法典》以前，澳门的公司法的法律制度主要受1888年的葡萄牙《商法典》、1901年葡萄牙的《有限公司法》、第15/83/M号法令《管制财务公司活动》、第51/93/M号法令《核准融资租赁公司法律制度》，以及一些由澳门当时地方立法机关（澳门立法会和澳门总督[③]）所制定的本地法律所约束。换而言之，澳门当时并没有专门的公司法的法律制度，当时规范澳门公司法的法律制度主要来源于葡萄牙，其中一部主要规范公司法的法律制度是1888年颁布的葡萄牙共和国的《商法典》，该法典有4个编章共749个条文，第一编主要规范商事活动的一般规定，包括定义商法的基本概念，商事能力、商人、商业名称、商业账簿等规定；第二编主要规范各种商业合同，其中包

① 曾新智，澳门法学协进会理事长、澳门青年法学会长、中国深圳青年联和会委员、澳门力图律师事务所合伙人、中银—力图—方氏（横琴）合伙联营律师事务所合伙人。

② 中葡联合联络小组首任组长康冀民大使曾在联合小组会议上，将法律本地化解释为“对澳门现行法律进行清理、分类、修订、翻译（中译）和过户”。参见黄汉强，吴志良．澳门总览[M]. 澳门：澳门基金会，1991:528.

③ 澳门回归祖国以前，澳门实施双轨立法，立法会在澳门并不是唯一的立法机关，澳门总督也享有立法权。

括公司法、票据法、银行法、保险法等；第三编主要规范海商制度；第四编主要规范公司破产制度。

其后，中国政府与葡萄牙共和国政府于 1987 年签订了《中葡联合声明》，为响应《中葡联合声明》中澳门回归后的社会政制发展，包括中文合法化、法律本地化等共识，当时负责起草澳门《商法典》的机构及立法部门先后听取了澳门社会各个经济领域的专业人士，其中包括律师、核数师、会计师、公证员及商业登记局等专业及从事相关工作人士的意见，集众家之长，并于 1991 年完成澳门首部本地化《商法典》草案的初稿。澳门《商法典》的草案合共 1268 条，草案以葡萄牙共和国《商法典》为蓝本，参照大陆法系商法典的系统，并增加了一些国际商务常见的惯例，如法典也纳入了汇票、本票及支票法等制度。

随后，时任澳门总督韦奇立于 1999 年 8 月 2 日通过第 40/99/M 号法令（核准《商法典》）核准及命令公布第一部由澳门本地制定及中文化的《商法典》于 1999 年 10 月 1 日开始生效。后来，时任澳门总督韦奇立于 1999 年 9 月 20 日通过第 48/99/M 号法令将原本《商法典》生效的日期由 1999 年 10 月 1 日延迟至同年 11 月 1 日生效，以便统一澳门《民事诉讼法典》《民法典》及《商法典》三大法典的生效日。

立法者在第 40/99/M 号法令中指出了是次核准及公布生效的《商法典》是为了应对规范澳门商业活动的私法法律制度。1888 年葡萄牙共和国《商法典》在澳门实施了 100 多年，该法典明显已经不能适应澳门地区的实质经济发展，尤其是澳门的企业主及企业欠缺适当法律规定，故是次颁布的《商法典》，可以说是为满足澳门本地化及现代化的商业行为的需要而作出的规范。第 40/99/M 号法令所核准及公布生效的《商法典》全文合共 1268 条，共分四卷，第一卷主要规范经营商业企业的一般规则，第二卷主要规范合营企业及企业经营的合作，第三卷主要规范企业外部活动，第四卷主要规范债权证券。

虽然立法者也在第 40/99/M 号法令的序言中指出：制定《商法典》时，并无忽略延续现时法律所定的解决方案，也尊重由学说及司法见解形成的法律传统。本法典从罗马日耳曼模式的最现代的商业法例，尤其从与本地区的法律体系较为接近的法例中，吸取了启示及经验；鉴于澳门处于亚太地区，《商法典》也必然吸收了盎格鲁撒克逊模式法律体系的经验。此外，商法的规定在国际层面上也日趋统一，甚至有人提倡新商事惯例，而《商法典》正试图根据本地区的利益及特殊情况体现出此趋势[①]。”然而，众所周知，商法与社会经济息息相关、关系密切，而社会经济日新月异，为此，世界上各国或地区经常因应实际情况或需求修改其商法法律。对此，澳门《商法典》也避不开此现象。澳门《商法典》于 1999 年 11 月 1 日生效后，先后于 2000 年 4 月 26 日经过第 6/2000 号法律（修改第 40/99/M 号法令及《商法典》）、于 2009 年 7 月 28 日经过第 16/2009 号法律（修改《商法典》）以及于 2015 年 5 月 18 日经过第 4/2015 号法律（消除无记名股票及修改《商法典》）所修正。

二、澳门公司法的特色

公司法是规范各种公司的设立、运作和解散的法律规定，与国家、地区及社会经济活动息息相关，俗语有云：经济乃国家的命脉也。为此，各国或地区的立法者都十分重视国家或地区的公司法的法律规范。澳门自 1989 年起便着手起草《商法典》，至 1999 年 8 月 2 日正式颁布《商法典》，当中整整经历了十一年的时间。综观 1999 年 11 月 1 日正式生效的澳门《商法典》的编排，具有以下明显的特色。

（一）采取了纳入式的立法模式

现时世界上存有多个不同体系的法律体系，包括大陆法系、海洋法系、伊斯兰体系等，公司法在该等国家、地区或社会的立法模式并不尽相同，大致可分为以下三种[②]。

第一种为单行法的立法模式，即将所有涉及公司的行为专门地规范在一部法律中，例如，英国 1948 年的《公司法》、法国 1966 年的《商事公司法》以及中国 1994 年的《公司法》等属单行公司法典。

第二种为归纳入《民法典》的立法模式，在一些国家或地区没有专门规范公司法的法律制度，只有统一的民法典，故便将公司法作为其民法典的组

① 参见第 40/99/M 号法令的序言。

② 冷铁勋 . 澳门公司法 [M]. 澳门 : 澳门基金会 ,1999:7-8.

成部分，例如，意大利1942年的《民法典》便将公司制度的规定归纳在法典的第5编内，瑞士1907年的《民法典》将涉及公司规定的债务法归纳在法典的第5编内。

第三种为归纳入《商法典》的立法模式，大部分大陆法系的国家或地区实行民商分立，即分别制定《民法典》及《商法典》，而公司法则作为《商法典》的重要组成部分，例如，日本1899年的《商法》，以及澳门特别行政区1999年的《商法典》便属归纳入商法典式的立法模式，澳门地区除了制定《商法典》，也拥有《民法典》。

（二）用企业主或公司股东在经营商业活动中所承担的责任范围作为准则划定公司的法定类型

公司的法定类型是指国家或地区的法律对其所规范的公司作出的分类，现时常见的公司类型主要有以下几种：第一种是以股东在经营商业活动中所承担的责任范围作准则，将公司分为无限公司、两合公司、有限公司（或一人有限公司）和股份有限公司四种；第二种是以公司注册地为准则，将公司分为本地公司和外国公司；第三种是以公司的权限范围为准则，将公司分为总公司和分公司；第四种是以股东掌握公司股权或股票及转让方式为准则，将公司分为上市公司和非上市公司。

澳门的《商法典》采用了上述第一种作为准则划定公司的法定类型，根据澳门《商法典》第一百七十四条（公司的种类）第一款的规定："无限公司、两合公司、有限公司和股份有限公司，不论其所营事业为何，均为公司。"

1. 澳门无限公司[①]是指公司由至少两名以资本或劳务为出资的股东组成，对于公司债务负补充责任，与公司股东负连带责任。对公司债务负补充责任是指当公司的财产不足以偿还公司债务时，倘债权人作出求偿，此时公司股东须以自己的其他个人财产作为偿还公司的全部欠债。与公司股东负连带责任是指公司股东不得提出其出资比例作出对抗债权人的求偿请求，债权人得针对公司及任何一名公司股东请求清偿其债务。此外，承担清偿公司债务的股东，在清偿公司债务后有权根据出资比例向公司其他股东求偿。

---

① 参见澳门《商法典》第三百三十一条及第三百三十二条的规定。

2. 澳门两合公司[①]是指公司由无限责任及资本托管两部分组成，一名或多名无限责任的公司股东承担无限公司责任，而一名或多名资本托管的公司股东则承担有限公司责任，其公司的章程必须指出公司负有限责任及无限责任股东的名单，以及公司是作为一般两合公司或股份两合公司。

3. 澳门有限公司[②]又称有限责任公司，是指由一名或多名特定的股东所组成的公司，澳门有限公司可分为一般有限公司（两名或以上股东所组成）和一人有限公司，每名股东仅按其出资额为上限对公司承担有限责任，除公司以其全部资产对公司债务承担责任外，公司股东不对超出其出资额及公司全部资产的债务负起责任。根据澳门《商法典》的规定，有限公司的注册资本不得少于 25000 万澳门元，而股东人数不得超过三十名。

4. 澳门股份有限公司[③]是指至少由三名股东，且公司资本不少于 1000000 澳门元所设立的公司，公司资本为股份，用股票表示，公司每股的票面价值应相同，且不得少于 100 澳门元，而公司股东承担法律责任的范围按其认购公司股份的金额为上限。

（三）严格规范公司设立的条件及要求

澳门《民法典》规定，除法律要求遵守特定的情况外，法律行为意思得自由为之。而公司的设立则属法律要求遵守特定的情况，根据澳门《商法典》第一百七十六条的规定，公司的设立于登记后方取得法人资格。《商法典》第一百七十九条第六款规定，公司的设立文件应由相等于每类公司的法定股东数目设立；第七款规定，公司的设立文件应以其中一种正式语文书写[④]，换而言之，在澳门设立公司必须遵守特定的设立条件和要求，方产生效力及具有法人资格。

根据原有第 40/99/M 号法令核准及公布生效的《商法典》的规定，公司的设立应以文书为之，除法律特别规定外，否则公司的设立得以私文书[⑤]为之。

① 参见澳门《商法典》第三百四十八条、第三百四十九条及第三百五十条的规定。

② 参见澳门《商法典》第三百五十六条至第三百五十九条的规定。

③ 参见澳门《商法典》第三百九十三条及第三百九十四条的规定。

④ 正式语文是指澳门的官方语文，汉语和葡萄牙语均为澳门的官方语言。

⑤ 私文书是指设立公司的个人或法人没有通过公证机构公证所制造的文书。

然而，为配合及创造更有利的澳门商业社会的发展，优化投资及营商环境，澳门立法者于2009年7月28日通过第16/2009号法律（修改《商法典》）对澳门《商法典》第一百七十九条第一款[①]、第二款[②]及第四[③]款修定如下："公司的设立应以经认定股东签名的文书或经认证的文书记载，但因应股东用于出资的财产的性质而须采用其他方式者除外。如设立行为以经认证的文书记载，则有关认证语须注明该设立行为符合法律规定。"及"如设立行为以经认定股东签名的文书记载，则尚应有由律师作出的、表示经其跟进整个设立程序后证实并无任何不当情事的声明。"通过上述立法修定，使澳门公司法在企业营运上更具灵活性，同时跟随社会科技发展容许公司的设立使用现代信息科技，以及规定个人或法人以私文书设立公司，须经律师核实其设立是否符合法律规定。

此外，根据澳门《商法典》第一百九十一条的规定，倘不依法设立，则可导致公司设立的非有效，如公司设立部分无效或部分撤销，或无效或撤销仅涉及一名或数名设立人，则可以作出补证，但如公司设立无效或撤销，将导致公司清盘，同时不妨碍受到损害的善意第三人的既得权利。

三、澳门公司法其他制度简介

（一）股东与公司的关系

根据澳门《商法典》第一百七十九条第三款b项的规定，公司的设立，应载明股东及其代理签署者的认别资料，认别资料是指自然人的身份数据，例如身份证明文件、婚姻状况及倘有的婚姻财产制度、联络住址等；法人的身份资料，例如法人的商业登记编号、性质及公司住址等。

对于股东的权利及义务方面，澳门《商法典》第一百九十六条规定，公

① 经第16/2009号法律修改，原条文为："公司的设立应以文书为之；除因股东用以出资的财产的性质而须采用其他方式外，以私文书为之即可。"

② 经第16/2009号法律修改，原条文为："如设立以私文书为之，除公司保留一份及另备一份作登记外，尚应配备相当于股东数目的正本。"

③ 经第16/2009号法律修改，原条文为："经营公司所营事业可能需要的预先许可正本，第二百零二条所指报告书正本及第三百三十三条第二款所指声明书正本，应附具于用作登记的设立文件。"

司的股东负有向公司提供资本或劳务出资（若公司类型允许），以及按公司类型及性质分担亏损的义务；根据澳门《商法典》第二百零四条的规定，倘公司股东不依时缴付出资，就延迟的行为须承担以下法律责任:（1）补缴出资;（2）支付延迟出资的利息；（3）赔偿因其延迟出资而引致公司的其他损失，在未履行出资义务时，该名股东不得请求行使按其出资比例而获得的公司权利，特别是分享盈余的权利。

而澳门《商法典》第一百九十五条规定，公司的股东具有：（1）分享公司盈余；（2）选举公司行政管理机关及监察机关、接受该等机关的报告，并提起追究责任的诉讼；（3）取得公司营运的资料；（4）参与公司的决议等权利。此外，法律为保障公司其他投资者，禁止通过任何规定（包括公司章程）使某一股东因其资本或劳务而收受固定报酬，换而言之，股东除按其出资又或所占公司股份比例收取公司盈余外，不得巧立明目收取其他固定报酬，例如，公司不得在公司章程中设定股东不分盈利及不承担亏损，又或某一股东原本只占小部分公司股份而分享公司大部分盈利等所谓的狮子独占条款[①]。然而，假如公司股东同时也作为公司的管理人（如公司行政管理机关成员），则可以有权收取其工作薪酬。

一般而言，公司股东仅按其出资及公司类型或性质，承担法定责任。然而，根据澳门《商法典》第二百一十二条的规定，倘公司控权股东[②]单独或通过因其控权而选出不适当的人士担任公司行政机关成员的自然人或法人，行使控制权以损害公司或其他股东的权利时，须对公司或股东所遭受引致的损害负

① “狮子独占条款”的名称源自俄国寓言故事家克雷洛夫的《狮子打猎》的故事。话说狗、狼、狐狸和狮子商量及决定共同联合起来打猎，打到的猎物平均分四份，然而当分配猎物的时候，狮子却说第一份归它，这是按照订好的规矩来办的；第二份也是归它，因为它是狮子大王；第三份还是归它，因为它比其他伙伴都强；至于第四份，它威胁其他伙伴，结果没有伙伴敢分享猎物。根据法国《民法典》第 1844-1 条，“在公司中，每一位股东按其在公司资本中所占份额的比例确定其分享利润与填补亏损的份额，仅用劳动技艺出资作为出资的股东所占的份额与出资最少的股东所持份额相同，此二项，有相反规定时除外。”任何情况下，禁止将公司所得利润全部分派给股东，或者使股东完全免除股东分担公司亏损，此种条款视为未予订立，因为它违背了所有公司的股东应当参与分担利润和填补亏损的义务，但霸王条款的无效和未予订立并不导致公司的章程失效。

② 根据澳门《商法典》第二百一十二条第一款的规定：“控权股东，系指其本身单独占有公司资本额之多数出资，或与其亦为控权股东之其他公司或与透过准公司协议而相联系之其他股东共同占有公司资本额之多数出资，或拥有半数以上之投票权，又或有权令行政管理机关多数成员当选之自然人或法人。”

责。另外，倘公司存在单一股东的情况下，且公司没有按照法律规定维持公司会计簿册，或公司与股东订立非书面方式而作出的法律行为时，公司单一股东须对公司的一切债务负个人、连带及无限责任。

（二）公司机关

根据澳门《商法典》第二百一十四条的规定，公司机关为：（1）股东会；（2）行政管理机关；（3）公司秘书；（4）监事会或独任监事。然而，不是每一间公司必须设有以上机关，除股东会及行政管理机关根据法律规定必须在公司设定以外，公司秘书及监事会或独任监事的设定则需视公司的状态，处于下列任一情况的公司，必须设有公司秘书，以及监事会或独任监事：（1）有十名或十名以上的股东；（2）发行债券；（3）以股份有限公司形式设立；（4）公司资本、资产负债表的金额或收入总额超过补充法规订定的限额[①]。此外，公司机关成员的委任，受任人应以书面方式声明其接受委任或指定之职务。

1. 股东会是指，股东根据法律所赋予的议决权，对（1）行政管理机关及监察机关的选举及解任；（2）有关营业年度的年度账目及行政管理机关报告书；（3）监事会或独任监事的报告书及意见书；（4）有关营业年度盈余的运用；（5）章程的修改；（6）公司资本的增减；（7）公司的分立、合并及组织的变更；（8）公司的解散；（9）按法律或章程规定不属公司其他机关权限的事项[②]等公司事宜进行决策。根据澳门《商法典》的规定，股东会召开前，应按公司类型法律所定的规定及期间预先召集，连同必要的说明资料[③]以挂号信寄予全体股东。

根据澳门《商法典》的规定，倘股东会的召集及通过不按法定方式进行，曾参与决议及表决落败的股东、被不当阻止参与股东会、监察机关及行政管理机关成员或监察机关成员等可于法定期间，向法院提起宣告股东会决议无效或可撤销之诉。

---

① 虽然澳门《商法典》第二百一十四条第二款 d 项定订出有关限额规定，但至今，澳门并没有颁布相关补充法规或法律对此限额作出规定。

② 参见澳门《商法典》第二百一十六条的规定。

③ 必要资料是指需列明公司的商业名称、住所、登记编号、会议时间、会议地点、会议类别及需议决事项等。

2. 公司行政管理机关是指经股东会委任，有权按法律及公司类型所定的规定，负责管理及代表公司的人员，公司对该等人员所作出的公司行为负连带责任。根据澳门《商法典》的规定，公司的行政管理机关成员可以是法人[①]，也可以是具有完全权利能力的自然人，行政管理机关成员在履行职责时，应以善良管理人及顾全公司利益为目的作出相关行为。

3. 公司秘书是指通过议事录由行政管理机关从其成员或公司雇员中予于指定或解任的人士。根据澳门《商法典》第二百三十八条的规定，公司秘书除法律及公司章程赋予的其他职务外，还有：（1）证实由法律要求的译本的译者所作的译本系忠于原文的声明；（2）负责股东会会议及行政管理机关会议的秘书工作，以及签署有关议事录；（3）在需要时，证实在有关文件上的签名系由股东或行政管理机关成员本人在其面前所签署者；（4）确保倘有的股东会出席名单的填写及签名；（5）促进须登记行为的登记及须公布行为的公布；（6）证实摘自公司簿册的副本或转录本为真实、完整及适时；（7）证实现行章程的全部或部分内容、公司各机关的成员的身分资料及机关据位人的权力；（8）申请认证及负责公司簿册的保管、编列，并使之适时；（9）确保簿册在办公时间及登记所指的存放地点，供股东或第三人公开查阅，该查阅时间在每一工作日不得少于两小时；（10）确保在八日内将最新章程的副本、股东及行政管理机关最新决议的副本，以及在负担及担保登记簿册内的最新记录的副本，送交或寄送曾申领的有权申领的人。

4. 监察机关是指按照法律规定或公司章程规定，由至少三名正选成员组成监事会或独任监事的机关，监事会之一名或独任监事，应为核数师或核数师合伙。根据澳门《商法典》第二百四十二条的规定：监事会或独任监事的权限为：（1）监察公司的管理；（2）查核公司簿册及作为有关簿册记录凭据的文件是否符合规定及适时；（3）适宜时，以认为适当方式查核现金账目，以及属公司的任何种类资产或有价物，或因担保、保管或其他方式由公司收取的财产或有价物；（4）查核年度账目是否准确；（5）查核公司所采用的计价标准能否正确评估财产及结余；（6）每年编写有关其监察活动的报告书及对行政管理机关所提出的资产负债表、损益表、盈余运用建议书及报告书

---

① 公司行政管理机关成员为法人时，法人须指定自然人作为该法人的代表担任有关职务。

提出意见；（7）要求会计表册及记录简易、清楚及准确反映公司的活动及其财产状况；（8）履行在法律及章程内所载的其他义务。

此外，根据澳门法律规定，行政管理机关成员及公司秘书、公司雇员或非因担任监事会成员或独任监事职务而收取公司报酬的人及上两项所指的人的配偶及三亲等内的血亲或姻亲不得担任监事会的成员。

（三）公司章程的修改

公司章程是指公司设立人根据法律及公司类型、性质制定，并对公司、全体股东及管理人产生约束力的条文。一般而言，公司章程的修改可以由全体股东因应公司日常的运作，对公司的最初订定的章程作出修改或不修改，例如，公司股东因应公司的营运，搬迁法人（公司）住所、增加或减少经营项目等。然而，在特定的情况下，因公司的特定法律状态发生变化，也会导致公司章程必须按照法律规定作出修改，例如：公司的类型及性质发生变化、增加或减少公司的资本和变更对公司有效的签名方式等。

根据澳门《商法典》的规定，对公司所有的日常营运行为所作出的决策，仅需全体股东的过半数同意即可。然而，针对公司章程的修改，包括公司的合并、分立、变更等则需要全体股东的三分之二的同意方可为之。

（四）公司的解散

公司的解散俗称清盘或消灭，是指所设立的公司由于发生法律或公司章程所规定的情况予于解散的程序。澳门公司解散的原因众多，根据澳门《商法典》的规定，除法律或章程所规定的情况，澳门公司也可因下列情况予以解散：（1）股东决议；（2）存续期届满；（3）中止业务逾三年；（4）连续逾十二个月不经营任何业务，而业务非处于第一百九十三条规定的中止状态；（5）所营事业消灭；（6）公司所营事业嗣后为不法或不能，而在四十五日内仍未按修改章程的规定对公司所营事业的修改议决；（7）从营业年度账目证实公司资产净值低于公司资本额半数；但第二百零六条所规定的情况除外；（8）破产；（9）法院判决下令解散。

当出现、怀疑公司解散的原因又或出现上文（5）项所指的情况下，公司应当召集股东会，以便确认对解散、延长公司的存续期或修改公司所营事业等事项作出决议。此外，根据澳门《商法典》的规定，任何公司的债权人又或澳门检察院在知悉公司出现澳门《商法典》第三百一十七条第一款所规定的情况时，均具有正当性向法院声请及宣告公司的解散。

澳门投融资之合并收购

——合并收购中的法律操作问题

崔天立[①]

一、引言

合并收购是一种在商业生态系统中惯常发生的操作。一般而言，其目标为一名商业企业主，主要是公司，通过购入市场上另一所公司或属于某一商业企业主的企业，收纳于旗下或与之结合为一，务求在短时间内迅速地扩大自身或拓展至其他新业务领域。

在澳门现行法律层面上，此等操作所涉及的法律条文主要出现在规范澳门本地商业活动的“基本大法”，即经1999年8月3日第40/99/M号法令核准，于1999年11月1日开始生效的澳门《商法典》。当中，最为重要的是《商法典》第一卷第九编第二节关于“商业企业之转让”及第二卷第一编第八节关于“公司之合并”的规定。

为使来自“一带一路”地区及国家的同僚或有意参加建设这经济合作的热心法律工作者对澳门合并收购有一个概括性认知，笔者将首先简述商业企业、商业企业主及公司三个与合并收购有关的概念；然后，针对上述提及的商业企业之转让及公司的合并，为两种能够达至合并收购目标的法律操作作出适当陈述；最后，针对在实务上时常遇到的相关联劳动关系作出分析。

① 崔天立，澳门法律专家，澳门律师公会实习律师。

二、与合并收购有关的概念

（一）商业企业[①]

根据澳门《商法典》第二条，商业企业是指以持续及盈利交易为生产目的而从事经济活动的生产要素的组织，尤其从事生产产品或提供服务的产业活动、产品流通的中介活动、运送活动、银行及保险活动及前述各种活动的辅助活动。但当出现从事不能与活动主体分开的经济活动的生产要素的组织的情况时，该组织将不被视为商业企业。

商业企业作为一个生产要素的组织体，代表其本身是一个有规模、有系统的人力、物力结合体。当中，涵盖营运时所需的无形物（如知识产权中的工业产权及版权等）、有形物（如不动产、器具、器材等），以及不可物化的财货（如劳务之给付、具有经济价值的“物”，譬经营的经验、商业秘密等）。其也应以生产性的经济活动为从事的活动，即澳门《商法典》第二条中所提及的生产产品或提供服务的产业活动、产品流通的中介活动、运送活动、银行及保险活动及前述活动的辅助活动等。除此之外，商业企业不能够是偶然不规律、毫无盈利目的的营运；反之，应该是连续、不间断地，以获取财产性质的利益为目的的方式经营。概括而言，一个可独立于活动主体的商业企业必须符合上述提及的三项要件：生产要素的组织体、从事生产性的经济活动、以持续及盈利交易为最终目的。

商业企业是组织体，却不是经济活动的主体。商业企业不能在商业交易中承担权利或义务，即不能在纠纷中成为起诉或被诉主体。法律上，权利主体是持有商业企业的所有人，即商业企业主。因此，澳门《商法典》第九十五条规定，商业企业主除有权处分构成商业企业的每一财产外，对商业企业本身也拥有所有权，定性商业企业为“物”。明确了商业企业能够成为商业企业的转让的客体，以便达成公司合并收购目的。

（二）商业企业主

澳门《商法典》第一条规定，当自然人或法人以自己名义，自行或通过

① 冯文庄 . 澳门商法教程 I——公司法篇 [M]. 法律及司法培训中心 ,2010:25-31.

第三人经营商业企业时，即被视为商业企业主，而公司便自动被视为商业企业主，不论其是否经营商业企业。即商业企业的权利主体可以是一个经营商业企业的自然人或法人，或者是一间公司。

基于商业企业主的特别资格，澳门《商法典》相应在第十二条列出其特别义务，分别是采用商业名称（详见《商法典》第一卷第二编）、作出商业记账（详见《商法典》第一卷第三编）、就须登记之行为作商业登记（详见《商法典》第一卷第四编），以及提交账目（详见《商法典》第一卷第五编）。

在广义的合并与收购的交易中，商业企业主担当的角色可以是收购属于另一商业企业主的商业企业的一方、出售商业企业主自己拥有的商业企业予另一商业企业主的一方、与另一商业企业主合并并保留存续的一方、被另一商业企业主合并吸纳的一方，以及组成一间因合并而生的新商业企业主的一方。

（三）公司

公司除了是必然的商业企业主外，同时，也是商业世界当中从商的主要载体。在澳门法律框架中，公司这一个概念，与其他地区法律中所规定的一样，公司拥有一个独立于其股东的法律人格。[①] 而澳门《商法典》根据股东间及股东与公司间不同的需要，主要提供表 1 所示类型的公司供选择。

表 1　公司类型的区别和特征

公司类型	股东人数	注册资本	出资方式	商业名称强制性附称
无限公司	2 人或以上	不设下限	以认购出资额方式出资	无限公司（S.N.C.）
一般两合公司	最少 1 位无限责任股东与最少 1 位有限责任股东	不设下限	无限责任股东与有限责任股东都以认购出资	两合公司（S.C.）
股份两合公司	最少 1 位无限责任股东与最少 3 位有限责任股东	下限为 100 万元，不设上限	无限责任股东以认购出资额方式出资，有限责任股东则以认购股份方式出资	股份两合公司（S.C.A.）
有限公司	最少 2 人或最多 30 人组成	下限为 2500 元，不设上限	以认购股份方式出资，每股票面值为 1000 元或以上；且可被 100 整除	有限公司（L.D.A.）

① 澳门《商法典》第一百七十六条原文："公司之设立经登记后，公司即取得法律人格。"

续表

公司类型	股东人数	注册资本	出资方式	商业名称强制性附称
一人有限公司	1 人	下限为 25000 元，不设上限	公司资本以独一股构成，其他情况同上	一人有限公司（Sociedade Unipessoal Lda.）
股份有限公司	由最少 3 人组成	下限为 100 万元，不设上限	公司全部资本分为股份，以股票代表每股价值相等且不少于 100 元	股份有限公司（S.A.）

资料来源：自澳门贸易投资促进局网页：http://www.ipim.gov.mo/zh-hant/business-investment/investing-in-macao/types-of-commercial-entities/。

总体而言，在狭义的合并与收购的交易中，即在公司合并与收购的交易中，公司担当的角色可以是收购属于另一商业企业主的商业企业的一方、出售公司自己拥有的商业企业予另一公司的一方、与另一公司合并并保留存续的一方、被另一公司合并吸收的一方，以及组成一间因合并而生的新公司的一方。

三、达至合并收购目标的法律操作

（一）针对商业企业转让的分析[①]

1. 企业转让的概述。

商业企业的转移是澳门《商法典》第一卷第九编第二章所规定的与商业企业有关的法律行为之一。而其也是唯一一种直接与企业所有权有关的法律行为。企业转移通过有偿或无偿任一方式进行，即可以采用买卖合同或赠与合同[②]。在商界中，最为普遍的做法乃是通过订立买卖合同，买方以一金额换取卖方的生产要素的组织体的所有权。

2. 企业转让的范围。

正如前述提及，商业企业是以持续及盈利交易为生产目的而从事经济活动的生产要素的组织。而且根据澳门《商法典》第九十五条："企业主除有

① 曹锦俊，刘耀强．澳门商法 [M]. 北京：社会科学文献出版社，2015.

② 澳门《商法典》第一百零四条原文："关于商业企业之转让本节未有特别规定者，视乎该转让为有偿或无偿，而适用《民法典》中经必要之配合后之规范买卖合同或赠与合同之规定。"

权处分构成企业之每一财产外，对企业本身也拥有所有权。”故企业主可将其所拥有的企业之所有权转让于另一企业主。时常出现的情况是，组成企业的生产要素，如企业的不动产、生产器材等，均为属于他人的租借物而非企业主的资产。所以，企业主就其所拥有的企业作出转让时，或有意买入企业时，需要认清的是企业转让的法律行为所包含或不包含的范围，以便厘清企业转让后，一切与企业有关的物权及债权的关系。

首先，澳门《商法典》就这一点在其第一百零五条第一款前段中作出了明文规定：“商业企业之转让范围，包括构成商业企业及为商业企业之目的而使用之一切有形及无形财产。”由此可见，商业企业之转让的预设覆盖范围甚为广泛。故此，有学者也称之为自然转让范围。

结合同一条第二款：“双方当事人得在不影响企业存在之情况下，将某些财产排除于转让范围外，但不影响下款之规定之适用”，及第三款：“上款之规定并不阻碍双方当事人将某一对商业企业之存在属不可或缺之财产排除于转让范围外，但取得人在为巩固其所拥有之企业之必要时期内，有权使用该财产”的规定，可得出的是，预设覆盖范围或自然转让范围并不是强制的，而是企业买卖双方是可以合同自由原则、按自身的需求订立一个适合的转让范围。

然而，转让范围的大小必定要包含上述条文强制要求的生产元素，如那些与企业有着密切关系的财产，或至少必定需要确保企业转让取得方能够在一段必要的时间内可以使用那些财产。述及的财产有经营企业时必要使用的商铺或生产商品时必需的知识产权等。就此，有学者称之为最低转让范围。

反之，最大转让范围则是自然转让范围，加上同一条第一款的规定：“但法律规定必须通过明示意思表示转让之财产除外。”该部分所指的是《商法典》第三十一条中的商业名称。

3. 企业转让的方式。

《商法典》第一百零六条第一款规定：“转让人必须按善意原则作出根据习惯及被转让企业之种类所要求之一切行为。”基于前述的大原则下，同一条第二款更续一列举出，转让人尤其有义务：（1）交付客户名单；（2）交付供货商及融资人的名单；（3）交付合作的名单；（4）于五年内提供与企业有关之账簿及信件，以便查阅或复制；（5）交付非专利的商业及制造秘密；

（6）将取得人介绍予企业的客户、供货商及融资人。

另外，对转让企业的合同的形式要求，当组成企业的财产涉及不动产所有权的转让时，必须以签订公文书为之。还有，根据6月27日第17/88/M号法律通过的《印花税规章》的“缴税总表”第四十条规定，企业之转让属于被征税的行为，须缴付相关的印花税：“商业或工业场所之让与，或营业税及职业税等章程附件中述及之行业，其执业之写字楼或诊症室之让与，按照让与之价值之百分之一。”然而，该表的第四十三条则规定：“以无偿方式移转财产为百分之五。”

4. 企业转让时其他相关的法律关系。

除了为商业企业的转让的操作作出规定外，《商法典》同时也为进行该操作时有关的一般合同及劳动合同的继受，以及与被转让企业有关的债权及债务，作出特别规定。

针对为经营企业而订立的合同的继受，根据《商法典》第一百一十条第一款的规定，一般而言，企业取得人将继受因此等合同所产生的非具人身性质的权利及义务。而且，在这权利及义务的继受发生前夕，合同对方当事人的事先同意是不必要的。即，企业转让可以在企业转变人或取得人没有通知合同对方当事人的情况下进行，并且取得人将能够自然地继受一切为经营企业而订立的合同所产生的非具人身性质的权利及义务。

即使如此，合同对方当事人并不是处于一个不能反对的地位，因为根据同一条第二款，合同对方当事人可以在得知相关权利及义务转移之日起3个月内解除合同，如果合同对方当事人有合理理由为之。如果发生此情况，让与人须承担倘有的责任。由此，可体现转让人必须按善意原则作出根据习惯及被转让企业的种类所要求的一切行为，尤其是其将取得人介绍予企业的客户、供货商及融资人的义务。

就劳动合同而言，取得人也是自然地继受转让人与企业员工订立的劳动合同所产生的权利及义务，但转让人与取得人之间于移转前约定有关员工继续在另一企业为转让人提供服务者除外。[①] 由于涉及公共利益，法律规定取得人须与转让人对一切于移转日到期的劳工债务负连带责任，即使有关债务所

① 澳门《商法典》第一百一十一条第一款。

涉及的劳工的劳动合同在之前已终止；但倘若债务所涉及的劳工的劳动合同在之前已终止，利害关系人须于移转前已提出给付要求。[①] 相信此规定是为了适当地保护常处于弱势的员工不会因为转让人或取得人以企业的转让作借口，互相推卸责任，阻碍追讨工资。另外，法律也准许有关劳工在转让企业时免除转让人承担因劳动关系而生的债务责任。

至于与被转让企业有关的债权，根据《商法典》第一百一十二条第一款的规定，除非另有协议，企业转让时，与企业有关的债权将自动让与予取得人。倘若企业转让作了登记，前述的债权让与将立即对第三人产生效力，即使未通知债务人或未获债务人接纳。[②] 但是，如果被让与的债权的有关债务人在善意下向转让人作出的偿付，此举则具免除责任的效力。即在出现这情况时，取得人只可通过不当得利向转让人追回有关债务人作出的债务履行。然而，必须一提的是，根据现行法律，[③] 企业转让已经变为任意性登记。因此，倘若没有为企业转让作登记，则应适用载于《民法典》第五百七十七条的规定，[④] 债权的让与只会于债务人获通知或债务人就债权让与已示以接受，才对债务人产生效力。

最后，为了对被转让的企业的债权人及企业取得人作出适当的保护，《商法典》第一百一十三条第一款规定："对于企业在转让前因经营而发生之债务，企业取得人需承担责任，但以载于必备账簿者为限。"再者，于同一条第二款规定："对于企业在转让前因经营而发生之债务，转让人仍须承担责任，但债权人明示同意免除其责任者除外。"由此可见，债权人的利益不会因为企业之转让而受到影响。反而，债权人的利益将会因此而得到更大的保障。另外，企业取得人也不会无止境地为企业转让前负上的债务承担责任。因为，企业取得人将能够按同一条第三款的规定："如取得人按第一款之规定清偿转让前发生之债务，则对转让人有求偿权，但另有约定者除外。"

---

① 澳门《商法典》第一百一十一条第二款。

② 澳门《商法典》第一百一十二条第二款。

③ 经第 5 /2000 号法律修改的《商业登记法典》第二条第一款 e 项的规定。

④ 澳门《民法典》第五百七十七条原文："一、就债权之让与对债务人作出通知，即使非透过法院作出，或有关让与一事已为债务人接受时，让与即对债务人产生效力。二、即使在有关通知或接受以前，债务人对让与人作出支付或与其订立任何涉及该债权之法律行为，但受让人能证明债务人已知悉该让与之存在者，则债务人不得以有关支付及法律行为对抗受让人。"

（二）针对公司合并的分析[①]

1. 合并的方式。合并是惯常被用于集中两家或以上的公司的商业活动的操作。促使这种操作的原因是多元的，可以是因为两家或以上的公司希望结合各方所长，也可以是因为某一公司希望减少在商场上的竞争对手等。

在现行法律上，合并的方式有两种（见图 1）：“（1）将一个或多个公司的全部财产移转于另一公司，以及将该经合并的公司的出资、股份或股配发予被合并公司的股东；（2）设立一个新公司，而将被合并公司的全部财产移转予新设公司，并将新设公司的出资、股份或股配发予股东。”[②]前者可称为吸收式合并，而后者可被称为创设式合并。

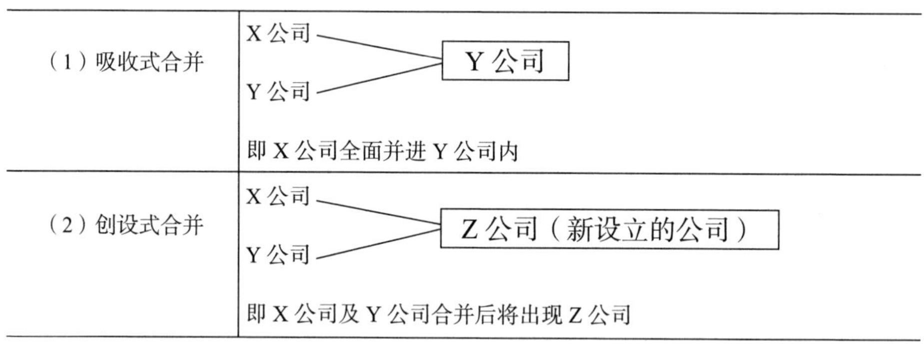

图 1　图解方式说明

就公司兼并另一公司的情况，即一公司通过直接的方式或为公司利益但以个人名义的方式成为另一公司的出资、股或股份的唯一权利人，并将该公司兼并，《商法典》也作出规定。[③]但是由于该等规定只限于免却以下原合并程序的步骤，因此，本文将不就公司兼并作特别简述。

2. 合并的程序。公司的合并牵涉公司变更、解散和设立等不同问题，并且关系到股东、公司债权人及公司的自身利益。因此，为保护各方的利益，澳门《商法典》就公司的合并程序作出下述规定，倘若不遵从，合并将不产生法律效力。

（1）第一步：编制合并计划。根据《商法典》第二百七十三条第一款

① 冷铁勋 . 澳门公司法论 [M]. 北京：社会科学文献出版社 , 2012.

② 参见澳门《商法典》第二百七十二条第二款。

③ 澳门《商法典》第二百九十一条。

的规定，拟合并的公司的行政管理机关，应共同编制合并计划，其内除载有为完全了解拟达致的行动所必需或适宜的资料外，尚应载有：①所有参与公司的合并方式、动机、条件及目的；②每一公司的商业名称、住所、资本额及登记编号；③一公司在另一公司的出资；④特别编制参与合并的公司的资产负债表，其内载有移转予存续公司或新设公司的资产及负债项目的金额；⑤配发予根据以吸收或创设方式的规定而被合并公司的股东的出资、股份或股，以及倘有的向该等股东发给的现金额，并说明各公司出资间的兑换关系；⑥存续公司章程的修改方案或新设公司章程的方案；⑦保障债权人权利的措施；⑧存续公司或新设公司向具有特别权利的股东所确保的权利；⑨在合并时，如存续公司或新设公司为股份有限公司，该等公司股份的类别、开始交出股票日期以及有权分享盈余的日期及方式。

此外，合并计划或其附件也应指出所采纳的估价标准，以及配发予被合并公司的股东的出资、股份或股，以及倘有的向该等股东发给的现金额，并说明各公司出资间的兑换关系的计算基础。[①]

（2）第二步：合并计划的监察。参与合并的公司的行政管理机关，应将合并计划及其附件送交各自监事会或独任监事，又或在无监事会及独任监事时送交核数师或核数师合伙，以便提出意见。监事会或独任监事，核数师或核数师合伙，得要求所有参与合并的公司提供所需的数据及文件，并进行必要的查核。[②]

（3）第三步：合并计划的登记及股东会的召集。经监事会或独任监事，又或在无监事会及独任监事时送交核数师或核数师合伙查核过后，合并计划应依法予以登记，并根据《商法典》第二百七十五条第一款[③]的规定发出召集书，并由每一参与合并的公司的股东在股东会上议决。

考虑到拟合并的公司的股东及公司债权人的利益，根据《商法典》第二百七十五条，已登记合并计划的消息、该计划及其附件得由有关股东及

① 澳门《商法典》第二百七十三条第二款。

② 澳门《商法典》第二百七十四条。

③ 澳门《商法典》第二百七十五条第一款原文：“不论参与合并之公司种类为何，合并计划应交由每一参与合并之公司之股东在股东会上议决；合并计划经登记后，应自发出召集书或按下款公布召集书之日起至少三十日后召开股东会，而该起算日应取发出日与公布日中较后之日。”

公司债权人在任一公司住所查阅的消息，以及召开股东会的日期，应按第三百二十六条[①]所定的方式予以公布。

并且自公布之日起，任何参与合并的公司的股东及债权人，均有权在任一公司住所查阅下述文件及免费取得其整份副本：①合并计划；②监察机关或核数师所编写的报告书及意见书。任何参与合并的公司的股东及债权人，也得查阅最近三个营业年度的账目及行政管理机关的报告书、监察机关报告书及意见书，以及股东会就前述账目所作的决议。[②]

（4）第四步：股东会的决议。股东会一经开会，行政管理机关应首先明示声明，自编制合并计划起，作为合并所依据的事实要素是否有明显的变更；如有变更，则声明计划须作何种变更。出现明显变更时，股东会应议决合并程序是否重新开始，或应否继续审议有关建议。

于合并计划内，向各股东会提出的建议应绝对相同。股东会所作的任何变更视为对建议的否决，但不影响对建议的更新。股东得在股东会上要求提供有关参与合并的公司的资料，以便了解合并建议。[③]

在无特别规定时，决议的作出根据为修改公司章程而订的规定为之。但是如果遇上下列情况时，决议经取得受影响股东的同意，方得执行：①增加全体或个别股东之义务；②影响某股东所具有的特别权利；③与同一公司的其他股东对比，股东在公司的出资比例有所更改；但该更改是为遵守法律对每一出资单位所定的最低或特定金额的规定而要求股东支付所引致者，不在此限。任一参与合并的公司设有多类股份时，有关股东会的合并决议须在每类股份的特别股东会上获通过后，方为有效。[④]

---

① 澳门《商法典》第三百二十六条原文：“一、法律或章程规定应公布之公司行为，应按照第六十二条之规定公布。二、如公布须有译文，则该译文应载有译文系忠于原文之声明，该声明须在公司秘书面前作出且经其证实，如公司未设有秘书，则须在一名行政管理机关成员面前作出且经其证实。”。澳门《商法典》第六十二条原文：“一、与商业企业主及企业有关之行为，须按法律规定予以登记及公布。二、按照本法典之规定应公布之行为，得以其中一种正式语文公布；但如有关利害关系人仅懂另一正式语文，则该行为应有译文。三、上款所指之公布应视乎所使用之语文而在拥有最多本地区读者之澳门中文或葡文报章上作出；本款之规定适用于译文。四、须公布的行为如应附译文公布，则该译文应在一份于七日内出版的报章上公布。”

② 澳门《商法典》第二百七十六条。

③ 澳门《商法典》第二百七十七条。

④ 澳门《商法典》第二百七十八条。

而且，当任一公司在另一公司拥有出资时，其在表决公司的合并计划时必须遵从《商法典》第二百七十九条的规定[①]。即其所拥有的票数，不得超过其他股东共同拥有票数的总和。

（5）第五步：合并计划的通过及公布。参与合并的公司的股东会议决通过合并后，有关合并文件应由各行政管理机关签署。如合并系以设立新公司为之，应遵守规范该设立的规定；但因有关设立的规定本身要求另作处理者除外。[②] 此外，参与合并的公司的行政管理机关，应办理通过合并计划决议的登记，并促使决议的公布。[③]

考虑到参与合并的公司的债权人的利益，如其债权是在最后一次合并计划决议公布前产生，得自该次公布之日起三十日内，以合并损害其债权的实现为理由，对合并提出司法反对。于公布内容中，也应告知参与合并的公司的债权人有反对权。除此之外，倘若公司通过簿册或文件的记录又或其他途径获知有关债权时，也应以挂号信通知债权人有反对权。[④]

任何债权人提出的司法反对将阻却合并的登记，直至出现下列任一事实为止：①确定裁判判有关的反对理由不成立，又或起诉被驳回而反对人在三十日内仍未提起新诉讼；②反对人舍弃诉讼；③公司已向反对人作出偿还，或已提供经约定或法院裁判而定出的担保；④反对人允许登录；⑤已将所欠反对人的金额提存。当反对被判理由成立时，法院应下令将债项偿还予反对人；如反对人尚不能请求偿还，则下令债务人提供担保。不得一提的是前述的规定，是不影响赋予债权人在负债公司与另一公司合并时可请求立即履行其债权的权利的合同条款的适用。[⑤]

除了考虑到债权人利益外，《商法典》也为投票反对合并计划的股东设想，

---

① 澳门《商法典》第二百七十九条原文："一、任一公司在另一公司拥有出资时，其在表决时所拥有之票数，不得超过其他股东共同拥有票数之总和。二、为上款之目的，应在有关公司之票数上，加上根据第二百一十二条规定被该公司控制之其他公司所拥有之票数，以及以个人名义，但为此两种公司中之任一公司之利益为行为之人所拥有之票数。三、为吸收合并之效力，存续公司不得以其本身所拥有，或被并吞公司所拥有，又或以个人名义但为此两公司中任一公司之利益为行为之人所拥有之被并吞公司之出资、股份或股作为交换，而收取存续公司本身之出资、股份或股。"

② 澳门《商法典》第二百八十一条。

③ 澳门《商法典》第二百八十二条第一款。

④ 澳门《商法典》第二百八十二条第二款及第三款。

⑤ 澳门《商法典》第二百八十三条。

于其第二百八十条规定，法律或章程的规定赋予投票反对合并计划的股东退出公司的权利时，股东得在作出合并计划决议公布后三十日内，要求公司在一定的期限内取得其出资或要求公司在一定的期限内令第三人取得其出资。一般而言，出资的价值应由与拟合并的公司无任何关系的核数师定出。并且，公司应在九十日内支付就出资所定的相对给付，否则，股东得申请解散公司。投票反对合并计划的股东于该期间内，得以任何方式将其在公司的出资转让，且不受公司章程所订的限制。①

（6）第六步：合并之登记。在合并计划决议公布日起 30 日内没有债权人行使反对权，或即使有债权人提出反对，但已出现了上述所指的取消阻却合并之登记的任一事实时，任何参与合并的公司或新设公司的行政管理机关，在该期间届满后应进行合并的商业登记。②

3. 合并的法律效果。随着合并的登记，公司被吸收或设立新公司时，被合并的公司即消灭，而其权利及义务也移转于存续公司或新设公司，以及被消灭公司的股东，即成为存续公司或新设公司的股东。③ 此外，需要一提的是公司的合并对公司机关据位人所生的责任，参与合并的公司的行政管理机关成员、监事会成员或独任监事及秘书，如在查核公司财产状况及完成合并期间，不以善良管理人的注意为行为而因合并对公司以及其股东及债权人引致损害时，将根据《商法典》第二百八十九条及二百九十条④ 的规定负连带责任。

4. 针对劳动关系合同的分析。根据第 7/2008 号法律《劳动关系法》第十条第三项的规定，禁止雇主未经雇员书面同意，将其让与另一对其行使支配及领导权的雇主；有本澳学者认为，该规定的目的是禁止雇主在未经雇员书

① 澳门《商法典》第二百八十条。

② 澳门《商法典》第二百八十六条。

③ 澳门《商法典》第二百八十八条。

④ 澳门《商法典》第二百九十条原文："一、上条所指之权利如涉及上条第三款所指之公司，应由特别代理人行使，而其委任得由任一股东或公司债权人向法院声请。二、特别代理人应透过通告，邀请公司股东及债权人在通告所定不得少于三十日之期间内，主张其损害赔偿请求权，该通告之公布须按公布公司公告所采用之方式为之。三、存续公司或新设公司未向债权人作出支付或提供担保时，公司所得之赔偿金额，应拨作偿还有关债权人，且按适用于分配清算结余之规则将剩余部分分配予各股东。四、股东及债权人如未按时主张其权利，不得按上款所定之次序接受分配。五、特别代理人有权要求偿还其所作有依据之支出及收取报酬；法院应以审慎之裁量，确定开支及报酬之金额，以及股东及有关债权人之分担方式。"

面同意下，将其临时或确定让与予另一雇主；但企业转让（俗称顶让）的情况除外，在此情况下，明确豁免雇员的许可……[①]

在企业转让的情况中，根据《商法典》第一百一十一条规定，取得人继受转让人与企业员工订立的劳动合同所产生的权利及义务。在此情况中，虽然无须取得雇员的同意也能自动产生继受劳动合同的效力。然而，最核心的问题在于根据第7/2008号法律《劳动关系法》第七十一条第二款第六项的规定，转让公司[②]构成雇员解除合同的合理理由。

有意见指出，不论是基于商业企业的转让或公司的合并，倘雇主的商业企业主身份出现变更，雇员即可以此作为解除合同的合理理由：转让公司[③]。然而，现时也有本澳学者持有不同意见。[④]倘若有任何争议，也须通过法院对该条文进行最终的解读。

因此，不论拟采用商业企业的转让或公司的合并作为达至合并目的的方案，均不能排除有关的合并方案将诱发员工以转让公司[⑤]作为解除合同的合理理由而要求赔偿的可能性。有见及此，公司于实施合并方案前，应取得员工的正面响应，即由合并双方的公司，以及员工三方面根据《民法典》第四百一十八条规定签订一份合同地位的让与[⑥]的三方协议，由于协议具有合同性质，根据《民法典》第四百条第一款的规定，合同应予切实履行，并只能在立约人双方同意或法律允许的情况下变更或消灭。因此，该协议对签订的

---

① MIGUEL QUENTAL. 澳门劳动法教程——新劳动关系制度 [M]. 刘耀强译 . 澳门：法律及司法培训中心，2013:85.

② 第7/2008号法律《劳动关系法》第七十一条第二款第六项之葡文文本为：Alienação da empresa，相对应的中文解释应为企业的转让。

③ 第7/2008号法律《劳动关系法》第七十一条第二款第六项之葡文文本为：Alienação da empresa，相对应的中文解释应为企业的转让。

④ MIGUEL QUENTAL. 澳门劳动法教程——新劳动关系制度 [M]. 刘耀强译 . 澳门：法律及司法培训中心，2013:280-281。其中指出："原则上，转让公司不会对雇员带来任何损失，也不会对合同关系造成任何改变，以致需要提出合理理由终止劳动合同及获得补偿性赔偿……要构成合理理由，单单出现转让公司的情况是不足够的，另外还需要证明有关转让为雇员带来显现的坏处。譬如说，新雇主财产担保减少、不履行合同的风险增加、公司迁移对雇员有来额外的财政、社会及家庭上的负担等。"

⑤ 第7/2008号法律《劳动关系法》第七十一条第二款第六项的葡文文本为：Alienação da empresa，相对应的中文解释应为企业之转让。

⑥ 协议内容主要订定：被吸收公司将其在与员工签订的劳动合同中的地位移转于吸收公司，而其员工也同意有关的移转。

三方均产生约束力。

另外，根据《民法典》第四百一十八条规定，在相互给付的合同中，任一方当事人均得将其合同地位移转于第三人，只要他方立约人在有关合同订立前或后同意该移转，因此，通过合同地位让与的效力，吸收公司将完全取代被吸收公司在劳动合同中的地位。似乎在法律逻辑上，当吸收公司基于合同地位让与的效力完全取代被吸收公司在劳动合同中的地位，即有关劳动关系仅存在于吸收公司与被吸收公司员工之间，那么，当采用商业企业的转让的情况下，即被吸收公司将其所有的企业转让于吸收公司的事宜上，并不对被吸收公司员工产生任何影响（因其与被吸收公司之间的劳动关系并非基于商业企业的转让而移转于吸收公司，即使商业企业的转让与劳动合同雇主地位的让与同时生效亦然）。因此，根据同一法律逻辑下，该雇员便不能以转让公司[①] 作为解除合同的合理理由而要求赔偿。笔者认为，将劳动合同的地位进行让与的方式实际上脱离了以《商法典》第一百一十一条规定的商业企业的转让的范畴。

但即使签订了上述三方协议，并不能限制被吸收公司员工在吸收公司及被吸收公司合并后根据法律相关规定解除合同的自由。当然，正如前述，签订该三方协议的被吸收公司员工在签订该三方协议后，不能行使以吸收公司及被吸收公司合并（企业的转让）为合理理由解除合同并要求赔偿的权利。

即使上述让与合同的事宜与转让商业企业互相脱离的理解不获接纳，但根据立法会常设委员会细则性审议《劳动关系法》法案的第 1/III/2008 号意见书（中文版本第 57 页）：（《劳动关系法》第七十一条第二款第六项的）情况涉及合同自由，特别是选择与谁订立合同的自由有关。倘若公司的转让引致《商法典》第一百一十一条规定的劳动合同条款的继受的情况出现，雇员就可以此作为理由与公司解除联系。然则倘被吸收公司员工签订了上述三方协议，则被吸收公司的雇主地位由吸收公司取代并不是（最少并不仅是）因为《商法典》第一百一十一条，而（也）是因为被吸收公司员工自由地与吸收公司和被吸收公司订立的协议，既然员工已在此行使了选择与谁订立合同的自由，则适用《劳动关系法》第七十一条第二款第六项的目的已不复存在，

① 第 7/2008 号法律《劳动关系法》第七十一条第二款第六项的葡文文本为：Alienação da empresa，相对应的中文解释应为企业之转让。

此时被吸收公司员工不能行使以吸收公司及被吸收公司合并（企业的转让）为合理理由解除合同并要求赔偿的权利。

又即使上述理解也不获接纳而仍然适用《劳动关系法》第七十一条第二款第六项的规定，[①] 仍应考虑《民法典》关于行使权利的规定：根据《民法典》第三百二十六条的规定，权利人行使权利明显超越基于善意、善良风俗或该权利所具有的社会或经济目的而产生的限制时，即为不正当行使权利。《劳动关系法》第七条第二款也规定，雇主及雇员在履行其义务及行使其权利时，应遵循善意规则。我们认为，倘被吸收公司员工在签订该三方协议后仍以吸收公司及被吸收公司合并为理由而解除合同并要求赔偿，则可能存在滥用权利的情况。[②]

重申，上述意见仅属我们通过对相关法例研究后所得出的见解，并不排除法院针对同一事宜存在不同的理解。

5. 总结。公司合并收购的事宜无疑在澳门法律框架中存在两个可行的公司并购方案：商业企业的转让及公司的合并。在完整执行的情况下，其中任何一个方案都能够达致合并的最终目的。

然而，两者相比之下，商业企业的转让的执行比较简易及快捷，其手续复杂程度较低，对合并收购双方公司机关据位人产生的责任风险也较低。同时，不需对外公布合并计划，也无须在合并前通知所有债权人及公司股东告知彼等有权取得合并计划、监察机关或核数师的报告书及意见书的副本，也有权查阅两公司最近 3 个营业年度的账目及行政管理机关及监察机关的年度报告书，以及股东会就以上账目所作的决议等。所以在一切前提及后果一致的情况下，商业企业的转让应是合并收购操作的首选。

最后，我们重申以上所述及的劳动关系问题，就转让公司一词带来的不便，相信将会一直影响着澳门合并收购的商业活动。

---

① 即赋予 ADA 员工得以合并（企业的转让）为合理理由解除合同并要求赔偿的权利。

② 学说及司法见解认为滥用权利有数种模式，现列举其二：出尔反尔（venire contra factum proprium），即行为人作出两个自相矛盾的行为，最初表示不欲行使权利，但后来却要行使；隐瞒事实（suppressio），即权利人在一段长时间内没有主张其权利，且其不作为使债务人合理地相信有关权利将不会被行使。

（司法见解方面也可参阅葡国 2000 年 10 月 19 日 STJ 合议庭裁判、澳门中级法院第 271/2004 判决及澳门终审法院第 26/2007 号裁判）。

澳门投融资之竞争管制

Jose Filipe Salreta[①]

Competition Law in the Macau Sar

1. Overview

Under the Sino-Portuguese Joint Declaration of March 1987, the Portuguese Administration over Macau would end on December 20, 1999, and Macau would henceforth enjoy the status of a Special Administrative Region (SAR) within China, with full autonomy and self-governance in domestic affairs, economic policy and internal security. Hence, the Chinese government would not levy taxes on Macau nor make laws pertaining to Macau's governance, and the Macau SAR would enjoy an ample degree of autonomy in all but foreign affairs and defence, which would fall within the competence of the Central Government.

As the socialist system in existence in the People's Republic of China would not be applicable to Macau, the SAR would enjoy the same legal system and capitalist, liberal society for a minimum period of fifty years – namely, Macau was to remain a free port and a separate customs territory to develop its economic activities, the flow of capital would remain free, and the Macanese Pataca would remain in circulation as a legal tender, maintaining its free convertibility.

With regards to the legal framework on commercial law, in a market economy wherein each commercial entrepreneur seeks to attract consumers to their product

① Jose Filipe Salreta，澳门执业律师。

to the detriment of their competitors, it is necessary to establish a set of rules for the purpose of upholding the norms and honest usage of economic activity, to safeguard an competition environment conducive to the improvement of the commercial activity and to the innovation of products and services.

2. Unfair Competition in Macau

As a general clause, set out in the Macau Commercial Code (approved by Decree-Law No. 40/99/M, of August 3), "unfair competition" is understood as encompassing any act of competition that objectively reveals itself to be in breach of the norms and honest usage of economic activity. This definition essentially follows the definition established in article 10bis, paragraph (2) of the Paris Convention for the Protection of Industrial Property, which states that "Any act of competition contrary to honest practices in industrial or commercial matters constitutes an act of unfair competition"①.

It should be noted that unfair competition, which concerns the negative effects of the activity of market operators affecting the market itself, is different from practices which restrict competition, as the latter pertain to the behavior itself of market operators, namely cases of agreement and concerted practices with the purpose of preventing, restricting or distorting competition, of abuse of dominant position, of economic dependence, of concentration of companies and of state aid.

As the main purpose of Competition Law is to protect the proper functioning of the market, the interest of consumers and the efficient allocation of resources, several other jurisdictions have chosen to unify the rules pertaining to such area of law in a single, coherent legislative work – this is not the case in Macau, as we shall see below, since the stipulations on Competition Law are dispersed in different legislation.

3. The Macau Legal Regime on Unfair Competition

The main regulation establishing the legal regime of unfair competition in Macau is the Commercial Code, as we shall analyze below. However, the

① Article 158 of the Macau Commercial Code.

principle of fair competition is also mentioned in the Advertising Law (approved by Law No. 7/89/M, of September 4), which establishes the general regime of advertising activity in Macau, and whose framework seeks to subject such activity to the principles of lawfulness, identifiability and veracity. As stated in the Macau Advertising Law, the advertising message must be lawful, identifiable and true and respect the principles of free and fair competition and consumer protection[①].

The principle of fair competition is also enshrined in the Industrial Property Legal Framework of Macau (approved by the Decree-law No. 97/99/M, of December 13), which governs the attribution of industrial property rights over inventions and other creations and the distinctive signs provided for therein, with the specific purpose of ensuring the protection of creativity and technological development, fair competition and the interests of consumers[②].

Hence, the rights of Industrial Property are a guarantee of fair competition in the market, and the corresponding violation of said rights entails a situation of unfair competition, which remedies we shall analyze below.

In this regard, the Industrial Property Legal Framework establishes as grounds for refusing the grant of industrial property rights (*inter alia*) the recognition that the applicant intends to engage in unfair competition, or that the same is possible irrespective of his intention[③].

Also, in what concerns designations of origin or geographical indications, the Industrial Property Legal Framework confers to the registration of these denominations the right to prevent any use which constitutes an act of unfair competition within the meaning of Article 10bis of the Paris Convention, as amended by the Stockholm Convention of 14 July 1967[④].

However, the main legislative body regarding unfair competition is the Macau Commercial Code, which stipulates that competition between commercial

① Article 1 of the Macau Advertising Law.

② Article 1 of the Industrial Property Legal Framework of Macau.

③ Article 9, paragraph 1, subparagraph c) of the Industrial Property Legal Framework.

④ Article 259, paragraph 1, subparagraph b) of the Industrial Property Legal Framework.

entrepreneurs must be developed in such a way as not to prejudice the interests of the Macau SAR's economy and within the limits established by law. Furthermore, any agreements and practices which have as their object or effect the prevention, distortion or restriction of competition are prohibited (without prejudice to special provisions)[①].

The Macau Commercial Code establishes as a general clause that unfair competition is any act of competition that objectively reveals itself to be in breach of the norms and honest usage of economic activity[②]. The classification of unfair competition practices is further specified through an objective scope – hence, the Macau Commercial Code only classifies the conducts mentioned therein as unfair if they are practiced in the market with the purpose of competition[③]. However, the law presumes that a given act is practiced with the purpose of competition if, by the circumstances in which it takes place, it is objectively adequate to promote or to ensure the distribution in the market of the products or services of the party or of a third party[④]. As the burden of proof shall fall, in this case, with the commercial entrepreneur who must prove that said act was not practiced with the purpose of competition, in the same sense, the compensation for damages in the case of unfair competition is restricted to cases of acts of unfair competition practiced intentionally or with fault[⑤], although fault shall be presumed if the existence of acts of unfair competition is proven[⑥].

The Macau Commercial Code also relies on a subjective scope to further define acts of unfair competition, providing that the norms on unfair competition apply to entrepreneurs and to whoever participates in the market[⑦]. Also, the application of the rules on unfair competition is independent of the fact that the subjects act in the

---

① Article 153, paragraphs 1 and 2 of the Macau Commercial Code.

② Article 158 of the Macau Commercial Code.

③ Article 156, paragraph 1 of the Macau Commercial Code.

④ Article 156, paragraph 2 of the Macau Commercial Code.

⑤ Article 172, paragraph 1 of the Macau Commercial Code.

⑥ Article 172, paragraph 3 of the Macau Commercial Code.

⑦ Article 157, paragraph 1 of the Macau Commercial Code.

same branch of activity[①]. Therefore, using the general clause on unfair competition with the subjective scope set out above, it is possible to infer that the concept of unfair competition shall reveal itself whenever any person participating in a given market (regardless of the type of business) engages in an act of competition which is contrary to the norms and honest usage of economic activity in force.

After generally framing the concept of unfair competition, the Macau Commercial Code further lists several types of unfair competition in accordance with the category of acts at issue, such as acts of confusion, which consist in actions which are adequate to create confusion with the enterprise, the products, the services or the credit of competitors[②] – in this case, the mere risk of association by consumers regarding the origin of a product or service is sufficient basis to consider a practice as unfair competition[③].

Competition Law in Macau also prohibits any acts of discredit, such as negative statements made or broadcasted about the enterprise, products, services or commercial relations of competitors, which are apt to diminish their credit in the market (unless these are considered exact, true and pertinent)[④], as well as acts of comparison when they involve the public comparison of one or another person's enterprise, products or services with those of a competitor relating to realities that are not analogous, relevant or ascertainable[⑤]. The so-called comparative advertising is therefore very limited in Macau, under penalty of being considered as unfair competition pursuant to the rules set out above.

Any act involving the use or broadcast of incorrect or false indications, as well as the omission of real ones, as well as any act which, by the circumstances in which it takes place, has the potential to induce in error the persons it reaches, or to whom it is addressed, regarding the nature, aptitudes, qualities and quantities of the

---

① Article 157, paragraph 2 of the Macau Commercial Code.

② Article 159, paragraph 1 of the Macau Commercial Code.

③ Article 159, paragraph 2 of the Macau Commercial Code.

④ Article 162, paragraph 1 of the Macau Commercial Code.

⑤ Article 163, paragraph 1 of the Macau Commercial Code.

products or services and, in general, the advantages really offered, is also considered as unfair competition under the Macau Commercial Code[①]. The same goes for the improper exploitation of the entrepreneurial reputation of another person, to one's own benefit, or to a third party's[②]. As stated above, this is also indicated in the Industrial Property Legal Framework regarding the right to prevent any use of designations of origin or geographical indications which constitutes an act of unfair competition.

Furthermore, any act of disruption regarding the functioning of the competitor's company or enterprise, such as the spreading or exploitation, without permission from the holder, of industrial secrets or any other entrepreneurial secrets that were either accessed legitimately, but with a duty of confidentiality, or not legitimately, namely as a consequence of any of the conducts described as the promotion and exploitation of contractual breaches[③] (described as the instigation of employees, suppliers, clients and other obliged parties to the breach of contractual obligations that they have undertaken towards competitors[④]), is considered unfair competition under the Macau Commercial Code. The Commercial Code classifies any all and any technical or commercial information that has a practical use and provides economic benefits to the holder, which is not public knowledge, and in relation to which the holder took appropriate security measures to guarantee its respective confidentiality, as an entrepreneurial secret[⑤].

The Macau Commercial Code generally accepts the imitation of products, services or entrepreneurial initiatives of third parties, unless they are protected by an exclusive right recognized by the law[⑥]. However, if said imitation is adequate to create an association on the part of consumers in relation to the product or service, or if it makes it possible to unduly take advantage of the reputation or efforts of

---

① Article 160 of the Macau Commercial Code.

② Article 165 of the Macau Commercial Code.

③ Article 166, paragraph 1 of the Macau Commercial Code.

④ Article 167, paragraph 1 of the Macau Commercial Code.

⑤ Article 166, paragraph 2 of the Macau Commercial Code.

⑥ Article 164, paragraph 1 of the Macau Commercial Code.

other persons, then it shall be qualified as unfair competition[①]. Similarly, the systematic imitation of the products, services and entrepreneurial initiatives of a competitor is considered unlawful if said strategy is directly aimed at hindering or obstructing his affirmation in the market and exceeds what, according to the circumstances, may be considered a natural response from the market[②], unless there is an inevitability of the risk of association or of exploitation of the reputation of third parties, in which case the practice shall not be classified as unfair[③].

Finally, the Commercial Code typifies other behaviors in the market which are deemed to affect the correct functioning of the market, although they are not usually classified under acts of unfair competition, and which are considered as unfair competition, such as:

(1) Offers, which consist in propositions with advertising purposes, and analogous commercial practices, in certain circumstances which put the consumer in a situation of having to contract the main performance.

(2) Exploitation of dependence, which translates in the undue exploitation by an entrepreneur of a situation of dependence, with economic repercussions, in which entrepreneurs who are his clients or suppliers do not have an equivalent alternative for the exercise of their activity.

(3) Sales at a loss, which involves sales made below the cost or acquisition price, when they are part of a strategy directed at the elimination of a competitor or group of competitors from the market.

4. Non-compete Obligations between Commercial Entrepreneurs

Further to the rules set out above regarding unfair competition, the Macau Commercial Code also determines a set of restrictions limiting the competition between commercial entrepreneurs when transferring a commercial enterprise (defined as any organization of productive factors for the exercise of an economic

---

① Article 164, paragraph 2 of the Macau Commercial Code.

② Article 164, paragraph 4 of the Macau Commercial Code.

③ Article 164, paragraph 3 of the Macau Commercial Code.

activity aimed at production for systematic and lucrative exchange[①]) or in any way ceding the same to another commercial entrepreneur.

Hence, when transferring a commercial enterprise, the transferor is obliged, for a maximum period of five years from the date of the transfer, not to exploit, either by himself or through or for the account of a third party, another commercial enterprise which, given its object, location or any other circumstances, has the potential to deviate clients from the transferred enterprise[②]. This obligation also affects those who, as a result of their personal relations with the transferor, might redirect the clients of the transferred enterprise[③], and also dominant shareholders when transferring their company participation[④].

It is possible to set out a more extensive non-compete agreement, provided that it does not exceed the maximum time limit of five years stated above, and that it does not make it impossible for the transferor to exercise any professional activity, whether entrepreneurial or not[⑤]. It is also possible to set aside the non-compete obligation by will of the parties, provided that it does not impairs the transfer of the commercial enterprise[⑥]. In any event, such obligation shall automatically expire with the closure and liquidation of the enterprise[⑦].

In case of breach of a non-compete obligation by the transferor, the creditor has the right to compensation but also the right to demand the immediate termination of the situation harmful to his rights. If the breach of the obligation derives from the creation of a new commercial enterprise by the person subject to such obligation, the creditor may also request its immediate closure (to be submitted within three months of knowing of or could have known of the situation), except if

① Article 2, paragraph 1 of the Macau Commercial Code.
② Article 108, paragraph 1 of the Macau Commercial Code.
③ Article 108, paragraph 2 of the Macau Commercial Code.
④ Article 108, paragraph 3 of the Macau Commercial Code.
⑤ Article 108, paragraph 5 of the Macau Commercial Code.
⑥ Article 108, paragraph 6 of the Macau Commercial Code.
⑦ Article 108, paragraph 7 of the Macau Commercial Code.

the closure is harmful for the economy of the Macau SAR[①].

Similar limitations exist when leasing a commercial enterprise, in which case the landlord shall be subject to the obligations set out above for the transfer of an enterprise, for the duration of the lease[②], under penalty of the consequences set out in the preceding paragraph, applicable with the necessary adaptations[③]. Likewise, the tenant cannot, either by himself or through or for the account of a third party, for the duration of the lease, run an enterprise identical to the leased one, except with the assent of the landlord. Breach of such non-compete obligation renders the tenant liable for the damage caused, without prejudice to the landlord' s right to rescind the contract[④].

The same shall apply in the case of an usufruct of an enterprise, where the holder of the holder of the underlying ownership right is subject to the obligations and consequences set out above for the transfer of an enterprise[⑤], whereas the usufructuary cannot, without assent of the holder of the underlying ownership right, by himself, through or for the account of a third party, run an enterprise identical to the one that is object of the usufruct while the same is in force. As stated above, the breach of the non-compete renders the usufructuary liable for damage caused, without prejudice to the right of the holder of the underlying ownership right to demand the extinction of the usufruct SAR[⑥].

5. Supervision and Control Measures

The Macau SAR does not possess a specialized agency to investigate and prosecute cases of unfair competition, without prejudice to what will be said below regarding the competences of the Macau Economic Services (Direcção dos Serviços de Economia or DSE). The size and characteristics of the local market, coupled with the need for a limited number of players in a given economic sector (namely,

① Article 109, paragraphs 1 and 2 of the Macau Commercial Code.

② Article 123, paragraph 1 of the Macau Commercial Code.

③ Article 124 of the Macau Commercial Code.

④ Article 120, paragraphs 1 and 3 of the Macau Commercial Code.

⑤ Article 139, paragraph 1 and article 140 of the Macau Commercial Code.

⑥ Article 137, paragraphs 1 and 3 of the Macau Commercial Code.

the gaming sector, which demands an inordinate amount of investment) has in a way tamed the demand for legislation specialized for these matters, as well as the corresponding supervisory authority.

Consequently, most violations of rules regarding unfair competition must be remedied through the seizure of the Macau Courts. Coupled with the (often times) vast information that must be compiled in these cases, as well as the specialization required from lawyers and legal operators, the judicial litigation in these matters is not frequent in Macau.

The DSE does have some competencies contiguous to unfair competition inspection, as its tasks include (among others) the issuing of certification of origin documents, pursuant to the provisions of the respective legislation, the controlling, pursuant to the provisions of the applicable legislation, of the enforcement of all other economic legislation provisions in force, and the promotion and maintenance of a balanced and non-discriminatory economic environment. The DSE is also competent to impose the fines indicated in the Macau Advertising Law, without prejudice to specific competences of the Macau Health Bureau, the Macau Tourism Bureau and the Civic and Municipal Affairs Bureau of Macau (IACM)[①].

Also, regarding the inspection of goods and services related to the defense of industrial property rights, the same is incumbent upon the Customs Services (without prejudice to the competences committed by law to other criminal police agencies and entities), which may rely on the collaboration and intervention of other entities for the performance of their supervisory functions[②].

In conclusion, the legal framework regarding unfair competition in Macau is quite limited in its scope but, given the Macau SAR's exiguous territory and market, it could be considered as sufficient for the purposes of ensuring a modicum of structure in this area of law. However, as Macau keeps growing in population and its market becomes evermore entwined with Hong Kong, Henqing and Mainland China (namely the Pearl River Delta), the limitations of the current legal structure shall

① Article 31 of the Macau Advertising Law.

② Articles 284 and 285 of the Industrial Property Legal Framework of Macau.

soon become evident. Hence, following the adoption of legislation and the creation of the corresponding entities regarding unfair competition in Mainland China and in Hong Kong, Macau should soon follow suit in this area of law.

澳门投融资之土地房产

罗卓彦[①]

一、概述

按照在澳门投资土地房产的实践经验，投资者为着相关交易的目的，一般会通过房地产中介人及房地产经纪的协助，以进行不动产物权取得或转让、租赁以及商业或工业场所的取得或转让。即便是澳门居民，对土地房产及交易有关的法律制度也不熟悉，这也是无可厚非的事实；由于房地产中介人对客户尤其负有提供与客户拟取得的不动产有关的信息，包括不动产的法律状况、特征、价格及付款条件等，并核实客户是否具备订立拟促成的法律行为的能力及正当性等义务，因此，澳门居民在进行不动产买卖的交易时大多会通过房地产中介为之。

一般而言，房地产中介人除了协助客户进行税务申报外，也会协助安排客户前到律师事务所签订第二份预约合同（一般是为了第二期定金的缴付，俗称加大订），而律师事务所将会协助并安排客户前到公共公证署或私人公证署签订本约合同：公证书（俗称签契）。那么，投资者只要委托一名房地产中介人协助处理交易便理应没有任何其他后顾之忧，但是，本文认为，投资者在进行土地房产投资前，应先了解与土地房产有关的法律制度，以保障自身的权益。事实上，本文作为“一带一路”法律丛书的其中一个篇章，在此仅对澳门土地及房产的法律制度作出适当说明，以期达到简单说明之用。

① 罗卓彦，澳门执业律师。

二、土地房产在澳门法律中的地位

（一）土地

《基本法》第七条规定：“澳门特别行政区境内的土地和自然资源，除在澳门特别行政区成立前已依法确认的私有土地外，属于国家所有，由澳门特别行政区政府负责管理、使用、开发、出租或批给个人、法人使用或开发，其收入全部归澳门特别行政区政府支配。”

因此，根据《基本法》的规定，即使中华人民共和国政府于一九九九年十二月二十日恢复对澳门行使主权后，国有土地与私有土地并存的情况仍然继续存在。①

现行的第 10/2013 号法律《土地法》第三条第一款也明确规定：“澳门特别行政区境内的土地，包括国有土地及在澳门特别行政区成立前已依法确认的私有土地。”

针对国有土地的使用及利用方面的权利的设定、行使、变更、移转及消灭的法律制度方面，适用现行的第 10/2013 号法律《土地法》，并以适用的民法作为补充规定②；然而，针对私有土地的法律制度方面，则受私有财产法律制度尤其是《民法典》规范③。

土地的分类如下。

1. 国有土地。

澳门特别行政区境内的土地，倘在澳门特别行政区成立前未被依法确认为私有土地者，均为国有土地。

然而，在第 6/80/M 号法律生效前与土地有关的法律中，包括 1965 年的第 1679 号立法性法规，1940 年的第 651 号立法性法规及 1928 年的第 18 号省立法性法规，规定澳门土地被分为国家所有的土地与私人所有的土地；自

---

① 参见艾林芝 . 澳门物权法 [M]. 北京：社会科学文献出版社，2013:203. 当中指出：在 1901 年 5 月 9 日的《海外省土地批给》律令中，该法第一条规定：“所有海外的土地，自 1901 年 5 月 11 日起，凡未根据葡国法律取得成为私人财产者，均视为国家的私产。”可见在回归前，澳葡政府也同时承认这两种土地的存在。

② 参见第 10/2013 号法律《土地法》第四十一条及第八十七条。

③ 参见第 10/2013 号法律《土地法》第六条第一款。

1974年葡萄牙革命后，在葡萄牙宪法中，已承认澳门不属于其领土，而只是受其管制的一个地区[①]。其后，立法者在相关的法律规范中使用的表述由“国家所有”转为“本地区所有”，属“国家”所有的澳门土地的所有权也转为属“本地区”所有。[②]

在第10/2013号法律《土地法》生效前，澳门土地主要及第6/80/M号法律[③]所规范，该法律第一条规定：“澳门土地，得分为本地区公产土地、本地区私产土地及私有财产土地。”不难发现，在第6/80/M号法律中，立法者所使用的表述也为“本地区公产土地”及“本地区私产土地”。

随着澳门《基本法》的生效，那些在法律上属于本地区所有的土地已转为属于国家所有，除此之外，在澳门境内的其余土地，倘在澳门特别行政区成立前未被依法确认为私有土地者，也已转为属于国家所有。

针对国有土地的管理，尤其是在使用及利用方面，第10/2013号法律《土地法》订定了可持续发展原则、切实有效利用土地原则、监察原则、公众知情原则、平等取得土地原则、保护原则、规划约束原则、土地法律状况公开原则及法律安定性原则[④]。

第10/2013号法律《土地法》第三条第二款则规定：“国有土地分为公产和私产。”以下将就公产及私产的范围进行简述。

（1）属公产的土地。

第10/2013号法律《土地法》第四条规定：“凡法律尤其是《民法典》第一百九十三条定为公产的土地且受有关法律制度规范者，一概属公产。”

《民法典》第一百九十三条第三款规定：“道路、海滩、水沟、潭及可航行或浮游之水道等均属公产土地之范围。”

此外，澳门特别行政区可依法为特定目的而取得私有土地，并按所拨作的用途将的归并为公产[⑤]。基于公共利益，行政长官也可通过公布于《公报》

---

① 《葡萄牙共和国宪法》第五条第一款规定：“葡萄牙之领土为在欧洲大陆内历史上所确定之领土，以及亚速尔群岛与马德拉群岛。”

② 艾林芝.澳门物权法[M].北京：社会科学文献出版社，2013:204.

③ 第6/80/M号法律曾被第5/81/M号法律、第2/82/M号法律、第8/83/M号法律、第78/84/M号法令、第8/91/M号法律、第13/91/M号法律及第2/94/M号法律所修改。

④ 参见第10/2013号法律《土地法》第二条。

⑤ 第10/2013号法律《土地法》第六条第三款的规定。

的批示，将公产土地视作可处置的土地而归并为私产[①]。

最后，如公产土地的性质许可，则该土地可作为专用批给的目标，而行政长官具有作出专用批给的权限。根据第 10/2013 号法律《土地法》第六十九条的规定，如对公产土地的专用需要进行固定及不可拆卸设施的投资且该专用属公用，则可将公产土地作专用批给；至于设置燃料销售站、道路交通辅助服务站及为确保提供电讯、电力、天然气或水的公共服务所需的设备等用途的专用尤可视为属公用。

（2）属私产的土地。

第 10/2013 号法律《土地法》第七条规定："凡不被视为公产或私有土地的土地，一概属私产。"

毋庸置疑的是，属私产的土地，其所有权也属国家所有；而根据第 10/2013 号法律《土地法》第八条第二款的规定，属私产土地的可处置的土地，可将之拨入公产或予以批给，而有关拨入或批给均须按已核准的城市规划的规定进行。

就可处置土地的范围，《土地法》第八条第一款也作出了相应的规定，包括未在物业登记上登记，且非属公产法律制度，也非在澳门特别行政区成立前已依法确定移转于私人的私产的土地；或未作出批给或未拨作任何公共或私人用途的私产土地。

针对都市性土地或具有都市利益的土地，可通过租赁或转租赁方式批给该等土地所衍生的权利，包括有权按照有关设定凭证所定的用途和限制进行兴建、改建工程或保存建造物。

就以租赁制度批给的土地所衍生的权利的性质方面，澳门终审法院在第 76/2015 号合议庭判决中指出："因以租赁制度获批土地而产生的权利虽然具有物权性质，它与一般意义上的所有权并不完全一致，既没有永久性也没有全面性。[②]"

作为国家所有的土地，澳门特别行政区政府根据《基本法》第七条的规

① 第 10/2013 号法律《土地法》第五条第一款的规定。

② 原文为：O direito resultante da concessão por arrendamento do terreno, mesmo com natureza real, não é totalmente coincidente com o direito de propriedade em geral, tendo as características, especialidades e limitações próprias. Não se pode falar na perpetuidade nem na plenitude desse direito.

定负责管理、使用、开发、出租或批给个人、法人使用或开发澳门特别行政区境内的土地和自然资源，即使该等均属国家所有。

在租赁关系中，承租人根据《民法典》第一千零二十八条及第一千一百九十八条规定，有获得赔偿及取回在租赁物上所作的改善物。那么，作为国家所有的土地，同样是通过租赁或转租赁方式将属私产土地的可处置的土地作出批给，可能会产生承批人在通过租赁或转租赁方式批给的土地上建成之物仅被视为改善物的疑虑，并且产生认为有关改善物归属于土地所有权人而不是土地承批人的误解。

事实上，立法者早于 1983 年意识到有关问题并且对旧《土地法》进行修法①；现行《土地法》第四十二条第一款规定："以租赁或转租赁方式批给都市性土地或具有都市利益的土地所衍生的权利，包括有权按照有关设定凭证所定的用途和限制进行兴建、改建工程或保存建造物；已兴建或保存的建筑物的所有权继续属承批人或转承批人所有，直至批给因本法律或合同规定的任何原因而消灭为止。"

在这种性质的土地上建成的建筑物所有权构成了"物权客体特定原则"的例外。因为在未与土地脱离的工作物上，有了一项与该土地的所有权不同的物权（土地的所有权属于澳门特别行政区）②。

2. 私有土地。

事实上，私有土地的存在从未被立法者所否认。《基本法》第七条规定，在澳门特别行政区成立前已依法确认的私有土地，不会被纳入为国有土地，该等土地将作为私有财产并继续受《基本法》第六条所保护。

《基本法》第六条规定："澳门特别行政区以法律保护私有财产权。"

此外，《基本法》第一百零三条规定："澳门特别行政区依法保护私人和法人财产的取得、使用、处置和继承的权利，以及依法征用私人和法人财产时被征用财产的所有人得到补偿的权利。"

不难发现，第六条的规定被放置在《基本法》第一章（总则），而第一百零三条的规定则被放置在《基本法》第五章（经济）；那么，立法者将第六条放置在"总则"而非与第一百零三条一并放置在"经济"之中必然有

① 唐晓晴 . 土地法改革的新趋势 [M]. 澳门：澳门大学法学院高级法律研究所，2010:156-157.

② José Gonçalves Marques. 物权法 [M]. 唐晓晴译 . 未出版，104.

着其立法的考虑及目的。

作为中葡联合联络小组中方代表和澳门特别行政区筹备委员会委员以及曾参与香港及澳门基本法的起草工作的骆伟建教授认为，立法者把保护所有权放在总则中规定是有特殊意义的，一是要突出保护私有财产是“一国两制”国策中的一项基本原则，不能改变；二是要体现保护私有财产权的重要性[①]。

那么，就《基本法》第七条中有关“在澳门特别行政区成立前已依法确认的私有土地”之理解，澳门终审法院在第32/2005号合议庭判决中指出：“在特区成立之后不能产生新的私有土地。如果利害关系人在特区成立之后才提起确定其拥有土地所有权的诉讼，由于在特区成立前未经依法确认属私人的土地，在特区成立后均属国家所有，显然该诉讼请求不符合《基本法》第七条的规定。

若有关诉讼在特区成立之前已经提起，但到特区成立时仍未有确定裁判，有关利害关系人的请求就违反了《基本法》第七条的规定，同样不能成立。法院不能在特区成立后，也就是基本法生效之后，违反该法第七条的规定作出确认私有土地的裁判。”

最后，当述及与“纱纸契[②]”有关的问题，必须引述澳门大学唐晓晴教授的以下理解：“可以肯定的是，纱纸契本身不是现行法律秩序以及过去很长一段时间的法律秩序所承认的权利证书或形式凭证。在《基本法》的框架内，它也不会在将来取得这样的地位。理由如下：

（1）法律文件的效力要么源自缮立文件者的职权，要么源于法律的承认；而纱纸契既非由过去或现在的澳门法律所承认的有权限当局所缮立，也没有得到澳门法律的承认其效力。

（2）即使考虑到管治权更迭的因素，根据国际法，前政权所发的文件只有在明确得到后政权认可时方予采认。所有纱纸契从发出至今，至少均经历了两次或以上的管治权更迭，而从来没有更迭后的政权表示过会直接承认纱纸契的效力。

---

① 骆伟建．澳门特别行政区基本法新论 [M]. 北京：社会科学文献出版社，2012:366.

② 澳门的纱纸契源于中国古时出现的一种土地契约，而目前已知最早在澳门出现的纱纸契可追溯到清朝。澳门在被葡萄牙占领前，尤其是氹仔和路环，已有不少土地是以纱纸契作为主要的土地业权凭据。

（3）从公平的角度考虑，若然有人以“纱纸契”作为权利凭证进行交易而效力得到承认，则无异是把整个法律秩序当作儿戏。因为在这种“交易”中，当事人规避了法律为正常土地交易所设定的一切要求（例如税赋、正当性证明、公示等）。很难想象，一个奉公守法的人正当的交易需要缴交一系列的税费，还需要进行繁复的手续，而置法律于不顾的人却可以获得与之相同的保护（要是这样的话，久而久之就不再会有任何人遵守法律了）。

（4）另外，即使没有交易发生，则相关土地的权利也不可能通过继承而一代一代地流传；在澳门，土地权利的继承很久以前就有一套详细的法律制度。”①

（二）房产

《民法典》将“物”定义为一切属独立、人身以外、具有用处及能以所有权形式成为法律关系目标的客观存在的事物。

物主要可分为不动产及动产、可代替物及不可代替物、消费物及非消费物、可分物及不可分物、主物及从物，以及现在物及将来物。

根据《民法典》第一百九十五条的规定，不动产包括农用房地产及都市房地产、水、附于土地上的树木及天然孳息、农用房地产及都市房地产的附着部分；而动产泛指该等非为上述所涵盖之物。虽然立法者没有直接对不动产进行定义，但可以通过《民法典》第一百九十五条总结出不动产的基本概念：从根本而言，不动产是指土地及与它恒久相连的东西②。无可否认的是，澳门的民法体系基本是继承了葡萄牙的民事法律，在判断土地上的楼宇或建筑物是否不动产时，葡萄牙《司法部期刊》曾论述如下：“把任何楼宇或建筑物分类为不动产的根本前提，是楼宇或建筑物必须与土地结合，因为动产与不动产的区分基础，就在于物能否从一个地方被运送至另一地方，并且不因而遭受损坏……与土地结合，意味着通过桩柱进行物质上的联结。”因此，举例而言，土地上可卸移的木屋、帐篷，便是动产而非不动产③。

那么，毫无疑问的是，房产属于《民法典》所规定的不动产；事实上，

① 唐晓晴．论“凭证” 概念及其在澳门土地立法中的应用 [J]. 澳门法学 ,2013（9）:49.

② 唐晓晴．民法一般论题与澳门民法典总则 [M]. 北京：社会科学文献出版社 ,2014:234.

③ 唐晓晴．民法一般论题与澳门民法典总则 [M]. 北京：社会科学文献出版社 ,2014:234-235.

区分动产及不动产的意义在于，法律对这两种“物”的对待并不尽同，尤其是与移转方式及登记制度方面，彼此有着不同的规范。

（三）分层建筑物

事实上，基于土地资源受限，面对不断上升的居住人口，建筑物唯有向高空发展，在一块土地上建立多层楼宇。然而，当房屋（casa）原本是作为单一物存在于法律秩序中，但由于多层楼宇相继落成，这些以分层方式（por andares）分别属于不同人的建筑物，对原有一物一权的所有权体系造成了冲突[①]。

针对分层所有权的制度，在此再次引述澳门大学唐晓晴教授的以下理解：“在多层楼宇刚建好而未曾分割之时，即整幢建筑物仍属于一个所有人的时候，以分层建筑物为客体的所有权与其他的所有权并无区别。由此可见，分层所有权与一般所有权之不同绝对不是客体的形状问题。即使是完全具有设立分层所有权条件的多层建筑物，其所有人也可以选择不设立分层所有权而以一般所有权拥有。

问题是，当分层所有权设立以后，随着对不同单位的所有权的分散，各个单位的所有人之间会因为建筑物结构上的联系及限制而产生一些新的关系。

正是这些关系——这些由建筑物的结构上的联系及限制所引起，而传统所有权的规定不足以妥善处理的关系——导致了分层所有权制度的产生。

换句话说，分层所有权制度是为了处理一些由多层建筑物的结构上的联系及限制所引起，而传统所有权又未有加以规定或规定不足的关系而产生的。”[②]

正是基于这种冲突，立法者建立了分层所有权制度；分层所有权是所有权中另一种同样须要调和各共同拥有人的利益的次类型。分层所有权容许在同一座建筑物上存在着多个对分层单位的单独所有权，这些单位都具有构成独立部分的条件，是建筑物的组成部分。[③]

---

① 艾林芝 . 澳门物权法 [M]. 北京：社会科学文献出版社，2013:232.

② 唐晓晴 . 民法基础理论与澳门民法的研究 [M]. 广州：中山大学出版社，2008:277-278.

③ José Gonçalves Marques. 物权法 [M]. 唐晓晴译 . 未出版，231.

（四）在建楼宇

在此，必须考虑涉及在建楼宇（俗称楼花）的问题，根据第 7/2013 号法律《承诺转让在建楼宇的法律制度》第二条的规定，在建楼宇是指计划兴建、正在兴建或已完成兴建但仍未获发有效使用准照（俗称入伙纸）的不动产；如属以分层所有权制度兴建者，则指仍未完成设定分层所有权确定登记的不动产，包括独立单位。

如属以分层所有权制度兴建的楼宇，即使已完成兴建但未完成分层所有权的设定的独立单位，法律也将之定性为将来物（coisas futuras）[①][②]。葡萄牙学说以及司法见解也普遍认为尚未建成的建筑物分层单位及未建造的建筑物分层单位均为将来物[③][④][⑤]。

三、不动产所有权的移转方式

《民法典》第一千二百二十九条规定："物之所有人，在法律容许之范围内及在遵守法律规定之限制下，对属其所有之物享有全面及排他之使用权、收益权及处分权。"

事实上，根据《民法典》第八百六十五条及第八百六十九条的规定，买卖系将一物之所有权或将其他权利移转以收取价金之合同；除了产生将物之所有权或将权利之拥有权移转的效力外，买卖的基本效力尚包括物之交付义务及价金之支付义务。

以法律的角度而言，被移转的是目标物之所有权或其他权利，而权利的

---

① Luís Carvalho Fernandes e José Brandão Proença, Comentário ao Código Civil - Parte Geral, Universidade Católica Editora, 2014, p.476.

② 将来物可分为绝对将来物及相对将来物；前者是指在作出法律行为的意思表示时仍未存在之物，后者是指在作出法律行为之意思表示时已存在之物，但未受有关处分人所管领或处分人对其不拥有权利者。

③ Luís Menezes Leitão, Direito das Obrigações, Vol. III, Almedina, 2002, p.51.

④ Manuel Baptista Lopes, Do Contrato de Compra e Venda, Almedina, 1971, p.94.

⑤ Manuel Januário Gomes, Direitos Reais - Jurisprudência Seleccionada para as Aulas Práticas, AAFDL, Lisboa, 2004, p.555.

移转导致权利主体的变更——权利的目标不变，主体发生变化[①]。

因此，由于发生的是权利的移转性继受取得（aquisição derivada translativa），那么，取得人的权利，在其范围方面取决于取得事实的内容，但还取决于移转人原有权利的范围，原则上不可越逾该权利（“任何人不得转让超过自己原有的权利”，拉丁文：*Nemo plus juris in alium transferre potest quam ipse habet*）[②]。

《民法典》第四百零二条第一款规定：“特定物之物权，基于合同之效力即足以设定或转移，但法律所定之例外情况除外。”也即是说，基于合同的效力，特定物的物权即得以移转；学说上称为“合意主义原则”，可体现为两方面：一方面，合意是物权移转的充分要件——在基于法律行为的物权移转中，单纯的合意即足以导致物权的移转，不取决于交付、登记或义务的履行；另一方面，达成合意的时间是物权移转的时间点——物权在合意时实时移转[③]。

如上所述，区分动产及不动产具有实质性的意义，尤其涉及与所有权移转的形式方面，《公证法典》第九十四条第一款规定：“凡构成对不动产之所有权、用益权、使用及居住权、地上权或地役权之确认、设定、取得、分割或消灭之行为，一般均须采用公证书之方式作出。”因此，不动产买卖合同的意思表示不能通过口头方式或私文书方式作出，否则，根据《民法典》第二百一十二条的规定，有关法律行为意思表示将属无效。

公证书是指由公证员（公共公证员或私人公证员）在有关簿册或独立文书内缮立的文书；公证的主要作用在于使非以司法途径作出的法律行为具备法定形式，并赋予了该等行为公信力。

然而，在现实生活中存在很多事实上或法律上的障碍而不能立刻通过公证员缮立公证书以订立不动产买卖合同，尤其是当事人欠缺足够资金，或涉及将来物或他人之物的情况；为着在签订正式的不动产买卖合同及交易安全，立法者设立了预约合同的制度，以便买卖双方当事人约束对方将来签订具备法定形式的不动产买卖合同。

---

① 艾林芝．澳门物权法 [M]. 北京：社会科学文献出版社，2013:64.

② Carlos Alberto da Mota Pinto. 民法总论 [M]. 林炳辉等译．法务局，2001:202.

③ 艾林芝．澳门物权法 [M]. 北京：社会科学文献出版社，2013:83.

（一）预约合同

《民法典》第四百零四条规定：“某人基于一协议而有义务订立特定合同者，该协议适用有关本约合同之法律规定。”由此可见，预约合同是一协议，基于该协议某人有义务订立特定合同（学说上称之为“本约合同”），立法者并没有规定本约合同须为法律规定的任何一种典型合同。因此，本约合同可为买卖合同、消费借贷合同或承揽合同等。

然而，预约合同本身属法律规定并作规范的典型合同，经常在法律交易中出现，尤其涉及不动产的买卖预约合同，在法律、经济及社会层面具有极大的重要性，预约合同除规范合同的主要要件、目标及价金外，还可对定金及效力方面、赔偿及特别执行、履行时刻、交付定金的期限、支付价金或交付物的期限、跟随预约合同一起交付或仅跟随本约合同一起交付等方面，在合同自由的范围及法律容许的界限内作出规范[①]。

1. 预约合同的制度。

《民法典》第四百零四条第一款规定：“某人基于一协议而有义务订立特定合同者，该协议适用有关本约合同之法律规定；但当中涉及本约合同方式之规定或因本身存在之理由而不应延伸适用于预约合同之规定除外。”

根据上述规定，预约合同适用等同原则，也即适用有关本约合同的法律规定。原则上，就预约合同的要件及效力而言，适用规范合同的一般规定，例如，有关当事人的行为能力、法律行为的解释及填补、出卖争议中的物或权利、确定价金、缩减价金等规定，同时也适用针对有关本约合同的专门规定，例如对买卖预约合同，适用《民法典》第八百六十五条至第九百三十三条有关买卖合同的规定[②]。

然而，预约合同的等同原则存在两项例外情况，包括：（1）涉及本约合同方式的规定（形式制度）；以及（2）因本身存在的理由而不应延伸适用于预约合同的规定（效力制度）。

针对方式制度，根据《民法典》第四百零四条第二款的规定，如预约涉

---

① Manuel Trigo, Lições de Direito das Obrigações, FDUM, 2014, p.119. 译文见澳门大学法学院教材，未刊稿，54。

② 朱琳琳 . 简析现行预约合同制度 [M]. 行政，2005（18）:1187-1188.

及法律要求以公文书或私文书订立的合同，则预约视乎属单务或双务而须在具有受预约拘束之一方或双方当事人签名的文书内作出已属有效。

针对效力制度，一般而言，预约合同仅具债权效力（相对效力：对人权），而不具物权效力（绝对效力：对世权）；因此，以物权效力作为前提的规定，例如，在买卖合同中有关物权的转移或风险的规定并不能延伸适用于预约合同。由于无须立即转让预约的目标物，而仅须遵守一项转让承诺，因此，在预约出卖他人之物、在未取得另一方夫妻同意前预约出卖家庭居所或未取得共有人同意前预约出卖共有物等情况中，并不妨碍因无法取得共有人或另一方夫妻的同意而引致预约出卖人欠缺正当性以及因此而须负的责任。这是因为预约出卖人负有为订立合同而取得其他共有人同意的义务——手段之债或目的之债；这样，基于同一理据，对将来物的预约也属有效[①]。

2. 单务预约合同。

单务预约合同是指拘束一方当事人的预约合同；由于单务预约合同中仅一方当事人有义务订立本约合同，而另一方并无义务订立本约合同，因此，根据《民法典》第四百零四条第二款的规定，单务预约合同仅须在具有受预约拘束之一方当事人签名的文书内作出已属有效。

那么，针对仅由一方当事人签署的双务预约合同的有效性方面，法律学者有着不同的理解，部分学者认为仅由一方当事人签署的双务预约合同属于无效，也有部分学者认为可通过缩减或转换等机制将双务预约合同缩减或转换为单务预约合同[②]。

3. 具物权效力的预约合同。

如上所述，一般而言，预约合同仅具债权效力（相对效力：对人权），

---

① Manuel Trigo, Lições de Direito das Obrigações, FDUM, 2014, pp.140-141. 译文见澳门大学法学院教材，未刊稿，71。

② 参见朱琳琳 . 简析现行预约合同制度 [M]. 行政，2005（18）：1189. 当中指出："支持宣告仅由一方当事人签署的双务预约合同无效的人士认为，在双务预约合同中，一方的给付相应于另一方的对待给付，这两项给付互为对方的原因及条件，如一方当事人并未签署预约合同，只有宣告双务预约合同无效。另一些学者则认为，以买卖不动产的双务预约合同为例，在该合同中，不动产的业权人承诺出卖有关不动产，而另一方则承诺按约定金额买受之；在这两项意思表示之间，的确存在互相依附及互为依据的关系，然而，如因仅涉及其中一项意思表示的原因而使该意思表示有瑕疵（如表意人无签名），但并不存在一并影响两项意思表示的效力的瑕疵（如未遵守法定方式作出有关行为），则无充分理由无条件或必然地宣告符合法律要求的另一意思表示无效。"

而不具物权效力（绝对效力：对世权）。然而，立法者设置了具物权效力的预约制度，根据《民法典》第四百零七条的规定，双方当事人得通过明示的意思表示及作出相关登记，将物权效力赋予就不动产或须登记的动产的转让或设定负担的预约合同。在进一步述及具有物权效力的预约合同的要件及制度前，似乎更有必要指出债权与物权在法律上的区别。

债权是一项请求权及相对权，前者是指请求他方的特定当事人作出一定行为或不作出一定行为；后者是指债权人只能向特定的债务人请求给付，债务人只对特定的债权人负给付义务；债权的特征包括任意性、平等性、兼容性及暂时性等。

物权是一项绝对权及对世权，是指物权人得要求世间一切人对其目标物的支配状态予以尊重的权利，一切人均负有不得侵害该直接支配状态的义务。因此，任何人侵害物权时，物权人得对之行使物上请求权（包括请求返还所有物之诉）或主张追及权（在物权成立后，其目标物不论辗转于何人之手，物权的权利人均得追及物的所在，而直接支配该物的权利，也即是，权利人得向实质上拥有物的任何其他人主张其权利）。物权的特征包括排他性、恒久性及优先性等[①]。

倘若双方当事人欲将物权效力赋予就不动产或须登记的动产的转让或设定负担的预约合同，根据《民法典》第四百零七条的规定，须符合以下要件：

（1）须作出赋予物权效力的明示意思表示。

（2）视乎本约合同是否须以经认证的文书或更严谨的方式作出，有物权效力的预约合同须载于经认证的文书[②]或以书面方式作出。

（3）为预约合同作出登记。

然而，第15/2001号法律《不动产的转让预约和抵押预约》规定了具买卖预约及设定意定抵押权预约的消费借贷合同（俗称三方约）的特别制度，当中，倘若双方当事人欲将物权效力赋予具买卖预约及设定意定抵押权预约的消费借贷合同，则仅须符合以下要件：

（1）须作出赋予物权效力的明示意思表示。

---

① 参见邓志强律师为澳门大学法学院四年级法律葡语课程所编制的教材。

② 《公证法典》第一百五十五条规定。

（2）以私文书订立预约合同，立约人的签名须经公证认定[①]。

（3）为预约合同作出登记。

倘若双方当事人将物权效力赋予预约合同，并作出相关登记后，将产生对抗第三人的效力，那么当事人不能再随心所欲地选择订立本约合同的对象。有物权效力的预约可对抗所有人，违反预约的行为不产生效力，它使债权有绝对效力，是其中一种取得物权[②]，也即是说，受益人有权迫使许诺人订立本约合同，其权利可对抗第三人。该权利优先于在作出登记之后才登记的涉及预约目标物的一切权利，因此，针对预约所涉及的不动产或动产的转让，可向法院声请特定执行[③]。也就是说，倘若预约合同仅具债权效力，预约买受人甲不能对抗已把预约目标物出卖于丙的预约出卖人乙，也不可要求特定执行，因预约目标物已不再属于预约出卖人乙，甲最多只可因乙不遵守预约合同而要求赔偿。倘若预约合同具有物权效力，即使乙将预约目标物出售于丙，而丙也已作出了登记，只要具物权效力的预约合同的登记先于取得登记，甲仍可以行使其取得物权以对抗丙，并要求法院作出可产生未被违约人作出的法律行为的意思表示效力的判决，以对预约合同作出特定执行[④]。

4. 预约合同的不履行。

在负有义务订立本约合同的当事人未有订立本约合同而产生不履行的情况，除了适用《民法典》中与不履行的一般规定外，也适用与定金与特定执行有关的专门规定。

（1）定金。

定金的法律制度并非预约合同的专有制度，其适用于所有合同；根据《民法典》第四百三十六条第一款的规定，在没有定金的情况中，如交付定金的预约人履行合同，则将作为定金而交付之物抵充应为给付，并从应交付的总

---

① 《公证法典》第一百五十九条第一款规定。

② 参见艾林芝 . 合意主义原则下的物权变动——兼论预约合同制度的重要性 [J]. 澳门研究，2012(42):14，注 44；当中指出葡国法学界对这里提到的物权效力的概念一直争论不休：Mota Pinto 与 Barbosa Lima Sobrinho 认为是取得物权， Antunes Varela、Orlando Gomes 以及 Pontes de Miranda 认为是预约买受人对抗其他与其不兼容之权利的渊源。

③ 朱琳琳 . 简析现行预约合同制度 [J]. 行政 ,2005(18):1191.

④ Manuel Trigo, Lições de Direito das Obrigações, FDUM, 2014, pp.143-144. 译文见澳门大学法学院教材，未刊稿，73。

价金中扣除定金，交付定金的预约人只须支付余下款项；在这种情况中，可把定金视为提前作出的部分履行；然而，如作为定金交付之物不是金钱，且因其性质不能抵冲应为给付，在受领应为给付后，应将作为定金之物返还，以免出现不当得利的情况，因为在对方履行给付后，已没有有效或合理理由继续留置作为定金之物[①]。

另外，根据《民法典》第四百三十六条第二款的规定，交付定金的当事人基于可归责于其本人的原因而不履行债务时（尤其是不订立本约合同），他方立约人有权没收获交付的定金；如因可归责于他方立约人以致合同不被履行，则交付定金之当事人有权要求双方当事人返还双倍定金。

除另有订定外，如因合同的不履行已导致丧失定金或双倍支付定金，则无须作出其他赔偿；如损害的数额远高于定金数额，则有关当事人有权根据《民法典》第四百三十六条第四款的规定就超出的损害部分获得赔偿。澳门终审法院认为："对于订定《民法典》第四百三十六条第四款所指的超出之损害的赔偿而言重要的时刻是在法院所能考虑的最近日期，像《民法典》第五百六十条第五款所规定的那样，而不是在不履行合同的那一刻。"[②]

为着避免当事人就定金及提前履行之性质产生争议，《民法典》第四百三十五条规定："在买卖之预约合同中，预约买受人向预约出卖人交付之全部金额，即使以提前履行或首期价金之名义交付者，也推定具有定金性质。"

综上所述，在现行法律制度中，定金具有强迫履行及预先订定在不履行中的赔偿金额的功能。

（2）特定执行。

事实上，预约合同中的定金制度与特定执行制定是密不可分的，根据《民法典》第四百三十六条第三款的规定，定金的存在并不推定排除特定执行的可行性，除非双方当事人在预约合同中明确排除特定执行的可行性。因此，《民法典》第四百三十六条第三款规定是赋予非导致不履行之一方当事人的一种权能，其得选择申请合同的特定执行，只要按一般规定该当事人有权提出该申请。

根据《民法典》第八百二十条第一款及第二款的规定，只要不存在相反

① 朱琳琳 . 简析现行预约合同制度 [J]. 行政，2005（18）:1193-1194.

② 参见澳门终审法院第 5/2017 号合议庭裁判。

协议，且特定执行与违约人所承担债务的性质无抵触者，债权人即可申请特定执行，而本约合同的目标物的交付，不是提出特定执行的要件。

仅在债权人对迟延履行的给付仍有利益的情况中，才会作出特定执行的申请，以便借法院作出的判决取代违约人的意思表示，以使债权人取得原来的给付。

在迟延履行的情况中，如债权人对给付仍有利益，且给付仍为可能时，可借特定执行防止出现不能取得原给付的后果。在一方许诺人不自愿订立本约合同的情况中，如另一方当事人申请特定执行，即意味着忠诚许诺人仍有意订立本约合同，也即债权人仅视债务人的违约行为为单纯的迟延履行，而非确定不履行，因而坚持要求债务人履行仍为可能的给付。相反，如债权人对于迟延的给付已丧失利益，即会视违约行为为确定不履行，并解除合同及要求返还双倍定金[①]。

（二）楼花

根据《民法典》第四百零二条的规定，特定物之物权，基于合同之效力即足以设定或转移（合意主义原则）；涉及将来物或不特定物之转移者，其权利于转让人取得该物时或于当事人双方获悉该物已确定时转移。

如上所述，法律将在建楼宇定性为将来物；主流学说认为对将来物不得设立物权，只可设立债权；因此，以将来物为目标的合同只具备债权效力，而不具备物权效力[②]。事实上，法律允许通过预约合同及合同地位的让与进行与在建楼宇有关的交易。

然而，进行与在建楼宇有关的交易时，必须注意的是，仅在获得土地工务运输局（DSSOPT）的预先许可后，方可作出在建楼宇的承诺转让及承诺设定负担的法律行为；在未获得土地工务运输局的预先许可的情况下所作出在建楼宇的承诺转让及承诺设定负担的法律行为均属无效。

针对在建楼宇的承诺转让及承诺设定负担的法律行为的形式方面，除了须以私文书订立合同，双方当事人的签名更须经公证认定[③]（俗称认笔迹），

① 朱琳琳 . 简析现行预约合同制度 [J]. 行政 ,2005(18):1198.

② José Gonçalves Marques. 物权法 [M]. 唐晓晴译 . 未出版，89.

③ 《公证法典》第一百五十九条第一款规定。

否则，有关的法律行为也属无效。

针对在建楼宇的预约买卖合同的内容方面，必须载有以下内容：立约人的认别资料[①]；立约人的代理人的认别数据[②]；立约人或代理人的联系数据及通知方式的约定[③]；在建楼宇的基本状况[④]；楼宇的管理和保养[⑤]；合同履行的条件[⑥]；合同迟延履行、不履行和瑕疵履行的责任[⑦]。

在建楼宇的预约买卖合同必须载有上述事项，否则预约买受人有权自作出公证认定之日起计一年内要求撤销合同，而任何与上述事项的内容相抵触的合同条款均视为不存在[⑧]。此外，为着确认预约买卖合同符合法律规定，并且载有所有必要事项及不存在与必要事项相互抵触的内容，第 7/2013 号法律《承诺转让在建楼宇的法律制度》要求律师发出相关的确认声明；倘若不具备律师确认声明的情况，公证员必须拒绝对立约人的签名作出公证认定。

---

① 当中包括自然人的姓名、婚姻状况、财产制度、住址，以及身份证明文件的类别、编号及发出机关；或法人名称、住所及法人登记编号。

② 当中包括姓名、婚姻状况、住址、代理所依据文件的类别，以及身份证明文件的类别、编号及发出机关。

③ 当中包括预先许可编号；在建楼宇的名称；在建楼宇所在土地的位置、面积、性质、物业标示编号；批地文件的日期及编号、批地年限；在建楼宇的幢数、楼宇高度、楼层数目、独立单位的用途；抵押的登录编号、抵押权人、抵押所担保的金额，以及其他依法须登记的对在建楼宇的限制和负担、诉讼、裁判的登录编号；在建楼宇的花园、会所、康乐设施是否属共同部分，以及会所、康乐设施的营运方式、开放对象、收费标准；在建楼宇的社会设施的位置、面积及用途；在建楼宇的外墙、大堂、电梯用料的简要描述；拟转让的独立单位的名称、用途、层高、实用面积、间隔、共同部分的分摊面积（附平面图）；拟转让的独立单位的地面、墙身、门窗的用料的简要描述，以及厨房、卫生间的设备及用料的简要描述。

④ 当中包括通讯地址及联系电话；通知的方式及效果。

⑤ 当中包括楼宇物业管理的实体、主要服务内容、收费标准；发展商对楼宇的露天部分、外墙、排水管或其他部分提供保修服务的承诺；在发出楼宇的使用准照时向预约买受人或合同地位受让人提供楼宇管理规章的承诺。

⑥ 当中包括拟转让的独立单位的总价、首期金额、按楼宇兴建进度分期支付余款的方式及在获发使用准照后支付至少占总价百分之三十的最后一期余款的约定；预计交付独立单位的时间；修改图则须经预约买受人或合同地位受让人同意的情况的约定；发展商在获支付独立单位的总价时申请注销涉及该单位且由其设定的抵押登录的承诺；预约买受人或合同地位受让人对楼宇共同部分应承担的责任；按照批地合同及街道准线图的规定，须由预约买受人或合同地位受让人承担的责任；买卖双方所应负担的税务责任；合同的签署地、签署日期及所签署的合同份数。

⑦ 当中包括构成合同迟延履行及不履行的情况，以及处理方式；独立单位实用面积及共同部分分摊面积与图则面积误差的处理方式。

⑧ 倘若任一必要事项的内容事实上并不存在，则仅需注明为“不适用”。

另外，第 7/2013 号法律《承诺转让在建楼宇的法律制度》规定，在建楼宇的承诺转让或承诺设定负担的法律行为均须作出物业登记，且必须自对立公人的签名作出公证认定起 30 日内向澳门物业登记局请求登记，否则须缴纳三倍的物业登记手续费。

以预约买受人名义作出的取得登记，须以相关的预约买卖合同作为依据，并以基于性质的临时性登录作出有关登记；以合同地位受让人名义作出的登记，须以相关的让与合同地位的合同为依据，并以对基于性质的临时性登录作出附注的方式作出有关登记；后续以合同地位受让人名义作出的登记，须以相关的让与合同地位的合同为依据，并以新的附注方式作出有关登记。

以债权人名义作出的担保物权的登记，须以相关的预约合同作为依据，并以对基于性质的临时性登录作出附注的方式作出有关登记。

四、澳门物业登记制度

（一）概述

根据《物业登记法典》第一条的规定，物业登记的主要目的在于公开房地产的法律状况，尤其是与确认、设定、变更或消灭不动产相关权利的诉讼有关的状况，以便保障不动产交易的安全；因此，物业登记的主要作用是将与不动产相关的权利公示，但登记所达到的公示并非是一种单纯的告知性公示。因为登记的公示是对法律层面的现实的一种承认，并非仅是将事实向一般公众作出告知[①]。

物业登记制度建立在特定物的物权的创设或移转仅需合同的效力这一普遍原则之上（上述的合意主义原则），登记不具创设性，但构成对抗第三者的一种条件。按照合意主义原则，登记仅具宣告性效力，只是对抗第三者的条件（但抵押的登记除外，因为在我们的制度中，抵押若未登记则在当事人之间也无效力）[②]。即是说有关不动产的物权的创设或移转在合约签署之后便告完成，登记只是利用其公示性，使这些权利得到更好的保障。以下仅就物

① Vicente João Monteiro. 澳门物业登记概论 [M]. 澳门 : 司法事务司 ,1998: 46.

② Vicente João Monteiro. 澳门物业登记概论 [M]. 澳门 : 司法事务司 ,1998: 15.

业登记制度中部分重要的原则作出简单介绍。

1. 申请原则：登记需由利害关系人申请，而非依职权进行，但法律另有规定的除外。

2. 合法性原则：通过对文件的外在形式（形式上的合规则性）及其所包含的前提及要件（内容上的合规则性）进行审查，行使其评估的权利和义务。这种审查旨在从物业登记的角度作出评估，以便采取以下的一种措施：（1）作出确定性登记；（2）作出疑问临时性登记；（3）拒绝登记。

3. 登记推定原则：当以某人的名义作了登记之后，不仅推定有关的权利存在，而且此权利归登记人所有。这是一种“可反驳之推定”（presunção iuris tantum），可被相反的证据推翻。但是，如果登记是以某个人的名义所作，则他无须证明其权利，打算质疑其权利真实性的人负有举证责任。

4. 优先原则：谁最先作了登记，则相对于其后所作登记的人便处于一个优先的位置上（最先者最有利，*priori in tempore potior in iure*）。

5. 登记连续性原则：要求每项权利的拥有都要有先前的理由，即是说一项权利的登记取决于权利的移转人事先已作登记。同一道理，只有具登记合法性的人才可以创设（或承担）有关物业的负担[①]。

（二）登记第三人的保护

如上所述，物业登记的主要目的在于公开房地产的法律状况，以便保障不动产交易的安全。登记第三人的保护出现的原因在于，法律希望确保那些信赖物业登记所显示的房地产法律状况的利害关系人[②]。《物业登记法典》第五条第一款规定：“须登记之事实仅在登记之日后方对第三人产生效力。”因此，在二重买卖（俗称一屋多卖）的情况中，例如，甲将其对不动产的所有权出售给乙，后者没有登记；随后甲又将同一不动产所有权出售给丙，丙作出登记。此时，按照合意主义原则，当甲、乙的买卖行为作出时，所有权即已经移转于乙，甲、丙随后的买卖行为应属于买卖他人之物，基于任何人不得转让超过自己原有的权利原则，丙将无法取得权利。但由于甲、乙的买卖行为未登记，因此在物业登记上仍然显示所有权人是甲，故丙对公共当局

---

① Vicente João Monteiro. 澳门物业登记制度简介 [J]. 行政，2005（10）:932-934.

② Vicente João Monteiro. 澳门物业登记概论 [M]. 澳门：司法事务司，1998:9.

的信赖值得保护。

由于《物业登记法典》规定了须登记的事实仅在登记的日后方对第三人产生效力，也就是说，不登记的事实将不具有对抗第三人的效力，也就是在第三人看来，先前的移转事实如同未作出一般，如此的话，甲、丙之间的行为将不会陷入买卖他人之物的情况，当甲、丙的买卖进行了登记后，法律将承认丙的取得是具有完全效力的取得，这便是法律对登记第三人的保护[①]。

（三）善意第三人的保护

《民法典》第二百八二条规定："宣告法律行为无效及撤销法律行为均具追溯效力，应将已受领之一切给付返还，不能将之返还时，则作等价返还。"那么，在链条式的转移中，基于任何人不得转让超过自己原有的权利原则，取得人的权利将可能受到先前的一项或多项移转行为事后被宣告无效或撤销影响。例如，甲以法定方式出售房地产给乙，乙以法定方式将该房地产出售给丙。若随后甲、乙的买卖行为被宣告无效，那么，乙将被视为从未取得权利，受此影响，在乙、丙的买卖中原本具有正当性的出卖人乙，也将而变得不具有正当性[②]。针对这种情况，澳门法律学者也指出：倘若一个取得行为非有效，则权利不会被转移，而基于这个行为而成为取得人最后也没有正当性将之转移，而基于先前权利的解除令之后的权利也解除（Resoluto iure dantis resolvitur ius accipientis），其中一个取得非有效将传承到其他所有在其之后的取得，这些之后发生的转移并没有任何效力[③]。

澳门的民法体系基本是继承了葡萄牙的民事法律，葡萄牙立法者在衡量原权利人甲与第三人丙这两方面的利益，这也可以视为对属于权利静态利益（拥有权利）和权利动态利益（交易）的保护的衡量后，最终选择保护善意第三人，但设置了多个要件（其中之一便是登记），且最后还为真正权利人保留权利三年（澳门《民法典》规定为一年）。登记在此的作用，显然不是产生其中心效力——登记后可以对抗第三人，而是周边效力[④]。

①艾林芝 . 澳门物权法 [M]. 北京：社会科学文献出版社，2013:97.

② 艾林芝 . 澳门物权法 [M]. 北京：社会科学文献出版社，2013:101-102.

③ José Gonçalves Marques. 物权法 [M]. 唐晓晴译 . 未出版，214.

④艾林芝 . 澳门物权法 [M]. 北京：社会科学文献出版社，2013:102-107.

在此，第三人是指置身于一连串及同一连串的转让的人，他的法律地位因在他参与作出行为之前的一个或若干不完全有效原因而受影响[1]。

《民法典》针对善意第三人的保护分别规定在第二百三十五条及第二百八十四条。

第二百三十五条规定：（不得以虚伪行为对抗善意第三人）一、对于自表见权利人取得权利之善意第三人，且其权利系与曾为虚伪行为目标之财产有关者，不得以虚伪所引致之无效对抗之。二、善意系指于设定有关权利时不知存有虚伪情况。三、如就针对虚伪行为之诉讼已作出登记，则对在登记后方取得权利之第三人必视为恶意第三人。

第二百八十四条规定：（无效及撤销之不可对抗）一、对涉及不动产或须登记之动产之法律行为宣告无效或撤销，不影响善意第三人以有偿方式所取得之涉及该等财产之权利，但第三人之取得登记须先于无效或撤销之诉之登记，又或先于当事人就法律行为非有效所达成之协议。二、在符合上款之要求下，如第三人之权利系从按照有关登记所载具有处分正当性之人取得，则仅在无效或撤销之诉并未于该非有效之行为完成后一年内提起及登记时，第三人所取得之权利方获承认。三、如在第三人取得权利之日并无任何涉及有关财产之登记作出，则仅在无效或撤销之诉并未于该非有效之行为完成后三年内提起及登记时，第三人所取得之权利方获承认。四、如第三人在取得权利时，在无过错下不知悉该无效或可撤销之法律行为所具有之瑕疵，则视为善意第三人。

五、结语

事实上，在澳门法律中，与土地房产有关的制度岂能以三言两语说清，基于篇幅所限，希望本文与土地房产有关的信息能对所有拟于澳门进行土地房产的投资者起到说明的作用。

---

① Orlando de Carvalho. 民法总论 [M]. 黄显辉译，澳门：澳门大学法学院，2014:82.

澳门投融资之税收

李湘漪[1]

一、税收的体系与制度

在“一国两制”之下，澳门作为中华人民共和国的特别行政区（以下简称澳门、本澳或本特区）实行独立的税收制度，并参照原在澳门实行的低税政策，自行立法规定税种、税率、税收宽免和其他税务事项。[2] 本特区的财政收入无须上缴中央人民政府（以下简称中央或内地）或向中央缴税。[3] 鉴于澳门经济结构很大程度地倚重于博彩业，政府的财政收入主要来源于批给博彩专营权之直接税，[4] 这支持着澳门实行低税政策。税率低、税制单一及结构简单，结合澳门没有关税或外汇管制等因素，是促进澳门成为世界旅游休闲中心、中国与葡语国家商贸合作服务平台的重要优势，致力于配合中央发展“一带一路”的政策。

澳门的税制主要承袭回归前葡萄牙的税务法律，采用分散税源的政策及实行地域来源征税或属地原则，即仅对在澳门本地产生、拥有或作出的财产、收益或行为征税。倘若收益来源于澳门以外，则不属于征税范围。换而言之，

① 李湘漪，澳门执业律师。

② 参见《澳门特别行政区基本法》第一百零六条。

③ 参见《澳门特别行政区基本法》第一百零四条。

④ 参见澳门财政局制作的2011—2015年度的中央账目，http://www.dsf.gov.mo/download/finance/evo/ C_mainTax.pdf，以及2016年1月至11月的中央账目，http://www.dsf.gov.mo/download/finance/2016/C_generalLedger201612.pdf。于2015年，涉及幸运博彩业的税收占总税收的86.47%，占政府全部财政收入的76.91%。随着博彩业发展的深度调整，于2016年1月至11月，有关的税收占总税收的百分比已下降至78.44%，占政府全部财政收入的77.70%。

非澳门居民在澳门营商或就业而产生的收益才属于本特区的征税范围；反之，即便是澳门居民，其在其他国家或地区产生的收益也并非征税范围。

澳门税法通过各单行法律予以规范，没有制定统一的税务法典，但税负一般由澳门财政局结算及收取。税项主要以个人或法人收益、资产价值、产品或服务又或其价值为课征对象。前两种在分类上可被称为直接税，纳税人是税款的实际支付者，有关税负不能转嫁予第三人；后一种就产品或服务又或其价值所征收的税项则称为间接税，有关税负可转嫁予第三人。消费者在购买有关产品或服务时，已向纳税人支付相应的税款。与投资澳门相关的税务而言，直接税主要有职业税、所得补充税、营业税、博彩税及房屋税等；间接税主要有印花税、机动车辆税、消费税、旅游税等。澳门不征收遗产税[①]或关税。直接税一般以累进税率计算，税负按课征对象的数额作阶梯式结算；间接税则一般以比例税率计算，对特定种类的行为或产品服务征收统一的税率。

本文旨在概括地介绍澳门各主要税负的课税对象、税率、纳税申报及缴税期间，期望投资于澳门的人士作初步的参考，简单地了解澳门的税收制度。

二、主要税赋、税率、纳税申报及缴纳

（一）直接税

1. 职业税。

（1）课税对象。职业税是以受雇或自雇的工作收益为课征对象，原则上，所有固定或偶然，定期或额外的报酬，不论属日薪、薪俸、工资、酬劳费、服务费或其他工作报酬等，均构成应课税范围[②]。部分津贴、开支、补助或赔

① 遗产税已被 2011 年 7 月 2 日公布的第 8/2001 号法律废止。

② 参见经第 267/2003 号行政长官批示命令重新公布的《职业税规章》第二条及第三条。

偿等[①] 的收益，以及一笔以工作收益的 25% 计算的数额不属课税收益范围[②]。

（2）税率。职业税采用累进税率，共分 6 个阶梯，超出免税年收益[③]至 20000 澳门元的部分，征收 7% 的税款；20001~40000 澳门元，税率为 8%；40001~80000 澳门元，税率为 9%；80001~160000 澳门元税率为 10%；160001~280000 澳门元，税率为 11%；280000 澳门元或以上，税率为 12%。

（3）纳税申报。职业税纳税人分为两组，第一组是散工[④] 或雇员[⑤]，第二

---

① 下列不属课税收益：

（1）以退休金或抚恤金、退伍金、残废金、因公殉职抚恤金、为社会舍身抚恤金及因工作以外名义而收取的给付，以及所有与上述定期金具相同标的的其他给付。

（2）按有关法例规定，由私人退休计划及基金受益人收取的金钱给付。

（3）法定的强制性社会福利或保障制度所作扣除的返还及退还。

（4）有文件证明供纳税人或其家团作医疗、药物或住院开支的津贴。

（5）家庭津贴、结婚津贴及出生津贴，有关津贴的上限至为公共行政机关公务员及服务人员所订定的限额。

（6）房屋津贴、租屋津贴、危险津贴、死亡津贴、丧葬津贴和遗体运送津贴，有关津贴的上限至为公共行政机关公务员及服务人员所订定的限额；以及为澳门特别行政区驻外办事处工作人员合法订定的月津贴、家具津贴和安顿补助。

（7）与危险津贴有相同特性的法定附带报酬和合约规定的同类报酬，作为对从事特别艰苦和危险职业的工作人员的补偿，后者每年金额上限为 30000 澳门元。

（8）上限为收益 12% 的错算补助。

（9）经法律订定员工职务的非金钱收益，或有合理理由因有关员工所担任职务的特殊性质而给予此等收益。

（10）交际费，但仅以实报实销方式作出给付者为限。

（11）按法律或合约的规定，作为交通费、日津贴及启程津贴给付的款项；有关款项须在相关的税务年度终结前报销，其上限至为公共行政机关的公务员及服务人员所订定的金额。

（12）因雇主实体单方提出终止劳动关系而给予劳工至法定金额的解雇赔偿，但如劳动关系在随后的十二个月内获重新建立，则有关解雇赔偿应全数课税。

（13）因确定性终止职务而给予劳工的法定或约定补偿，但如劳动关系在随后的十二个月内获重新建立，则有关补偿应全数课税；以及按法律规定，因放弃权利而给予劳工的应有补偿（参见经第 267/2003 号行政长官批示命令重新公布的《职业税规章》第四条）。

② 参见第 11/2016 号法律《2017 年度财政年度预算案》第十七条。

③ 免税额一般由立法会每年通过的财政年度预算案而作出调整，根据第 11/2016 号法律《2017 年度财政年度预算案》第十七条，于 2017 年度的免税年收益为 144000 澳门元。

④ 技工、艺工以及一般来说凡着重于手作而报酬非以月计的工作者，视为散工（参见经第 267/2003 号行政长官批示重新公布的第 2/78/M 号法律通过的《职业税章程》第六条第一款）。

⑤ 脑力劳动多于体力劳动的工作者，以及因职业等级应被视为雇主的直接合作者，即使其报酬非以月薪计算，概视为雇员（参见经第 267/2003 号行政长官批示重新公布的第 2/78/M 号法律通过的《职业税章程》第六条第二款）。

组是自资从事职业税章程附表内的自由及专门职业者，如工程师、中医师、电工技师等。[①] 有互惠待遇的领事馆人员、按照中央政府所签协约规定豁免的外国组织或国际组织的服务人员无须支付职业税，但有关的豁免仅限于专门从事上述指工作所得的收益。[②]

纳税人应于每年 1 月及 2 月内向财政局申报上年度所收受的一切薪酬或收益。倘若是具备适当编制的会计的第二组纳税人则最迟于每年 4 月 15 日或之前向财政局申报。获豁免职业税的主体且没有获得其他工作收益时，或在上一年度获得的报酬仅从上述唯一的雇主获得时，可免交申报书。[③]

第二组纳税人在进行申报时，在具备相应文件证明及在账册内登记的情况下，得一并申报所从事业务有关的负担或构成收益所不可缺少的负担，[④] 财政局便会评定可作扣减的合理范围，评定出可课税收益数额。

（4）缴税期间。作为第一组纳税人的雇主，当散工的每日工资或其他可课税收益[⑤] 超出 640 澳门元或雇员每月收益超出 16000 澳门元时[⑥]，雇主应对雇员的收益进行就源扣缴，即雇主在对雇员支付可课税收益时，应预先扣减按照上述累进税率计得的税款，并于每年 1 月、4 月、7 月及 10 月的首 15 日内把对上季度所代扣的税款缴交政府库房。[⑦]

---

① 参见经第 267/2003 号行政长官批示重新公布的第 2/78/M 号法律通过的《职业税章程》附表。

② 参见经第 267/2003 号行政长官批示重新公布的第 2/78/M 号法律通过的《职业税章程》第九条。

③ 参见经第 267/2003 号行政长官批示重新公布的第 2/78/M 号法律通过的《职业税章程》第十条。

④（1）专为所从事业务用的固定及永久性设施的租金，又或纳税人在有关设施内居住时，只列出从事业务所占部分的租金；（2）长期员工及临时帮工的负担；（3）代客户垫支的费用或其他责任；（4）与所从事业务有关的保险费；（5）由第三者所提供服务的支出；（6）从事专门职业活动的耗用品；（7）交际费及旅费；（8）为提高纳税人专业水平的费用；（9）水、电及通讯耗费；（10）按照所得补充税章程第二十三条和第二十四条的规定设施及其设备的重置及摊折；（11）按所得补充税章程第二十五条规定所组成的备用金；（12）福利基金的供款至所得补充税效力所接纳的界限；（13）纳税人向属于其专业组别的公会、社团及其他组织的供款；（14）以备用金或预支方式所收取的金额或其他同等性质的款项，而实质上用于支付属客户责任的支出或其他责任；（15）对构成收益的其他必要支出。

⑤ 倘若公司的股东同时担任公司机关成员，例如董事，又或是个人商业企业主的经理，并收取报酬，则有关酬金也属职业税可课税范围。

⑥ 倘聘用非本地区居住的艺术家、演说家、科学家、技术人员及专门技工时，应在给予彼等的报酬内，援引上文累进税率，进行至少 5% 的代扣，即使其报酬尚未超过豁免额者亦然。而且，彼等应于给付有关报酬之日起 15 天内缴交至财政局。

⑦ 参见经第 267/2003 号行政长官批示重新公布的第 2/78/M 号法律通过的《职业税章程》第三十二条。

在对第一组或第二组纳税人的可课税收益进行评定后，如有应征收的差额时，财政局会进行相应结算，纳税人应于每年 10 月缴纳税项。[①]

2. 所得补充税。

（1）课税对象。所得补充税的课征对象是自然人或法人在本地区所取得的工商业活动的收益，但不包括房屋之收益。对自然人而言，课税对象为总收益扣减负担[②]后的所得；就法人而言，课税对象为全年经营所得的纯利；如属公司或合伙，课税对象为总收益扣减派给股东与课税年度有关的利润或股息的所得。[③]

上述收益不包括政府或公益行政团体支付给其服务人员的报酬、不构成职业税的可课税收益、互助团体运用其资金所得的收益、具法人资格的任何宗教团体或组织的收益、其他法律或经与政府签订的合同而获豁免支付此税项的收益（但有关的豁免不包括分派给股东的利润或股息）、可课税收益的首 20000 澳门元、自然人的工作收益等。[④]

（2）税率。所得补充税采用累进税率，共分五阶，所得补充税的免税额为 32000 澳门元、32001~65000 澳门元的收益，征收 3% 的税款；65001~100000 澳门元，税率为 5%；100001~200000 澳门元，税率为 7%；200001~300000 澳门元税率为 9%；300000 澳门元以上，税率为 12%。[⑤]

---

① 参见经第 267/2003 号行政长官批示重新公布的第 2/78/M 号法律通过的《职业税章程》第三十七条及第四十四条。

② 负担主要指经营业务的费用及成本，尤其包括：（1）主要的、附属的或次要的经营所引致与生产或购置货物或产业或享用劳务有关的负担，如采用的原料或辅助物料、劳力、能源或与制造、保养及维修有关的其他一般开支；（2）经销及出售货物所引致的负担，包括运输费、广告费及推销费；（3）财务性质的负担，包括经营上运用他人资金所生的利息、贴现、汇率差价所生的损失，信用活动的使用费用，追收债款的使用费用，发行股息、债券及其他性质票据的使费及回佣；（4）管理性质的负担，包括薪金、津贴、退职补助金、日用品、运输、交通、租金、司法使用费及保险费，但自由投保人寿险的保险费除外；（5）有关分析、改良、研究及咨询的负担；（6）纳税人须缴纳的税项及附加的负担，但不妨碍第二十九条第二项的规定；（7）可损耗资产的摊折；（8）备用金；（9）因不能投购保险的意外所引致对他人的赔偿（参见经第 6/83/M 号法律、第 37/84/M 号法令、第 15/85/M 号法令、第 37/85/M 号法令、第 13/88/M 号法律、第 48/88/M 号法令、第 4/90/M 号法律、第 4/97/M 号法律、第 59/GM/97 号批示、第 53/GM/98 号批示、第 4/2005 号法律、第 4/2011 号法律及第 117/2014 号行政长官批示修改的第 21/78/M 号法律核准之《所得补充税（纯利税）》第二十一条）。

③ 参见《所得补充税（纯利税）》第三条。

④ 参见《所得补充税（纯利税）》第九条。

⑤ 参见《所得补充税（纯利税）》第七条所指的附表。

虽然所得补充税的征收分了五阶梯，但自 2014 年起，所得补充税的免税额已提升至 600000 澳门元。因此，现时征收所得补充税时，超出了免税额的可课税收益将适用 12% 的税率计算，而不会适用 3%~9% 级别的税率。[①]

（3）纳税申报。所得补充税纳税人分为两组，A 组纳税人是股份有限公司、股份两合公司、合作社、资本不少于 1000000 澳门元或可课税利润在近三年平均达 500000 澳门元以上的公司、其他具备适当编制账目且声明列入 A 组的个人或法人。其余纳税人均属 B 组纳税人。[②]A 组纳税人应每年 4 月至 6 月申报上一年度的收益，B 组纳税人则应于每年 2 月及 3 月作出相应申报，[③] 并由评税委员会进行评定可课税收益。不论上年的经营盈亏，纳税人均有义务进行所得补充税的申报。

（4）缴税期间。所得补充税应于每年 9 月全部缴纳，但倘若所得补税的税额超过 3000 澳门元，则可平分两期缴纳，第一期于 9 月，第二期则为 11 月。遇有附加结算或因遗漏入账及在正常期间以外结算所得补充税的其他情况时，将以挂号信通知纳税人，以便在 15 天内缴纳有关税款或差额。[④]

3. 博彩特别税。

（1）课税对象。博彩特别税的课征对象为博彩承批公司营运而获得的毛收入，且可因应澳门特区政府与承批公司订定的批给合同而规定承批公司应缴纳的最低担保额。[⑤] 而且，缴纳博彩特别税并不免除承批公司仍需依法缴纳之其他税项，除非政府基于公共利益暂时及例外地全部或部分豁免承批公司缴纳所得补充税。[⑥]

（2）税率。博彩特别税的税率为 35%。[⑦]

（3）纳税申报及缴纳。承批公司必须每月申报及缴纳博彩特别税，并应

---

① 参见第 11/2016 号法律《2017 年财政年度预算案》第二十条。

② 参见《所得补充税（纯利税）》第四条。

③ 参见《所得补充税（纯利税）》第十条。

④ 参见《所得补充税（纯利税）》第五十七条及第六十条。

⑤ 当政府因有理由担心承批公司不缴纳在博彩特别税方面预计须缴纳的每月金额时，承批公司必须按照政府订定的期限、规定、条件及金额，提供一项以政府为受益人的独立银行担保（first demand），以保证缴纳上述金额。

⑥ 参见第 16/2001 号法律《娱乐场幸运博彩经营法律制度》第二十七条第一款及第四款。

⑦ 参见第 16/2001 号法律《娱乐场幸运博彩经营法律制度》第二十七条第二款。

于有关月份翌月首十日内将税款向财政局缴纳。[①]

4. 营业税。

（1）课税对象。营业税是就经营工商业性质的活动而征收的税项，任何自然人或法人只要经营工商业活动或经营非受职业税管制的经济活动，便需缴纳相应的营业税。[②] 但政府各部门或具公益性质的团体[③]、公共服务提供者[④]、公益性质活动提供者[⑤]、报纸或杂志出版人等的经营活动不属营业税的课征范围。[⑥]

（2）税率。营业税是以固定税额征收的，并需附加凭单印花税，税率为营业税税款的 5%。[⑦] 现行营业税的数额由每年 150~180000 澳门元不等。[⑧] 税额最低的为以每辆车辆计算的陆上运输业的部分经营活动、税额最高的为离岸银行。普遍行业税额为每年 300 澳门元，一些特别行业如出入口业、银行业等则分别征收每年 1500~80000 澳门元。此外，除了离岸银行之外，位于澳门半岛以外商号的营业税税率，为一般营业税数额收费的 50%。[⑨]

（3）纳税申报。所有拟从事任何工商业活动的人士，最迟应在开业的可能日期30天前，向财政局进行开业登记，申报其商号[⑩] 所经营的各种商业活动，

---

① 倘若承批公司并非以澳门元缴纳博彩特别税，则需要将货币交予澳门金融管理局，由该局将折算成澳门元的金额交财产局（参见第 16/2001 号法律《娱乐场幸运博彩经营法律制度》第二十七条第三款及特区政府与各承批公司签订《澳门特别行政区娱乐场幸运博彩或其他方式的博彩经营批给合同》第五十条）。

② 参见《营业税章程》第二条。

③ 公益行政团体、教会机构及其组织，免费或不牟利提供救济、慈善、卫生与教育服务者等，如教会。

④ 市立或市辖机构而系有关水电的供应或分配，集体运输，市场、墟场或公共供应场所的经营者，如电力公司或自来水公司。

⑤ 公开表演、野火会、游艺会及音乐会，其举办须取得有关部门的许可，且其纯收益全部用作文化、教育、慈善或救济用途者。

⑥ 参见经第 17/78/M 号法律、第 9/79/M 号法律、第 9/82/M 号法律、第 53/82/M 号法令、第 12/85/M 号法令、第 37/85/M 号法令、第 72/87/M 号法令、第 1/89/M 号法律修改之第 15/77/M 号法律核准之《营业税章程》第六条。

⑦ 例如，纳税人经营出入口业，便需缴纳 1500 澳门元之营业税，凭单印花税为 75 澳门元，总共为 1575 澳门元。

⑧ 参见《营业税章程》第四条。

⑨ 参见《营业税章程》第六条第五款。

⑩ 商号指纳税人经营其业务的场所或设备（参见《营业税章程》第十七条）。

以缴纳该等商业活动相对应的营业税。[①] 因此，作为职业税第二组纳税人或所得补充税的纳税人同样有缴纳营业税的义务。财政局将对纳税人拟从事的商业活动而进行评定，结算出应缴纳的营业税总和及相应的凭单印花税。[②]

（4）缴税期间。新开业的纳税人应在财政局结算后的 8 日内支付相应于其业务开始月份计至该年末止的 1/12 的税额，其余纳税人则根据征税凭单上指定的纳税月份，于每年 2 月或 3 月缴纳当年度的营业税税款。在缴纳营业税的同时，需一并缴纳凭单印花税，即营业税税额的 5% 计算的印花税。

5. 房屋税。

（1）课税对象。房屋税以本特区市区房屋[③] 的收益为课征对象，而不取决于纳税人是否将房产出租。[④] 倘有租赁关系时，课税对象为有关租金，且如出租人支付保养费及维修费时，则可扣减租金的 10% 作为弥补出租人支付保养费及维修费[⑤] 之开支；[⑥] 在无租赁关系的情况下，房屋税课征对象为使用人或享用人所取得的或可能取得的经济利益，有关可课税收益为登录在房地产记录的租值[⑦] 扣减 10% 作为保养及维修费后的数额。[⑧]

如属于新建的居住及 / 或商业楼宇，以及经改良或扩建的楼宇，其工程价值根据估定至少相当于该楼宇时值 50% 者，可豁免支付房屋税，在澳门半岛有关豁免期为 4 年，在离岛则为 6 年。此外，新建不动产供开设工业单位或工场用者的收益，同样获豁免支付房屋税，在澳门半岛有关的豁免期为 5 年，在离岛的豁免期则为 10 年。有关的豁免期以土地工务运输局发出的使用准照

① 参见《营业税章程》第八条。

② 参见《营业税章程》第十条及第十一条。

③ 市区房屋指坐落地上的楼宇及楼宇廊路用地而言。但该等楼宇及 / 或地段以与农林或畜牧业的经营无关者为限。组成一幢楼宇的各分层独立单位在税法上也属于可被独立课征房屋税的市区房屋（参见经第 15/84/M 号法令、第 38/85/M 号法令、第 112/85/M 号法令、第 2/87/M 号法律、第 19/87/M 号法令、第 13/88/M 号法律、第 48/88/M 号法令、第 27/GM/97 号批示修改的第 19/78/M 号法律核准的《市区房屋税规章》第三条）。

④ 参见《市区房屋税规章》第二条及第四条。

⑤ 维修负担指：（1）看门人之回报；（2）升降机及载货升降机之能源费用；（3）大堂及楼梯之照明费用；（4）中央暖气费用；（5）空气调节及保温之费用；（6）分层所有权之管理费，但以分层所有人不少于八名为限（参见《市区房屋税规章》第十五条）。

⑥ 参见《市区房屋税规章》第十三条。

⑦ 纳税人也可向财政局申请要求对房产的租值进行估价（参见《市区房屋税规章》第二十八条）。

⑧ 参见《市区房屋税规章》第二十五条。

的次月起计。

（2）税率。对出租房屋及非出租房屋可课税收益适用的税率分别为 10% 及 6%。[①]

（3）纳税申报。市区房屋收益权利人为纳税主体。为此，房屋税的纳税人主要是物业的业主，倘若承租人将物业再分租予他人时，且收取的租金超出业主收取的租金时，承租人需就租金差额承担房屋税。倘收益由多名持有人分享时，房屋则以各持有人为纳税义务人，由彼等按所享权利分担之。[②]

然而，澳门特区的各公权力权关、行政公益法人等无须缴纳房屋税。除此之外，如涉及宗教团体用作实现其宗旨的房屋、经营任何工业的自然人或法人用作供其使用的工业场所的设施及工作用的非租赁楼宇、非牟利的自然人或法人用作提供教育设施的房屋等情况时，相关的纳税主体也获豁免支付房屋税。[③]

如果没有租赁关系，业主无须特别就房屋税进行申报。然而，租赁关系一经设立后，纳税人有义务自订立租赁合同日起 15 日内向财政局作出申报。[④]如拟享有上述保养费及维修费之扣除，则应在每年 1 月申报有关开支。否则，仅得在实施有关开支后 5 年内结算该扣除。[⑤]在没有进行租赁房屋的申报时，房屋税的税率是以非出租房屋般计算的，每年由财政局经评定租值及结算后向纳税人发出缴税通知书。[⑥]

租赁关系结束后，如物业全部或部分空置，则收益权利人须在空置情况发生 15 日内向财政局申报有关情况，否则，自空置之月起至作出告知之月的房屋税将按照出租房屋般的税率计算房屋税。[⑦]

（4）缴税期间。房屋税每年结算，且每年 6 月至 8 月为缴纳房屋税的月份。纳税人应在收悉征税凭单后的 30 日内缴纳。[⑧]

---

① 参见《市区房屋税规章》第七条。
② 参见《市区房屋税规章》第五条。
③ 参见《市区房屋税规章》第八条。
④ 参见《市区房屋税规章》第十七条。
⑤ 参见《市区房屋税规章》第十六条。
⑥ 参见《市区房屋税规章》第八十三条及第八十四条。
⑦ 参见《市区房屋税规章》第十八条。
⑧ 参见《市区房屋税规章》第九十三条。

（二）间接税

1. 印花税。

（1）课税对象。印花税是针对特定经济活动或交易行为或载明有关经济活动或交易的文书而征收的税种，该等课税客体已登录于经第 9/97/M 号法律、第 8/98/M 号法律、第 15/2000 号行政法规、第 8/2001 号法律、第 18/2001 号法律、第 4/2009 号法律、第 4/2011 号法律、第 15/2012 号法律修改的第 17/88/M 号法律核准的《印花税规章》缴税总表内。涉及范围广泛，包括租赁、准照、广告、保险、公证文件、表演门票、银行业务、法院卷宗、遗嘱、运输票证、财产移转、公司成立及资本增加等，税率变动幅度也大。印花税以印花税票①、凭单② 及特别印花③ 的形式征收。

与其他税项相似，澳门特别行政区政府及所有属下的机关包括法人机关、储金局、市政机关等，以及公共企业、公益法人及行政公益法人、教育机构、宗教团体等是有税务豁免的，④ 且涉及基于在以指定收益用途方式提供债务担保的行为中所作的约定而产生的不动产租赁、移转按土地法的规定以确定批给方式批出的澳门特区土地的租赁权、债权人按《民事诉讼法典》的规定设立公司、在执行程序中由被执行人本人赎回财产的情况也获豁免缴纳因转移财产而衍生的印花税。⑤

（2）部分印花税的税率、申报及缴纳。

① 租赁合同。租赁不动产或须登记动产的合同所征收的为以租用期总租

---

① 印花税票应贴附在有关文件内并予以注销，以生效用。注销印花税票是指在其上写上年、月、日及当事人的签名或简签。

② 凭单印花由发出有关凭单的机关结算。倘若没有凭单时，结算由澳门财税厅厅长为之。征收或缴纳印花税之注记应写在有关书册、文件或凭单内，并由有职权之公务员签名及由澳门财税厅盖印。

③ 特别印花为附加之征收，是以税款为基数计算的，除却本身印花税金额、过期利息及欠款 3% 的数目。

④ 除此之外，以下主体或情况亦获豁免：贫民或遭遗弃者，不论向公共或私人机构申请援助时，所有必需的文件，包括公证的认定；所有行政长官认许为经营有利经济及公益之消费合作社；所有因工作意外而行使之法律权利，执行时所产生的文件和卷宗，以及为取得任何性质或种类的退休金而需要之全部文件卷宗；所有根据法律规定设立的合作公司的文件；储金局与其存款者之运作；为建筑、售卖或租赁经济房屋而设立之合作社及公司均可在其设立，解散及清盘过程中必须之行为上享有印花税豁免；失业人士为证明其先前之工作而要求发出之证明书（参见《印花税规章》第三条）。

⑤ 参见《印花税规章》第四条。

金的 0.5% 计算的印花税，并要附加相应文书的印花税。[①] 倘租约是按照现时一般做法以私文书方式订立的，则有关合约正本印花税为 20 澳门元，合约副本征收 5 澳门元印花税。[②] 有关印花税可以印花税票或凭单方式缴纳，[③] 并以出租人为征收对象。[④]

② 不动产移转。涉及有偿性移转位于澳门的不动产[⑤] 方面，需分别征收有关公证文书的印花税、不动产转移印花税及凭单印花税。公证文书包括每份 100 澳门元，及以不动产价值[⑥] 的 0.5% 计算的印花税，有关费用由公共或私人公证署代为征收；[⑦] 不动产转移印花税的税率按阶梯式计算，价值至 200 万澳门元税率为 1%，价值 200~400 万澳门元税率为 2%，价值在 400 万澳门

① 参见《印花税规章》附件《印花税缴税总表》第一条及第六条。

② 参见《印花税规章》附件《印花税缴税总表》第二十三条。

③ 参见《印花税规章》第二十六条。

④ 参见《印花税规章》第二十七条。

⑤ 移转对财产的事实上使用及收益权之一切文件、文书或行为，为税务效力，视为财产移转之依据，包括：（1）买卖合同，交换，公开拍卖的成交，根据协议、法院裁判或行政决定而作的判给，又或用益权、使用权及居住权、地役权或地上权的设定；（2）买卖预约合同或其他即使属合规范、有效及产生效力但仍不能移转所有权或其他用益物权的文件、文书或行为；（3）将用益权、使用权及居住权，又或地役权让与财产所有人，以及由土地所有人取得地上权；（4）取得改善物，以及因添附而取得不动产；（5）在执行中赎回不动产；（6）将不动产判给债权人、将不动产直接交付债权人作为代物清偿或方便受偿的代物清偿，又或将不动产交付有义务支付债权人的第三人；（7）通过一次性支付而消除地租，减轻或增加地租（即使系因征收地租遇困难而引致者），以及将支付地租的财产退还出租人；（8）合同地位的让与，不论其形式为何；（9）股东以不动产或不动产物权出资，以缴付公司资本，以及在公司清算时，将该等不动产或不动产物权判给股东；（10）股东以不动产或不动产物权出资，以缴付合伙资本，而其他股东对该等不动产取得共有权或其他权利；在相同状况下，让与公司出资或股，又或接纳新股东；（11）合作社社员以不动产或不动产物权出资，以缴付合作社的资本，以及在合作社清算时，将该等财产判给合作社社员；（12）因（9）项及（10）项所指公司及合伙的分立、该等公司与公司之合并，又或该等公司与合伙之合并，而产生的不动产移转；（13）按土地法的规定以长期租借或租赁方式作出的批给，又或该批给之移转；（14）以使用属澳门特别行政区私产的不动产或从该不动产中取得收益为目的而由特区作出的批给之转批或顶让；又或以经营工商业企业为目的而由特区作出的批给之转批或顶让，不论是否已开始经营者；（15）按《民法典》第二百五十八条第三款的规定未经利害关系人同意不可废止的、赋予受权人财产处分权的授权书或复委任书；（16）赖以移转对一项财产或权利的事实上使用及收益权的其他文件、文书或行为（参见《印花税规章》第五十一条）。

⑥ 按照买卖双方申报的不动产移转价值或财政局的房屋记录中的价值来厘定，以价高者为准（参见《印花税规章》第五十五条第二款）。

⑦ 参见《印花税规章》第三十八条。

元以上税率为3%。[①] 凭单印花税为不动产转移印花税的5%。[②] 纳税人为不动产的取得人，且应在作出移转行为起30天内申报结算及缴纳不动产转移印花税。[③]

根据第4/2011号法律的规定。当买卖双方当事人签订了不动产预约买卖合同时，则预约买受人需要在签订预约买卖合同后的30日内，缴纳上述全额的不动产转移印花税，只要没有更改买卖双方、标的，以及维持移转价值，纳税主体在订立该不动产的确定合同时便无须缴纳不动产转移印花税。[④]

如以无偿方式转让位于澳门不动产的情况，不动产的受让人需缴纳赠与不动产价值的0.5%的赠与行为的印花税[⑤]、100澳门元的公证文书印花税[⑥]、不动产价值5%的不动产转移印花税[⑦]，再加上不动产转移印花税项5%计算的凭单印花税[⑧]。

如资产中有不动产的无限公司、两合公司、有限公司或股份有限公司的股东，在取得该公司股或出资后，若拥有该公司资本超过80%，须缴纳上述涉及买卖或有偿性让与位于澳门不动产的印花税。可课税金额的计税基础为相当于有关股东在公司资本所占的持股比例所拥有的不动产价值的百分比。[⑨]

此外，为了打击不动产的投机行为，不论是以有偿或无偿方式，倘若作居住用途的不动产或其权利的取得人是法人、自然人商业企业主或非本地居

---

① 参见《印花税规章》附件《印花税缴税总表》第四十二条。

② 参见《印花税规章》附件《印花税缴税总表》第十五条。

③ 参见《印花税规章》第五十八条。

④ 参见《印花税规章》第五十一条第四款。

⑤ 参见《印花税规章》附件《印花税缴税总表》第二十一条。

⑥ 参见《印花税规章》附件《印花税缴税总表》第二十四条。

⑦ 参见《印花税规章》附件《印花税缴税总表》第四十三条。

⑧ 参见《印花税规章》附件《印花税缴税总表》第十五条。

⑨ 参见《印花税规章》第五十六条。

民，则该等主体需额外缴纳按不动产价值10%计算的不动产转移印花税。[①②]

除了上述额外印花税措施之外，根据经第5/2012号法律修改的第6/2011号法律的规定，自2011年6月14日起结算的涉及不动产买卖的印花税，且在结算印花税起两年内，因临时或确定移转位于澳门特区作居住、商业、写字楼或停车场用途的楼花时需缴纳特别印花税。[③]至于有关印花税的税率方面，如移转是在就有关行为结算印花税之日或获发豁免印花税证明之日起一年内作出的，税率为该不动产转移价值的20%；如移转是在第二年内作出的，税率为该不动产转移价值的10%。[④]特别印花税的纳税主体为不动产或其权利的移转人，[⑤]其应自作出移转的行为起15天内申报结算及缴纳特别印花税。[⑥]倘若不动产的出让人没有履行缴税义务，买家负有缴纳相应特别印花税的补充责任。[⑦]

③ 公司成立。根据公司资本额，税率以阶梯式征收：资本额至100万澳门元的税率为0.4%；100万~500万澳门元的税率为0.3%；500万~1000万澳门元的税率为0.2%；1000万澳门元以上的税率为0.1%。除了以资本额价值为基础计算的印花税外，还需加上公司成立行为的文书印花税。[⑧]在出资不涉及不动产之情况下，公司成立的行为一般以经认定股东签名的私文书方式或经认证的私文书进行，私文书正本征收20澳门元的印花税，副本征收5澳门元印花税。[⑨]如果涉及不动产或是以公证书方式缮立公司成立的行为，则缮立

---

① 如果取得人为两个或以上，且其中任何取得人为法人、自然人商业企业主或非本地居民，仍需缴纳10%的印花税；如取得人为两个或者两个以上自然人，并兼有本地居民及非本地居民，且非本地居民与全部或部分本地居民具有配偶、直系血亲或姻亲关系，则不需缴纳10%的额外印花税。如因离婚、撤销婚姻或因法院裁判的分产而从配偶取得居住用途的不动产或其权利，则无须缴纳该特别印花税（参见《印花税规章》第五十三-A条）。

② 例如，一名非澳门居民以800万澳门元购买了一个作居住用途的单位，相应的印花税为：（1）文书印花税：MOP8000000 × 0.5%+MOP100=40100；（2）不动产转移印花税：MOP2000000 × 1%+MOP2000000 × 2%+4000000 × 3%+8000000 × 10%=MOP980000；（3）凭单印花税：MOP980000 × 5%=MOP49000，合共印花税为MOP1069100。

③ 参见经第5/2012号法律修改的第6/2011号法律第二条第一款。

④ 参见经第5/2012号法律修改的第6/2011号法律第三条。

⑤ 参见经第5/2012号法律修改的第6/2011号法律第五条。

⑥ 参见经第5/2012号法律修改的第6/2011号法律第八条。

⑦ 参见经第5/2012号法律修改的第6/2011号法律第七条。

⑧ 参见《印花税规章》附件《印花税缴税总表》第三十七条。

⑨ 参见《印花税规章》附件《印花税缴税总表》第二十三条。

每份公证书的印花税为100澳门元。[①] 有关印花税以凭单方式缴纳，并应在签订相应文书时一并申报及缴纳。

④ 公司资本额之增加。印花税是按照资本增加的数额以阶梯式计算的：数额至100万澳门元的税率为0.4%；100万~500万澳门元的税率为0.3%；500万~1000万澳门元的税率为0.2%；1000万澳门元以上的税率为0.1%，并加上相应文书的印花税。[②] 公司资本增加一般是通过公司股东决议而进行的，文书正本征收20澳门元的印花税，副本征收5澳门元印花税。有关印花税以凭单方式缴纳，并应在签订相应文书时一并申报及缴纳。

2. 旅游税。

（1）课税对象。旅游税的课征对象为在酒店场所、餐饮及同类场所、健身室、桑拿浴室、按摩院及卡拉OK等活动范围内提供的服务。由该等场所在通讯及洗衣方面提供的辅助性服务，及直至该等场所提供服务的服务费10%不属于可课税的服务范围。[③] 此外，在公寓[④]、饮食及饮料场所提供的服务获豁免缴纳旅游税。[⑤]

（2）税率。税率为提供服务的价格的5%。[⑥]

（3）纳税申报及缴纳。提供上述服务的经营者为纳税主体，但经营者在收取上述服务的费用时，将向消费者结算及征收相应的旅游税，并在向消费者出具的发票上列出有关税项数额。纳税主体应于翌月底前向财政局申报及缴纳。[⑦]

3. 消费税。

（1）课税对象。消费税为在本特区制造或进口至本澳，并要在本澳出售的产品而征收的间接税，[⑧] 有关课征对象并不包括属直接转运的产品、单纯存

---

① 参见《印花税规章》附件《印花税缴税总表》第二十四条。

② 参见《印花税规章》附件《印花税缴税总表》第三十六条。

③ 参见第19/96/M号法律核准的《旅游税规章》第一条。

④ 设施及设备不符合可定为酒店的规定，但符合第16/96/M号法令所定最低要求的酒店场所（参见第16/96/M号法令第条第五条第六款）。

⑤ 参见第19/96/M号法律核准的《旅游税规章》第四条。

⑥ 参见第19/96/M号法律核准的《旅游税规章》第六条。

⑦ 参见第19/96/M号法律核准的《旅游税规章》第七条、第十二条及第十六条。

⑧ 参见经第8/2008号法律、第7/2009号法律、第11/2011号法律及第9/2015号法律修改的第4/99/M号法律核准的《消费税规章》第二条。

货在澳门且为免税店为目的的产品、再进口的产品且其在进口时已被征税且未享有相应退税的产品等。[①] 现时澳门征收的消费税对象已收窄至酒精饮料及烟草，且课征客体的酒精饮品仅限于酒精强度以容积计算高于或相等于 30%（20º）饮品（米酒除外），而不论经发酵物质或其来源为何。[②] 换而言之，如果不购买该等产品时，是无须缴纳消费税的。

（2）税率。酒精类饮品的税率为产品到岸价格 / 澳门（CIF/Macau）的价值计算的 10%，烟草也按其种类及重量为单位计算出相应之税项。[③]

（3）纳税申报及缴纳。上述产品的进口商为消费税的纳税主体，该等主体应在申请进口产品时向经济局进行有关税负的申报，并由经济局对消费税进行结算，且应在产品进入本特区之日或作出缴纳通知起 15 天内缴纳相应的消费税。[④]

4. 机动车辆税。

（1）课税对象。机动车辆税是就机动车辆而征收的税种，在澳门将新机动车辆移转于消费者的行为、进口新机动车辆供进口者自用的行为、从事新机动车辆买卖交易业务的人士将新机动车辆拨作自用的行为会被征收机动车辆税。[⑤] 涉及移转公共运输之不少于 15 座位的车辆、运输伤残人士的车辆、专用作接送学校学生之不少于 15 座位车辆、用作商业客运的轻型汽车（的士）、用作驾驶教学的车辆、用作专门技术而不可用作客运的车辆[⑥]、运送货物的车辆、专用作澳门国际机场范围内客运或货运的车辆、保险公司用作运送贵重物品的车辆等获豁免缴纳机动车辆税。[⑦]

此外，因移转供澳门特区公权力机关、在澳门设有代表处且本澳有参与

① 参见《消费税规章》第三条。

② 参见《消费税规章》附件的列表。

③ （1）含烟叶的雪茄及小雪茄：4326.00 澳门元 / 公斤；（2）含烟叶的香烟；其他：1.50 澳门元 / 单位；（3）其他经加工的烟叶及烟叶代用制品，包括均质或复合的烟叶：600.00 澳门元 / 公斤（参见《消费税规章》附件的列表）。

④ 参见《消费税规章》第三十一条、第三十三条及第三十六条。

⑤ 参见经第 1/2012 号法律及第 14/2015 号法律修改的第 5/2002 号法律核准的《机动车辆税规章》第三条。

⑥ 专门技术用途的车辆尤其指救援车、垃圾收集车、消防车、救护车、吊车、云梯车、混凝土拌合车、卸货车、叉式装卸车、挖掘机及压路机等（参见《机动车辆税规章》第六条第一款第七项）。

⑦ 参见《机动车辆税规章》第六条。

的国际组织及组织、驻澳门的领事代表处、公益法人及行政公益法人等使用的车辆也无须缴纳机动车辆税。[①]

（2）税率。机动车辆税是根据表1、表2采用累进税率计算的。机动车辆税以机动车辆估价委员会评估的税务价格为计税基础。[②]计税时，应按照有关课税金额选定所属级别；如该金额与表内的计税价格级别之最高额不符时，应将有关金额分成两部分计税：第一部分，将比所属级别较低一级的最高数额乘以（b）栏所示的平均税率；第二部分，将余下差额的数额乘以所属级别（a）栏的相应税率。[③]

表1　汽车税率[④]

计税价格级别（澳门元）	每一级别的相应税率（%）（a）	在结算时采用的平均税率（%）（b）
100000元	—	40
100000~200000	50	46
200000~300000	80	60
300000~500000	90	72
500000以上	—	72

表2　摩托车税率

计税价格级别（澳门元）	每一级别的相应税率（%）（a）	在结算时采用的平均税率（%）（b）
15000	—	24
15000~25000	35	32
25000~40000	40	42
40000~70000	45	50
70000以上	—	50

为推动居民使用环保车辆，环保排放达标的新机动车辆之移转，可享有

① 参见《机动车辆税规章》第五条。

② 参见《机动车辆税规章》第十三条及第十四条。

③ 参见《机动车辆税规章》第十六条。

④ 例如汽车的税务价值为400000澳门元，应缴的机动车辆税为MOP300000×60%+MOP100000×90%=MOP270000。

列表所载税率 50% 的扣减，上限为 6 万澳门元。只使用石油燃料替代能源的新机动车辆，例如，电动车辆，同样能获得有关的税项豁免。

（3）纳税申报及缴纳。将新机动车辆移转予消费者或自用的人士、进口新机动车辆供自用的人士，不论属自然人或法人，均为纳税主体。[①]

缴纳机动车辆税的主体有义务在发生应课税的行为起 15 天内，向财政局申报以结算及缴纳有关税款。[②]

三、税务豁免及优惠

（一）客体优惠

自幸运博彩承批经营权开放后，依赖着博彩税收的持续增长，政府制定了各项税务优惠的设施，虽然博彩税收自 2014 年中开始出现下跌[③]且博彩业进入调整期，但特区政府仍推出不同程度的税务措施，以推动澳门经济适度多元化，有关措施主要在每个财政年度的财政预算案中公布，且有部分税务豁免及优惠措施已持续超过 10 年。

在直接税方面，在 2017 年的财政年度，特区政府继续推行职业税 30% 的扣减，年收益不超过 144000 澳门元的人士，或每月收益不超出 16000 澳门元的雇员，或每日工资不超过 640 澳门元的散工获豁免无须缴纳职业税。除此之外，特区政府于 2017 年将向澳门居民退还 60% 已缴纳的 2015 年的职业税款，上限为 12000 澳门元。[④]

至于所得补充税方面，正如上文提及，免税额订为 600000 澳门元，对于超出该免税额的收益适用 12% 的税率，[⑤] 即以第五阶的税率计算相应的税赋。此外，自 1990 年起，政府已推出了固定资产重置及摊折的税务优惠，尤其包括：固定资产享有摊折权利；可以提取坏账准备，存货跌价准备；亏损可以在续

---

① 参见《机动车辆税规章》第三条。

② 参见《机动车辆税规章》第十七条。

③ 参见澳门博彩监察协调局网上发布之每月幸运博彩统计资料，http://www.dicj.gov.mo/web/cn/information/ DadosEstat_mensal/2014/index.html。

④ 参见第 11/2016 号法律《2017 年财政年度预算案》第十七条及第二十一条。

⑤ 参见《2017 年财政年度预算案》第二十条。

后3年内的收益中扣减；税款减免、折旧率加倍、利润可投资扣减等。[①]

营业税也如以往十多年般获豁免征收，但拟经营工商业性质活动的自然人或法人仍有义务在开业可能日期30天前进行营业税的申报，即进行开业登记。[②]

房屋税同样有税额扣减的优惠措施，但仅限于澳门居民的自然人才享有相关优惠，房屋税的扣减额为3500澳门元。倘纳税主体为两个或以上自然人，只要其中一名为澳门特别行政区居民，也适用有关税额扣减。[③]

在间接税方面，于2017年，有部分行为或文书是豁免缴纳印花税的。例如，保险投保人无须缴纳基于投保或续期的保险单而以保费为基础计算的印花税；银行业务中涉及基于信贷营运而衍生的利息及佣金收益、银行服务的佣金及其他从保管财物、中介付款及资本管理的银行收益为基础计算的印花税也获豁免缴纳，信贷机构无须代财政局收取有关款项；[④] 以表演、展览或其他娱乐性质项目的入场券的价值而征收的印花税也获豁免，从事表演娱乐或览会的实体无须依照《印花税规章》在有关活动前缴纳印花税。[⑤]

关于涉及财产移转的印花税方面，于2017年获豁免征收以有偿方式移转用作居住用途之物业所涉及的不动产转移印花税，豁免额至不动产价值3000000澳门元的相关印花税。然而，此项豁免同样要遵守主体性的要件，只有在纳税人是自然人、年满18岁、澳门永久性居民及2017年非为位于澳门特区不动产[⑥]的所有人[⑦]方可享有此项豁免。超出3000000澳门元的部分，便会继续按照上文所指的价值按阶梯式的税率课征印花税。为享有不动产移转印花税之豁免，纳税人应向财政局作出申请，以获发豁免财产转移印花税通知书，而且，这不免除纳税人向财政局申报以有偿方式购买不动产的义务。

如果有两名或以上的不动产取得人，则符合资格的取得人能按其取得比

① 参见刘高龙，赵国强．澳门法律新论（中册）[M]. 澳门：澳门基金会，2005:201.

② 参见《2017年财政年度预算案》第十一条。

③ 参见《2017年财政年度预算案》第十九条。

④ 参见《2017年财政年度预算案》第十二条。

⑤ 参见《2017年财政年度预算案》第十四条。

⑥ 倘若纳税人享有的是不多于一个的作停车场用途的不动产，则仍可在满足文中所指的其他主体性要件的情况下享有不动产转移印花税的豁免（参见《2017年财政年度预算案》第十三条第三款）。

⑦ 为适用此项豁免，“所有人”包括了不动产预约买受人，不论有关预约取得是否进行物业登记（参见《2017年财政年度预算案》第十三条第四款）。

例获得有关税额的豁免。倘若属夫妻共同取得不动产，且采用的婚姻财产制度为一般共同财产制、取得共同财产制或取得财产分享制时，即使其中一方为非永久性居民，只要于2017年夫妻任何一方非为在澳门的不动产（除非属一个作停车场用途的不动产）的所有人，该夫妇仍有权享有上述全额的豁免。倘已于过往年度获得相同优惠，则不能再次获得有关优惠。

此外，除非基于继承的原因，倘若纳税人在获给予有关豁免的3年内，将所取得的不动产移转，则会导致豁免失效。获豁免者应于作出有关移转之前，先缴纳获豁免的印花税税额。[①]

旅游税方面，在餐厅[②]提供的服务获豁免征收旅游税。[③]

（二）主体优惠

正如上文提及，在澳门的各项主要赋税中，原则上，政府机构部门、教育、宗教、行政公益法人[④]或公益慈善团体等机构在税务上会有不同程度的豁免。除此之外，经第35/93/M号法令修改的第1/86/M号法律《工业政策范围内税务鼓励》及第11/2013号法律《文化遗产保护法》等法律也有订定税务优惠的措施。

此外，虽然澳门以博彩业为龙头产业，但澳门同样是结合了位处珠三角的天然地理优势的中葡商贸合作平台[⑤]。为推动产业多元化发展及构建粤港澳大湾区，特区政府已对从事特定业务的主体制定了税务上的优惠，吸引外来投资。

1. 离岸公司。根据于1999年10月18日公布的第58/99/M号法令《订定离岸业务之一般制度》，离岸公司获豁免缴纳从事离岸业务时获得的收益的所得补充税及营业税。倘离岸公司在本地区获取的收益仅源自离岸业务，得免除向财政局申报所得补充税。然而，即使离岸公司获豁免缴纳营业税，

① 参见《2017年财政年度预算案》第十三条。

② 根据第16/96/M号法令核准的《酒店业及同类行业之新制度》第六条第一款界定的第一组属餐厅的场所。

③ 参见《2017年财政年度预算案》第十五条。

④ 根据第11/96/M号法律第十条的规定而被宣告为行政公益法人。

⑤ 国际货币基金组织于2000年已经把中国澳门与卢森堡、摩纳哥、开曼、中国香港等，一同界定为“全球离岸金融中心(OFCs)”。

仍需要进行营业税的申报，即要进行开业登记。

离岸公司也获豁免缴纳以有偿方式购买用作办公地点的不动产转移印花税，及无偿方式移转专门用作从事离岸业务的不动产的0.5%的赠与行为的印花税。然而，如有关资产自给予豁免之日起5年内不再属于专门拨予从事离岸业务之用，则离岸公司仍需缴纳获该获豁免的不动产移转印花税。

同时，涉及离岸风险的保险单、因从事离岸业务而与住所非设在本地区之实体订立的合同、在离岸业务范围内进行的银行交易活动、离岸机构的设立，以及该等机构的公司资本之增加的印花税也获豁免。

此外，离岸公司中的不具澳门居民身份之高级管理阶层，在其获准在澳门定居之日起，可以豁免缴纳首三年度因离岸公司向其发放薪酬而衍生的职业税。[①]

2. 融资租赁公司及相应的承租人。特区政府近年积极推动澳门特色金融，尤其以融资租赁作为切入点。事实上，澳门政府早于1994年已就融资租赁的业务而设定了税务优惠。随着有关政策的推进，不排除在不久的将来会推出更多的税务优惠措施。在现行的税务法律下，涉及融资租赁公司的设立、公司资本增加或追加的行为，涉及已用作或将用作工业及服务的不动产及作为承租人自住之不动产的融资租赁合同、与融资租赁活动有关之利息及佣金收益获豁免缴纳印花税。[②]此外，融资租赁机构也获豁免缴纳基于融资租赁合同出租不动产而获得的收益所衍生的房屋税，有关收益将透过所得补充税方式征收。[③]融资租赁机构在取得用于作为承租人业务或自住的不动产时，可获得不动产转移印花税20%的减免。

融资租赁不动产的承租人同样有税务优惠，在融资租赁合同届满及依据合同订定之条款而取得不动产时，承租人获豁免缴纳不动产移转印花税。[④]

① 参见第58/99/M号法令第十二条。

② 参见第1/94/M号法律《融资租赁之税务鼓励》第二条。

③ 参见第1/94/M号法律《融资租赁之税务鼓励》第四条。

④ 倘若融资租赁合同开始生效后5年内，属融资租赁物之不动产被用作其他目的，则有关优惠将不产生效力（参见第1/94/M号法律《融资租赁之税务鼓励》第三条）。

四、防止双重征税

当两个或多个税务规范同时对同一主体就同一征税客体进行征税时，不论该等规范属于同一法律秩序以内（内部双重征税），抑或属于不同国家或地区的规范（国际或区际的双重征税），均构成双重征税。[①]对于内部双重征税的问题，主要透过该法域就税基或税务制度的完善而得以避免。然而，在现今社会，随着跨国或跨域投资者进行的活动日趋频繁，涉及不同法域税收管辖权、居民身份确认标准的差异、征税客体范围的大小等连接因素，都使得国际双重征税的问题变得日趋严重。[②]

虽然澳门作为中华人民共和国的一个特别行政区，本身不具有主权国家身份，但根据《基本法》第一百三十六条的规定，特区政府以中国澳门名义与其他国家或地区签订了防止双重征税的协议。中国澳门已与葡萄牙、中国内地、莫桑比克、佛得角、比利时签订了避免双重征税和防止偷漏税的安排，中国澳门也相继与欧洲多国、澳大利亚、印度、牙买加、马尔他、日本、阿根廷等国签订了税收信息交换的协定。

此外，随着中国内地与澳门更紧密经贸关系的安排及多份补充协议的签订，再加上内地“十三五规划”中明确粤港澳大湾区的建设，加深了双边经贸的往来，两地防止双重征税的问题对两地居民变得更为重要。

根据2003年12月27日在澳门签订的第11/2004号行政长官公告公布的《澳门特别行政区和内地关于对所得避免双重征税和防止偷漏税的安排》及其后相继签订的三份议定书[③]（以下简称《安排》），有关《安排》用于处理

---

① 参见 HERMÍNIO RATO RAINHA. Apontamentos de Direito Fiscal[M]. 澳门：澳门大学法学院及澳门基金会，1996:144.

② 经济合作与发展组织及联合国分别拟定了《关于对所得和财产避免双重课税的协定范本》及《联合国发达国家和发展中国家双重征税示范公约》，以作为各国或地区协调订定相互间税收关系时的参考文本。

③ 分别为2009年12月9日在澳门特别行政区公报公布的《内地和澳门特别行政区关于对所得避免双重征税和防止偷漏税的安排》议定书、2011年8月10日在公报公布的《内地和澳门特别行政区关于对所得避免双重征税和防止偷漏税的安排》第二议定书、2016年11月30日在公报公布的《内地和澳门特别行政区关于对所得避免双重征税和防止偷漏税的安排》第三议定书。

对于所得[①] 而征收的税项。除了基于工作或营商而获得的收益外，也包括来自转让动产或不动产的收益、对资本增值而征收的税收。

为避免双重征税，有关《安排》主要是采用地域来源征税原则。原则上，一地居民[②]（包括自然人及可被界定为纳税主体的法人或团体）在该一地因不动产而获得的所得或任何营业利润，由该一地征税[③]。该《安排》对特区及中国内地两地的股息、利息、特许权使用费、财产收益、工作收益等所得均有专门性规范[④]。

除了上述避免双重征税的规定外，《安排》也采用了抵免法及免税法以消除双重征税的情况。内地居民在澳门的收益，按照《安排》在澳门缴纳税额时，允许在对该居民征收的内地税收中抵免，但抵免额以该项所得按照内地税法和规章计算的内地税收数额为限。澳门居民在澳门的收益，根据《安排》规定可以在内地征税时，该所得原则上在澳门免予征税。除非涉及在澳门产生的股息、利息及特许权使用费的税收，如果这些收益在内地被征税时，澳门仍然会对该居民征税，但将在征收的税收中扣除该居民在内地已缴纳的税额，但该扣除额不超过内地征税的税额。[⑤]

五、结语

为拓展国家“一带一路”政策前提下澳门作为世界旅游休闲中心及中国与葡语国家商贸合作服务平台的定位，积极发展产业多元化及吸引投资，本文简单介绍了澳门各主要税负的课税对象、税率、纳税申报及缴税期间，旨

① 在内地属于所得的现行税种为个人所得税及企业所得税，在澳门则属于职业税、所得补充税、凭单印花税及房屋税（参见《安排》第二条第三款）。

② 一地居民指按照该一地法律，由于住所、居所、总机构、成立地或实际管理机构所在地，或者其他类似的标准，在该一地负有纳税义务的人。如果按照有关标准属同时为双方居民的自然人，则可依次通过永久性住所所在地及重要利益中心所在地决定属哪一地的居民。倘若仍无法确定，则由双方主管当局通过协商解决。如果同时被界定为双方居民的公司，应认为是其总机构或实际管理机构所在一地的居民。然而，如果该公司在一方设有实际管理机构，在另一方设有总机构，则由双方主管当局应相互协商确定其居民身份（参见《安排》第四条第二款及第三款）。

③ 参见《安排》第六条及第七条。

④ 详见《安排》第九条至第二十二条。

⑤ 参见《安排》第二十三条。

在令投资者对澳门税收制度有初步了解，使投资者在澳门发展业务时，能对营商的税收成本有一定认识。

由于本澳没有统一的税务法典，澳门特区的税收制度是依靠多个单行的税务法律进行规范及构建的。每一税种有其特点及制度，本文只能简单地介绍每一主要税种的基本制度，而对于每一税收的实际操作及征收，仍需查阅相应税项规章以便对该税收的课征有全面的了解。

澳门贸易法律制度

吴家文[①] 李嘉颖[②]

一、“一带一路”与贸易的关系

闻名遐迩的古代丝绸之路，为远古的人民建立了一条横贯东西、连接欧亚的中西贸易商道。古代丝绸之路不但打开了各国的商贸机会，更为当时东西文化交流作出了重大的贡献，见证了人类文化的发展。

因此，提出“一带一路”的合作发展理念和倡议，就是希望借助既有的、行之有效的区域合作平台，共建新丝绸之路。

当今社会充满挑战：经济全球化，世界多极化，社会信息化，环境污染等，我们不妨发扬“和平合作、开放包容、互学互鉴、互利共赢”的丝绸之路精神，以发展人类文明为目的，以丝绸之路精神思想为现今多方难题寻找一个解决机制及答案。

“一带一路”秉持开放包容的精神，采取非封闭、固定和排外的机制。该理念提倡的并不是一切从零开始，而是将现有合作延续和升级。无论是“丝绸之路经济带”还是“21 世纪海上丝绸之路”，都是以经济合作为基础和主轴，以人文交流为重要支撑。

古时候的丝绸之路主要是容许商品互通无阻，而现今的“一带一路”政策，经历了两千多年的发展，所提倡的交流合作范畴必然更加广泛，当中更多涉及基础设施互联互通、贸易投资便利化和产业合作等。

---

① 吴家文，澳门实习律师。

② 李嘉颖，澳门法律专家。

"一带一路"的政策目标是当今贸易不可忽视的：亚欧两大洲的经济联系更加紧密，相互合作更加深入，发展空间更加广阔。而在未来的贸易发展当中，我们将会看到中欧合作的更多的创新发展以及贸易和投资的合作机会。"一带一路"的理念更是反对各种形式的保护主义，从而推动发展开放型的世界经济。

"一带一路"不是中国一家的独奏，而是沿线国家的合唱。"一带一路"开放合作的理念和不否认分歧的思想，有利于各国进一步发挥自身的比较优势，形成互补互利的"双赢"局面。

当然，各国的经济贸易发展，还取决于人文交流这一另一重要因素。

各国之间的文化及思想交流，为经济合作提供了互学互鉴的背景基础。人文交流使各国能够相互尊重分歧，以致共同利益超越分歧。同时，人文交流有助于为贸易建设一个和谐的环境，有助于贸易方面的发展。

两千年前的丝绸之路不仅协助东西之间互通贸易，更是两个伟大文明的交汇。新丝绸之路标志着中欧两大文明的再度交汇，而澳门凭着其得天独厚的地理和历史位置，在实践"一带一路"的政策中，扮演着独一无二的角色。

二、澳门在区域及国际贸易上的重要地位

为推进澳门与内地经济协作的深化发展，中国内地与澳门于2004年10月签署了《内地与澳门关于建立更紧密经贸关系的安排》（CEPA）。CEPA包括货物贸易、服务贸易及贸易投资便利化，标志着粤澳经济协作迈向全面融合的发展新阶段。

CEPA巩固了澳门作为区域旅游中心的地位，扩大了两地贸易量和物流量，有利于发展中介性商业服务业，为澳门产业结构提供了适度多元化的基础。在其框架下，将有助于港澳与广东珠三角的经济一体化，达致区域内人流、物流、资金流和信息流能畅通地双向自由流动，达至区域内生产要素和社会资源的最优配置。

鉴于不断推出有助双方经贸往来的措施，粤澳贸易得以平稳发展。扩建拱北口岸，重建横琴口岸客货车信道，建设珠海竹银水源工程，提供电路建设、供电调度保障、食品安全质量管理和运输过程监控等的措施推动为粤澳的贸

易发展奠定了坚稳的基础。

澳门开埠以来，一直实行自由港制度，货物、人员进出自由。澳门税种少，税基窄，税率低，除法律另有规定外，对进口商品基本不征收关税。澳门作为独立的关税区，至今已与世界120多个国家和地区建立了经贸关系，更享有欧美国际的贸易优惠。其种种国际商业资源，是内地市场短时间内难以拥有的。而澳门回归后，成为中国的一个特别行政区，实行“一国两制”“澳人治澳”“高度自治”等方针政策，也为澳门带来一个营商的优良环境。

澳门是一个历史悠久的东西文化交汇地，各种思想相互包容，中西文化在澳门得以互相尊重及互相学习，因此澳门拥有无可取替的多元化优势。

澳门最突出的优势是其与葡语系和拉丁语系国家保持传统的密切联系。葡语系和拉丁语系国家广泛分布于世界各大洲，以南欧、拉丁美洲和非洲为主，使澳门成为与该等地区联系的重要桥梁。

中国是一个人力资源充裕但自然资源相对贫乏的国家，而同时中国与葡语系和拉丁语系国家的发展为资金流动、技术输出、商品贸易、资源开发等方面提供了巨大市场和无限商机。澳门拥有与葡语系和拉丁语系国家相似的语言文化环境，因此澳门成为十分有利于发展和经济文化交流的地方。澳门的中葡多元文化和中拉国际联系优势在中国以至东亚都是独一无二的，甚至连中国香港这个国际交流枢纽都难以与之相比。

在全球化的背景下，所有国家都需要与世界各国保持密切联系。澳门作为中葡双语的文化地区，完全能够成为中国面向葡语系国家和拉丁语系国家，尤其是面向巴西等新兴大国的开放门户。

澳门的经济优势取决于其同时拥有自由港、区域及国际网络的优势，使其成为除香港外的另一个自由港、独立关税区。但与香港相比，澳门的经营成本较低，且基础设施也在不断改善之中。澳门的经济腹地和所联系的国际市场都与香港有所区别，澳门背靠的是珠江三角洲西部，沿西江往西北上溯是西江中下游广阔的经济腹地，它联系的国家以欧盟和葡语国家为重点。

澳门一直以来都与欧盟，特别是葡语系国家保持着紧密的经济、社会、文化等多方面的联系。随着中国经济实力的增强，澳门由于担当着中介桥梁的角色，吸引众多葡语系国家在澳门设立机构以开展与中国的经贸交流。澳门有优势、有条件发展成为中葡商贸服务平台——一个联系欧盟、葡语国家与中国内地特别是广东、珠三角地区，甚至包括香港、台湾地区的区域性商贸服务平台。

而澳门作为世界旅游休闲中心，担当着中葡商贸服务平台的角色，将在珠江西岸都市圈形成中发挥重要的作用，并在与珠海联合开发横琴的过程中，发挥其缩小珠江东西岸经济发展落差的重要战略功能。

长期以来，澳门与欧洲国家和葡语国家有着紧密的商贸、文化等方面的联系，又有一批懂得葡语的专业人才，这是亚洲其他城市包括香港都不具备的优势。但是澳门要真正成为中葡商贸合作服务平台，还需要广东珠海方面的配合，而横琴则提供了这样的合作平台。另外，澳门还可以博彩业为卖点，精心打造具有比较优势又配合澳门博彩旅游业发展的会展知名品牌，特别是与葡语国家相关的会展品牌，从而真正发展成为中国与葡语国家经贸、文化交流的平台。

中国银行澳门分行近两年来一直积极与葡语系国家银行开展战略合作及业务往来，已经建立起覆盖葡语国家，辐射伊比利亚半岛、非洲、南美洲的收付清算网络，开展信用证业务以及跨境人民币融资业务。

在 2017 年 1 月 18 日，澳门大西洋银行在横琴开设分行，分行的目标是发展中葡经济、贸易、投资和合作的平台，为在内地投资发展的澳门客户以及葡语系国家在内地投资的客户提供服务和支持。大西洋银行是澳门首家在中国内地开设的分行，也是利用 CEPA 进驻横琴开展人民币业务的国际银行集团。大西洋银行横琴分行的开设，可为中国与葡语系国家的经济金融合作牵线搭桥，为粤澳、珠澳金融合作，为澳门中葡金融服务平台及中葡人民币清算中心的建设增添助力。

在澳门建立内地和葡语系国家的金融服务中心，既是解决中国企业和葡语系国家企业之间外汇结算困难的实际需要，也是解决中国和葡语国家之间因语言、金融体制和政策不同而导致双方企业在融资担保和信誉保证方面出现风险的需要。采纳这些新项目将更能发挥澳门作为内地和葡语系国家合作服务平台的作用。

三、贸易主管部门

由于对外贸易活动涉及的范围广泛，因而有关监管的部分也呈多样化。从《对外贸易法》的法规可以看出，海关和经济局是澳门对外贸易的两个最重要的监督部门。

经济局是澳门特区政府负责统筹和制定工业贸易政策的部门，职责包括促进澳门对外商贸关系、促进外来投资、保护知识产权、为工商业提供支持、负责旅游、保障消费者权益及促进竞争。除上述政策事宜外，该局同时负责签发工业场所牌照和编制工业记录，并进行有关监督工作；经济局还负责对第17/2009号法律表五及表六所列物的签发转运准照，负责对产地来源证和出口配额制度进行管理，同时负责对违反《对外贸易法》第三章第二节第三分节的行政违法活动进行调查取证并处罚。

海关负责配合对外贸易的监管工作，及经由关口进行或以邮寄方式进行的外贸活动，同时对违反《对外贸易法》的行政违法活动进行调查取证并处罚。

而由于贸易经常涉及不同的货物和不同方面的贸易环节，对外贸易的一些特定环节便需要不同的部门参与对其进行的监督工作：民政总署负责管理动植物、食品，新鲜或冷藏肉类及蔬菜的许可证发放；卫生局负责管理医药产品、化学品及药品许可证发放及对第17/2009号法律表一至表四所指的植物、物质及制剂签发转运准照；电信管理局负责澳门电讯器材、无线电接收器、雷达及导航仪器许可证发放；治安警察局负责管理武器弹药、爆竹和烟花的进口许可证发放及对武器及弹药签发出口准照；交通事务局负责汽车许可证发放；海事及水务局负责对外贸易口岸的界定和管理、促进发展海事活动、发出从事海事及港口活动的准照；金融管理局负责监察并处罚违反澳门对外贸易的外币结算制度的行为；统计局负责统计澳门对外贸易的数据，作为政府决策的参考指南。

值得一提的是，澳门特别行政区政府经济财政司辖下的部门澳门贸易投资促进局，其旨在促进本地对外贸易及引进外资，推动澳门与世界各地之间经贸关系的发展，加强相互了解，发展友好合作。其主要职责包括：

一是向投资者推介本澳的投资环境及机会，并提供方便、快捷的“一站式”服务：接受咨询—评估项目—专业公证员办理成立公司手续—指引投资程序

及所需牌照 / 准照申请—跟进投资手续及其他—落实投资项目。

二是提供经贸信息咨询、市场分析和统计数据，协助开拓及扩展市场。

三是主办、协办本地各种展览与推广活动；积极参与外地各类经贸活动；资助本地企业参加世界各地的展览会，借此缔造商机。

四是组织代表团出外访问和考察，接待外地代表团到访，为投资者创造交流及合作的机会。

五是负责离岸业务（非金融）的发牌、技术协助和监督工作，并通过推广活动来促进非金融离岸业务在澳之发展。

六是负责审批投资者、有关管理及专业技术人员提出的居留申请。

七是编辑发行经贸刊物杂志，借此宣扬澳门工贸环境。

由澳门贸易促进局举办的澳门国际贸易投资展览会（MIF）是澳门首个荣获国际展览业协会 UFI 认证的展会。于 2016 年 10 月 20 日至 22 日举行的第 21 届 MIF，以“促进合作共创商机”为主题，并首次设立伙伴国及伙伴城市合作项目，葡萄牙及北京市分别成为首届的合作伙伴，通过论坛、会议和推介等活动，共同面向海内外展示澳门作为世界旅游休闲中心和中国与葡语国家商贸服务平台的优势，以及经济多元发展的商机和活力，并致力于和与会者成为合作伙伴，为发展、转型、创业提供崭新商机。

随着“十三五”规划逐步落实，及“一带一路”和“长江经济带”战略的推进，多个地区在资源、交通、产业以及科教等方面的区位优势越发凸显，自 2006 年起，澳门贸促局已在杭州、成都、沈阳、福州及广州设立联络处及代表处。

澳门贸促局将积极宣传澳门的经济、贸易、投资状况，推广澳门的产品及服务，协助企业通过澳门作为中国与葡语国家商贸合作服务的平台，享受高效、优质、全方位的服务，开拓葡语国家等海外市场。

对于如何解决澳门与本地区之外的商事往来产生的争端，《对外贸易法》没有作出原则性的规定。仅在其第五十四条中，规定了对不服行政行为的两种司法上诉的途径，并未就涉外纠纷规定解决原则或机制。

关于涉外贸易争端的解决方式，首先应遵从双方订定的合同条款内容，如选择诉讼方式或诉讼管辖等。鉴于不同国家或地区之间法院判决在承认和执行上存在困难，因此国际商业仲裁机构仲裁成为一种受欢迎的解决机制。

而涉外贸易争端在本地区应依澳门的商法和民法制度解决。对于涉及地区或国家之间的贸易争端，一般会交予世贸组织的争端解决机构 DSB（Dispute Settlement Body），或其专家小组 Panel，以及其常设上诉机关（Standing Appellate Body），由各机构负责解决不同的争端。

四、澳门贸易法律概况

澳门作为微型经济体系和自由贸易区，其对外贸易在近年占了越来越重要的位置，而澳门身为自由港和独立的关税贸易区，货物及其他财货或产品可自由运入、运离及经过澳门特别行政区（《对外贸易法》第三条）。

《对外贸易法》有狭义和广义之分。狭义的对外贸易法仅指第 7/2003 号法律《对外贸易法》。该法律订定了对外贸易的一般原则，以及货物及其他财货或产品运入、运离和经过澳门特别行政区的制度的一般原则。而广义的对外贸易法是指调整对外贸易活动中所发生的各种社会关系的法律关系的总称。因此，广义上的对外贸易法还应包括其他所有涉及澳门对外贸易各个环节的法律和行政规章。

关于对外贸易法的行政法规如下。

1. 第 28/2003 号行政法规：《对外贸易活动章程》。该行政法规是《对外贸易法》的一个补充性的细则规定，订定了对外贸易的货物或产品的运入、运离或转口制度的补充性细则，针对出口、进口等不同的准照，规定了文件的填写程序、式样和期间等。

2. 第 29/2003 号行政法规：《产地来源证明规章》。该行政规章是就《对外贸易法》中的有关产地来源证的具体行政法规。该行政法规就产地来源证的签发实体、程序以及签发的方式等作了详细的规定。

3. 第 225/2003 号行政长官批示。该批示规定供个人自用或消费的部分物品可以不受《对外贸易法》的约束，并对自然人可以携带物品的数量作了限制性规定。该批示也对须受准照约束的进出口货物作了详细的规定。

4. 第 28/2003 号行政长官公告《内地与澳门关于建立更紧密经贸关系的安排》（CEPA）。CEPA 虽然只是一个地域性的区域经贸合作的协议，但其实际内容涉及了澳门对外贸易的重要内容，因而也应列于《对外贸易法》的考虑之中。其主要内容包括货物贸易和服务贸易的自由化，以及贸易投资便利化三个方面。就货物贸易方面，内地于 2004 年 1 月 1 日起对 273 个税目的澳门产品实行零关税。服务贸易方面，内地向澳门进一步开放管理咨询、会议展览、广告、会计、法律、医疗及牙医、物流、货物运输代理、仓储、分销、运输、旅游、建筑、视听、电信、银行、保险、证券 18 个服务行业，对澳门提前实施对世贸组织成员的部分开放承诺，放宽地域和经营范围限制等。贸易投资便利化方面，双方合作将在贸易投资促进，通关便利化，商品检验检疫、食品安全、质量标准，电子商务，法律法规透明度，中小企业合作以及产业合作七个领域加强合作。双方还明确了金融和旅游领域的合作内容，同意加快关于专业人员资格相互承认的磋商。

5. 除了普通货物受一般对外贸易制度规范之外，一些特别的货物受特定的制度或法律规范。例如，第 58/90/M 号法令是澳门地区管制从事药物活动的法令，但是其中第四章又特别规定了药物产品的进出口原则和条件、程序，以及对不同的药物的特殊要求。这里的进出口规定，又构成了澳门广义上的对外贸易法的一部分。

有关行政管理部门的公告。其实这种行政公告本身不具有法律的地位，但是由于对外贸易的复杂性，涉及不同领域、不同环节和不同的管理部门，因此《对外贸易法》将其中的一些具体的事项授权有关的行政部门再作规定。而其他对外贸易有权限的监管部门根据法律所作的有关对外贸易方面的公告同样也构成了澳门整体的对外贸易法的一部分。

《对外贸易法》规定了对外贸易中的准照制度和申报单制度。准照制度是指事先许可制度，根据所进出口的货物的不同而对应于不同的职能部门。除获许可的情况外，均不能转移或交易准照。申报单是一种当场对进出口贸易的物品申报的制度，不需要事先的许可。而准照和申报单的式样均由经济局制定并作填写说明。

第 225/2003 号行政长官批示规定，19 类用于个人或消费的物品在一定的数量内，不受《对外贸易法》的约束，不用申报、不用准照，可以自由进出口，但以自由人手提或随身行李所携带为限。

同时，海关正在建立电子报关制度，有助于监督方面更加全面及系统化。

在贸易出口方面，相关的出口准照一般由经济局签发，如涉及武器弹药则由治安警察局签发。澳门本地产品除了受配额制度限制及需要产地来源地证明这两种情况外，基本上是可以自由出口的。

另外，一般货物也可以自由进口，但必须履行申报的责任。进口的准照按货物的不同组别由五个不同的政府部门签发。

在转运方面，新的法律将运入和运离的期限延长至最长360日，利用自由港和开放的贸易政策，可稳固澳门作为珠江三角洲的物流中心的地位。转运入澳门的货物，由海关负责监察。若在规定的期限内没有运离澳门，则视为已进口的货物，如属进口表表B内的货物，则仅在符合条件的情况下，才能转换。无论是转为出口或转为进口，都不排除因此可能受到的处罚。

产地来源证明制度来源于世界贸易组织的《原产地规则协议》。澳门作为世界贸易组织的成员，遵循其对外贸易的原则，并与不同的成员，依目的就不同的产品，以不同的原产地标准来规范澳门对外贸易。

澳门的产地来源证由经济局签发，因而有关产地来源的生产工序、来源标准等的管理及证明都由经济局监察。同时，根据不同的目的国对产品的不同标准来要求和规范澳门的出口商。对于外地货物所属的原产地的确定，是以该货物原产地有权限实体所发出的产地来源证为依据而证明的。

中国内地和澳门的CEPA签订之后，澳门产品可以零关税进入大陆市场，只要能证明是以澳门为原产地的273种产品，就可以零关税进入大陆市场。

而关于对澳门外贸经营人批给向受限额限制之市场出口配额制度主要的法律规范是第59/GM/94号规章《基本额及附加额——时间表、求取条件及使用条件》。

至于针对某些特别产品的进口，澳门实行了专营制度，例如对蔬菜、水果、家禽类的进口，虽然要遵守一般的对外贸易规则，但更重要的是依据1997年批给南粤鲜海商品批发市场的合同，其他公司不能经营。

澳门的对外贸易必须在指定的关口进行。第28/2003号行政法规第三条特别规定了《对外贸易法》第十二条第一款指的关口为：（1）澳门国际机场；（2）关闸口岸、路氹新城口岸、珠澳跨境工业区口岸；以及海关公布于《澳门特别行政区公报》的通告中专门指定的其他陆上口岸；（3）港务局通过公布于《澳门特别行政区公报》的通告中专门指定的海上口岸。

澳门是一个自由贸易区，总体以实行低税为主。除了对一些不鼓励消费的产品入口实行重税政策外，对普通日用消费品则实行零关税政策。

违反《对外贸易法》的处罚分为两类：刑事处罚及行政处罚。由于澳门是自由贸易区，处罚通常比较轻微，多数以行政处罚为主，只有例外情形才规定为犯罪，即在许可地点以外进行活动罪。

《对外贸易法》第三章第二节中规定了违反该法的行政处罚。违反该法的行政处罚的权限属于海关、经济局和金融管理局，扣押的权限属于海关、经济局和卫生检疫及植物检疫当局。

在澳门正式的口岸进行走私或其他违法行为并不构成犯罪，而可能构成行政违法行为，受到行政处罚。违反《对外贸易法》的行政处罚的金额为1000~20万澳门元，并可以没收有关物品。

五、贸易管理

澳门是一个经济高度开放的市场，是自由港及单独关税区，没有外汇管制，资金进出自由。以容积计算其酒精强度高于或等于30%（20度）的饮料（但米酒除外）及烟草、燃料、润滑剂的进口，需缴付消费税。特区政府对企业或个人进出口经营权没有限制，任何企业或个人凡已履行纳税义务，尤其是履行缴纳营业税和消费税等义务的自然人或法人均可进行对外贸易活动。

澳门特区政府对动植物、药品、酒类和烟草等产品的进口实行进口许可制度。为适应进口国政府要求，澳门特区政府依据《澳门特别行政区基本法》第五十条（五）项及第7/2003号法律第五十五条的规定，对有关产品实行产地来源证制度。

澳门产地来源规则遵循“实质改变”的基本标准而制定，与国际惯例及标准基本一致。完全由澳门本地出产的货品，必须是澳门的天然产物，即完全在澳门种植或开采，或在澳门用本地原料生产。涉及多个国家原料及／或加工处理的制成品，则必须是在澳门拥有制造工序的产品，而且该制造工序永久并实质改变了所用基本生产原料的形状、性质、形式或用途（这些统称为“主要制造工序”）。简单的稀释、包装、装瓶、风干、装配、分类或装饰工序，并不视为真正的制造工序。

六、进出口商品检验检疫

受卫生检疫或植物检疫约束的货物，包括进口或转运第487/2016号行政长官批示第三款所载的物品。动植物、肉类及食品均属此类。进口活动物、禽鸟及爬虫类动物，须预先向民政总署申请进口准照，并受卫生检疫，否则不得将此等动物进口入境。直接转运上述活动物，也须受民政总署卫生检疫制度约束。

另外，活植物（包括根）、鳞茎、块茎、种植用种子、果实及孢子，进口或直接转运时，须受卫生检疫制度约束。

而肉类（不论新鲜、冷藏或腌制）、香肠、鱼类（观赏鱼除外）及海产类、奶类及其制品、蛋类、冰激凌及其他可供食用冰，进口时均须领有由民政总署签发之进口准照及接受卫生检疫。

食用蔬菜、果实、菇类菌种、甘蔗、鱼子酱等，则无须申请准照，但需填写申报单向民政总署申请卫生检疫，以证明有关食物适宜供人食用。

载明于行政长官批示第487/2016号附件一内的货物（供个人自用或消费之货物），可由个人每次携带有关限量进口。

澳门进出口商品检验检疫：根据澳门特区政府第40/2004号行政法规—卫生检疫及植物检疫规定，所有农产品均实行检验检疫制度，重点保障食品安全。由特区政府民政总署负责。澳门特区政府对于鲜活产品、供澳门蔬菜等食品类安全方面，管制较多。例如，对内地供澳门活猪、活鸡、淡水鱼等，澳门与内地政府密切配合实行注册农场制度，在澳门实行代理和销售渠道登记制度、口岸或批发市场抽检制度等市场管理方法。对于工业产品，也是基于保障消费者利益，实行市场管理方法，保障产品质量和使用安全。

七、海关管理

澳门的海关除负责配合对外贸易的监管工作外，还履行以下职责：提供关检服务、报关清关；预防、打击和遏止关务欺诈行为；致力预防和遏止不法贩运活动；在配合对外贸易活动的监管工作时，为发展对外贸易活动作出贡献，以维护澳门特别行政区在国际上的信誉；根据法例，确保对知识产权的保护；致力履行澳门特别行政区在海关范畴内承担的国际义务；致力保护人身和财产安全，妥善执行澳门特别行政区的内部保安政策；参与澳门特别行政区的民防工作，并在紧急情况中参与行动。

参照澳门特别行政区现行的法律，以下情况视为对外贸易活动：所涉及的价值超过 5000 澳门元的活动；所涉及活动的价值虽低于 5000 澳门元，但该价值仅为一整体贸易的部分活动中的价值；须受预先许可约束的货物的进出口；须受卫生检疫或植物检疫约束的货物的进口及转运；须申请发出产地来源证明的货物的出口。

所涉及的价值超过 5000 澳门元的活动和所涉及的价值虽低于 5000 澳门元之活动，但该价值仅为一整体贸易之部分活动中的价值这两种情况不用多作解释，在澳门现行的法律中，什么是受预先许可约束之货物，则涉及较多的法律法规。

凡拟出口 / 进口受预先许可制度约束的货物（经 487/2016 号行政长官批示），均须向有关的权限实体申请出口 / 进口准照。

出口表表 A 包括生产激光视盘的设备、武器及弹药、爆炸品等。

进口表表 B 包括动植物、食品、医药产品、化学品、应课消费税品、生产激光视盘的设备及原材料、无线电接收仪器、武器及弹药等。

凡进口任何医药产品，必须预先向卫生局申请准照。如入境旅客在其行李内携带合理数量供个人自用的药剂产品或药物，可获豁免以上步骤，但有关药品须为非麻醉类药物与精神科药物，否则必须出示有效之医生证明，且所携带之分量不得超过 30 天的治疗分量。

很多化学品的进口，须预先取得卫生局签发的进口准照。

常见的麻醉品与精神科物质为兴奋剂、催眠剂及镇静剂，吗啡、海洛因、大麻、可卡因及安非他命均属此类。各种受监管物质载于第 17/2009 号法律之表一至表六，其种植、生产、制造、应用、买卖、分销、进口、出口及转运该等物质、均受第 34/99/M 号法令规范。凡进口或出口表一至表六的物质，必须向卫生局预先申请许可证，并使用专门表格。

本澳现时有三类应课消费税品，分别为酒类、烟草类及车辆。进口此类货物须向经济局预先申请准照。

根据《澳门对外贸易法》，进出口光盘母盘、生产激光视盘的设备及机器，以及进口其原材料，须具备经济局签发的准照。任何人士进口无线电接收器、雷达及导航仪器等货物时，必须预先向电讯管理局申请进口准照。

根据法令第 62/95/M 号之规定，进口及出口含有氟化物的货品，包括“雪种”，须获得经济局的预先许可。

任何火器、枪械、毒气或麻醉气体喷雾器、电枪、刀剑等利器、手榴弹或有关的攻击性工具，均视为武器，连同其使用的弹药，均受《第 77/99/M 号法令——武器及弹药规章》规范。凡进口或转运该类武器时，须具备治安警察局签发的准照及发出的许可。

旅客如藏有或携带法令第 77/99/M 号第六条所指的违禁武器及第 17/2009 号法律表一至表六所指的麻醉品及精神科药品，会被检控。

进口或出口任何濒临绝种动植物，不论是否活生、死亡，其标本、身体部分或衍生物，均须受《国际保护濒临绝种野生动植物公约（CITES）》（第 45/86/M 号法令）管制。就每次输入或输出本澳时，必须预先向经济局申请准照及 CITES 证明书，方可进行有关活动。如属科学家、专家与科研机构之间的出借、馈赠或交换样本，须附有缔约国之行政当局所发出之记号或标签；属动物园、马戏团或收藏或巡回展览的人工繁殖之样本，则不受预先许可制度约束。

就报关、清关程序，根据澳门《对外贸易法》的规定，凡进口第 487/2016 号行政长官批示中表 B 所载的货物，须向有关的权限实体申请进口准照，并于提货当日，连同所需文件交予海关站办理清关手续。

凡进口表 B 以外的货物，只须于提货当日提交已填妥的进口申报单，连同所需文件交予海关站办理清关手续。

属于受卫生检疫及植物检疫约束的货物，须接受民政总署作出的检疫。

根据澳门《对外贸易法》的规定，凡出口第 487/2016 号行政长官批示中表 A 所载的货物，须向有关的权限实体申请出口准照，并于寄货当日连同所需文件交予海关站办理清关手续。

凡出口表 A 以外的货物，只须于寄货当日提交已填妥的出口申报单，连同所需文件交予海关站办理清关手续。

受转运制度约束的货物，其运入和运离澳门特别行政区的相隔时间不得超过 180 日，该期间自货物到岸之日起算，在例外的情况下，海关可将上款所指的期间延长 180 日，但仅限延长一次。须具备转运准照的货物，其运入及运离澳门特别行政区的相隔期间不得超过 10 日，该期间自货物到岸之日起算。

转运申报单或转运准照内应清楚说明货物处于何种状况及货物储存地点，而该地点须受海关监察，未经海关许可前，转运的货物不得打开或重新包装。

出口表（表 A）或进口表（表 B）内所载货物，又或因特别制度而须具备转运准照的货物，仅可由获发准照经营的转运企业转运。

转运第 487/2016 号行政长官批示中附件三所规定受卫生检疫或植物检疫约束的货物，须通过民政总署作出的检疫。

可通过邮寄方式进行对外贸易活动，但须遵守《对外贸易法》的规定（经第 3/2016 号法律修改的第 7/2003 号法律）。

凡出口涉及第 487/2016 号行政长官批示表 A 所指的货物及进口同一批示表 B 所指的货物，须向有关的权限实体预先申请准照。

凡进口或转运受卫生检疫或植物检疫约束的物品，须接受民政总署的卫生检疫。

邮政总局设有海关办事处，以方便邮寄货物者报关及清关。

上述所需文件包括已签发的准照或填妥的申报单表格(根据其有关活动)，海运 / 空运提单或其他类似文件，身份证明文件，发票、公函、授权书、货物列表、其他文件（倘有需要）。

报关表格中，进口准照包括表格 I（进口及再进口）、表格 I–A（活动物、家禽及蛋类）、表格 I–B1（鱼类）、表格 I–B2（甲壳类、软件类及其他水产无脊椎动物）。

——进 / 出口报单包括表格 DIE–A（进口 / 本地产品出口 / 再出口 / 暂时出口）及表格 DIE–B（本地产品出口 / 再出口 / 暂时出口 / 进口 / 再进口）。

——进口报单包括表格 DI–C1（食用蔬菜及块茎）、表格 DI–C2（食用蔬菜、鳞茎及豆类蔬菜）、表格 DI–D1 及表 DI-D2（新鲜及冷藏果实）及表格 DI–E（花卉）。

——出口准照有表格 E（本地产品出口、暂时出口、再出口）。

——转运报单分表格 DT 及表格 T。

另外，为优化报关行政程序，可提供每星期 7 天、每天 24 小时全天候报关服务，提高工作效率及节省人力资源。澳门电贸股份有限公司自2000年推出电子数据交换系统（EDI）。推出电子出口准照服务以来，该公司致力开拓电子报关和电子商贸服务，以助提升企业营运效益，积极配合各政府部门及企业的发展。

电子出口准照服务让业界可安坐办公室内办理及完成出口准照申请程序。

用户可通过澳门电贸股份有限公司多功能的电子报关软件，经由互联网向经济局申请出口准照（出口表C组别之货物）。所有申报数据将经SSL技术作数据加密处理，并使用数码签章证书验证确保安全可靠；经济局的核准回复将完全电子化；整个申报过程方便、安全、高效。

申请出口准照时，可同时向经济局申请打印产地来源证（CO）、海关特别发票(SCI),或货物清关后确定所有出口数据正确,才传送打印CO/SCI申请。

用户还可通过澳门电贸股份有限公司电子报关软件传递已批核电子出口准照给予指定货运商代为清关，取代人手传递文件。

用户也可通过澳门电贸股份有限公司电子报关软件向海关申报代办人数据，如货车司机（代办人）姓名及身份证号码，代办人便可凭相关文件副本作为清关之用。

澳门电贸股份有限公司还提供电子进口准照服务、电子进出口申报单服务、电子工序外移申报单服务、电子转运申报单服务、船务通服务等。

货物进口后由当事人向澳门海关提出申请港口卸货证明，该项申请无须任何费用。在澳门海关总部政府办公时间办理。所需文件包括申请书、具有货主或商号负责人签名及盖章的申请书、进口准照或申报单影印本。若为首次申请，须携带对外贸易经营人及申请人的身份证明文件正本及影印本各一张。

为支持澳门经济适度多元化发展，在相互尊重两地法律制度的基础上，内地海关进一步简化优惠贸易协议项下经澳门中转货物的单证提交要求，达到优化原产地管理目的。澳门海关签发“中转确认书”范围，也将由《海峡两岸经济合作框架协议》扩展至所有内地已实施的优惠贸易协议。通过数据转移，更能加快审查企业的申请，提供通关便利条件。

另外，澳门海关推行自由贸易协议中转货物便利计划(以下简称中转易),中转易属自愿参与性质，为贸易商提供海关监管服务及签发证明货物中转澳门期间未再加工的“中转确认书”，令业界的货物能更顺畅转运到内地。

内地近年积极与不同国家及地区签订自由贸易协议（以下简称协议），协议内订明货物如经第三地中转而中转过程符合未再加工规定及条件，包括受当地海关或指定机构监管，则可被视为直接运输，可享关税优惠。

2016年5月25日，海关总署与广州署长和澳门海关黄有力关长签署了《关于自由贸易协议项下经澳门中转货物原产地管理的合作备忘录》（以下简称《合作备忘录》）。

为落实《合作备忘录》相关内容事宜，中华人民共和国海关总署及澳门海关代表，经多月的磋商和会议后，落实相关事宜以便顺利完成安排工作。

中国海关总署于2016年9月20日发出，海关总署公告2016年第52号《关于各优惠贸易安排项下经港澳中转进口货物单证提交事宜的公告》，就经澳门中转货物单证提交相关事宜公告作出的规范性文件；并于2016年10月1日起，澳门海关将启用“自由贸易协议项下经澳门中转货物原产地管理系统中转确认书签发子系统”签发“中转确认书”。

关于澳门海关签发的“中转确认书”：应企业申请，澳门海关审查后对中转货物出具“中转确认书”以证明相关货物在澳门期间未再加工；经澳门中转的货物，应当提交澳门海关签发的“中转确认书”。澳门海关签发“中转确认书”的范围由《海峡两岸经济合作框架协议》（ECFA）扩展至所有内地已实施的优惠贸易协议。ECFA货物经澳门中转输入横琴进口的，澳门海关可不签发“中转确认书”。

截至目前，《合作备忘录》涵盖内地签订的十三项协议；澳门海关签发“中转确认书”的服务范围同样由《海峡两岸经济合作框架协议》（以下简称ECFA）扩展至所有内地已实施的优惠贸易协议，包括韩国、澳洲、东南亚国家联盟（文莱、柬埔寨、印度尼西亚、马来西亚、缅甸、菲律宾、新加坡、泰国、越南和老挝）、巴基斯坦、冰岛、瑞士、智利、哥斯达黎加、秘鲁、新西兰、孟加拉国、印度及斯里兰卡的货物。

中转易服务范围涵盖下列协议下中转澳门往内地的货物：

《海峡两岸经济合作框架协议》《中国—韩国自由贸易协议》《中国—澳大利亚自由贸易协议》《中国—东盟全面经济合作框架协议》《中国—巴基斯坦自由贸易协议》《中国—新加坡自由贸易协议》《中国—冰岛自由贸易协议》《中国—瑞士自由贸易协议》《中国—智利自由贸易协议》《中国—

哥斯达黎加自由贸易协议》《中国—秘鲁自由贸易协议》《中国—新西兰自由贸易协议》《亚太贸易协议》。

贸易商应留意每项自由贸易协议下对中转货物停留于第三地方可等同直接运输的要求及条件，例如，容许货物停留于第三地方的最长中转期，货物存仓及处理安排等。详情请浏览中国商贸部中国自由贸易区服务网页。

申请中转澳门往内地货物，于2016年10月1日起，澳门海关启用“自由贸易协议项下经澳门中转货物原产地管理系统中转确认书签发子系统”签发“中转确认书”。

“中转确认书”用于证明相关货物在澳门期间未再加工。进口货物收货人或者其代理人（以下统称进口人）申报适用协议税率或特惠税率时向海关提交下列运输单证之一的，海关不再要求提交“中转确认书”：以空运或海运进口货物，国际班轮运输经营者及其委托代理人、民用航空运输企业、经营国际快递业务的企业等出具的单份运输单证。该运输单证应在同一页上载明始发地为进口货物的原产国（地区）境内，且目的地为中国内地；原产于内陆国家（地区）的海运进口货物，始发地可为其海运始发地。

如已实现原产地电子数据交换的自由贸易协议（如《海峡两岸经济合作框架协议》《中华人民共和国政府和大韩民国政府自由贸易协议》等）项下集装箱运输货物，也可提交能够证明货物在运输过程中集装箱箱号、封条号码（封志号）未发生变动的全程运输单证。

除上述之外的情形，经澳门中转的货物，应当提交澳门海关签发的“中转确认书”。进口人向海关提交“中转确认书”时，应当在进口申报时在相关进口报关单备注栏填写“中转确认书”字样及“中转确认书”的号码（如“中转确认书CC/16/1001”）。如海关对上述单证有疑问的，进口人应当补充提交相关数据。

澳门劳工法律制度

江盛轩[1]

1999 年 12 月 20 日，澳门主权正式回归中国，从那时起，澳门出现了急剧的变化。2002 年的“赌权开放”，标志着澳门经济腾飞的开始，各种新式赌场、度假式酒店的落成，拨动了全城的经济动脉，周边的经济产业也因而兴旺。这一座小小城市的劳动力数量根本跟不上经济发展的节奏，依靠外来的劳动力自然成为满足这种需求的唯一可行的出路。通过澳门特别行政区统计暨普查局发布的数据，[2] 了解到在澳门工作的外地雇员人数由 2000 年的约 3 万人增长至 2016 年的约 18 万人，这 16 年间达到 6 倍人数的增长，可见外地雇员数目是随着本地经济发展而增加的。国家 2013 年开始提倡“一带一路”的战略计划，为带动澳门发展及摆脱对单一经济产业的依赖提供新的机遇及条件，这意味着澳门的经济将会随着“一带一路”而积极地向上多元化发展，也能预见对外地雇员新一轮需求会因此而出现，发挥相辅相成的作用。

因此，认识本地劳动法律法规，尤其关于外地雇员的特别规定，对于外地雇员来说甚为重要。只有清楚自身的权利及义务，外地雇员的劳动关系才能得到保障，避免沦为本地经济发展下的牺牲品。

① 江盛轩，澳门法律专家，实习律师。

② http://www.dsec.gov.mo/TimeSeriesDatabase.aspx?KeyIndicatorID=16。

一、劳动法律法规概况

（一）本地法律

澳门在劳动关系方面的专门法律最早可以追溯至1984年，当时由澳门总督颁布的第101/84/M号法令，订定了雇主与工作者之间在工作关系上应尊重及遵守的最低及基本条件，包括工作时间、工作卫生条件、试用期、每周休息日、假期、工资、产假、外地雇员的聘用、劳动关系终止的方式及后果、违反规定的处罚等，在立法层面上设立强制性规定，整理一直以来“杂乱无章”的劳动关系，尤其在保障雇员方面有着重大的意义。此前，则沿用《民法典》来规范劳动关系。[①] 随着年代的变迁及社会的价值观的演变，1989年澳门政府颁布了第24/89/M号法令，同样以保障雇员为出发点，改善了上述1984年的劳动关系法律，例如，在假日工作的补偿、增加雇主无理解雇的赔偿等。上述法律一直被改善，即使在澳门回归祖国后，劳工的福利待遇仍然受法律保护（《澳门特别行政区基本法》第三十九条），相关劳动关系法律的优化工作有增无减。值得强调的是，2009年1月1日正式生效的第7/2008号法律《劳动关系法》废止了上述的第24/89/M号法令，结合以往的经验及需要法律介入的地方，立法会重新制定了一部规范在澳门产生的劳动关系的法律，成为了澳门现行法律体系内其中一部最重要的实体的法律，也成为澳门劳动法律法规的核心。

1.《劳动关系法》共分为八章十三节，劳资双方的权利义务、劳动合同的类型及形式、未成年人雇员的保护、劳动关系中工时、超时工作、夜间及轮班工作、每周休息日、强制节假日、年假、产假、缺勤、工作报酬、双粮、劳动关系终止、终止劳动关系的赔偿、处罚制度等，无论由大原则或细则性规定都出现在这部法律中。实务中遇到的劳动关系问题，我们首先都会想到上述法律的规定及寻找当中是否具有解决方法。此外，其他比较重要的法律法规还有第40/95/M号法令（《工作意外及职业病所引致之损害之弥补之法律制度》）、第9/2003号法律（通过《劳动诉讼法典》）、第21/2009号法律（《聘用外地雇员法》）、第4/2010号法律（《社会保障制度》）、第

① http://www.macaudata.com/macaubook/book162/html/00101.htm。

10/2015 号法律（《劳动债权保障制度》）。

2. 《工作意外及职业病所引致之损害之弥补之法律制度》。其中规范了工作意外及职业病的定义及适用范围，尤其重要的是，受害雇员在弥补方面的权利、当中的通报机制及追究责任的问题都可通过这部法律解决。

3. 《劳动诉讼法典》。其规范了劳动关系产生的纠纷在法院解决时的程序安排，及其适用《劳动关系法》《工作意外及职业病所引致之损害之弥补之法律制度》等与劳动相关的实体法律解决问题。

4. 《聘用外地雇员法》。其前身为第 12/GM/88 号批示，该批示对如何输入外地雇员作了相关规定。而《聘用外地雇员法》则在其基础上，配合澳门回归后政府体系的调整，更详细地规范如何聘用外地雇员、外地雇员的分类、劳动关系当中的特别权利及义务、合同的形式及处罚的制度。

5. 《社会保障制度》。最初澳门的社会保障制度是通过第 58/93/M 号法令规范的。该法令规定，为他人工作的雇员（本地雇员、非本地雇员、散工）及自雇劳工供款均属强制性供款，而自愿供款属自愿参与性质，为澳门雇员提供基本的保障。第 4/2010 号法律为新的社会保障制度，将过去未能加入社保制度的人士纳入受保范围，且以社会保险原则及随收随付形式运作，财政收入主要来自登录于本制度的受益人（雇员、雇主、任意性制度供款人士）的定额供款、政府总预算经常性收入的 1% 拨款及博彩拨款。通过向合资格受益人发放养老金、残疾金、失业津贴、丧葬津贴、结婚津贴、出生津贴、呼吸系统职业病赔偿等给付，为本地居民提供基本的社会保障，尤其是养老保障，以改善居民的生活素质。[①]

6. 《劳动债权保障制度》。为了避免雇员因为劳动关系产生的债权不被清偿而令其“徒劳无功”，此部法律规定了相关雇员可以向劳动债权保障基金提出申请，并由该基金作为清偿部分劳动债权而作出垫支，率先解决雇员的基本需要。

表 1 简述了澳门现行法律中与劳动关系有关的法律法规及内容，可予以参考。[②]

---

① http://www.fss.gov.mo/zh-hant/social/social-intro。

② http://www.dsal.gov.mo/zh_tw/standard/dsallawc.html。

表 1　与劳动关系相关的法律法规及内容

法例	名称	内容简述
第 57/82/M 号法令	《工业场所内卫生与工作安全总章程》	保障在工业场所内的卫生及以技术预防工作危险
第 2/83/M 号法律	《违反工业场所内卫生与工作安全总章程之处罚》	订定违反工业场所劳工安全与卫生法例或管制章程的适用处分
第 37/89/M 号法令	《商业场所、办事处场所及劳务场所之工作卫生与安全总规章》	旨在确保工作时有良好的卫生及安全条件，以及在进行商业活动、办事处活动及劳务活动的一切地点有良好的工作环境素质
第 13/91/M 号法令	《违反商业场所、办事处场所及劳务场所之工作卫生与安全总规章之处罚》	订定违反商业场所、事务所及服务场所的工作卫生暨安全总章程罚则事宜
第 44/91/M 号法令	《建筑安全与卫生章程》	订定有关建筑活动的责任和建议
第 67/92/M 号法令	《违反建筑安全与卫生章程之处罚》	制订第 44/91/M 号法令第六条所指关于违反建筑卫生及安全规章的法律罚则
第 34/93/M 号法令	《适用于职业性噪音的法律制度》	保护在工作时因暴露于噪音而受其损害的劳工，尤其是对听觉的损害
第 48/94/M 号法令	《违反适用于职业性噪音的法律制度之处罚》	为遵守第 34/93/M 号法令第二十一条的规定，有必要核准违反该法令所定制度的处罚性法律框架
第 52/95/M 号法令	《保障男女劳工在就业上获平等之机会及待遇》	订定在劳动关系内须遵守的规定，以保障男女劳工在就业上获平等的机会及待遇
第 40/95/M 号法令	《工作意外及职业病所引致之损害之弥补的法律制度》	订定适用于弥补因工作意外及职业病所引致的损害的制度
第 43/95/M 号法令	《中止劳动关系以及减少工作时数时应遵守之规则》	订定在中止雇主及劳工间之劳动关系，以及减少工作时数时应遵守的规则
第 51/96/M 号法令	《订定融入就业市场之职业培训之法律框架》	订定为就业市场而举办之职业培训的制度，旨在使个人获取从事某一职业活动所需的技能或使个人提高从事某一职业活动的知识
第 52/96/M 号法令	《核准学徒培训之法律制度》	订定学徒培训之法律制度，在尊重青年的职业意向及能力的情况下，使青年从学校制度过渡至劳动市场
第 53/96/M 号法令	《核准专业资格证明之法律制度》	订定专业技能证明的法律制度，该证明与为就业市场举办的培训及从事职业活动的其他要件有关
第 4/98/M 号法律	《就业政策及劳工权利纲要法》	政策基于维持经济结构、市场的正常运作、尊重劳工权利和认同工作的社会价值

续表

法例	名称	内容简述
第 9/2003 号法律	《劳动诉讼法典》	规范劳动诉讼程序，且补充适用司法组织法规的规定及与劳动诉讼程序相配的一般民事或刑事诉讼法规的规定
第 7/2008 号法律	《劳动关系法》	订定劳动关系的一般制度，包括劳资双方的权利及义务、工作条件的强制性规定等
第 21/2009 号法律	《聘用外地雇员法》	订定聘用外地雇员在澳门特别行政区提供工作的一般制度，包括雇用外地雇员所需的许可、相关劳动合同的特别规定，以及违反规定的处罚制度
第 4/2010 号法律	《社会保障制度》	旨在为澳门特别行政区居民提供基本的社会保障，尤其是养老保障，以改善居民的生活素质
第 3/2014 号法律	《建筑业职安卡制度》	确保在建筑工地或工程地点参与施工的人士具备建筑业安全施工的基础知识
第 7/2015 号法律	《物业管理业务的清洁及保安雇员的最低工资》	旨在为物业管理业务中从事清洁及保安工作的雇员订定最低工资
第 10/2015 号法律	《劳动债权保障制度》	对因劳动关系而产生的债权订定保障制度，以确保有关债权未获债务人履行时得到支付
第 17/2004 号行政法规	《禁止非法工作规章》	规定禁止非法接受或提供工作，以及订定相关的处罚制度
第 26/2008 号行政法规	《劳动监察工作的运作规则》	订定劳工事务局所进行的劳动监察工作的运作规则
第 8/2010 号行政法规	《聘用外地雇员法实施细则》	规范下列事宜：外地雇员聘用许可的发给、外地雇员逗留许可的发给、外地雇员聘用费的缴付、征收聘用费所得的用途
第 13/2010 号行政法规	《规范聘用外地雇员许可内设定的条件或负担》	包括设定保证人，以担保劳动关系中雇主的所有义务得以履行，但仅以外地专业雇员聘用家务工作雇员的情况为限；雇员须定期接受健康检查；在特定地点工作；遵守聘用本地雇员的最低数量保证；接受对可聘用外地雇员数量的重新评估机制；审批实体认为属合理及适当的其他条件或负担
第 23/2013 号行政法规	《初级法院设立劳动法庭》	初级法院设立一个劳动法庭，并设一程序科
第 24/2015 号行政法规	《劳动债权保障基金》	规范劳动债权保障基金的组织、管理和运作

续表

法例	名称	内容简述
第 343/2008 号行政长官批示	核准“限制未成年人提供的工作清单”	限制向未成年人提供涉及某些物理及化学因素的工作，限制向其提供某些性质的工作并限制其进入某些地点工作
第 344/2008 号行政长官批示	核准“禁止未成年人提供的工作清单”	禁止向未成年人提供涉及某些物理及化学因素的工作、禁止向其提供某些性质的工作并禁止其进入某些地点及场所工作
第 250/2007 号行政长官批示	订定为公共部门提供清洁和保安服务的雇员的最低工资	关于提供清洁和保安服务的合同内必须明确订明的事宜，尤其最低工资
第 88/2010 号行政长官批示	订定有关外地雇员住宿地点符合的最低卫生、居住条件，以及以现金支付时的最低金额	包括住宿地点的实用面积、设备及以现金支付方式确保外地雇员的住宿权利的最低金额不得少于 500 澳门元
第 89/2010 号行政长官批示	订定雇主每月须就每名实际受聘的外地雇员缴付的聘用费	雇主每月须就每名实际受聘的外地雇员缴付的聘用费为 200 澳门元
第 197/2010 号行政长官批示	核准外地雇员身份认别证式样	规范外地雇员身份认别证式样，尤其当中载有的数据
第 142/2016 号行政长官批示	关于第 4/2010 号法律《社会保障制度》第二十五条第一款所指给付的金额	订定《社会保障制度》当中养老金、残疾金、失业津贴、疾病津贴、出生津贴、结婚津贴、丧葬津贴的金额
第 357/2016 号行政长官批示	订定“社会保障制度”的每月供款金额	订定“社会保障制度”的每月供款金额为每月 90 澳门元及劳资双方的供款比例
第 67/2010 号经济财政司司长批示	核准申请聘用外地雇员的印件式样	核准申请聘用外地雇员的印件式样，雇主需要填妥该表格以申请聘用外地雇员

（二）国际公约

联合国国际劳工组织（International Labour Organization）以追求社会正义为目的，制定国际劳动公约以规范劳动关系以及劳动相关问题，[①] 将劳工关系中应受保护及尊重的价值观以国际法的方式约束成员国。澳门回归前，因葡萄牙为上述组织的成员国，其所适用的公约也适用于澳门；而回归后，根据《澳门特别行政区基本法》第四十条的规定：“（……）国际劳工公约适用于澳门的有关规定继续有效，通过澳门特别行政区的法律予以实施。”换

① https://en.wikipedia.org/wiki/International_Labour_Organization。

而言之，澳门主权回归中国行使并不改变已适用于澳门的国际劳工组织公约的有效性。同样，中国作为国际劳工组织的成员国，澳门特区每年也会派出两名政府代表及劳、资双方各一名代表作为中国代表团成员出席国际劳工大会。[①] 同时，国际劳工组织一直以来与澳门特别行政区三方成员（政府：劳工事务局，劳方：澳门工会联合总会，资方：澳门中华总商会）在国际劳工标准、移民工保护、劳动监察以及职业安全卫生等方面保持紧密合作，还为澳门的三方成员在加强经济、就业、职业培训、劳动力市场和社会政策等领域的社会对话提供可借鉴的专家经验。[②] 现时，国际劳工组织的 189 项公约当中共有 36 项适用于澳门地区，主要以保护雇员的角度订立限制性及指标性的规定，成员国内的法律也须遵守，例如，雇员每周工作不得超过 48 个小时、每 7 天应有 1 天的休息时间、工作场所应具有健康卫生的环境、禁止强迫及劳役工作等，体现了对雇员基本人权的保障和尊重。

现时在澳门特别行政区生效的国际劳工组织公约[③] 如表 2 所示。

表 2　国际劳工组织公约

公约编号	公约名称	主要内容
国际劳工组织第 1 号	《限定工业企业中一天工作八小时和一周工作四十八小时公约》	在一般情况下，雇员每天工作不得超过 8 个小时及每周工作不得超过 48 个小时
国际劳工组织第 6 号	《在工业中雇佣年轻人夜间工作公约》	在一般情况下，未满 18 岁的年轻人不得在夜间受雇于任何公营或私营的工业企业或其任何分部
国际劳工组织第 14 号	《工业企业中实行每周休息公约》	在一般情况下，雇员均应于每 7 日的期间内享有连续至少 24 个小时的休息时间
国际劳工组织第 17 号	《工人的意外事故赔偿公约》	缔约方保证因工业意外事故而受伤害者，或对于需要其赡养的家属，应获得至少等同该公约所规定的赔偿
国际劳工组织第 18 号	《工人的职业疾病赔偿公约》	缔约方承诺按照国家关于工业事故赔偿的法规的一般原则，向因职业疾病丧失工作能力或死亡的工人或需要其赡养的家属支付赔偿且赔偿金额不得低于国家法规规定的工业事故赔偿标准

① http://www.cpcs.gov.mo/ch/activities.htm。

② http://www.ilo.org/beijing/countries-covered/WCMS_143223/lang--zh/index.htm。

③ https://www.dsal.gov.mo/zh_tw/text/law.html。

续表

公约编号	公约名称	主要内容
国际劳工组织第 19 号	《本国工人与外国工人关于事故赔偿的同等待遇公约》	缔约方保证对于已批准该公约的任何其他会员国的国民在其国境内因工业意外事故而受伤害者，或对于需其赡养的家属，在工人赔偿方面给予与该国国民同等的待遇
国际劳工组织第 22 号公约	《海员协议条款公约》	船主或其代表与海员应签订协议条款，尤其载明双方的权利及义务，且协议中不得载有违背国家法律或该公约的规定
国际劳工组织第 23 号公约	《海员遣返公约》	凡海员在受雇用期间或在受雇用期满时被送登岸者，应享有被送回其所属国或其受雇用的港口或船舶开航的港口的权利
国际劳工组织第 26 号	《制定最低工资确定办法公约》	缔约方应设立或保留制定雇员最低工资的办法
国际劳工组织第 27 号	《航运的重大包裹标明重量公约》	缔约方国境内交付总重量在 1000 公斤或 1000 公斤以上的任何包裹或对象，由海道或内河运送者，应在未装上船舶之前，用明晰而坚牢的标志，标明其总重量于该包裹或物件外面
国际劳工组织第 29 号	《强迫或强制劳动公约》	缔约方承诺在可能的最短期限内禁止使用一切形式的强迫或强制劳动
国际劳工组织第 68 号	《船员膳食与餐桌服务公约》	缔约方有责任为该国为商业目的用于运载商品或乘客并在该公约对其生效地区注册的公私航海船舶的船员确立膳食与餐桌服务的满意水平
国际劳工组织第 69 号	《船上厨师职业资格证书公约》	任何不持有该公约所规定颁发及确认其履行船上厨师职务能力证书的人，不得受雇为该公约对其适用的船舶上的厨师
国际劳工组织第 73 号	《海员体格检查公约》	凡没有医生签发的证明身体状况符合海上工作要求的健康合格证的人和没有主管当局认可的医生签字证明其视力的人，均不得受雇在适用该公约的船舶上工作
国际劳工组织第 74 号	《海员合格证书公约》	根据国家法律和条例，除了那些被认为有能力完成要求专门从事甲板服务工作的一名船员（不同于高级船员、水手长或熟练水手）所执行的整个任务，并且持有根据该公约的规定所发给的合格水手能力证书的人，任何其他人不得作为水手受雇于船上工作

续表

公约编号	公约名称	主要内容
国际劳工组织第 80 号公约	《一九四六年最后条款修正公约》	对国际劳工组织全体大会最初二十八届会议通过的各公约予以局部的修正，以使各该公约所赋予国际联盟秘书长的若干登记职责今后的执行事宜有所规定，并使该公约在国际联盟解散及国际劳工组织章程修正时得以一并修正
国际劳工组织第 81 号	《工商业劳动监察公约》	缔约方应在工业工作场所保持劳动监察制度
国际劳工组织第 87 号	《结社自由与保护组织权利公约》	工人和雇主应毫无区别地有权不经事先批准建立和参加他们自己选择的组织，且工人组织和雇主组织应有权制定其各自组织的章程和规则，充分自由地选举其代表，自行管理与安排活动，并制订其行动计划，而公共当局应避免进行任何旨在限制这种权利或妨碍其合法行使的干涉
国际劳工组织第 88 号	《雇佣服务组织公约》	缔约方应保持或注意保持一个公共的、无偿的职业介绍设施
国际劳工组织第 92 号	经修订的 1949 年《船员住房公约》	缔约方应承诺执行确保该公约中关于船员住舱的设备和监督等方面的规定
国际劳工组织第 98 号	《组织权利及集体谈判公约》	工人应享有充分的保护，以防止在就业方面发生任何排斥工会的歧视行为
国际劳工组织第 100 号	《对男女工人同等价值的工作赋予同等报酬公约》	工人应享有充分的保护，以防止在就业方面发生任何排斥工会的歧视行为，同时工人组织和雇主组织均应享有充分的保护，以防止在组织的建立、运转和管理等方面发生一方直接或通过代理人或会员干涉另一方的任何行为
国际劳工组织第 105 号	《废除强迫劳动公约》	缔约方承诺禁止强迫或强制劳动
国际劳工组织第 106 号	《在商业和办公室中实行每周休息公约》	一般情况下，雇员应有权于每 7 天内享受不少于连续 24 个小时的每周休息时间
国际劳工组织第 108 号	《国家海员身份证书公约》	缔约方得应每一从事海员职业的国民要求而发出海员身份证书或等同效力的证明文件
国际劳工组织第 111 号	《关于就业和职业歧视的公约》	缔约方承诺宣布和遵循一项旨在以符合国家条件和惯例的方法促进就业与职业机会均等和待遇平等的国家政策，以消除该方面的任何歧视
国际劳工组织第 115 号	《保护工人以防电离辐射公约》	缔约方应根据当前所涉及的知识，采取一切适当步骤，保证有效保护工人的健康和安全，以防范电离辐射
国际劳工组织第 120 号	《（商业和办事处所）卫生公约》	职工使用的一切场所及其设施应具有健康卫生的环境

续表

公约编号	公约名称	主要内容
国际劳工组织第 122 号	《就业政策公约》	刺激经济增长和发展，提高生活水平，应付人力需要，克服失业与就业不足，缔约方应以此作为其主要目标，即应宣布和推行一种旨在促进充分就业、生产性就业和自由选择职业的积极政策
国际劳工组织第 138 号	《准予就业最低年龄公约》	缔约方承诺执行一项国家政策，以保证有效地废除童工并将准予就业或工作的最低年龄逐步提高到符合年轻人身心最充分发展的水平；原则上,最低年龄应不低于完成义务教育的年龄，并在任何情况下不得低于 15 岁
国际劳工组织第 144 号	《三方协商促进履行国际劳工标准公约》	缔约方承诺运用各种程序保证就国际劳工组织活动的有关事宜，在政府、雇主和工人的代表之间进行有效协商
国际劳工组织第 148 号	《保护工人以防工作环境中因空气污染、噪声和振动引起职业危害公约》	缔约方的法律或条例应规定措施，以预防、控制和防范工作环境中因空气污染、噪声和振动引起的职业危害
国际劳工组织第 150 号	《劳动行政管理：作用、职能及组织公约》	缔约方得按其法律或条例或实践指派或委托非政府组织特别是雇主组织和工人组织，或在适当情况下，指派或委托雇主代表和工人代表从事某些劳动行政管理活动
国际劳工组织第 155 号	《职业安全和卫生及工作环境公约》	缔约方应根据国家条件和惯例，经与最有代表性的雇主组织和工人组织协商后，制定、实施和定期审查有关职业安全、职业卫生及工作环境的一项连贯的国家政策，且其目的应是在合理可行的范围内，把工作环境中内在的危险因素减少到最低限度，以预防来源于工作，与工作有关或在工作过程中发生的事故和对健康的危害
国际劳工组织第 167 号	《建筑业安全和卫生公约》	缔约方应承诺，在对所涉及的安全和卫生危害作出估计的基础上，制定法律或条例并使之生效，以保证本公约各项规定的实施，且应按照国家法律或条例规定的办法采取措施，保证雇主和工人之间的合作，以促进建筑工地的安全和卫生
国际劳工组织第 182 号	《禁止和立即行动消除最恶劣形式的童工劳动公约》	缔约方应将制订和实施行动计划，作为优先目标，消除最恶劣形式的童工劳动，也须采取一切必要措施，包括规定和执行刑事制裁或其他必要制裁，以保证有效实施和强制执行使该公约发生效力的各项条款

注：通过澳门印务局的官方网页（http://www.io.gov.mo）可以对澳门法律法规作出查询。

二、外国人在澳门特别行政区的工作规定

为了完善一系列外地雇员在澳门工作的程序安排及衍生问题的处理方法，澳门特别行政区于2009年公布了第21/2009号法律《聘用外地雇员法》，且于2013年通过第4/2013号法律对其作出修改。[①]

顾名思义，外地雇员即指在澳门工作而非澳门居民的人士。从法律的角度来说，是指在澳门特别行政区没有居留权，但获许可按照与具条件聘用外地居民的任一雇主签订的劳动合同而在澳门特别行政区临时从事职业活动的人。

在澳门，外地雇员可以分为专业雇员、非专业雇员及家务工作雇员。专业雇员须具备高等教育学位，又或具备高度技能或专业工作经验且履行高度专业要求的工作；而不需要上述要求的雇员则为非专业雇员；专门从事家务工作的非专业雇员，则为家务工作雇员。

根据澳门特别行政区的劳动政策，《聘用外地雇员法》中订定了聘用外地雇员时需要遵守的原则：补充原则（聘用外地雇员是为了在没有合适的本地雇员或合适的本地雇员不足时，以同等的成本及效率条件补充劳动力）；临时原则（聘用外地雇员须受时间限制）；不歧视原则（聘用外地雇员赋予该等雇员享有不低于本地雇员的权利、义务及工作条件的待遇）；报酬平等原则（聘用外地雇员须对外地雇员和本地雇员所提供的相同工作或相同价值的工作给付相同的报酬）；优先原则（聘用外地雇员须确保本地雇员优先就业，包括聘用优先及持续就业优先）；可持续原则（当会引致显著减低本地雇员的权利，或会直接或间接引致不以合理理由解除本地雇员的劳动合同时，不得聘用外地雇员）；预先许可原则（雇主获给予有关行政许可后，方可聘用外地雇员）；特性原则（聘用外地雇员时须按市场需要、经济环境和产业增长趋势，对每一经济活动产业或职业类别的特性作出考虑）。

（一）工作许可[②]

无论外地雇员的类别为何，雇主及雇员均需向澳门特区政府作出雇主聘用许可及雇员逗留许可申请，成功取得相关许可后才能在澳门特区从事工作。

① http://bo.io.gov.mo/bo/i/2009/43/lei21_cn.asp。

② http://www.dsal.gov.mo/zh_tw/standard/nrworker_faq_pro.html。

1. 专业及非专业雇员之聘用许可。

根据预先许可原则，雇主首先需要向劳工事务局外地雇员厅提交聘用（专业或非专业类）外地雇员许可申请。其中，并非所有人士均能以雇主身份作出此聘用许可申请，只有澳门特别行政区居民、住所或场所设于澳门特别行政区的法人及在澳门特别行政区设有商业或工业场所的非本地居民才具备此条件。

就上述聘用许可申请而言，雇主须要填写由经济财政司司长批示核准的申请表格，同时须在申请中载明雇主拟提供予雇员的工资及其他主要工作条件，并附上一系列的文件：身份证明文件影印本（倘若申请人为自然人），商业登记证明，申请人的代表的身份证明文件影印本，营业准照影印本，向财政局递交的开业申报表影印本或最近年度的营业税征税凭单影印本，缴交所得补充税的证明，向社会保障基金缴交供款及聘用费的证明，拟聘用的专业雇员的身份证明文件影印本，拟聘用的专业雇员的学历、技能或工作经验的证明文件，在劳工事务局进行招聘登记的证明等，劳工事务局也可以依据实际情况，要求雇主提交其他文件。

对于聘用专业雇员方面，申请雇主所给予的聘用许可必须是记名许可，即只可聘用特定的某一人；而对于聘用非专业雇员方面，申请雇主所给予的聘用许可则可以是不记名许可，我们俗称聘用额，雇主可以自由使用该“聘用额”以聘请不特定的人。

当雇主提交聘用许可申请后，劳工事务局外地雇员厅将对申请开展审查及调查程序，包括可要求申请人递交适当的补充数据、要求其他公共实体提供数据及意见、要求进入雇主的场所。

在审查申请的过程中，除了需遵守聘用外地雇员的原则外，审批当局尤其须考虑以下几个方面：在同等成本及效率条件下，从事同类工种的本地雇员的可供招聘量及雇主在聘用本地雇员方面已采取的措施；澳门特别行政区劳动市场及各经济产业的需求；雇员的体能及所具备的培训及工作经验与工作岗位的适合程度；提供予雇员的工作条件；作为申请人的雇主在履行对雇员的义务方面所具备的经济能力。

事实上，当劳工事务局外地雇员厅接收上述申请后，会向申请雇主发出正式收据，申请雇主可以在收据发出翌日起计 5 个工作日后通过电话或网页或亲临劳工事务局查询审批进度。而根据申请雇主的选择，劳工事务局会以邮递、短信或电邮方式通知申请雇主其聘用许可申请的审批结果或领取结果的方式。倘若申请雇主不满意审批结果，可于收悉该结果翌日起计 15 日内向劳工事务局局长提出声明异议或于 30 日内向经济财政司司长提出必要诉愿，相关程序可以委托律师代理。

2. 家务工作雇员的聘用许可。

家务工作的雇员独立成类，因须配合此类雇员的流动性及必要性。对于申请家务工作的外地雇员的聘用许可大致与非专业外地雇员的申请程序相同，但要求更为严谨。

除了上述提及可成为雇主的资格外，考虑到部分在澳门履行职务或工作的非本地居民的需要，法律允许中央人民政府驻澳门特别行政区官方代表机构及中华人民共和国公共企业及公共资本企业的持特别逗留证的工作人员、驻澳门特别行政区领事代表或等同者、获许可在澳门特别行政区工作的专业雇员都可以申请聘用家务工作的外地雇员。

在申请此类外地雇员时，考虑到家务工作雇员的工作地位及雇主的性质，受理当局（劳工事务局外地雇员厅）对雇主在履行对雇员的义务方面所具备的经济能力要求尤为看重。因此，雇主在作出家务工作外地雇员的聘用许可申请时，需同时递交其经济状况证明文件，例如，入息证明，以证明其具有足够经济能力，或提交最近 6 个月的个人银行存款证明影印本或任何可反映其经济能力的证明。若申请人自设公司（为个人企业主或法人股东），则需提交最新的财政局营业税开业 / 更改申请表 M/1 或营业税—征税凭单 M/8 影印本及最近 6 个月的银行存款证明影印本或任何可供证明其经济能力的数据文件。

根据具体情况，受理当局可在聘用许可中设定条件，例如，设定保证人，以确保家务工作雇员劳动关系中雇主的所有义务得以履行。而且，有关保证人须为澳门特别行政区居民或住所设于澳门特别行政区的法人，并须被设定为主支付人和明示放弃检索抗辩权，换句话说，当雇主不履行上述义务时，外地雇员可以立即要求保证人作出履行，而保证人不得以外地雇员需要首先要求雇主履行为由而作出拒绝。另外，只有在劳工事务局许可下方可替换保证人。

另外，在家务雇员的聘用许可批示中倘若设有“自动续约”条款，在聘用许可将到期时，雇主不必向劳工事务局提出续期申请，可直接于治安警察局出入境事务厅为家务雇员办理逗留许可（蓝卡）手续。倘若上述批示中没有“自动续约”条款，在家务雇员聘用许可将到期时，雇主则须向劳工事务局提出续期申请，续期成功后，则会转为“自动续约”。上述“自动续期”只适用于雇主为澳门永久性居民的情况，其他情况下，例如雇主为非永久性居民，家务雇员的聘用许可中不会有“自动续约”条款，换句话说，相关雇主需要定期向劳工事务局提出续期申请。

在招募雇员方面，法律上允许外地雇员可由雇主直接或通过获发准照的职业介绍所招募。因此，在实际操作方面，欲到澳门工作的外地人士可以通过职业介绍公司安排或直接向心仪的澳门雇主邮递或电邮履历应聘职位。倘若雇主认为合适及有相关需要，则可办理聘用许可及为外地雇员办理逗留许可，当然，相关手续也可以交由职业介绍公司协助办理。

（二）逗留许可[①]

聘用许可获批后，劳工事务局会立即通知治安警察局，以便外地雇员在澳门特区的逗留许可的办理。雇主取得聘用许可后，需要在获通知起计 6 个月内由雇主或其指定的领有准照的职业介绍所向治安警察局出入境事务厅提出外地雇员逗留许可的申请。作出该逗留许可申请时必须提交以下文件：聘用许可批示的影印本、非本地居民的护照（正本）或其他旅游证（如中国内地往来港澳通行证）、非本地居民的彩色白底正面免冠证件用近照等。当治安警察局认为有实际需要时，可要求提交其他文件。

倘若取得聘用许可的雇主不遵守上述 6 个月的期间，其聘用许可便会自动失效且不得恢复。且当该 6 个月的期间届满后，不得实质变更待审批的逗留许可申请，除非适当证明具不可抗力的情况。

在办理来自中国内地的外地雇员的逗留许可时需要经过预审及正审两个阶段。

第一阶段为预审：手续申办者需要向治安警察局出入境事务厅外地劳工

---

① http://www.fsm.gov.mo/psp/cht/psp_top5_6_1.html。

事务警司处递交外地雇员逗留许可申请表、外地雇员的一寸半彩色白底正面免冠近照、雇主的聘用许可批示及通知公函影印本、外地雇员的中华人民共和国居民身份证影印本、劳务合作共同声明书影印本（仅适用于聘用家务工作雇员者），收取文件后，该警司处将发给手续申办者接收申请凭据。手续申办者可以通过治安警察局网页或在递交文件日起计 5 个工作日后凭接收申请凭据亲自到外地劳工事务警司处查询预审结果。如果申请通过预审，则须于该警司处领回已通过预审的外地雇员逗留许可申请表及其影印本，并可凭该表向内地出入境管理部门为相关外地雇员申请签发中华人民共和国往来港澳通行证及相关签注（逗留（D）签注），之后再安排办理正审手续。

第二阶段为正审（包括初审及终审）：在发出预审结果后，受理警司处（治安警察局出入境事务厅外地劳工事务警司处）会对申请进行详细审查。有关外地雇员在取得中华人民共和国往来港澳通行证及逗留（D）签注进入本澳后，须要亲自前往受理警司处查询审批结果。若该申请获通过，则可直接进入正审当中的终审阶段，而无须经历初审阶段的审查。在终审阶段中，外地雇员需亲自到上述警司处办理套取指模的手续、缴付办证费用及递交已通过预审的外地雇员逗留许可申请表及其影印本、簿式中华人民共和国往来港澳通行证的身份资料页及载有最新有效逗留（D）签注内页或卡式电子中华人民共和国往来港澳通行证的正反面影印本、一寸半彩色白底正面免冠近照、其他证明文件（聘用许可批示特别指定者）的影印本。之后，该警司处会向外地雇员发出收入收据及批出外地雇员逗留许可。最后，外地雇员需在收入收据上的指定领证日期携同该收据亲临受理警司处或指定地点领取外地雇员身份认别证，也可委托第三人领取。

上述为一般外地雇员逗留许可申请的流程，但不妨碍审查当中治安警察局对特殊情况作出不同的程序处理，尤其在正审阶段中不能直接进入终审，而需要通过正审阶段中初审及终审两个分阶段。

倘若如此，在初审此分阶段中，手续申办者须向受理警司处出示聘用许可批示及通知公函正本，并递交已通过预审的外地雇员逗留许可申请表及其影印本、簿式通行证的身份资料页及载有最新有效逗留（D）签注内页或卡式电子通行证的正反面影印本、“聘用许可”批示中特别指定的其他证明文件的影印本。专业类外地雇员在交妥上述文件后，受理警司处会即时进行初步审核；若获通过，会立即返还已通过初审之外地雇员逗留许可申请表。而对于非专业或家务工作类外地雇员的情况，手续申办者可以通过网页查询结果或5个工作日后携同接收申请凭据到该警司处查询结果；若获通过，手续申办者须于该警司处领回已通过初审的“外地雇员逗留许可”申请表。

在上述情况下，有关外地雇员在入境本澳后，可亲身（或通过其雇主或职业介绍所）凭该通过初审的外地雇员逗留许可申请表、其有效中华人民共和国往来港澳通行证及逗留（D）签注，向外地劳工事务警司处申办有效期最长为45日的外地雇员临时逗留许可，方可在该许可之有效期内在本澳合法逗留及临时工作。

之后进入正审阶段的终审分阶段。在外地雇员临时逗留许可有效期届满前，受理警司处会对申请进行详细审查及作出最终决定。而外地雇员须于该许可有效期届满日（或当局另行指定的日期）亲自到该警司处查询结果。若获通过，则须办理套取指模等手续，缴付办证费用及递交已通过初审的外地雇员逗留许可申请表正本、一寸半彩色白底正面免冠近照及身份资料声明书。完成手续后，受理警司处会发出收入收据及批出有效期与外地雇员身份认别证相同的外地雇员逗留许可。外地雇员需在收入收据的指定领证日期携同该收据亲自到受理警司处或指定地点领取外地雇员身份认别证，也可委托第三人领取。

对于来自中国内地以外国家或地区的专业、非专业及家务工作雇员的逗留许可申请，则没有预审的阶段，即只有正审阶段，且当中同样分为初审及终审两个分阶段。

第一，在初审分阶段中，手续申办者需向受理警司处（治安警察局出入境事务厅外地劳工事务警司处）出示聘用许可批示及通知公函正本，同时递交外地雇员逗留许可申请表及其影印本、法定可用作本澳进出境的有效护照或旅游证件身份资料页或身份证明文件影印本、一寸半彩色白底正面免冠近照、雇主的有效身份证明文件影印本（仅适用于聘用家务工作雇员者，倘雇主同属外地雇员，或持特别逗留证的人士，则尚需在其身份证明文件影印本上签署，以及提交其特别逗留证或外地雇员身份认别证影印本）、其他在“聘用许可”批示中特别指定的证明文件的影印本。手续申办者交妥申请文件后，受理警司处会对申请进行初步审查。对于专业类外地雇员或家务工作外地雇员，受理警司处会立即对申请进行初步审核；若获通过，会立即发还已通过初审之“外地雇员逗留许可”申请表。而对于非专业类外地雇员，手续申办者可以通过网页查询结果或5个工作日后携同接收申请凭证亲身到该警司处查询结果；若获通过，受理警司处会发还已通过初审的外地雇员逗留许可申请表。

在上述情况下，有关外地雇员在入境本澳后，可亲自或通过其雇主或职业介绍所凭该通过初审的外地雇员逗留许可申请表、其有效证件，向外地劳工事务警司处申办有效期最长为45日的外地雇员临时逗留许可，然后方可在该许可之有效期内在本澳合法逗留及临时工作。

第二，进入终审分阶段。在外地雇员临时逗留许可有效期届满前，受理警司处会对申请进行详细审查及作出最终决定。有关“外地雇员”须于该许可有效期届满日或当局另行指定的日期亲自到该警司处查询结果；若获通过，则须办理套取指模等手续，并缴付办证费用及递交已通过初审的外地雇员逗留许可申请表影印本、一寸半彩色白底正面免冠近照及身份资料声明书。完成手续后，受理警司处会发出收入收据及批出有效期与外地雇员身份认别证相同的“外地雇员逗留许可”。最后，外地雇员需在收入收据上的指定领证日期携同该收据亲临受理警司处或指定地点领取外地雇员身份认别证，也可委托第三人领取。

为外地雇员申请逗留许可手续比较烦琐，为方便起见，实践中往往委托职业介绍公司或律师办理全程手续，而外地雇员只需在套取指模的环节亲自到治安警察局出入境事务厅外地劳工事务警司处便可。须留意，外地雇员取得外地雇员逗留许可后才完全具备条件在澳门特区工作。

（三）雇员与雇主的关系

应明确外地雇员及雇主之间的关系。与本地雇员的处理方法不同，雇主必须与外地雇员以书面订立合同，若合同没有以书面形式订立，雇主和雇员均可以对合同提起撤销之诉，但如果雇员已开始提供工作，则雇主不得以合同属可撤销对抗该雇员，而应支付雇员已提供工作的报酬并履行其他合同义务。法律要求在合同当中至少需要清楚指出：合同各方的详细身份资料、合同各方的住所、雇员的职级或职务及有关报酬、工作地点、正常工作时间及时段、合同的生效日期及订立合同的日期。为了保障雇员权益，除了合同的生效日期之外，倘若欠缺任何要件，雇员可以在合同生效一年内撤销合同，但这个撤销权是特殊且单向的，雇主并不具有这种权利。如果该劳动合同只欠缺合同生效日期的话，合同继续有效，但其效力附带停止条件，只有当雇主具备聘用许可及雇员具备逗留许可时，合同才可以产生效力，且以外地雇员逗留许可发出之日为合同生效之时。

由于雇主在申请外地雇员聘用许可时已经申报了雇员的工作条件，如果劳动合同所订条件与在聘用许可申请中提出的条件存有差异，则以对雇员较有利的条件为优先。

上述的劳动合同，除了必须要以书面形式订立外，也须设定一个合同生效的确定期限。虽然根据澳门第 7/2008 号法律《劳动关系法》的规定，如果具期限合同的期限超过法定期限（一般最长为两年）或合同期限届满后雇员仍然为雇主提供劳务的话，该具确定期限的合同则会自动转换成不具期限的合同。但对于外地雇员的情况，《聘用外地雇员法》所规定的处理方法并不相同，因为该法律强制规定了外地雇员的劳动合同并不可以转换成不具期限合同，而相关的合同期限也不可以超越雇主聘用许可的期限。当劳动合同期限届满时，合同即告终止，其并不会自动续期，除非合同中有相反的规定。换句话说，该劳动合同通过劳资双方协订也是可以续期的，且没有时间和次数上的限制，关键前提是雇主仍具有聘用许可。

与本地雇员不同，法律上要求雇主需要为外地雇员提供合适的住宿（相关条件由行政长官通过第 88/2010 号批示订立），如果雇主条件不允许或者不方便的话，也可以选择向外地雇员提供住宿津贴（现行法例规定其下限为每月 500 澳门元），以履行该法定义务。由于雇员从外地来澳门为雇主工作，所以雇主在劳动关系终止时有安排雇员返回原居地的义务，实际上则是雇主要为雇员支付其返回原居地的交通费。以该交通费的金额为上限，雇员也有权利选择其他目的地。

同样，为了确保雇主妥善履行义务，尤其在薪酬方面，法律上并不允许雇主直接以现金向外地雇员支薪，必须存入外地雇员在澳门开立的银行账户，此举便于行政当局（劳工事务局）的监察。

（四）社会保障[①]

根据《聘用外地雇员法》第十七条至第十九条的规定，雇主需要按实际聘请外地雇员的数目每月向澳门社会保障基金缴交聘用费。一般情况下，根据第89/2010号行政长官批示，现时雇主需就每名聘用的外地雇员每月缴纳200澳门元的聘用费，但家务雇员的雇主则无须缴纳，因第8/2010号行政法规第十八条第二款对此作出豁免。另外，根据上述法规第十八条第一款的规定，为了对加工制造业提供支持，此行业的雇主得到50%的聘用费的扣减优惠。聘用费按季度缴纳，逾时缴纳或违反缴纳的相关规定时，雇主可被科处罚款及有机会废止其聘用许可。聘用费主要作为澳门社会保障基金的收入，不得以任何方式转介予外地雇员，借此避免雇主滥用外地雇员配额的情况出现，保障澳门本地居民就业权益。

除了上述的聘用费之外，雇主并不需要就外地雇员而向澳门社会保障基金供款。但事实上，外地雇员的保障也并非因上述聘用费而生，他们的保障乃源自澳门法律当中所赋予的特别权利及雇主被约束的特别义务，尤其是根据《聘用外地雇员法》第二十条的规定，“与外地雇员建立的劳动关系，尤其涉及权利、义务和保障的事项，补充适用劳动关系一般制度”，换而言之，外地雇员与本地雇员法律上所赋予的基本权利是平等的。

因此，根据澳门劳动关系一般制度，尤其第7/2008号法律《劳动关系法》的规定，外地雇员与本地雇员一样，每周工作不得超过48个小时、超时工作可以得到额外报酬，每周有连续24个小时的有薪休息时间，法律规定的强制性有薪假日，工作满一年有权享有至少6日的年假，完成试用期后有权享有每年6日的有薪病假，工作满一年的女性雇员享有56日的有薪产假，遭雇主无合理理由解雇的员工可以得到以年资计算的赔偿等。

外地雇员因劳动关系对于雇主所产生的债权，尤其在劳动关系终止后外地雇员的基本报酬、应有的赔偿或补偿、工作意外或职业病引致损害且须由雇主作出的弥补、外地雇员因废止雇主聘用许可而导致的赔偿、住宿费及返回原居地的交通费所产生的债权均受第10/2015号法律《劳动债权保障制度》的保护。当然，法律中有规定实际运用前述法律赋予权利时所需要满足的其

① http://www.fss.gov.mo/zh-hant/social/social-guide?id=19。

他法定要件，例如，劳动关系的持续时间、相关责任没有转移予保险实体等。根据上述法律，澳门政府设立劳动债权保障基金，受到权利侵害的外地雇员可以在法定期间向该基金申请垫支，最高限额为债权的一半，以确保有关债权未获债务人履行时得到支付。而该基金在作出垫支后，可就支出的部分代位取得雇员的债权向雇主或债务人作出追讨。

外地雇员遭受工作意外或职业病，与本地雇员的处理方法一样，根据第40/95/M号法令的规定，弥补因工作意外及职业病所引致的损害。该法令的规定为强制性规定，尤其规定了赔偿的计算方法及雇主有责任购买工作意外保险，确保雇员在遭受工作意外或职业病时能得到合理及实际的赔偿。

与本地雇员相比，外地雇员没能享有澳门社会保障制度的福利保护，尤其是养老金、残疾金、失业津贴、丧葬津贴、结婚津贴、出生津贴等给付，因为澳门社会保障制度旨在为澳门特别行政区居民提供基本的社会保障，而非外地人员，所以外地雇员在澳门的社会保障并不如中国内地的“五险一金”那样全面，但至少外地雇员在劳动关系中的权利及保障得到了应有的法律规范及澳门特区劳动政策的重视。

（五）非法从事工作

为了保障本地居民就业及社会公共安全，澳门在外地雇员工作方面的监管十分严谨，正常地，外地雇员只可以为聘用自己的雇主工作，也只可以从事获批准的工作。

倘若非本地居民没有取得逗留许可（蓝卡）而在澳门特区从事劳动工作，为他人提供服务，根据《聘用外地雇员法》的规定，将会被处以5000~10000澳门元的罚款；即使外地雇员取得蓝卡，但向未获许可为其工作的雇主提供工作，也须承担相同处罚。更严重地，由于涉及在澳门从事非法工作，行政当局会根据实际情况，尤其可以根据第21/2009号法律第三十九条修改第6/2004号法律第十一条第一款并结合第十二条第二款第二项及第四款的规定，废止从事非法工作人士的逗留许可及禁止彼等在一定期限内进入澳门特区境内。当然，雇主也会因为非法聘请外地人员而承担相应的行政违法处罚，以罚款方式处之，更有可能同时触犯澳门第6/2004号第十六条所规定的“雇佣罪”，属刑事罪行，可因此被处以2~8年的徒刑。

三、劳动争议[①]

在澳门，由劳动关系而生的争端，基本有两种解决方法：一是通过私下由劳资双方协商及自行解决，二是通过公权力介入的方式进行。尽管有第二种处理方式，但法律仍设有许多机制鼓励双方以调解方式解决纷争。

（一）行政介入[②]

第 12/2016 号行政法规第七条第四款规范劳工事务局劳动监察厅劳资关系处的主要职权包括：（1）采取预防及监察措施，促进劳资关系的和谐及稳定；（2）分析及处理劳资纠纷卷宗，并进行协调工作；（3）处理降低基本报酬的通知及未成年人工作的申报；（4）监察劳动关系范畴的法律及规章的遵守情况，尤其涉及劳资双方的权利及义务方面，并对所发现的违法行为提起法律程序。因此，当雇员或雇员遇上劳动关系而生的问题，可以向上述机构作出咨询，以了解自身的权益及法律保障。

对于雇主损害雇员应有权益的事宜，雇员可以直接向上述部门作出投诉，其将会立案及跟进调查，尤其会邀请双方当事人在该部门人员主持下进行协商及调解。若调解成功，纷争将得以解决及归档；若调解不果，则双方可提交证据及向上述部门作出声明。综合所有资料，倘若发现雇主作出违法行为，该部门可对雇主作出处罚决定；相反，则作归档处理。关于上述的违法行为，现时法律规定的处罚方式分别有两大类：行政违法及轻微违反。倘若雇主的行为属行政违法，该部门会向雇主发出指控通知；倘若期限内不更正，向雇主发出处罚通知；如不缴纳罚款，会送交财政局作强制征收。倘若雇主的行为属轻微违反，向雇主发出笔录，要求雇主在指定期限内缴付所欠雇员的款项。如雇主已缴付有关款项，会通知雇员领取；如没有缴付，有关个案会送交法院处理及通知雇员。

---

① http://www.macaudata.com/macaubook/book150/html/09701.html。

② https://www.dsal.gov.mo/zh_tw/text/labor_problem_disputes_handling_employer.html。

（二）司法诉讼[①]

现实生活中，大部分的劳动争议的当事人都先向劳工事务局反映及寻求协助，当需要法院介入时再遵循劳动诉讼程序解决。不论本地雇员或外地雇员均有诉诸法院的权利。澳门初级法院劳动法庭于 2013 年通过第 23/2013 号法政法规设立，专门处理劳动法律关系而生的民事及轻微违反的诉讼。

根据第 9/2003 号法律通过的《劳动诉讼法典》，在劳动诉讼程序中，检察院担当着重要的角色。例如，法律规定或经请求，检察院会依职权代理劳工及其亲属；当外地雇员因劳动关系终止而必须离开澳门，但因该劳动关系而导致工作意外及职业病而引致的诉讼程序或涉及因雇主实体单方终止合同或声称有合理理由解除合同而导致劳动关系终止所产生的权利的诉讼程序，检察院会依职权确保继续维护该劳工的利益；主持诉讼程序当中的试行调解等。

为了确保雇员的应有权益，法律推定在要求清偿因劳动关系而产生的债权的诉讼中的劳工和在因工作意外或职业病而引致的诉讼中遭受工作意外及患职业病的劳工以及因此而死亡的劳工的亲属均属经济能力不足，以便其等申请司法援助。

1. 劳动民事诉讼程序。劳动民事诉讼程序具有两种诉讼类别：普通宣告诉讼程序，工作意外及职业病的诉讼程序。前者为普通程序，后者为特别程序。但不论程序的类别如何，法律均规定当中具有试行调解阶段，由检察院主持。

大部分的劳动诉讼程序通过普通宣告诉讼程序进行，在前述调解后，双方当事人仍然有机会共同申请再次试行调解，且有充分理由令人相信调解仍有可能成功时便会批准。另外，法院在诉讼的任何时刻均可就双方当事人共同申请而作出一次调解，而在听证阶段时法院也有义务首先试行调解双方当事人。倘若在最初的试行调解阶段双方没有达成共识，一般情况下，则进入诉辩书状的阶段，包括原告的起诉状及被告的答辩，在符合法律前提的情况下，也允许答辩的答复、反诉及嗣后书状的出现。如果已依规则或应视为已依规则向被告本人作传唤，又或在答辩期间已将委托诉讼代理人的授权书附入卷宗，而被告并无答辩，则视被告承认原告在诉状中分条缕述的事实。之后，

① http://www.dsaj.gov.mo/iis/EventForm/ContentFileGen.aspx?Rec_Id=9311。

法院会作出清理批示及在诉讼程序必须继续进行时，于清理批示中筛选重要的事实事宜，并通过证人在辩论及审判听证阶段对该等重要事宜作出证明，最后由法院作出判决。

2. 劳动轻微违反诉讼程序。之前曾提及雇主触犯违法行为当中的轻微违反规定，劳动法庭也具备职权处理就没有在法定期间缴付罚款的轻微违反案件。该程序是公开的，且由检察院对雇主作出控诉或以公务员执行职务时目睹或实时或非实时直接发现违法行为而制作的笔录作为控诉，通过审判听证后作出裁决。相关违法行为完成之日起经过两年，轻微违反的诉权因时效完成而消灭。在该诉讼程序当中，正常情况下，在指定审判日期的批示通知受害人之时起算 10 日内，或当检察院不提出控诉起计 20 日内，受害雇员可就不被履行即构成违法行为的义务提出民事请求。但若涉及工作意外或职业病有关的诉讼，有关权利只可在为此目的而提起的民事诉讼中实现，不能在轻微违反诉讼程序中主张。

3. 上诉。不论案件利益值及上诉人因所作的裁判而丧失的利益值为何，涉及争论是否有合理理由解除劳动合同的诉讼、涉及劳动合同是否有效或存在的问题的诉讼、因工作意外或职业病而引致的诉讼或针对轻微违反的终局裁判均可向中级法院提起上诉。提起上诉期间为自就上诉所针对的裁判作出通知之日起计 10 日，在上诉申请中应附同有关的陈述。

本文主要从澳门特别行政区现行法律的角度介绍及分析外地雇员在澳门工作的权利、义务及争端的解决方法，以供参考之用。在现实情况中，当外地雇员遇上劳动关系的问题，不妨向劳工事务局或检察院作免费法律咨询。如果经济条件许可，聘请律师协助实为更妥当的做法。在确保澳门本地居民就业的情况下，外地雇员弥补了本地劳动力的不足，为澳门特区的经济作出贡献，现行法律层面也给予彼等相应的保护，为迎接“一带一路”机遇及落实打好基础。居安思危，面对庞大的发展契机，未来，政府除了加强对不法雇佣方面的监察，在外地雇员方面，法律方面也需配合作出适时的改善及出台特别的优惠政策，如简化及加快外地雇员的申请程序，设立“一站式”的服务平台，才能确保足够的劳动力及专业人才为澳门经济带来后盾般的支持。

澳门争端解决法律制度

——争端解决方式及机构

梁国斌[①]

一、解决争端方法的概述

在每一天的生活中，我们都需要与不同的人或物接触，人与人之间的相处难免会出现摩擦或争执，为了社会稳定及和谐的发展，有必要制定及完善解决争端的方法。解决争端的方法一般可分为两大类，分别是私力救济及公力救济。

一般地说，私力救济是指当事人认定权利遭受侵害时，在没有第三者以中立名义介入纠纷解决的情况下，不通过国家机关和法定方式，而依靠私人的力量实现权利，解决纠纷的方法，如自助行为等。在此情况下，当事人往往因情势紧迫来不及请求公力救济，为了保护自身的合法权利，采取一定的强制手段，进行权利救济，事后再请求有关公权力机关处理。如果当事人在此过程中没有及时采取行动，而事后才请求公力救济，往往因丧失最佳时机，权利不能得到有效的保护，致使权利丧失，进而导致当事人的权益受到损害。

而公力救济则是指国家机关依权利人请求，运用公权力对被侵害权利实施救济。

相对地说，私力救济的实效性比较突出，且其灵活性较大；而公力救济则是程序化地通过具公权力的机关解决冲突，进而保证解决冲突的公正性。

① 梁国斌，澳门实习律师。

事实上，凡事有利有弊，上述两种解决争端的方法并非完美无瑕，各自均带有缺点及弊端。

由于私力救济是由当事人私下解决纠纷的，当事人往往通过野蛮或暴力的方式解决争端，因此，私力救济被认定为一种不文明的救济方式，进而被众多依法治国的国家及地区抛弃或限制使用，并将一切解决冲突的方式法制化，使国家机关成为解决争端的唯一渠道。但是，由于国家资源有限，国家并不能处理所有大大小小的纠纷，因此在一定范围及程度内，各国法律体制上仍给予私力救济发挥补充及替代作用的空间。

在公力救济方面，由于公力救济通过国家机构处理纠纷，加上社会纠纷数目庞大，公权力机关需要解决纠纷的时间往往比私力救济所需的时间长得多。此外，程序化诉讼机制的不灵活性及高昂成本也是导致公力救济无法完美解决社会纠纷的其中一个因素。

综上所述，公力救济与私力救济间存有主体及补充性的关系。只有在公力救济滞后，难以保障权利或用尽公力救济方法仍无法解决冲突的情况下，私力救济才能发挥作用。因此可以说，私力救济是一种底线救济。

至于澳门特别行政区就保障人们权利和自由方面，《澳门特别行政区基本法》（以下简称《基本法》）第四条规定了对人们基本权利及自由保障的一般原则，明确表示“澳门特别行政区依法保障澳门特别行政区居民和其他人的权利和自由”。

另外，在保障人们基本权利上，除《基本法》外，《公民权利和政治权利国际公约》第十四条及《民事诉讼法典》第一条和《行政诉讼法典》第二条均作出相关规定。

因此，我们可以说，澳门特别行政区对人们基本权利及自由的保障是通过法律规范及实施实体（法院及行政部门）来进行的，旨在程序地维护受法律保护的权利及利益，遏止对民主法治的违反及解决行政法律关系方面的公私利益的冲突。

在司法保护方面，《基本法》第三十六条规定，“澳门居民有权诉诸法律，向法院提起诉讼，得到律师的帮助以保护自己的合法权益，以及获得司法补救”，及“澳门居民有权对行政部门和行政人员的行为向法院提起诉讼”。即澳门居民具有诉诸法律权、获律师援助权、获得司法补救权，以及对行政部门和行政人员的行为向法院提起诉讼的权利。

在非司法保护方面，主要是确保基本权利本身的行使，尤其是积极权利（公共自由）的行使机制，这些权利集中规定在《基本法》第二十七条（言论自由、新闻自由、出版的自由、结社自由、集会自由、游行和示威的自由、组织和参加工会的自由、罢工的权利和自由）。

以上《基本法》保障的权利便是澳门特别行政区政府赋予人们通过公力救济维护自身利益的体现。

正因法律在社会中的功能日渐扩大，公力救济作为法治的一个方面，越来越显出其重要性，成为公民权利的重要保护手段。鉴于澳门特别行政区的公共资源有限，无法使用公力救济解决社会所有争端，因此，期待公力救济解决每一种社会冲突是不现实的期盼。对于一些公力救济无暇顾及或触及不到的私人冲突，便可由当事人合意采用私力救济的方式解决，如正当防卫、紧急避险及自助行为。这些解决方式在公力救济不能及时有效地解决问题时起到了代替及补充的作用。

根据澳门《民事诉讼法典》第一条的规定："任何人不得以本身的力量和权威来恢复行使其作为拥有人之权利，但法律规定之情况除外。"即在一般情况下，私力救济是被禁止的，私力救济只在法律明文允许的情况下才可行使。

有关私力救济的方式，澳门《民法典》第三百二十八条至第三百三十一条作出了相关的规定。

在本澳的法律体制中，法律只允许为实现或确保自身权利且因不及时采用正常的强制方法以避免权利不能实现而有必要采用上述自助行为时使用武力，但行为人的行为不得超越避免损失的必要限度，这一行使权利的行为被称为自助行为。

至于正当防卫是指为排除行为人或第三人的人身或财产受正进行的违法侵犯而作的行为，只要该防卫行为系在不能以正常方法排除该侵犯的情况下作出的，且行为所引致的损失并非明显超越该侵犯可引致的损失。

而紧急避险则是为排除威胁行为人本人或第三人受法律保护的利益的正在发生的危险而作出的行为，只要该行为是排除该危险的适当方法。

目前，在本澳这一法治社会中，司法机关的运作以及特区的强制权力为人们提供保障及维护彼等权利，完善公力救济及其配套已成为当前法治发展的其中一项重要任务，目的是完全替代私力救济在社会中的地位，致使人们相信法治的公平及公正性。但正如以上分析所述，本澳公共资源有限，且诉讼程序烦琐冗长，公力救济无法完全解决日复一日出现的纠纷，故有需要创设及推动新的解决纠纷的方法，如调解及仲裁等，这正是现今澳门社会需要的，但如何令人们相信新方法的可行性及中立性，则需要时间、政府的配套及支持。

在私法秩序中，其所涉及的利益主要是私人利益。由于这些利益仅与个人有关，所以国家不会主动干涉这些利益。一方面，特区政府并没有充足的公共资源处理全部私人利益所产生的纷争。另一方面，即使有公共资源管理所有居民的全部私人利益，公权力的介入也未必符合公民的需要；相反，此举将剥夺他们的自由，侵犯了人的基本价值。在个人权利被违反的情况下，法律的保障在于尽可能恢复权利人处于未曾发生违反时所应处于的状况。倘若是可行的，称为“实物”恢复原状。倘若这是不可行的，则须作出等价返还，但以受侵损的财产性质为限；相反，则须作出弥补或补偿。

因此，国家不能也不应处理所有私人利益所生的纠纷。相反，最能有效解决纠纷的方法是当事人自己处理自己的利益纠纷，只有当事人自己才知道自己需要什么，同时也能确保个人的自由，但当事人不应诉诸暴力解决问题，应当通过中立第三人和平解决纠纷，这方法无疑是相对理想且符合私法自治原则的做法。

诉讼是用来解决国际商务争议的传统方法，随着社会发展，这种传统解决纠纷的方法因存有种种不同的缺点而被逐步减少使用，如诉讼程序太过烦琐冗长、过度要求形式主义、程序公开的特点及诉讼成本过高等，致使现今社会出现不同形式的争议解决方法（如和解、调解及仲裁）。此外，不同国籍的当事人在遭遇国际商务争议时，其中一方可能因不熟识当地法律而处于不利状态，再加上需耗费聘用当地律师及负担不知其数的诉讼费用，因而导致国际商务争议当事人倾向使用具有迅速、经济、保密、和谐、自由、疏减诉源等优点的新救济方式。

鉴于解决争议的方式各有优劣，并没有一套完美且完全符合当事人双方的解决方案，因此，争议当事人在选择解决争议方式前需先考虑解决方法的速度、相关费用、争议问题的专业性、所持客观证据的有效性、对上诉的需求性及对争议问题的保密要求等因素。

为了让各位清楚了解解决纠纷的方式、相关特点及优劣性，本人将先从新的解决纠纷方法作介绍，其中包括协商、和解及仲裁，最后再介绍传统的解决方法——诉讼，以便通过对比让大家明白各解决方法的优劣所在。

二、新的救济方式

（一）协商及和解

协商是指双方当事人在法律、法规及条款的规范下，通过事实的陈述及平等自愿的原则，自行解决纷争的方式。这种解决纠纷的方式能使矛盾迅速得到解决，增强当事人双方的信任及团结，有利于双方当事人继续合作的可能性。

鉴于协商的前提是双方在平等与自愿的情况下探讨解决问题的方法，通过实事求是及互相体谅让步的态度，使分歧得到完满的解决。因此，可以说协商这一解决争议的方法具有较大的灵活性。

而和解则是指双方当事人通过约定终止争执或防止争执发生的协议。和解制度如能运用得当，足以排解纠纷，息事宁人，对公益私利均有正面的积极作用。

由于和解与协商均基于双方当事人的互谅及互让态度，这两种解决争端的方法不仅可以节约费用和减少烦琐程序，还能增加双方对彼此的了解，不伤和气，有助于巩固和加强双方的合作关系。

和解必须在平等的基础上进行，和解的达成取决于双方当事人的完全合意，任何一方不能通过向对方施压或以其他不正当手段影响对方以达成解决争议的结果，因此可以说和解是自治的解决民商事纠纷的方法。此外，达成的和解协议内容不得违反法律及法规的强制性规定，也不能损害国家利益和社会公共利益。

和解可以分为诉讼和解及诉讼外和解。

诉讼和解是指双方当事人于诉讼系属中所成的和解，此和解一旦成立，与确定判决有着同等的效力，当事人不得就同一法律关系再次向法院提出诉讼。至于诉讼外和解仅生实体法上的效力，与一般协议所生的效力无异。

因此，协商是和解的手段或过程，而和解则是协商的目的或结果，两者相辅相成，形成解决争议的最简单、最快速及最便宜的方式。

在双方当事人清楚了解各自优势及劣势的前提下，采用协商和解无疑是最显现当事人自主性的解决方式，同时也能维持当事人间和谐及良好的关系。

由于协商及和解取决于双方当事人对争议所持的态度，双方需客观地面对争议问题，并友好地寻求解决方法，并不能存有敌意，否则达成和解的可能性将大大降低。但事实上，在当事人双方出现争议问题时，双方往往各执一词，认定对方存有过错，并抱有敌意，进而导致和解程序流产。

不得不提的是，在解决国际商务争议方面，由于双方当事人的文化背景不同，对于权利义务关系的认知也存有差异，因而双方缺少达成和解的基础，进而导致和解不适用于解决国际性的商务纠纷。

（二）调解

调解一般是在双方协商失败后，接下来可能使用的解决争议的方法。

调解是指以仲裁机构、法院或第三人扮演调解人，但调解人并不具有仲裁人般的权利，只能促使双方当事人达成合意来解决纷争。调解人一般在了解双方当事人立场之后主动起草或建议和解内容，此时，双方当事人依据自愿原则，在清楚各自权利的基础上达成协议，从而解决纠纷。

换句话说，在调解过程中，调解员扮演着双方当事人沟通渠道的角色，并以中立及公正的态度，让各方把焦点放在彼此的实质利益上。调解员不会也不能把协议强加于当事人身上；相反，调解员会促进双方当事人通过协商来打破僵局，鼓励双方共同商讨和解协议，力求达至一个各方均满意的和解方案。

可以说，调解的目的是促使当事人了解争端的最大利益所在，使当事人自觉地用协议解决争端，以避免正式诉讼的烦琐及冗长程序，旨在友善的基础下处理纠纷。因此，在利用调解方法解决争议后，往往能使双方当事人继续保持原有的合作关系。

调解的优点在于调解程序快捷、灵活、经济并完全按照当事人意愿进行。此外，调解的过程不但保密，也不妨碍双方当事人随后选择通过仲裁或诉讼解决争端的可能性。

但在使用调解作为解决争端的方法前，必先注意以下五点：一是当民商事争议已在第一审法院辩论终结时，不得申请调解；二是在民商事争议中需先得到当时事人同意方能进行调解；三是调解程序不得公开，调解委员及经办的相关人员对于调解事件，除已公开的事项外，应保守秘密；四是调解应探究事实真相及争议之所在，并作出相关调查及搜集证据；五是在调解中不得对当事人作出任何处罚。

为促进和发展中国内地与澳门特别行政区工商企业界开展贸易、投资和其他经济交流，以及解决倘有的商业纠纷，澳门世界贸易中心与中国各调解机构统一施行调解规则——中国国际商会调解中心与澳门世界贸易中心联合调解，为在本澳进行调解程序奠定了基础。

（三）仲裁

仲裁是指双方当事人以书面方式同意将彼等由一定法律关系所产生或将来可能产生的纠纷交由第三人或奇数的多数人，依照约定或法律规定，来作出判断，同时双方当事人也事先表示愿意承认及接受由仲裁人所作判断的约束力。

在通过仲裁解决争议时需遵从当事人原则、独立公正仲裁原则及互惠原则。

当事人自治原则是指当事人以外的任何人均不得强制当事人通过仲裁解决争端；当事人对于仲裁程序的开始、进行与结束均有自主性。有关仲裁条款除经双方明示同意外，不对双方当事人产生效力。

独立公正仲裁原则是指仲裁人于作成仲裁判决时必须秉持独立及公正的态度，作出独立及公正的判断。

互惠原则是指外国与本地区间存有互相确认仲裁裁决的机制。

仲裁的类型可以分为自愿仲裁和必要仲裁。自愿仲裁是以当事人意思自治为基础订立仲裁协议，是解决争议的一种选择性方式；必要仲裁考虑某些事务的审理对遵守公正标准具有专业要求的特殊性，通过强制性质的法律规定，确立须由仲裁员解决某类争议的义务，在必要仲裁中，仲裁合议庭必须根据立法者本身的意图履行其职责。

作为解决争端的一种方式，仲裁对当事人以及间接地对整个社会带来了便利性、快捷性及优越性，被视为解决争议的更为简单及更为客观的方法，其优点是赋予当事人更为安全和更为快捷的审判。

此外，仲裁的另一个特色是比较专业，这是因为，在通过诉讼解决争端时，是由法官直接通过审查证据形成心证作出判决。事实上，法官均以法律系为主修，一般不具备法律以外的专业知识，尤其是国际商贸、工程承揽、医疗事故及其他高新科技层面的知识；相对而言，在通过仲裁解决争端时，仲裁双方可就仲裁人人选自行协商选定，选出具备相关专业资格的人士担任仲裁人，进而增强仲裁裁决的认受性，达到专业问题由专业人士解决之目的。因此，仲裁逐渐被广泛用作处理国际商务纷争的机制。

需要补充的是，仲裁人与法官的不同在于法官仅有法律的专业知识，但由于仲裁强调专业性的判断，追求实体的正义更胜过程序上的正义，因此仲裁人需兼具多项专门知识或经验及法律知识。此外，在诉讼程序中，当事人不得选择法官，而在仲裁程序中，仲裁人由当事人选任，双方当事人可约定认为适合解决争议的人选，从而满足双方的利益。相比于民事诉讼的依法审判，仲裁可由当事人约定不适用法律，而直接适用仲裁庭认为公平正义的衡平原则为衡平仲裁，特别是采认证据方面，仲裁较能突破法定证据的技术性规则，而不受形式的法律规则的约束。

有关仲裁的便利性、快捷性及优越性，主要体现在当需解决的争议事宜要求特定领域的专门知识时，倘争议通过司法诉讼解决，一般情况下该诉讼需伴随相应的“专家”介入，其间也不可避免需要通过法官确信专家的见解进行间接的裁判。但当争议通过仲裁解决时，由于仲裁程序允许当事人挑选具有专门技术及专门知识领域的人士作为解决争议的仲裁员，进而达到直接及快捷地解决当事人争端的目的。

与此同时，仲裁制度也不受严格的法定原则所限，双方当事人可将争议提交到争议事务专家处理并简化处理程序，进而排除很多时候属于不必要的法定诉讼程序。

另外，由于仲裁程序步骤由当事人双方选定或由审理机关本身决定，为此，仲裁程序的发展自然能够符合当事人更快及简捷地解决纠纷的期望；同时，即使仲裁并不是由法院或公权力机关作出，但仲裁裁决也不失其应有的法律效力，与法院裁决相比，这是一种相对诉讼更为灵活解决争议的方式。

除基于特定理由提起撤销仲裁判断的诉外，仲裁判断具有终局审判的效力。此外，由于国际会议、双边条款及多边条款均载有仲裁条款，确认缔约国或地区间仲裁人的裁定，并赋予了仲裁拥有强制执行的效力，因此，仲裁具有较广泛之执行力。相反，若依传统诉讼方式所获得的确定判决，基于主权独立原则，除通过确认程序确认判决外，本特区的判决对其他地区并无约束力，因此也无法强制执行。

仲裁程序特别简单的特性使当事人可以更好地理解和跟进有关程序的发展；相反，在诉讼程序中，尽管法院和当事人间存有合作原则，当事人可向法院查询及了解案件情况，但是，在严格的司法诉讼程序中，即使得到适当的解释，当事人一般不能很好地理解诉讼程序的步骤及发展。

此外，在商业方面，出于当事人方面的利益，需解决的冲突需严格地在当事人之间维持而不能对外公开，以避免面对社会产生不可恢复的损失。鉴于在法院诉讼的程序具有公开性，法院诉讼并不能有效地保障当事人的利益。而仲裁程序则相反，可以应当事人的要求对彼等提供的数据保密，使仲裁程序不对外公开，特显仲裁程序的隐密性。因此，通过仲裁解决争议便可确保双方当事人的商业秘密不为局外人知悉，这也是使用仲裁程序的其中一个优点。

为双方当事人减少诉讼成本及费用也是选择仲裁方式的其中一个原因。在仲裁制度中，当事人除了无须支付高昂的诉讼负担外，仲裁程序也无要求强制性诉讼代理，也无要求每方当事人必须由律师代表。在机构化仲裁的某些情况，仲裁程序甚至完全免费，相关情况可参见相关机构的内部规则。

至于仲裁的中立性，由于法院为本特区的司法机构，不能避免法官有倾向保护本地区居民权利之嫌，为了避开因地区所衍生的偏见，采用可由双方当事人选定仲裁人的仲裁程序更能实现诉讼的中立性，进而更好地保障双方的合法权益。

总体而言，仲裁方式相比诉讼更为灵活、更为适应涉案当事人的实际需要和利益、更为贴近市场或社会正常商业活动及发展，仲裁机制在提供保密性的同时，也可为当事人充分节省时间及金钱；相比采用司法途径，仲裁对人际和社会关系带来更少的损害，更适于维持人际关系或已存在的业务往来，同时，由于当事人直接主导及介入仲裁之缘故，仲裁也更易于执行。

作为法律承认的诉讼外的公正体系，仲裁有效地补充了解决争端的方式，虽然仲裁制度优点众多，更符合双方当事人尽快和平解决民商事纠纷的意愿，但这一制度并非完全没有缺点。

虽然仲裁人在作出仲裁决定时可选用较具弹性的程序及可作出相比法官更强的自由心证，但这也是仲裁制度的缺点所在。这是因为，诉讼程序中法官的自由心证原则往往被质疑主观成分过高，即使客观证据不足，法官也可依据个人心证作出判决；在仲裁程序中，仲裁人的判断更取决于仲裁人的个人主观意识，心证权力比法官更大，因而出现仲裁裁决无法被仲裁双方信服及接受的情况。因此，争端当事人在决定是否利用仲裁制度解决纷争时，必须充分了解仲裁这方面的缺点。

由仲裁人过大的自由心证权力可以得出仲裁欠缺安定性及客观公正性。这是因为，仲裁人的判断行为不受法律约束，其作出的裁决是依主观见识判断的。因此，即使面对同类型案件，也可能因仲裁人具有不同价值观而作出不同的裁决内容。况且每个人的判断标准也因无法律、判例明文规范而欠缺法定理据支持。

不得不提的是，虽然仲裁体现了当事人的意愿，但仲裁人也可能因与其中一名仲裁当事人认识或有关系而在作出裁决时出现偏颇或不公的情况。

相对诉讼程序来说，虽然仲裁的一裁终局特性体现出其高效及快速的特点，但从另一方面看，裁决一旦出现错误很难得到改正，因而可以说，仲裁制度是一把“双刃剑”。

此外，仲裁机构独立于政府行政机关，两者并没有从属关系，故仲裁机构在进行仲裁时的权力过大、自由度过高及没有有效的约束和限制。

在搜证方面，由于仲裁庭并没有法庭般的权力，并不能令证人在作证时作出宣誓，故当有关人士不配合调查措施时，仲裁庭无法取得证据或信息。同时，也不能排除可能出现其中一方当事人恶意延误仲裁程序，导致程序冗长、无法有效地解决争议。

仲裁并非适合解决各类型的民商事纠纷，尤其是不适宜解决复杂的法律问题，在此情况下，应以诉讼方式解决争议。这是因为，在解决复杂的法律问题时往往需要由具专门法律知识的法官依法取证及加以审理，单纯依靠仲裁人并不能厘清复杂的法律关系。此外，仲裁也不应将涉及多方当事人的争议在同一个仲裁庭中解决，这是因为，当仲裁程序中涉及多方当事人时，仲裁庭无法同时完全解决所生的争议，进而导致仲裁程序无法运作。

综上所述，仲裁制度既有优点，也不无缺点，民商事纠纷当事人应在衡量各自利益及解决纠纷方法的优劣点后，选择一个符合多方意愿及适宜解决争议的方法。

有关仲裁制度在澳门回归前后的状况及发展，在现今商业发达的社会，仲裁已逐渐取代诉讼程序成为解决国际商业纠纷的最有效方法。

在民商事领域中，当事人常因事实问题出现意见分歧，进而发生争端。事实上，大部分争端只是基于技术层面，并不涉及法律的解释，如当争议的来源只是合同条款用语模糊或合同未对可预见的情况作出明文规定时，为了最有效地保障双方当事人的利益及合约基础的商业习惯，通过仲裁解决争议无疑是最理想和最有效的做法。

此外，澳门在回归前后分别设立了 5 个仲裁中心。于 1998 年分别通过第 19/GM/98 号、第 26/GM/98 号及第 48/GM/98 号批示许可设立民事或商事的小额消费争议自愿仲裁中心、澳门律师工会自愿仲裁中心及澳门世界贸易中心自愿仲裁中心；在 2001 年 9 月通过第 192/2001 号行政长官批示许可澳门金融管理局设立一个专门性质的仲裁中心，在有关保险以及私人退休基金的民事或者商事争议范围内进行机构自愿仲裁，但不得超过初级法院的法定上诉利益限额，即 5 万澳门元；于 2011 年 3 月 28 日又通过第 66/2011 号行政长官批示，核准设新楼宇管理仲裁中心，该中心受《楼宇管理仲裁中心规章》所规范，旨在通过调解、仲裁方式，促进解决在澳门特别行政区发生的楼宇管理争议。

在澳门的仲裁制度中，任何民事、行政或商事方面的争议，只要特别法没有规定由法院专属处理或必须采用必要仲裁方式处理，且争议不涉及不可处分的权利，则双方当事人可通过仲裁协议解决争端。

为贯彻履行当事人意思自治原则，澳门不仅允许当事人通过协议的方式对仲裁裁决结果进行上诉，上诉条件更是可由当事人任意进行约定，并没有法定的上诉理由。

随着经济的平稳发展，法院受理的案件尤其是新型民商事案件数量呈现出急剧攀升的趋势，资源有限的本地法院难以效率化地解决所有私人纠纷。因此，澳门政府应当采取措施，加强宣传和推动本地仲裁制度，积极培育专业性仲裁人才，同时配合及完善司法制度，以便更好地处理私人纠纷。

三、传统解决纠纷的方法

（一）民事纠纷

本澳现今的民事纠纷主要是通过法院诉讼来解决，所有权利均有适当的诉讼，以便能向法院请求确认有关权利，对权利的侵犯作出预防或弥补，以及强制实现有关权利，且就所有权利也设有必需的措施，以确保诉讼的有用效果。

诉讼主要分为宣告之诉及执行之诉；宣告之诉分为确认之诉、给付之诉及形成之诉；执行之诉则分为给一特定金额的执行、交付一特定之物的执行及作出一事实的执行。

根据《民事诉讼法典》第三百六十九条的规定，诉讼类型可分为普通诉讼程序及特别程序（如宣告推定死亡之诉、禁治产或准禁治产之诉、勒迁之诉、争讼离婚之诉等）。特别程序适用于法律明文指定的情况，而普通诉讼程序适用于所有不采用特别程序的情况。

此外，诉讼也可分为争议诉讼与非讼事件。

争议诉讼是由争讼组成的。在争议诉讼中，法官对法律作出解释并将之适用于有关事实，法官受严格的合法性准则所约束（《民法典》第三条），法院对领导程序的进行及取证等有广泛的权力，但不得对当事人没有陈述的事实作出审理（《民事诉讼法典》第五百六十七条），除非是明显的事实或在法院履行职责时知悉的事实（《民事诉讼法典》第四百三十四条），但不妨碍法官依职权考虑从案件调查及辩论中所得出的辅助性事实及从案件调查或辩论中得出对所提出的请求或抗辩理由成立属必需的事实（《民事诉讼法典》第五条）；法官的权力也非那么的广泛，因为，原则上法院并不能限制当事人所申请的某一特定证据（尤其是通过当事人的陈述而得出的证据以及证人）。然而，对于与案件无关重要或非案件所需的文件，仍可拒绝接收（《民事诉讼法典》第四百六十八条第一款）；对于非恰当或旨在拖延的鉴定措施，可驳回或对之作出限制，也可拒绝受理不能接纳或不重要的问题（《民事诉讼法典》第四百九十九条）；对命令作出勘验与否具有自由裁量权（《民事诉讼法典》第五百一十三条）；原则上，应拒绝任何无关或纯属拖延程序进行的行为（《民事诉讼法典》第六条第一款）；当判决转为确定后，有关的争议被视为确定性解决（但如属判处作扶养给付或判处作出其他给付，而该给付的多少或存续期间是按具体的特别情况而定者除外）。

而非讼事件则是对利益的不规则情况作出规范，它不是争讼，法官的职责是管理有关的利益，法官并没有行使其司法权，而是行使行政权。法院得自由调查有关的事实（《民事诉讼法典》第一千二百零七条第五款），在此也适用调查原则，法院只接纳其认为适宜的证据；法院在决定所采取的措施时，得就每一情况采取最适当及最适时的解决方法（《民事诉讼法典》第一千二百零八条）；在非讼事件过程中，没有确定性判决，当事人得以嗣后出现的合理情况为依据，要求对决定作出变更，但不影响已产生的效果（《民事诉讼法典》第一千二百零九条第二款）；在上诉方面，不得针对已按适当或适时准则所订出的解决方法，向终审法院提出上诉（《民事诉讼法典》第一千二百零九条第一款）；至于按狭义的合法性准则所作出的决定，在争议诉讼程序中适用一般的上诉规则（《民事诉讼法典》第五百八十三条、第六百三十八条和第六百三十九条）。

诉讼的形式按照当事人所请求措施的类别、争议的利益值以及请求所依据的实体关系而确定。根据《民事诉讼法典》第三条第一款、第五条第二款及第四百三十四条及第五百六十八条的规定，民事诉讼的进行取决于当事人的推动，但如属明显的事实，法院履行其职务时知悉的事实或法官应依职权考虑从案件调查及辩论中所得出的辅助性事实，即使当事人没有提出，法官也得审理。在原被告双方都不主动令程序向前推进的情况下，原告有可能因弃置请求而败诉。此外，原告也有权通过请求的舍弃、认诺以及和解决定终止诉讼程序。这正是当事人处分原则的体现，从而确保当事人的平等权和自由权及法官审判的中立性和公正性。

至于商业及劳动纠纷，除《商法典》和《劳动诉讼法典》另有规定外，均适用民事纠纷的一般规定。

（二）行政纠纷

公共行政当局受制于合法性原则及公正无私原则，针对行政当局本身不合法、不公平或不适当的行为，利害关系人（受行政行为影响的自然人或法人）可向行政法院提出争执，利害关系人除了有权参与跟他们有关的决定和决议的形成外，还可以向行政当局本身提出申诉，对实施有关行为的行政当局本身声明异议，或者向上级机关提起诉愿，要求废止或更正不合法、不适当和不公正的行政行为。

这些都是利害关系人面对不合法、不公平或不适当的行政行为时所能行使的非司法保障。如果行政当局仍坚持维持被争议的行政行为的有效性，利害关系人仍可就确定和具执行力的行政行为向具管辖权的法院提出司法上诉。

行政诉讼是监督行政当局的权力、保障人民权利最直接的制度保障，是特区司法救济制度的完善及人权保障度的体现，确保社会的稳定和进步发展。可以说，追求行政诉讼制度的完善，是现代法治进程的重要环节。

从法理上说，行政诉讼是指解决由行政法律关系所引起纠纷的诉讼制度，即法律对私人面对行政当局侵权行为的保障。事实上，保障私人的合法权益不受行政当局的侵犯是行政诉讼的主要目的，但随着社会的发展和变化，现代的行政诉讼不只是为了对私人提供保障，同时也是为了保障和促进行政当局依法行政，从而达到谋求公共利益的目的。

事实上，行政法律关系的争讼是对抗行政机关不当作为而损害私人的权利及利益的私人保障，目的是确保行政司法公正。

不得不提的是，行政司法公正并非只为维护市民的各种权利，同时也为维护行政合法性的公共利益。换句话说，行政司法公正旨在保护权利或受法律保护的利益，其中包括针对损害市民权利及利益和公共利益的违法行为。

只有权利受保障的人方拥有针对其不法或不适当的行政行为的反抗权。在三权平衡的大原则下，有必要对所有行政行为进行监督，而这监督权并非只属直接利害关系人；相反，当行政行为涉及公共利益时，所有市民或团体均有监督其合法性的权利，如对程序数据取得有关信息或求取特定的文书之权利，目的是合法地限制行政机关本身的自由裁量权，进而保障利害关系人及公共利益。

权力分立原则有其重要性。其作为一个平衡原则，并不排除各个权力之间的相互合作及依赖，相反是促进双方的合作及依赖，而这种重要性正是通过司法途径及市民的监督而体现的。

除司法上诉外，利害关系人可就不同行政行为的类型及所涉的范畴提起不同类型的诉讼，如对规范提出的争议、选举上的司法争议、行政之诉、涉及行政违法处罚的司法上诉、行政机关职权和法院间管辖权冲突之诉、执行之诉、对司法判决的上诉。

其中，行政之诉可分为确认权利或受法律保护的利益之诉；命令作出依法应作的行政行为之诉；提供信息，查阅卷宗或发出证明之诉；关于行政合同之诉；非合同民事责任之诉。而以目的为标准，执行之诉可分为支付一定金额的执行之诉、交付特定物的执行之诉、事实给付的执行之诉。

若没有请求则不能展开诉讼程序。在此原则下，只有经一方当事人提出请求及另一方获给予机会申辩后，法官才可解决有关行政诉讼问题。

请求可以是私人性质、公共性质或民众性质。

较为常见的是私人性质的请求。倘由行政当局提出，有关请求则为公共性质（如《行政诉讼法典》第三十三条 d 项和 e 项，或《行政诉讼法典》第一百一十四条关于行政合同之诉）；当希望通过诉讼维护所有澳门居民的共同利益、财产或价值时，有关诉讼具有民众诉讼性质，可以由个人或集体提出（《行政诉讼法典》第三十三条 b 项及第三十六条）。

在维护集体利益或大众利益及维护行政行为合法性的情况下，检察院也可提出诉讼请求。但即使检察院知悉存有违法情况，也不是所有违法情况均需向法院提起诉讼以恢复合法状况，只有那些涉及无效或侵犯基本权利的违法情况才需检察院介入。换而言之，倘有关违法只涉及私人利益且并不严重时，检察院不应主动介入。

在行政诉讼里，主动权一般属于私人所有，指对争执行为或提起为确保其权利之诉的利害关系人。然而，在撤销行为的上诉，争执规范的方法及对司法裁判提起上诉的诉讼中，除利害关系人外，检察院因具有维护行政合法性责任而拥有主动权。

此外，诉讼程序的主动权也可属于行政当局，只要当局作为诉讼原告人或合法性的监察实体的身份参与诉讼。

在本澳的行政体系内，行政行为本身具有强制力，即提起行政上诉不会中止被诉行为的效力，被诉的行政机关仍可继续执行该行政行为，除非利害关系人向法院提起中止行政行为效力的保存程序，在获批中止效力的情况下，行政当局应当中止执行有关行政行为，直至法院作出最终判决及转为确定为止。

批准中止效力需要符合以下三个特定要件：一是行为的执行可能对申请人造成难以补救的损害（难以弥补的损害应对可能的损害作推测判断，考虑倘撤销判决时行政当局恢复原状况的义务）；二是行为效力的中止不对公共利益造成严重损害（对公共利益造成的严重损害也应因每宗具体个案而审定，考虑作出行为的依据及由申请人及被申请人主张的理由，不应推定，也不会与任何公共利益混淆）；三是程序无反映出上诉违法性的强烈迹象。

行政行为的执行由行政机关自己执行，在涉及金钱债务及行政机关无执行能力的情况下，则按税务执行程序由政府税务部门执行。

假定行政当局不执行法院判决的情况持续，而行政当局受制于等级权或监督权，在此情况下，法院可命令这些权力机关进行代替性执行。此外，法院判决的不当不执行，除了涉及行政机关及其人员的民事责任外，这些人员也需因不执行而承担纪律责任或倘有的刑事责任，如违令罪等。

澳门争端解决法律制度

——法律查明机制在澳门和葡萄牙的实践

李焕江[①]

本文主要介绍法律查明的实践，在澳门或葡萄牙法律查明方面有两个比较重要的部分，一个是在司法程序内查明域外法，而另一个是在法院以外通过专家或律师在其领域中查明关于澳门或葡萄牙的法律。

一、澳门法院和葡萄牙法院如何查明外地法律

在澳门和葡萄牙的司法实践中，在查明外地法律时将外地法视为法律，而不作为事实问题处理。

根据澳门《民法典》的相关规定，法院应依职权查明外地法律内容，且仅当当事人援用澳门地区以外的法律时，当事人才应证明该法的存在及其内容，但即使在此情况下，法院也应依职权设法查明。另外，根据葡萄牙司法见解，[②]即使当事人各方没有引用外地法律，但基于冲突规范应适用外地法的，法院也应依职权查明适用。

当法院不能直接查明确定适用法律的内容时，根据葡萄牙权威学者 Ferrer Correia 的解释，应先准用该外国法的一般原则。

① 李焕江，澳门法学协进会会长，澳门力图律师事务所资深合伙人，中银—力图—方氏（横琴）合伙联营律师事务所高级合伙人，仲裁员及深圳市蓝海现代法律服务发展中心（最高人民法院港澳台和外国法律查明基地）法律专家等。

② 在法律查明方面，由于澳门《民法典》的相关规定及其理论源自葡萄牙，故两者在法律查明和解释规则上是一致的。

倘若该外国法仅是受其他国法律制度所影响而移植的，则适用原有法律精神国家的来源制度。而当外国法律出现法律变更时，而未能确定新法的内容，则推定适用旧法，但适用旧法与新法的精神或内容相抵触的情况除外。

倘用上述各方法仍无法查明外国法内容时，葡萄牙和澳门《民法典》规定均是选用有权限的补充性法律，如寻找补充性连结点（例如，一个人的常居地法不能查明时，则可以以其国籍法为补充适用的法律），但倘若根据法院地法冲突规则，没有规定相关连结点时，则由法官首先为相关法律行为创设相关连结点，但如不能时，则由法官根据法院地法判。

当穷尽上述所有方法也不能确定外国法律内容时，才采用葡萄牙（澳门）一般法律的规则。[①] 但实践中，这种情况在澳门个案中并不多见，这是因为日常案件当事人或法院通常能找到相关法律，甚至包括外国法律的司法和学理解释。

二、查明澳门或葡萄牙法律，以供其他地方使用

随着本澳与国内或港台经济发展及各地居民交往日益频繁，为了解决各种各样涉澳的区制法律问题，澳门法律的查明显得尤其重要，也是澳门律师日常工作之一。举例说，实践中我们常遇到一些类似以下的个案：夫妻其中一方或双方为澳门居民，且在澳门或葡萄牙结婚（财产制度是一般共同财产制）和离婚，但位于内地的房产（假设其中一间是男方婚前购入的财产）还没有作分割，因为双方没有达成分割的共识，女方欲在澳门或葡萄牙提起分割诉讼，我们应如何处理和思考？首先，解决这个问题，并不仅是一地法律查明问题，而是涉及两地法律查明问题，如果只查明一地法律，结果可能完全不一样。实践中，为了保障客户或咨询者的利益，有时候甚至需要通过专家或律师作多地的法律查明。

如果因为是澳门律师，便直接在澳门为她提起分割诉讼，那对于澳门律师来说可能是更方便。然而，尽管合法但是我们不应该这样做，因为站在当事人的利益来说，她日后会有更多烦琐的手续要做，因为她的房产不在澳门，

① 参见 Dr. Abílio Neto 著的 *Código Civil Anotado* 关于葡萄牙《民法典》第三百四十八条的注释。

那样她日后可能还需要拿澳门的分割判决回内地作确认，而且澳门法院的诉讼通常会较内地更长。相反，如果在内地直接提起涉及内地的财产分割诉讼会令她更方便，但是仅想到这点还不够，我们还需要进一步思考，应拿什么凭证去内地权限部门作分割，拿澳门离婚判决书还是澳门登记局发出的婚姻已解销的登记证明作主要依据或凭证？去公证部门还是法院？如果去法院，去哪一个法院？这些就涉及中国内地的法律查明。

在上述个案中，即使懂得选定内地法院作分割，尚要进一步思考其财产分割方式应用澳门法律还是内地法律。因此，在此案中最关键的问题是在中国内地分割时应适用何地法律？一般人只会想到内地法律。但在此案中，如果能想到婚姻缔结时双方的住所及婚姻缔结地在澳门或葡萄牙等重要连结点，则有必要对澳门或葡萄牙法律内一般共同财产制作出正确查明（例如，附具澳门法律意见书，解释其是婚前婚后均共有的一种财产制度）；相反，纯粹考虑中国内地法律的候补财产制度作判决，女方就不可能取得男方婚前购入物业的任何份额。

上述法律意见书结论范例如下：因双方在葡萄牙或澳门民事登记局注册结婚，婚前协议的财产制度为一般共同财产制，所以根据葡萄牙或澳门现行的法律，不论婚前或婚后任何一方或双方购入的不动产，均为夫妻共同拥有的财产。

另外，客户寻求查明的其他常见区际法律问题包括赌债有效性以及其在内地法院适用（澳门法律意见书附中国法律服务公司公证确认）；在澳门以中国传统习俗仪式缔结的婚姻有效性以及在香港法院适用（澳门法律意见书附海牙旁注）；两岸四地的其他民商事判决和仲裁裁决的确认问题；投资和并购的法律问题等。

值得注意的是，根据《内地与澳门特别行政区关于相互认可和执行民商事判决的安排》以及纽约公约等的规定，民商事案件（在内地包括劳动争议案件，在澳门特别行政区包括劳动民事案件）判决或仲裁裁判均可相互认可和执行，且可依法提起相关保全程序，当外地判决获确认且转为确定时便具有执行力，法院可执行判决的内容。但是，此情况并不包括与公共秩序明显相抵触的情况或刑事判决。因此，在澳门常见的情况是，即使在判决转为确定后，本澳执法机关由于无跨境执法的权力，故本澳的刑事判决暂不能在中国内地或香港予以确认和执行。

三、外地法和本地法的解释规则

如上所述，对指定适用澳门以外法律且可适用外地法判案时，则须在该外地所属的法制范围内，按该法制所定的解释规则进行解释。与查明外地法律不同，在作出涉及澳门本身法律的解释意见时，因为涉及澳门法律的解释，需适用澳门《民法典》第八条的解释规则，而不是外地法体系的解释规则，而葡萄牙的情况也完全一样。

例如，涉及中国内地婚姻财产制度内夫妻共同财产，应适用中国法律制度及其解释规则，甚至须运用中国最高人民法院的意见等；相反，适用澳门法律时，则须运用澳门本身解释规则。

四、在本澳构建外地法律查明机制

在了解本澳的法律查明理论和实践环境后，我们可发现在澳门法制环境下的外地法查明制度和外地法适用不具有法律制度明显欠缺或实践上困难。但不得不承认，在澳门，对外地法的法律查明的研究并不多，甚至不存在相关专门研究单位或专门法律查明单位，这在某种程度上局限了相关领域的发展。正如大家所知，中央政府大力支持澳门建设“一中心、一平台”，支持澳门打造中葡金融服务平台，又因国家主席习近平于2013年提出的“一带一路”理念已发展成为国家建设的重大战略，且得到国际社会高度关注。澳门特区政府为更好地参与和助力国家“一带一路”建设，于2017年3月通过刊登第44/2017号行政长官批示，设立“一带一路”建设工作委员会[①]。

总之，笔者认为，未来特区、专家学者和研究单位若将法律查明的任务与澳门本身定位和优势相结合，更显其重要性，尤其是在投资领域。换而言之，倘查明机制的创设方向与“一中心、一平台”建设乃至与国家“一带一路”

① 该委员会的职权包括：（1）负责统筹澳门特别行政区参与助力国家“一带一路”建设的短期、中期、长期的总体设计，并推动展开相关研究，以制定有关政策；（2）制定年度工作方案及监督其落实；（3）就拟开展的活动制定方针及发出指引。

和“大湾区”重大战略有机结合起来，将可有力促进澳门平台作用和跨地域性整体发展。本澳应开展和构建具本身特色的法律查明（包括但不限于葡语系国家法律）策略思考，例如，建立相关数据和专家库，以及开展相关研究等，以便更好地为澳门本身定位和经济发展作配合，以及储备相关法律人才。

台湾投融资法律研究篇

“一带一路”中两岸四地法律服务优势之探讨

郭清宝[①]

一、“一带一路”战略下，两岸四地战略发展

（一）“一带一路”的全球布局

“丝绸之路经济带”和“21 世纪海上丝绸之路”，简称“一带一路”（one belt,one road），是由中共中央总书记习近平于 2013 年 9 月和 10 月分别提出的经济合作概念，属于跨国经济带。国务院总理李克强在亚洲和欧洲访问时进一步推广，并写进总理政府工作报告中，成为中国对外的主要经济战略（见图 1）。目前已有近 65 个国家和国际组织响应“一带一路”，这些国家的总人口约 44 亿人，涵盖全球人口的 2/3，经济总量约 21 万亿美元，横跨欧亚，辐射非洲。“一带一路”建设致力于以政策沟通、设施联通、贸易畅通、资金融通、民心相通[②]（“五通”）为主要内容的区域合作。“一带一路”不是一个实体和机制，而是合作发展的理念和倡议，是依靠中国与有关国家和地区既有的双多边机制，借助既有的、行之有效的区域合作平台，旨在借用古代丝绸之路的历史符号，并以和平发展的旗帜，主动地发展与沿线国家和地

① 郭清宝，华东政法大学法学博士，中国国际经贸仲裁委员会、上海国际经济贸易仲裁委员会、华南国际经济贸易仲裁委员会、台湾中华仲裁委员会等仲裁员，国际青年商会（Junior Chamber International）2007 年副主席，派任中国香港、中国澳门、新加坡、马来西亚及泰国。

② 2015 年 3 月，国家发展改革委、外交部、商务部共同发布《推动共建丝绸之路经济带和 21 世纪海上丝绸之路的愿景与行动》。

区的经济合作伙伴关系，共同打造政治互信、经济融合、文化包容的利益共同体、命运共同体和责任共同体。“一带一路”一度被称为“中国版马歇尔计划”。[①]

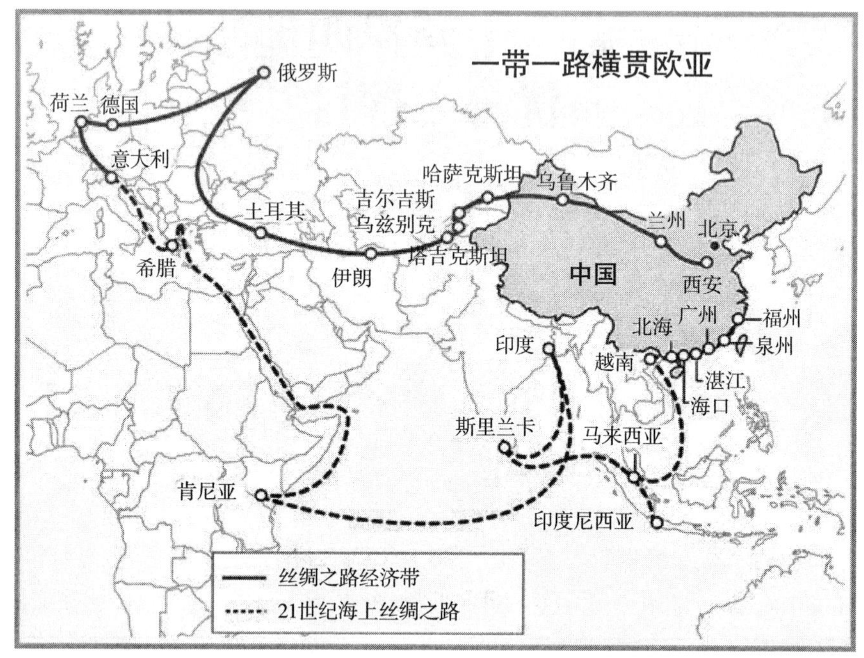

资料来源：http://news.cnyes.com/special/oneRoad/。

图 1　“一带一路”示意

“一带一路”有其三大战略构想内涵。（1）经济内涵：从开放的角度和产业转型升级角度看，有其独特的经济内涵。（2）国家安全内涵：覆盖区域是全球最主要能源和战略资源供应基地，区域内互补性强，有利于实现中国资源、能源进口管道的多元化，同时也为保障海上资源能源运输线的安全奠定了坚实基础。（3）人文内涵：“一带一路”将东亚至欧洲的广大地区联系

① 维基百科：https://zh.wikipedia.org/wiki/%E4%B8%9D%E7%BB%B8%E4%B9%8B%E8%B7%AF%E7%BB%8F%E6%B5%8E%E5%B8%A6%E5%92%8C21%E4%B8%96%E7%BA%AA%E6%B5%B7%E4%B8%8A%E4%B8%9D%E7%BB%B8%E4%B9%8B%E8%B7%AF。马歇尔计划（英语：The Marshall Plan），官方名称为欧洲复兴计划（European Recovery Program），是第二次世界大战后美国对被战争破坏的西欧各国进行经济援助、协助重建的计划，对欧洲国家的发展和世界政治格局产生了深远的影响。另外，除了欧洲，同期类似的经济援助在韩战后也在亚洲第一岛链与其他第三世界国家实施，受援范围大部分是今日美国的盟邦。

起来，巨大的市场空间和技术合作潜力必将使这些科技遗产重新焕发活力；欧洲城镇化建设经验、生态技术、精密制造等方面对中国经济建设的推动作用巨大，“一带一路”沿途是世界上典型的多类型国家、多民族、多宗教聚集区域，古代“四大文明古国”诞生于此，佛教、基督教、伊斯兰教、犹太教等也发源于此并流传至世界各个角落，“一带一路”通过经贸合作带动人文交流，必将在各民族、宗教文化相互碰撞、融合中扮演非常重要的角色。

（二）海峡两岸关系的进程

海峡两岸基于互助交流等精神，自 1992 年辜汪会谈以来，2010 年 6 月 29 日，海峡两岸关系协会会长陈云林与台湾海峡交流基金会董事长江丙坤在重庆签署了《海峡两岸经济合作框架协议》（*Economic Cooperation Framework Agreement，ECFA*）。生效后《海峡两岸经济合作框架协议》本着世界贸易组织（WTO）的精神，考量双方的经济条件，逐步减少或消除彼此间的贸易和投资障碍，创造公平的贸易与投资环境，开启海峡两岸间的区域经贸协议新领域，目前仍有多项服务及货物贸易等协商仍在完成中，尚未立法通过。2016 年台湾新政府上任，期盼更多的合作共创两岸和平及经贸蓬勃发展。

（三）中国内地与香港及澳门间的紧密关系

基于战争与历史，香港与澳门分别于 1997 年及 1999 年回归中国，并依据“一国两制”关系高度自治。内地与香港及澳门先后于 2003 年 6 月 29 日及 10 月 18 日签订的《内地与香港关于建立更紧密经贸关系的安排》（*Mainland and Hong Kong Closer Economic Partnership Arrangement，CEPA*）及《内地与澳门关于建立更紧密经贸关系的安排》（*Mainland and Macao Closer Economic Partnership Arrangement，CEPA*）是中华人民共和国中央政府与香港及澳门两个特别行政区政府签订的特别政策。之后，中华人民共和国商务部分别在 2006 年 6 月 26 日和 6 月 27 日与澳门和香港签署《补充协议三》等，中国进一步在服务贸易领域扩大对港澳地区的开放，加强与港澳地区在贸易投资便利化领域的合作。

（四）亚太区域关系发展

经济全球化及区域合作发展迅速，如 2015 年 12 月 31 日，东盟共同体（ASEAN Economic Community，AEC）成立；而中国为谋亚太区域的共荣发展，共同发起举办博鳌论坛[①]，2015 年年会在 3 月 26—29 日召开，以“亚洲新未来：迈向命运共同体”为主题。中国国家主席习近平出席并发表主旨演讲，国务院授权发展改革委、外交部、商务部三部委联合发布“一带一路”建设的愿景与行动文件《推动共建丝绸之路经济带和 21 世纪海上丝绸之路的愿景与行动》，且发起成立亚洲基础设施投资银行并成立丝路基金，协助“一带一路”战略的推动。

2005 年 5 月 28 日，文莱、智利、新西兰及新加坡四国协议发起泛太平洋伙伴关系（The Trans-Pacific Partnership，TPP）[②]，当时正与其他五国磋商，包含澳大利亚、马来西亚、秘鲁、美国及越南，原先并不大的贸易经济圈在美国加入后，重要性迅速提高。2010 年 11 月 14 日，亚太经济合作会议高峰会的闭幕当天，与会九国同意美国总统奥巴马的提案，于 2011 年 11 月的亚太经济合作会议高峰会完成并宣布《泛太平洋伙伴关系协议纲要》。同时，美国积极与东南亚国协各成员国进行协议，重申泛太平洋伙伴关系将汇集整个太平洋地区的各经济体，无论是发达国家还是发展中国家，都能成为一个统一的贸易体。泛太平洋伙伴关系可能整合亚太的二大经济区域合作组织，即亚太经济合作会议和东南亚国家联盟的主要成员国，成为亚太区域内的小型世界贸易组织。因此，此跨太平洋伙伴关系也在亚太地区进行政治角力，对于中国“一带一路”的战略产生重大影响。

2001 年 6 月 15 日，上海合作组织（以下简称上合组织；英语：The Shanghai Cooperation Organization，SCO）是中华人民共和国、俄罗斯、哈萨

---

① 维基百科：博鳌亚洲论坛（Boao Forum for Asia）或称亚洲论坛、亚洲博鳌论坛，由 25 个亚洲国家和澳大利亚发起（2006 年增加至 28 个），于 2001 年 2 月 27 日在中国海南省琼海市万泉河入海口的博鳌镇召开大会后宣布成立，成立之时通过了《宣言》及《章程指导原则》等纲领性文件。论坛为非官方、非营利性、定期、寻址的国际组织；为政府、企业及专家学者等提供一个共商经济、社会、环境及其他相关问题的高层对话平台；海南博鳌为论坛总部的永久所在地。

② 维基百科：泛太平洋伙伴关系 ,https://zh.wikipedia.org/wiki/%E8%B7%A8%E5%A4%AA%E5%B9%B3%E6%B4%8B%E6%88%B0%E7%95%A5%E7%B6%93%E6%BF%9F%E5%A4%A5%E4%BC%B4%E9%97%9C%E4%BF%82%E5%8D%94%E8%AD%B0。

克斯坦、吉尔吉斯斯坦、塔吉克斯坦、乌兹别克斯坦、巴基斯坦和印度8个国家组成的一个国际组织，另外有3个观察员国为蒙古国、伊朗和阿富汗。工作语言为汉语和俄语。成员国总面积为3435.7万平方公里，即欧亚大陆总面积的3/5，人口约30亿人，为世界总人口的3/7。这是中国第二次在其境内成立政府间国际组织，及首次以其城市命名，宣称以“上海精神”解决各成员国间的边境问题①。

二、区域经贸投资间，法律服务更重要

（一）“一带一路”沿线国家经济差异大，法治背景也不同，必然产生冲突

“一带一路”覆盖区域是全球最主要能源和战略资源供应基地，区域内互补性强，但由于历史文化、政治制度和发展模式不同，“一带一路”沿线国家法律制度差异很大，将产生冲突，因此增强区域内国家对他国法律制度的认知和了解十分必要。因此，在推进“一带一路”建设中，应当注重发挥律师的法律专业优势，在为“一带一路”建设提供法律服务时以案释法，或运用网络平台和新媒体，借助有关国际会议、法律论坛、研讨会等场合适时开展彼此法治理解。②

（二）“一带一路”建设涉及投资、贸易、金融和基础设施建设等多项领域，需要规范作为准则

“一带一路”涉及中国事务以及欧亚及东盟共同体等60多个国家和地区。每一国家及地区的现况与经济条件不同，如何建构互相信任的经贸规范，除了世界贸易组织（WTO）所努力的成果应由所有成员共同遵守外，有关个别投资及经贸活动中，必然涉及法律冲突、法律适用（准据法）、司法管辖或

① 维基百科：上海合作组织，https://zh.wikipedia.org/wiki/%E4%B8%8A%E6%B5%B7%E5%90%88%E4%BD%9C%E7%BB%84%E7%BB%87。

② 资料来源：姜海涛，国浩律师事务所在2015年12月19日举办的“第三届‘国浩法治论坛’”的演讲，题目为《谈“一带一路”建设的法律服务思考》。

是纷争解决机制种种法律层面的议题，不仅各国司法及行政机构应成立专责机构研究之外，法律服务当然成为不可或缺的一环，而且必须争作引领经贸投资风险降低以及引领良善纷争解决机制的先锋，在各国及区域的法治建设、法律交流以及未来的法律服务体系建置中，扮演关键性角色。

三、区域经贸多元法制及纷争解决机制中，律师的角色与作用日趋重要

（一）台湾律师的发展新思维

1. 海峡两岸相关法令的规定。两岸互相投资基于法律的管制（regulation）及市场规模的不同等，呈现为台湾资金及技术投入大陆市场较多的不平衡状态，是因为大陆于 1994 年颁布具有特别意义的《中华人民共和国台湾同胞投资保护法》，给予众多的优惠条件。对于区域争议的解决，该法第十四条规定：台湾同胞投资者与其他省、自治区、直辖市的公司、企业、其他经济组织或者个人之间发生的与投资有关的争议，当事人可以通过协商或者调解解决。当事人不愿协商、调解的，或者经协商、调解不成的，可以依据合同中的仲裁条款或者事后达成的书面仲裁协议，提交仲裁机构仲裁。当事人未在合同中订立仲裁条款，事后又未达成书面仲裁协议的，可以向人民法院提起诉讼。《中华人民共和国台湾同胞投资保护法实施细则》第二十九条规定：台湾同胞投资者与大陆的公司、企业、其他经济组织或者个人之间发生的与投资有关的争议，当事人可以通过协商或者调解解决。当事人不愿协商、调解的，或者经协商、调解不成的，可以依照合同中的仲裁条款或者事后达成的书面仲裁协议，提交中国的仲裁机构仲裁。大陆的仲裁机构可以按照国家有关规定聘请台湾同胞担任仲裁员。当事人未在合同中订立仲裁条款，事后又未达成书面仲裁协议的，可以向人民法院提起诉讼。

另外，依据福建省实施《中华人民共和国台湾同胞投资保护法》第三十条：台湾同胞投资者与公司、企业、其他经济组织或者个人之间发生的与投资有关的争议，当事人可以通过协商或者调解解决。当事人不愿协商、调解的，或者经协商、调解不成的，可以依照合同的仲裁条款或者事后达成的书面仲

裁协议，提交仲裁机构仲裁。当事人未在合同中订立仲裁条款，事后又未达成书面仲裁协议的，可依法向人民法院提起诉讼。台湾基本上仅有《台湾地区与大陆地区人民关系条例》作为主要的海峡两岸事务的基本法律。其他事务均由基本法律例如民事诉讼法等规定为准据。

2. 两岸区域经贸纠纷解决种类及法律服务的模式。依据前揭相关法令等，大陆之纷争解决机制规定，有下列模式：（1）协商；（2）调解；（3）仲裁；（4）诉讼。台湾虽无明文如大陆法令的规定，但基于私法自治原则以及法治国家的基本原则，也是同样的解决机制。两岸在多元纷争解决机制及模式种类上，并无太大差异。经过多年的法律论坛等交流，已经就律师在区域经贸发展的法律服务工作中发挥了如图 2 所示的多元及多功能作用。

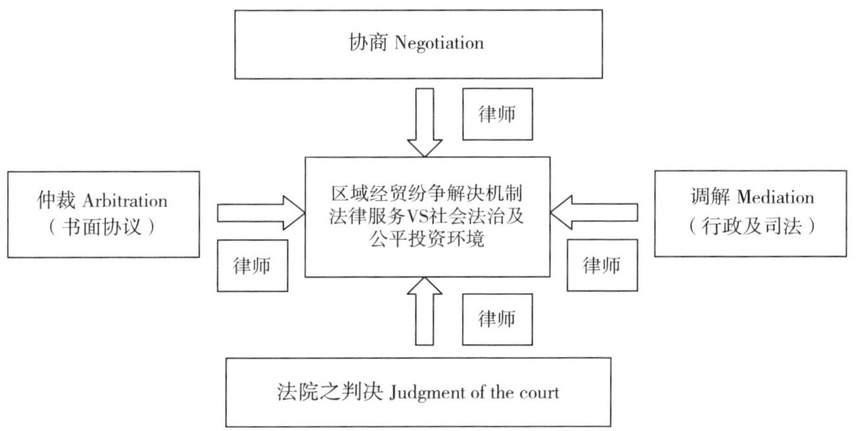

图 2　区域经贸纠纷多元模式与社会法治及公平投资环境的建构模式

3. 两岸律师合作与整合经验。台湾赴中国大陆投资的金额自大陆改革开放以来，就已经是促进大陆经贸发展的重要因素，为了在经贸纠纷多元解决机制中更加呈现台湾律师专业角色，除前揭《中华人民共和国台湾同胞投资保护法实施细则》第二十九条规定可聘请台籍律师[①] 担任仲裁机构的仲裁员，甚至于漳州市中级人民法院聘任部分台籍人士担任陪审员。[②] 以律师的专业服

① 笔者现为中国国际经济贸易仲裁委员会的仲裁员，曾于中国国际经济贸易仲裁委员会上海分会仲裁两岸经贸纠纷。

② 根据 2005 年 5 月实施的全国人大常委会《关于完善人民陪审员制度的决定》，福建漳州市芗城、龙海、漳浦 3 个县（市、区）的人大常委会 17 日依照法定程序任命江和兴、陈隆峰等 8 名长期在漳州投资的台湾同胞担任漳州法院涉台案件人民陪审员。

务来说，大陆在2008年6月4日出台《台湾居民参加国家司法考试若干规定》，2008年12月21日出台《取得国家法律执业资格的台湾居民在大陆从事律师职业管理办法》，2010年9月13日福建司法厅发布《台湾地区律师事务所在福州厦门设立代表机构试点工作实施办法》，目前统计已有约10家台湾地区律师事务所在福州、厦门申请设立代表处，派驻代表执行业务。

（二）香港与澳门律师与内地律师合作

1. 香港律师业于深圳前海发展的政策及法律基础。

（1）大陆司法部《香港特行政区与澳门行政区律师事务所与内地律师事务所联营管理办法》（2003年制订，2005年修订，2009年修订）。

（2）《内地与香港关于建立更紧密贸易关系安排》（CEPA，2003）及其《补充协议三》（2006年）。

（3）《珠江三角洲地区改革发展规划纲要》（2008—2020年）。

（4）《粤港合作框架协议》（2010年）。

（5）《前海深港现代化服务业合作区总体发展规划》（2010年）。其中第五条（发展科技服务和其他专业服务）第三款（大力发展专业服务）内容为：适当放宽准入条件，探索下放审批权限。积极发展规划、认证、管理、企业发展战略、企业形象设计、市场营销与品牌运作等高端咨询服务和会展服务，加快发展人才资源服务，鼓励发展建筑及工程服务，支持发展医疗卫生服务，支持香港服务提供商在前海以独资、合资、合作等多种形式设立专业服务机构，提供个性化和高端专业服务。研究优化审批流程，缩减审批期限，适度发展会计和法律服务。

（6）《关于加快推进前海深港现代服务业开发开放的工作意见》（2010年）。

（7）《深圳经济特区前海深港现代化服务业合作条例》（2011年）。

（8）深圳市人民政府，香港特别行政区律政司《法律合作安排》（2011年）。

（9）国务院《关于支持深圳前海深港现代服务业合作区开发开放有关政策的批复》［2012年6月27日（国函〔2012〕58号）］。该批复支持深圳前海深港现代服务业合作区实行比经济特区更加特殊的先行先试政策，打造现代服务业体制机制创新区、现代服务业发展集聚区、香港与内地紧密合作的先导区、珠三角地区产业升级的引领区。这些政策包括金融、财税、法律、人才、教育医疗、电信六个方面共22条具体措施。其中：三、加强法律事务合作。（一）探索香港仲裁机构在前海设立分支机构。（二）进一步密切内地与香港律师业的合作，探索完善两地律师事务所联营方式，在CEPA及其补充协议框架下，深化落实对香港的各项开放措施。四、支持前海建设深港人才特区，建立健全有利于现代服务业人才集聚的机制，营造便利的工作和生活环境。（一）创新管理机制，研究制定相关政策措施，为外国籍人才、港澳台人才、海外华侨和留学归国人才在前海的就业、生活以及出入境等提供便利。（二）将前海纳入经国家批准的广东省专业资格互认先行先试试点范围。（三）允许取得香港执业资格的专业人士直接为前海企业和居民提供专业服务，服务范围限定在前海内，具体政策措施及管理办法由行业主管部门商有关方面制定。

2. 澳门律师业于广东发展的政策及法律基础。广东省自由贸易试验区珠海横琴新区片区重点发展旅游休闲健康、商务金融服务、文化科教和高新技术等产业，建设文化教育开放先导区和国际商务服务休闲旅游基地，打造促进澳门经济适度多元发展新载体。

研究探索自贸试验区与港澳地区和“21世纪海上丝绸之路”沿线国家政策，按照规定开展符合条件的跨境金融资产交易。按照国家规定设立面向港澳和国际的新型要素交易平台，引入港澳投资者参股自贸试验区要素交易平台，逐步提高港澳投资者参与自贸试验区要素平台交易的便利化水平。探索在自贸试验区建立粤港澳金融消费者权益保护协作机制以及和解、专业调解、仲裁等金融纠纷司法替代性解决机制，鼓励金融行业协会、自律组织独立或者联合依法开展专业调解，建立调解与仲裁、诉讼的对接机制，加大金融消费者维权支持力度，依法维护金融消费者合法权益。[①]

① 2015年4月20日国务院印发《中国（广东）自由贸易试验区总体方案的通知》（国发〔2015〕18号）。

（三）中国大陆自由贸易试验区下的法律服务中仲裁机构的法律服务新模式

大陆近期第一个成立自由贸易试验区，提出《中国（上海）自由贸易试验区总体方案》（国发〔2013〕38号，以下简称《方案》），主旨为，上海市人民政府要精心组织好该方案的实施工作。要探索建立投资准入前国民待遇和负面列表管理模式，深化行政审批制度改革，加快转变政府职能，全面提升事中、事后监管水平。要扩大服务业开放、推进金融领域开放创新，建设具有国际水平的投资贸易便利、监管高效便捷、法制环境规范的自由贸易试验区，使之成为推进改革和提高开放型经济水平的“试验田”，形成可复制、可推广的经验，发挥示范带动、服务全国的积极作用，促进各地区共同发展。有关部门要大力支持，做好协调配合、指导评估等工作。

之后，国务院印发《中国（广东）自由贸易试验区总体方案的通知》（国发〔2015〕18号）；国务院印发《中国（天津）自由贸易试验区总体方案的通知》（国发〔2015〕19号）；国务院印发《中国（福建）自由贸易试验区总体方案的通知》（国发〔2015〕20号）；后续四大自由贸易试验区分别出台颁布管理办法，其中都揭示纷争解决方式。

1.《中国（上海）自由贸易试验区管理办法》（2013年9月29日上海市人民政府令第7号公布）第三十七条规定：（商事纠纷解决）自贸试验区内企业发生商事纠纷的，可以向人民法院起诉，也可以按照约定，申请仲裁或者商事调解。支持本市仲裁机构依据法律、法规和国际惯例，完善仲裁规则，提高自贸试验区商事纠纷仲裁专业水平和国际化程度。支持各类商事纠纷专业调解机构依照国际惯例，采取多种形式，解决自贸试验区商事纠纷。因此，上海国际经济贸易仲裁委员会于上海自由贸易试验区已挂牌。

2.《中国（福建）自由贸易试验区管理办法》第五十七条规定：在自贸试验区依法设立司法机构，公正高效地保障中外当事人合法权益。支持仲裁机构依据法律、法规并借鉴国际商事仲裁惯例，完善自贸试验区仲裁规则，提高商事纠纷仲裁的国际化程度，并基于当事人的自主选择，提供独立、公正、专业、高效的仲裁服务。支持各类商事纠纷专业调解机构参与自贸试验区商事纠纷调解，发挥争议解决作用。因此厦门仲裁委员会于福建自由贸易试验区已挂牌筹建厦门国际商事仲裁院及厦门市仲裁员协会国际商事调解中心。

3.《中国（广东）自由贸易试验区管理试行办法》第四十一条规定：自贸试验区内企业发生商事纠纷的，可以向人民法院起诉，也可以按照约定，申请仲裁或者商事调解。仲裁机构、商事纠纷专业调解机构应当依据法律、法规并借鉴国际惯例，在自贸试验区范围开展仲裁和商事调解，解决商事纠纷。

4.《中国（天津）自由贸易试验区管理办法》第五十条规定：涉及自贸试验区内企业或者个人的商事纠纷，纠纷各方依法可以向人民法院起诉，也可以申请仲裁或者商事调解。鼓励自贸试验区引入与国际接轨的仲裁、商事调解等纠纷解决机制，灵活高效地解决自贸试验区内发生的商事纠纷。鼓励金融行业协会、自律组织独立或者联合依法开展专业调解，建立调解与仲裁、诉讼的对接机制。

5. 以上自由贸易经济试验区，其实也就是长三角经济圈、珠三角经济圈、环渤海经济区[①]及海西经济圈，将长三角经济圈作为资金融通和设施联通；珠三角经济圈作为贸易畅通；京津冀与环渤海作为政策沟通与民心相通；海西经济圈作为台湾大陆与台湾经贸整合交流示范区[②]，也都是“一带一路”通往欧亚及东南亚等地重要支持系统，其中发展与需求，都需要大量法律服务，两岸四地的法律交流与整合，正好为“一带一路”的战略提供安全及低风险的合作关系与支持。

（四）两岸四地虽有不同法系，但基于同语言及文化的优势下，整合性的服务优势强

1. 中国大陆蓄积的产业输出能量强。中国大陆自改革开放以来，已经成为世界最大经济体，过剩的产能海外输出，以及过剩的钢铁与水泥等，对于“一带一路”沿线国家中亚、南亚、东南亚及非洲而言提供难得的机遇，如已经启动的包括东盟的泛亚铁路计划、中亚电厂等。

2. 香港的英美法制及国际化高。内地的现代法制发展基于市场经济的

① 厉以宁，林毅夫，郑永年等．读懂“一带一路”[M]. 北京：中信出版社，2015:159. 赵可金．“一带一路”的三大主力军[J/OL]. 中国网，2015-05-29.

② 2015 年 3 月，国家发展改革委、外交部、商务部共同发布《推动共建丝绸之路经济带和 21 世纪海上丝绸之路的愿景与行动》。

蓬勃因素，法制建设也日趋完善，需要的是务实及实践经验，而香港过去于英国殖民时期所建立的与世界接轨的法律服务模式及型态，正好为“一带一路”的战略提供最好的服务支持系统与经验。律所的全国及世界布局服务网络增强。

3. 澳门传承欧陆法系。自16世纪葡萄牙人抵达澳门以来，澳门便成为东方其中一个重要的港口，是沟通东西方文明的门径、西方与华人交流的窗户。澳门是欧洲在中国的第一个据点，也是最后一个据点，长达442年的占据，为东西方文化的交流及共存提供了重要的平台，而这种交流及共存也塑造了澳门这座城市本身独特的个性，以及丰富多元历史文化。澳门的发展在16世纪和17世纪初达到了巅峰。但进入了19世纪后，由于邻近的香港被英国占据及开通，澳门在国际贸易上的地位便开始被香港取代并快速下滑。1887年，清政府与葡萄牙王国在北京签署了《中葡和好通商条约》，官方认可了葡萄牙永久占领澳门的主权。①1999年澳门回归中国，仍与欧洲间具有深厚贸易及文化情谊，目前以旅游及赌场为主，但是深厚的国际化以及法律服务的优势依然存在。

4. 台湾传承欧陆法系，法律人才济济，国际化素质高。国民政府迁移台湾后，在台湾法制历经动员勘乱、戒严、解严等时期，而台湾基于海岛型经济以国际贸易及进出口为导向，建立深厚的国际贸易经验并且培训国际法律服务人才，曾经创造亚洲经济奇迹，而法制建设吸纳欧陆法律制度，同时发展属于台湾的法律服务体系与人才，一直是亚太地区重要的枢纽，拥有国际贸易及法律多元人才。

5. 借助自贸试验区中新型律所合作方式，为“一带一路”战略服务。2014年1月27日，中国司法部正式批复同意了《上海市司法局关于在中国（上海）自由贸易试验区探索密切中外律师事务所业务合作方式和机制试点工作方案》。根据司法部的批复，今后将在中国（上海）自由贸易试验区内试行两项律师业开放措施：

（1）允许在上海自贸区设立代表处的外国律师事务所与中国律师事务所以协议方式相互派驻律师担任法律顾问。即由中国律师事务所向外国律师事

① 维基百科 :https://zh.wikipedia.org/wiki/%E6%BE%B3%E9%96%80%E6%AD%B7%E5%8F%B2。

务所代表处派驻中国执业律师担任中国法律顾问，由外国律师事务所向中国律师事务所派驻外国律师担任外国法律顾问，在各自执业范围、权限内以分工协作方式开展业务合作。

（2）允许外国律师事务所与中国律师事务所在上海自贸区内实行联营。即由已在中国设立代表处的外国律师事务所与中国律师事务所，按照协议约定的权利和义务，在上海自贸区内实行联营，以分工协作方式向中外客户分别提供涉及外国和中国法律适用的法律服务。联营期间，双方的法律地位、名称和财务保持独立，各自独立承担民事责任。

司法部同时明确：允许已在内地设立代表处的港澳律师事务所参与前述试点工作。

上海市司法局已加紧制定相应的操作细则和配套措施，上海市司法局将按照司法部的要求，适时正式启动开放措施试点工作，严格、规范实行各项开放政策，确保试点工作健康、平稳、有序推进，为密切中外律师事务所业务合作方式和机制积累创造经验。《中国（上海）自由贸易试验区中外律师事务所联营的实施办法》第二条规定：本办法所指联营，是指中国律师事务所与外国律师事务所按照协议约定的权利和义务，在自贸试验区内实行联营，以分工协作方式，向中外客户分别提供涉及中国和外国法律适用的法律服务，或者合作办理跨境和国际法律事务。联营期间，双方的法律地位、名称和财务各自保持独立，各自独立承担民事责任。

第六条规定：中国律师事务所与外国律师事务所联营，应当依照中国有关法律及本办法规定，以书面形式订立联营协议。联营协议应当包括以下内容：

（一）联营双方各自的名称、住所地、负责人或管理合伙人姓名；

（二）联营名称、标识；

（三）联营期限；

（四）联营业务范围；

（五）双方参与联营业务的律师及各自负责人的安排；

（六）共享办公场所和设备的安排；

（七）共享行政、文秘等辅助人员的安排；

（八）联营收费的分享及运营费用的分摊安排；

（九）联营双方律师的执业保险及责任承担方式的安排；

（十）联营的终止及清算；

（十一）违约责任；

（十二）争议解决；

（十三）其他事项。

协议约定的联营期限，一般不得少于2年。

第八条规定：中国律师事务所与外国律师事务所联营的申请与核准，参照司法部《香港特别行政区和澳门特别行政区律师事务所与内地律师事务所联营管理办法》规定的程序办理。

目前已有香港律师于深圳前海地区与广东省的律所进行联营。[①] 其未来的发展与经验可以作为将来两岸四地律师的参考，这也是两岸四地法律服务优势所在。两岸四地虽然有法制上的差异，但是基于已经建置与规范好的法治建设，加上合作及整合经验，应该可以引领“一带一路”的建设朝低风险的方向前进。

四、法律服务引领企业“走出去”

为了提供更积极务实的法律服务，律师应转型，过去到未来，律师角色应该是“律师随企业前行，律师陪企业前行，律师引领企业前行”。两岸四地虽有不同法治基础与时代背景，但经由数十年的经贸交流，各自有其不同背景所创建的法服务体系及网络，而两岸四地政府，多年来授权协商机构的会谈，所建立的协议及交流经验，已建立一定的沟通及做法，而相关的司法及行政部门的互动以及律师间的交流，在以中国为中心的华人世界中，起了一定的桥梁作用，征服与跨越欧亚大陆的荆棘，征服与跨越台湾海峡及南中国海的波涛汹涌，迎向两岸四地法律服务的新未来。虽然两岸四地之法律服务具有一定的优势，但是持续的优势发展才是市场的利基者，因此提出以下建议：

① 香港林李黎与广东华商律师事务所联营的华商林李黎联营律师事务所是中国首家内地和香港联营的律所。2014年11月7日，华商林李黎（前海）联营律师事务所（简称华商林李黎所）正式获准成立。作为中国第一家落地前海的香港与内地合伙联营律师事务所，华商林李黎所肩负着开创和突破内地和香港两地律师业务的战略性使命。http://www.hs-lll.cn/about.php。

一是举办常态性两岸四地的法律服务的交流论坛。

二是积极建立两岸四地律师事务所联营机制及交流经验。

三是建立持续性两岸四地司法行政部门联系管道，成为两岸四地律师法律合作的法律支持系统。

投融资争议解决篇

亚太国际仲裁机构
助力中国企业“走出去”

马 屹

一、“一带一路”、亚太区域合作与中国企业对仲裁的需求

“一带一路”亚太区域经济合作，极大地提升了企业的需求。进入21世纪以来，经济全球化和信息科技革命的快速发展，区域经济一体化的趋势非常地明显。据统计，2015年亚洲发展中国家总的FDI的流入是5400亿元，比2014年增长了16%，是全球最高的。特别是在目前，中国在推动“一带一路”战略背景下，中国企业海外投资的力度将进一步加大。对外投资加大的同时，法律的保障显得尤为重要。在2017年5月14日的“一带一路”国际合作高峰论坛上，习近平主席就专门提出了要将“一带一路”建设成为繁荣之路。要建成繁荣之路，那就离不开良好安全的商业环境和投资环境，离不开法律的保障，争端解决机制就是法律保障机制中非常重要的一环。在各项争端解决机制当中，由于各国的语言、文化、宗教、法律背景不同，只有一种方式目前比较适合把争端解决机制统领起来，那就是国际仲裁。仲裁和传统的诉讼相比，它有一些自身的特点。比如说，在跨国的投融资当中，它能够融合不同国家、不同地区的语言、商业习惯、文化背景和司法制度的差异，能够充分地尊重当事人的意思自治，能够更为快捷地解决经济纠纷。在仲裁当中，当事人可以更为灵活地去选择仲裁员、仲裁地，包括仲裁的程序规则，以及争议所使用的实体的法律等，非常灵活。再加上仲裁具有跨国的可执行性，例如，2017年3月，随着安哥拉加入《纽约公约》，现在已经有157个缔约

国，那么任何一个缔约国的仲裁机构作出的裁决都可以在其他的缔约国得到承认和执行，这个就是仲裁独特的优势。正是由于仲裁的这种优势，在2016年毛里求斯举办的国际仲裁理事会上，当时的联合国秘书长潘基文做了一个主旨发言，他就认为国际仲裁已经成为解决国际争议，消除投资和贸易障碍，维护国际法治秩序的重要途径，是一种有助于社会经济发展的重要的国际争端解决机制。

二、亚太地区仲裁的总体情况

亚太地区仲裁的发展，是近年来国际仲裁发展的焦点区域。亚太地区各仲裁机构的受案数量、争议金额都有大幅提高。2017年上半年发布的中国国内仲裁机构的受理案件数量的数据显示，2016年同比2015年增长了52%，这也说明了在目前中共中央和国务院倡导多元化纠纷解决机制的条件下，越来越多的市场主体开始选择仲裁作为争议的解决方式。在亚太地区，有代表性的仲裁机构是香港国际仲裁中心，还有新加坡国际仲裁中心，以及最近比较热的原名叫作吉隆坡区域仲裁中心。在2017年5月15日“一带一路”国际合作高峰论坛期间，吉隆坡区域仲裁中心更名为亚洲国际仲裁中心。这是看好“一带一路”发展的前景，也是在和新加坡、中国香港等地争夺亚太地区仲裁中心的重要举措。它们受理案件的数量近年来大幅地提升。比如，2016年，香港国际仲裁中心受理了262件案件，争议的金额达到25亿美元；新加坡国际仲裁中心受理案件343件，争议金额达到101亿美元。吉隆坡区域仲裁中心受理的仲裁案件是62件，争议金额2.9亿美元。香港国际仲裁中心和新加坡国际仲裁中心是很典型的区域国际仲裁中心，它们受理案件的当事人中中国当事人的比例都超过了20%。这也是它们2016年以来陆续在自贸区设立代表处，拓展中国业务的一个很重要的原因。

从宏观上看，亚太仲裁非常明显的一个特征就是仲裁理念和制度规则趋同化。一旦有某一家机构出台的规则针对仲裁使用者和当事人所关注的热点问题，那么这一规则很快会被其他机构所采用。比如，近年来比较流行的紧急仲裁庭、第三方融资仲裁、先期驳回、快速程序、仲裁庭秘书等，都在各个机构中迅速地推广。另外，除了新加坡和香港之外，中国的北京、上海，南亚的孟买，中东的迪拜，东亚的首尔，澳大利亚的悉尼等，都提出来要建立亚太国际仲裁中心。其实这些机构的理念和规则、制度的趋同化是非常明显的。第二个特征就是亚太地区的优秀仲裁员，基本上都被各个机构所聘用，比如，香港国际仲裁中心的前主席王桂埙先生，目前是ICC仲裁与ADR机制委员会副主席的刘老师。无论是中国内地，还是港澳地区，还是亚太其他地区，一些资深、有名的仲裁员基本上都在亚太地区各主要仲裁机构任职。我们再回到“一带一路”话题。在“一带一路”中国经济不断地开放、中国资本不断“走出去”的背景下，我们如果去预测未来争端发生的业务领域的话，我们可以判断，除传统的国际贸易外，基础设施建设、能源和自然资源的开发、国际金融市场以及知识产权等领域将来可能成为亚太地区商事投资争议的主要业务。但是，这些领域都是涉及国家经济和实力的关键领域，事关国家的根本利益，且涉及争议的标的额往往比较大，而且建设周期也比较长，模式也很复杂，项目相对方的国家一般都为政府主体，那就意味着通过传统的法院诉讼的方式来解决争议面临着困难。在这一点上，仲裁恰到好处地能够解决这个问题。所以，未来在“一带一路”的背景下，国际仲裁的空间以及市场主体对仲裁的需求将会大幅度地提升。

三、中国国际仲裁的最新发展

中国国际仲裁始于20世纪50年代，当时是我们国家为了打破西方资本主义的封锁，在贸促会系统设立了仲裁机构，到目前为止已经60多年了。我们上海国际仲裁中心是从1988年设立的，到现在也将近30年了。随着中外经贸的发展，跨国投融资领域的一些纠纷的产生，中国的国际仲裁也得到了很大的发展。

在法律制度上面，我们的《仲裁法》、《民事诉讼法》、最高院的相关司法解释、指导意见、司法复函、各个仲裁机构发布的仲裁规则、程序指引等，共同构建了一个完整的、具有中国特色的现代商事仲裁法律制度的基本体系。在仲裁与司法的关系上面，最高人民法院以及各级人民法院，对仲裁的司法审查的理念，近两年发生了非常大的变化，从监督转向支持。据统计，从1995年《仲裁法》实施，到2016年，全国仲裁机构被司法监督的纠正率不到1%，被人民法院撤销的仲裁裁决仅占到案件总数的千分之一，不予执行的仲裁案件仅占到案件总数的万分之三。特别是在国际仲裁方面，以最高院民四庭为业务指导单位的法院的相关部门，能够严格地恪守《纽约公约》《华盛顿公约》和双方司法协助条约的义务，尤其是从严适用是否违背公共政策的重要的标准，最大限度地尊重仲裁的特有规律，维护仲裁裁决的终局性。

从仲裁机构来看，除了刚才说到的数量的大幅度增长之外，国内最主要的仲裁机构近几年来纷纷修改了自身的仲裁规则，尤其是吸收了国际仲裁发展的最新的举措，并依据自身的特点以及中国的本土优势进行体质创新，推出了很多仲裁机制。尤其是部分领先的国内仲裁机构，已经具备了管理适用联合国国际贸易法委员会仲裁规则的案例，在自身案件管理和专业能力水平不断提高的基础上，中国仲裁机构的国际认同度也得到了日益的提高。比如，在2016年的国际仲裁大会期间，第六届《环球仲裁评论》（*Global Arbitration Review*）国际评奖当中，上海国际仲裁中心就成为2015年度全球最受关注的仲裁机构，而且获得了2015年度创新奖的唯一提名奖，这是近年来国内的主要涉外机构被国际认可的一个典型。讲到我们机构的最新发展，2013年我们设立了中国（上海）自贸区仲裁院，作为自贸区商事争议解决的工作平台。2014年我们出台了自贸区的仲裁规则，这一仲裁规则吸收了当时国际比较先进的仲裁做法，在中国《仲裁法》的框架下，作了一个最大限度的衔接。我们发布之后，不到一个月，也就是2014年的5月3日，上海市二中院专门颁布了《关于适用〈中国（上海）自由贸易试验区仲裁规则〉仲裁案件司法审查和执行的若干意见》，有了这个意见之后，我们很多创新的举措有了司法的保障。发展到2016年，最高人民法院发布了《关于自贸试验区建设提供司法保障的意见》，这个意见的提出是自贸区商事仲裁的一个大的突破。除了前两年实践中已经出现的涉外因素识别的发展、禁止反言原则的应用，最关键的是提出了“三特定”。“三特定”在实务界一般简称为临时仲裁，但是按照最高院的意见，“三特定”并不简单地等同于临时仲裁。大家都知道，国际商事仲裁中机构仲裁和临时仲裁是并行发展的，我国1995年的《仲裁法》是不承认临时仲裁的，所以涉及中国当事人在国外做的临时仲裁裁决在国内法院申请执行一般不予执行。这次在自贸区司法保障意见中提出“三特定”，实际上是开启了一道门，也标志着中国仲裁的一些理念，包括司法监督的理念已经完全和国际接轨。当然，这个意见对于“三特定”，即内地的特定地点，按照特定的仲裁规则和特定人员，这“三特定”是自贸区临时仲裁效力的一个要件，但是对“三特定”目前还没有明确地界定。如果没有界定的话，临时仲裁的合法性还处于不确定的情况，所以还有赖于司法界和仲裁理论界以及仲裁实务界来共同推进，把其内涵界定下来。

四、中国企业参与国际仲裁的建议和展望

数据显示，中国企业和投资者已经是亚洲国家吸引海外投资的主要来源。2016 年中国与亚洲 25 国进出口的总额是 19.5 万亿美元，中国国家开发银行和进出口银行下一步也将提供 2500 亿元和 1300 亿元的等值人民币的专项贷款，来支持“一带一路”的基础设施建设、产能和金融合作。但是，自从 2000 年我们提出“走出去”战略以后，在中国海外投资大幅增长的同时，海外投资风险也在增加，投资项目遭受巨额损失的实例频繁发生。以亚洲投资为例，2011 年中国电力投资集团在缅甸投资兴建的密松水电站停工至今，目前仍然在协商。比如，2016 年因俄罗斯方面反复声称蒙古建设水电站的计划会导致贝加尔湖干涸，中国在蒙古建设的水电项目正面临被迫冻结的风险。其实 2016 年，比雷埃夫斯港、墨西哥等地方的基础设施建设都传出过被叫停后来又恢复的这样一些新闻报道。在这种情况下，我们对中国企业海外投资提供全面的法律保障迫在眉睫，而运用仲裁是这种保障的重中之重。但是，中国企业运用商事仲裁机制解决海外投资争议的效果总体看非常不理想。有关的研究机构作过一些统计，中国企业海外投资合同尽管多选择商事仲裁，但 90% 的纠纷案件选择了境外仲裁机构。境外企业对国外仲裁的模式和适用法律的熟悉程度理解不足，加之语言、法律服务、文化等各方面叠加的因素导致发生争议后企业败诉的比例相对比较高。这里面除了上述因素之外，和我们企业对仲裁的重视程度也有一定的关系。

在投资仲裁方面，虽然目前国际法学理论界对于 ICSID（《华盛顿公约》下国际投资争端的解决机构）的正当性和合法性提出了一些不同意见，但是，我们必须要看到，目前 70% 的国际投资争议案件是在 ICSID 中解决的。而且近年来其案件的数量增长的速度非常快，2016 年新增的案件是 62 件，目前已

经有 767 件案件。进入 2003 年以后，案件增长的速度其实跟国内仲裁机构处理国内商事仲裁案件数量上升的速度差不多。到目前为止，中国投资者通过 ICSID 投资仲裁的案件统计下来一共是 6 起，分别是香港居民谢叶琛对秘鲁政府、渣打银行香港公司对坦桑尼亚国家电力公司、北京城建对也门、平安集团对比利时、渣打银行香港公司对坦桑尼亚、世能公司对老挝。6 起案件把香港、澳门都算进去了，实际中国内地的案件仅有两起，目前来看这两起都没有进入实质性的审理程序。平安的案件 2016 年裁定没有管辖权，案件已经结束。北京城建的案子在 2017 年 4 月进行了管辖权的审理，但尚未作出管辖权的决定。这说明中国的投资主体以及企业运用国际投资仲裁的一套规则处理争端的经验仍然非常不足。所以，为了更好地维护自身权益，我们认为“走出去”的企业必须关注商事仲裁和投资仲裁这两种争议解决机制，并且进一步去熟悉，然后在专业人员的帮助下去更好地驾驭这两种机制。

就国际商事仲裁而言，中国企业在签订涉外商事仲裁合同之前，第一，应当充分关注中外商事争议解决条款的设置，建立完备的争议解决条款的审查机制。具体而言，首先要就特定的商事争议的类型，判断是否可以选择仲裁，是否应当选择仲裁。在确定使用仲裁解决争议后，应当结合自身和交易对手的实际情况以及商业因素加以考量，在专业人士的指导下合理地拟定仲裁条款。需要考量的因素包括仲裁的形式（如机构仲裁还是临时仲裁）、启动仲裁的条件。第二，因为据统计现在 76% 的案件选择机构仲裁，所以机构仲裁相比较而言是主流。中国内地的文化决定了当事人可能更相信一个组织、一个机构，对于临时仲裁的接受要有一个过程。从以往我们观察来看，国际上也都是具有丰富国际仲裁经验的当事人会去选择临时仲裁方式，大部分商事主体会选择机构仲裁。如果选择机构仲裁，就要确定是选择中国境内的仲裁机构还是国外的仲裁机构。第三，应关注仲裁地的法律制度。仲裁地是一个非常重要的法律概念，仲裁地所设的国家和地区其仲裁的法律制度是不同的，所以仲裁地的选择是非常重要的。第四，应关注仲裁规则，虽然说目前主要的国际商事仲裁机构的规则有趋同化的特征，但是各家的机构还是具有自己特色的，有很多不同的地方，有需要特别注意的规定。第五，应关注仲裁庭的组成方式（是一人庭还是三人庭）及仲裁员的国籍、身份、所使用的工作语言。这些都可以在我们拟定仲裁条款或仲裁协议的时候与对方进行商议。

我们处理国际争议跨国纠纷仲裁案件当中遇到比较多的，是要求首裁一定是独立于双方当事人之外的第三方国籍的仲裁员，这在国际案件当中比较多。有了仲裁协议，一旦纠纷产生，我们的商事主体要高度重视仲裁案件的起诉和应诉工作，聘请专业的律师来代理案件，在实体和程序上都予以高度的重视，避免因自身在仲裁案件审理过程当中的疏忽和准备不足而导致仲裁庭作出不利的裁决，从而遭受损失。

在仲裁机构的选择方面，我们建议更多地去关注中国仲裁机构的发展。这里想表达两方面的意思。一是中国仲裁机构发展到现在，专业水平总体上跟国际一流的仲裁机构还有一定的差距，但是中国比较领先的几家涉外仲裁机构水准与国际仲裁机构的差距已经不是太大。尤其是在仲裁员方面，一个机构作出仲裁最关键的是仲裁员，以及机构的专业管理水平。简单地讲，像上海国际仲裁中心，909 名仲裁员，348 名是境外或者港台地区的仲裁员。其实在亚太领域，比较有声望的仲裁员基本在名册当中，企业到机构来处理案件，是这些仲裁员在处理案件，加上机构如果有适应国际规则的能力和水平，其裁决的质量与国际一流仲裁机构就没有本质上的差异。二是这些年来，到国外去仲裁的中国企业，输的很多，那么当时为什么会跑到国外去仲裁？其实是跟当时中国企业的地位有关。当初，外资进来，在缔约地位上，那时外方处于优势地位，在争议解决条款方面，其实外方很清楚，都是自己处在优势地位，它们是不和国内企业谈仲裁条款的，我们必须按照它的意思来。所以当初，很多企业签了仲裁条款，都是规定到国际上去仲裁。现在形势变迁，实际上是中国的资本、中国的市场主体在“走出去”的过程当中，尤其是在“一带一路”基础设施建设过程中，中国主体很多时候处在强势缔约地位，也就是甲方的地位，这个时候如果能把争议的解决条款通过谈判争取到国内来解决，未尝不是一个很好的选择。起码我们有语言文化的主场，也可以节约成本。但是这里面也存在问题，其实也是香港国际仲裁中心发展遇到的问题。一般来讲，中国的企业跟其他国家的企业谈合同条款的时候，对方一般希望选择到第三地。香港本来也想发挥这个作用，但是外方在谈判中经常提出香港也是属于中国，所以很多的争议最终约定到了新加坡、ICC 或者斯德哥尔摩。但是如果我们懂商事仲裁的话，实际上是可以解决这一问题的。我们可以约定首裁必须用第三国仲裁员，而且他必须通晓双方各自的语言。在规则方面，为了避免不平等，也可以适用联合国贸委会的规则。这样，就可以由国内仲裁机构来管理仲裁案件。

我们把内地仲裁机构和境外仲裁机构作了一下比较，不一致的方面就是费用问题。大家都知道，国际仲裁费用比较贵，刚才讲到的有个创新的点叫作第三方融资仲裁，就是解决这一困难的制度设计。国际仲裁机构仲裁案件所花费的费用总体是比较高的。这里有伦敦国际仲裁院、ICC、新加坡、中国香港根据发布的报告做的一个数据统计，每个案件费用的平均值在192000美元左右。国内的仲裁费用略高于法院一审的诉讼费用，明显低于法院一审加二审的诉讼费用，而且就这一笔收费。境外的仲裁机构其仲裁的成本包括好几个方面，比如机构的费用、仲裁庭的费用，这里包括三个仲裁员的报酬、仲裁秘书的费用以及餐旅费用、住宿费用，分为不同的种类。国内仲裁机构就像国内法院一样，就只收取一次性的费用，仲裁员费用是机构支付的，这是一个很大的区别。从规则上来看，比如说临时措施、紧急仲裁庭，国际的仲裁机构有。目前，以上海国际仲裁中心为代表的国内的仲裁机构相关规定也都有。另外，从时间成本上考虑，国际仲裁一般的仲裁程序平均时限是21个月，国内的仲裁机构受《仲裁法》的限定，是从组庭之日起区分不同的程序，基本上是在6个月内作出裁决。比如，争议金额在100万元以下的，适用简易程序，原则上3个月内作出裁决；普通程序，三人仲裁庭的，4个月作出裁决；涉外的程序是6个月。所以国内仲裁在时间成本上也会相对低一点。此外，这些年中国仲裁机构在实践中坚持的一些做法也逐渐得到国际仲裁界的认可。比如，指定仲裁秘书，由专职的秘书来管理仲裁案件，相对来说其专业性要强很多。又比如，说裁决书的核阅制度、仲裁与调解的结合。尤其是仲裁与调解的结合，调解作为东方的经验，基于国内的国情将其引入仲裁当中去，这一做法也逐渐为仲裁界所接受。

还有一点就是国际投资仲裁，简而言之是处理投资者与东道国之间的纠纷。投资仲裁这一块有几个点要重点把握。第一，确保海外投资符合中国的境外投资核准制度和东道国的投资批准制度，这是前提。第二，要合理利用中国对外签订的双边投资协定，科学地设计交易机构，确保满足ICSID仲裁的主体适格性和有利的法律适用。第三，与东道国的合同以及东道国签发的许可等文件中争取明确设立在该国境内且由我国投资者控制的公司为公约另一缔约国的公司，扩大管辖权的范围。第四，应当注意东道国通知，ICSID接受或不接受其管辖权的范围，以及中外双边投资协定中的争议范围规定，确保争议客体的适格。第五，我们要研究熟悉ICSID的仲裁规则，这里面典型的案例就是韩国安城公司诉中国政府的仲裁案件。韩国安城公司在江苏射阳建了个高尔夫球场引发纠纷，中方商务部高度重视，聘请了国内几家律师事务所组成律师团。经过充分研究，中方利用ICSID规则第四十一条先期异议的制度，以安城公司的仲裁请求“明显无法律上的理由”，申请仲裁庭驳回了安城公司的全部诉讼请求，并获得了仲裁庭的支持。2016年底，ICSID启动了第四次的规则修订，近期公布了16项拟修订的事项，这里面有很多内容非常值得我们关注。

总之，在整个“一带一路”战略的背景下，在中国企业、中国资本不断“走出去”的背景下，我们的中国企业应该进一步熟悉国际商事仲裁、国际投资仲裁这两种仲裁的规则，以及这两种争端的解决机制。然后，根据投资项目的不同，做好相应的风险应对。在这个过程中，大家要用好中国的律师，用好中国的仲裁机构。我们综观任何一个国家法律服务业的发展，实际上都是这么一层关系，律师事务所和仲裁机构伴随着企业“走出去”，为企业保驾护航，同时，也在这个过程中发展壮大自身。

葡语国家巴西仲裁立法改革：友好型仲裁机制的优化

赵懿先[①] 魏 丹[②]

1996年，巴西第一部国内《仲裁法》（1996年9月23日第9307号法律）[③] 开始实施。其主要以1988年的西班牙《仲裁法》和1985年联合国国际贸易法委员会《国际商事仲裁示范法》（*UNCITRAL Model Law*）为蓝本。[④] 巴西商事仲裁制度由此确立。当年制定这部仲裁法的立法目的包含两个方面：一方面是更新原有的巴西《民法典》和《民事诉讼法典》关于仲裁制度的条款，为引入现代仲裁制度奠定基础；另一方面是为了配合南方共同市场（Mercosur）一体化中争端解决的需要，根据南方共同市场《关于解决争议的巴西利亚议定书》规定，为贸易争端建立仲裁法庭，各成员国国内法律须作出相应配合。

---

① 赵懿先，华东政法大学金砖国家法律研究院助理研究员兼办公室主任。

② 魏丹，澳门大学法学院教授。

③ 要详细了解巴西《仲裁法》，除了1996年9月23日第9307号法律本身之外，还可参考以下主要著作和资料：Arbud, André de Albuquerque Cavalcanti, (2008), Homologação de Sentenças Arbitrais Estrangeiras, São Paulo, Ed. Altas; Bara Bressolin, Umberto, (2006), Revelia e seus Efeitos, São Paulo, Ed. Altas; Bittar, Flávia, Braga Neto, Adolfo, “As Instituições Arbitrais no Brasil”, Gazeta Mercantil, Caderno Legal, 26 de Janeiro de 2005, p.1; Carmona, Carlos Alberto, (2009), Arbitragem e Processo: Um Comentário à Lei Nº 9.307/96, 3ª Edição, Revista, Atualizada e Ampliada, São Paulo, Ed. Altas; Dolinger, Jacob, Tiburcio Carmen, (2003), Direito Internacional Privado: Arbitragem Comercial Internacional, Rio de Janeiro, Ed. Renovar. 英语文献可参考如Cristina Schwansee Romano, The 1996 Brazilian Commercial Arbitration Law, 5(1) Annual Survey of International and Comparative Law, 27 (1999)。

④ Jonathan C. Hamilton, Three Decades of Latin American Commercial Arbitration, 30(4) University of Pennsylvania Journal of International Law,1099-1114 (2009).

这部法律确立了管辖权自裁原则，允许仲裁依据的适用法范围既包括法律也包括公平原则、商业习惯等，以当事人合意为前提，也可进行“友好仲裁”；同时巴西既允许机构仲裁，也允许临时仲裁；以仲裁裁决地为标准区分国内和国外仲裁，不考虑纠纷本身是否包含涉外因素。这些规定与我国仲裁制度有较大不同。1996 年的《仲裁法》在借鉴《示范法》的基础上尝试将现代仲裁制度与巴西原有立法体系融合，体现了巴西特色。

然而，1996 年的《仲裁法》实施成效方面并不顺利，在确立仲裁制度的过程中也遇到了一些问题。首先，巴西社会当时对商事仲裁文化没有完全养成。《仲裁法》刚刚颁布不久，就遭遇了违宪质疑。有意见认为，巴西联邦《宪法》保证了公民的司法诉权，可是《仲裁法》的某些条款却限制了这一权利的行使。在联邦最高法院合宪审查的结论作出之前，《仲裁法》在这 5 年中一直处于有争议的状态，极大地影响了其实施。直到 2001 年，联邦最高法院才最终确认《仲裁法》完全符合巴西联邦《宪法》，仲裁并非限制或禁止公民的司法诉权，而是仅仅反映了基于当事人意思自治的一种优先解决纠纷的途径。[①] 这一判决终于为 2001 年以后的巴西仲裁实践提供一个安全和值得肯定的宪法依据，扫清了《仲裁法》实施的障碍。另外，巴西并没有在 1996 年颁布《仲裁法》时加入《承认及执行外国仲裁裁决公约》（1958 年的《纽约公约》），因此，根据当时的法律，在有关外国仲裁裁决与执行时要求申请人在仲裁所在地的司法机构先完成仲裁裁决的承认才可向巴西申请。因此资料显示，巴西最高法院 8 年间仅受理了 5 件有关外国裁决承认与执行的申请。直到 2002 年，巴西批准了《纽约公约》，且并未作出任何保留，这一情形才逐渐改观。虽然司法实践作出了相应调整，但这些改革同合宪审查的成果一样，仍需要以修改国内法的方式确定下来。

最后，立法界、学术界、仲裁执业界对巴西仲裁法的推广和实施态度谨慎，而巴西司法界却采取了积极态度，推动商事仲裁文化的形成。例如，巴西高等法院恪守对外国仲裁裁决不做实质性审查，谨慎避免债务人以涉及巴西公

---

① Renata Brazil-David, An Examination of the Law and Practice of International Commercial Arbitration in Brazil, 27(1) Arbitration International, 58-59 (2011). Jonathan C. Hamilton, Brazilian Supreme Court Upholds 1996 Arbitration Law, 15(5) International Dispute Resolution, 5-6 (2011).

共政策为由抗辩；[①] 高院法官也多次说明在巴西《仲裁法》生效之前所签署的合同里如果存在仲裁协议，则此法可溯及既往，当事人之间的争议依仲裁解决。[②] 总体来看，巴西采取了支持仲裁发展的策略，国内法院通过众多的司法案例逐步确立起接纳仲裁的基本共识。这也是巴西仲裁制度发展中的一个特色。

一、巴西仲裁法修订原因简析

巴西《仲裁法》在实施了 19 年之后，首次于 2015 年经历修改，以期从制度层面更加优化仲裁环境并进一步推动仲裁的使用。

（一）国内的立法需要

1. 以立法的形式巩固仲裁实践成果。在巴西法律现代化的演进中，20 世纪 90 年代初期巴西的仲裁文化较为薄弱，民众对仲裁知之不深，国内也尚未培育出良好的仲裁环境。因此，立法者在起草《仲裁法》时，偏向于谨慎改革，保守立法，加上法律界本身对仲裁制度没有形成统一认识，所以一些法律规定模糊，语焉不详，例如，已并购的公司曾签订的仲裁协议是否有效，仲裁中的时效如何计算等；[③] 也存在一些法律用语不确切的地方，如以“决定 decretação”指代“声明书 declaração”，“仲裁协议 convenção de arbitragem”与“仲裁承诺 compromisso arbitral”混用等。经过十几年的发展，曾经在学术界有较大争议的内容慢慢达成共识，法院也形成了较为统一的司法见解。特别是 2001 年联邦最高法院判决《仲裁法》合宪，学界呼吁尽快以

① 如 International Cotton Trading Limited v Odil Pereira Campos Filho;Bouvery International S/A v Valex Exportadora de Café Ltda 及 Grain Partners v Coopergrão 等案件高院也不断澄清应当限于审查其形式要件。

② Superior Tribunal de Justiça, Sentença estrangeira contestada N.º 349/JP (2005/0023892, SEC349/JP), REsp 933371/RJ (2007/0050090-8), REsp 934771/SP (2007/0063183-9).

③ Fernando Eduardo Serec and Antonio Marzagão Barbuto Neto, Foreign Arbitral Awards Submitted for Confirmation from 1996 to 2010, in Brazilian Arbitration: The Booming Years, 39 (2014).

立法的形式认可判决结果；[①] 又如，1996 年《仲裁法》第三十五条规定承认外国仲裁裁决须经巴西联邦最高法院确认，但在 2004 年的司法改革以后，实际上已转为由巴西高等法院审理承认外国仲裁裁决案件。因此，为了推广实践中的积极做法并巩固现有成果，强化仲裁，将仲裁建设为平行于司法的纠纷解决机制，需要通过法律修改，将普遍接受的规则转化为正式法律渊源。

2. 减缓司法压力。有学者统计，巴西现行的法律规范和条例多达 18 万条，法律烦琐、司法程序冗长、效率较低是一直以来的困扰。根据巴西司法委员会公布的国家法律数据，截至 2014 年全国仍有 7120 万个诉讼案件正在审理。对于每一位法官来说，每人平均每年都收到大约 4200 个诉讼案件，正在处理或进行审判的案件多达 1600 个，平均每天（包括节假日）须审结 4.4 个案件。然而，全国每年仍有 2890 万个新案件进入司法程序。[②] 由此可见，巴西的诉讼程序烦琐和诉讼案件的数量庞大，法院系统任务繁重。

相比司法诉讼而言，仲裁的发展潜力是巨大的。仲裁的发展，很大程度上解决了巴西司法环境中长期缺乏具备专业技术的法官、难以审理日益复杂的经济案件这一问题，能源、石油、基建等几大领域尤为明显。法院系统审理争议焦点涉及高度复杂的技术问题的案件更是耗时甚巨。从时间上相比，某一律所给出统计：在巴西经历以合同强制执行的一审和上诉判决的时间约为 2160 天，还不包括执行判决的时间；而中国走完相同程序的时间通常只有巴西的 1/5。与诉讼相比，巴西仲裁的时间则大大缩短，经仲裁员确认的默认规则须在 180 天内完成仲裁程序，当事人还可以修改这一时间限制。此外，通常在高级法院承认执行裁决的过程会从 2 个月到 14 个月不等，执行仲裁裁决程序完成的时间（直到扣押财产最终卖出）大概需要两年时间，与巴西司法系统对典型的商事纠纷胜诉判决的执行相比，后者所有流程走完差不多需

---

① Renata Brazil-David, An Examination of the Law and Practice of International Commercial Arbitration in Brazil, 27(1) Arbitration International, 58-59 (2011). Jonathan C. Hamilton, Brazilian Supreme Court Upholds 1996 Arbitration Law, 15(5) International Dispute Resolution,5-6 (2011).

② 卢西亚诺・梅代罗斯，巴西律师协会金砖国家委员会委员，《巴西立法的新举措在金砖国家争议解决中的表现》会议论文发表于《第二届金砖国家法律论坛》，2015 年 10 月 14—16 日，中国，上海。

要 5~10 年。[①]

因此，国内对 ADR 有迫切需求，完善仲裁制度，减少法院压力，形成为当事人解决纠纷的低成本高效率的机制，推广仲裁，促进国家法院的畅通运作，也是这次法律修订的重要考量。

3. 国内立法改革的大背景。

《仲裁法》修改的另一个原因与巴西民事程序法的立法改革密切相关。作为 ADR 的重要组成，《仲裁法》的修订是伴随着《民事诉讼法》《调解法》等法律修改的过程进行的，以配合民事程序法律体系的完善。[②] 此外，近些年来巴西注重以法律形式推进国内经济体制的深化改革。例如，同很多转型国家相似，巴西国内不少著名大型公司采取混合资本制，这些国有或公营企业占很大的经济比重。在与私营企业的纠纷中，一方面，国有大公司善于借助行政机构和行政执法的力量取胜；另一方面，地方法院审判时能否不受实力强大、经验丰富的当事人的影响，妥善处理经济、政治和社会因素，也是一大困扰。因此，能否通过制度安排，允许这些法人实体以仲裁的方式解决纠纷，削弱其在市场中过度的竞争潜力，扶持私营企业，也是这次立法考虑的一个因素。因此，我们会看到 2015 年仲裁法修改中第一个部分就引入了允许公共机构仲裁的条款。

（二）对国际仲裁法趋势的积极回应

有学者认为，示范法是重要的软法，通过实践逐渐形成了一套相对成熟的示范性的国际立法模式。[③] 通过创制及修订私法规范的统一，保障了国际民商事法律的安全价值，符合韦伯提出的法律的可预测性有利于交易安全的基本观点。[④] 巴西将 2006 年示范法中的重要规则转化为国内法，吸收先进的仲裁理念，增强了法律规范的稳定性和固定性。特别是强调临时措施的制度转

---

① Fernando Eduardo Serec and Antonio Marzagão Barbuto Neto, Brazilian Arbitration in a Nutshell (2008), in Brazilian Arbitration: The Booming Years, 11-13 (2014).

② 巴西 2005 年的《民事诉讼法典》经 2015 年 3 月 16 日第 13.105 号法律修订。

③ 赵秀文 . 论软法在调整国际商事交易中的作用 [M]. 国际经济法论丛 (第 2 卷)，北京 : 法律出版社 ,1999:117-128.

④ See Yixian Zhao, The Evolution of the Land System in China (Wildy, Simmonds and Hill Publishing. 2014).

化为正式法律渊源，促进法律统一化、国际化，符合市场发展的需要，增强了仲裁的友好环境。

从经济发展角度而言，随着对外贸易与投资的不断增长以及经济一体化的程度不断深入，仲裁解决各类商事纠纷的作用显得越来越重要。联合国贸易和发展大会公布的 2015 年《世界投资报告：国际投资体制改革》中显示，作为拉美最大的经济体、金砖国家之一的巴西在吸引外国投资的排名中，位于全球排名第 7 位，在发展中国家及转型经济体中排名第 5 位。① 与此同时，巴西对外投资规模也在逐渐增加。② 根据统计，巴西已经成为国际商会仲裁院继美国、德国和法国之后的第四大客户。③ 在国际商会仲裁院受理的所有拉美国家案件中，55% 的当事人是巴西人，25% 以巴西为仲裁地。④ 越来越多的巴西公司广泛参与到国际经济贸易中，大多数巴西公司不得不根据外国仲裁制度的要求接受商事仲裁。⑤ 尽快完善本国的仲裁法，而吸引更多的外国公司选择巴西为仲裁地，使用巴西仲裁制度，不仅是将仲裁视为商事服务经营的一种战略，长远来看对巴西公司也降低了他国法律文化等沟通成本，更为便利。

二、2015 年巴西《仲裁法》的改革

自 2013 年开始，巴西成立了仲裁法修订委员会，《仲裁法》的修改被正

① United Nations Conference on Trade and Development, World Investment Report 2015: Reforming International Investment Governance 5, 2015 available at http://investmentpolicyhub.unctad.org/Publications/Details/134, visited on 9 Nov. 2015.

② 巴西在非洲的直接投资近些年不断增长，尤其是在非洲葡语国家安哥拉和莫桑比克以及加纳等国，参见 United Nations Conference on Trade and Development, World Investment Report 2015: Reforming International Investment Governance 5, 2015 available at http://invcstmentpolicyhub.unctad.org/Publications/Details/134, visited on 9 Nov. 2015。

③ Clint A. Corrie, International Commercial Arbitration in Brazil, 35 Comparative Law Yearbook of International Business,113-157 (2013). See also Jean Kalicki and Suzana Medeiros, Investment Arbitration in Brazil: Revisiting Brazil's Traditional Reluctance towards ICSID, BITs and Investor-State Arbitration, 24(3) Arbitration International, 423-443 (2008).

④ Arthur W. Rovine, Contemporary Issues in International Arbitration and Mediation: The Fordham Papers 2011249(Martinus Nijhoff Publishers. 2012).

⑤ The Importance of Arbitration. Revista de arbitragem e mediação. Ano 4, n. 12, jan-mar/2007, p. 14.

式提到日程[①]，主要目的就是把法院的司法见解和十多年来形成的实践成果用立法的方式固定下来，并积极吸收采纳示范法的最新修订和国际商事仲裁规则的最新发展成果。委员会主席由巴西高院 Luis Felipe Salomao 法官担任，委员会的组成还包括一名前最高法院法官，一名巴西联邦审计法院（Tribunal de Contas da União）成员，一名 1996 年仲裁法案起草者和十几名仲裁界杰出代表（如律师主要来自巴西仲裁员协会）。在成立的半年内，委员会探讨广泛的法律修改议题，包括仲裁前禁令、裁决的无效、协议对未签字方的效力、公共机构参与仲裁、仲裁员的选定与资质要求、消费者合同、劳动者合同涉及的仲裁以及集体仲裁等内容。但修法的基本原则是严格遵守现有的仲裁法法律框架，并非全面改革，强调这次法律的修改要从文本上体现出巴西经济发展的大环境并且适应 2002 年的《民法典》和 2004 年以来的司法改革。[②]2014 年 5 月 26 日，巴西副总统签署了有关巴西仲裁法修订案，修订后的《仲裁法》自 2015 年 7 月 27 日生效。这一次《仲裁法》的修订有意识地保留了 1996 年《仲裁法》的结构和基本精神。一些微调使《仲裁法》将近年实践中的常用做法固定化、法律化，如法院裁决的执行程序、巴西高院对外国仲裁裁决的承认与执行，如上文所述，这项内容在 2004 年进行宪法性修订之前是由联邦最高法院来裁定的。

2015 年《仲裁法》修改的主要内容如下：

（一）公共机构与仲裁

1996 年《仲裁法》最大的争议焦点之一就是公共主体是否能够作为当事人一方参与仲裁程序。而这次修正中非常清晰明确地允许公共机构使用仲裁。2015 年《仲裁法》第 1 条规定，“无论是直接或间接的公共行政均可将纠纷

① 参考巴西高等法院网站资料，http://www.stj.jus.br/portal_stj/publicacao/engine.wsp?tmp.area=398&tmp.texto=111503&tmp.area_anterior=44&tmp.argumento_pesquisa=arbitragem。

② Fernando Eduardo Serec and Antonio Marzagão Barbuto Neto, Change A Winning Team?in Brazilian Arbitration: The Booming Years, 15 (2014).

提交仲裁”，[①] 但“涉及公共机构的仲裁必须依照法律作出，遵守公开性原则”。换句话说，同其他公共事务一样，仲裁必须公开透明，而不能依照衡平原则进行涉及行政主体的仲裁，以免公众利益受损。[②] 巴西的这一立法修改也呼应了联合国贸易法委员会近些年来所倡导的国际投资领域新变革“透明度规则”。此外，在可仲裁性上，无论是公共机构或是私主体的强制性要求相同，公共机构参与仲裁的前提仍然是第 1 条中规定的“纠纷涉及的是可自由处分的权利，即财产性如商事、经济金融类权利”。

除了规定国家的公共部门可以参与到仲裁的过程中外，间接公共行政如巴西石油和天然气公司等也可作为仲裁的当事人。早前巴西高院在司法实践中也认定了间接行政可适用仲裁的方式解决纠纷。如 AES Uruguaiana Empreendimentos Ltda v Companhiaestadual de Energia Elétrica CEEE; TMC Terminal Multimodal S/A v Ministério do Estado da Ciência e Tecnologia; Companhia Paranaense de Gás Natural - Compagas v Consórcio Carioca Passarelli 等案。[③]

2015 年《仲裁法》的修改规定了直接行政机构可以仲裁，意味着明确了允许巴西政府签署仲裁协议，这一修法意义不仅仅是扩大了申请仲裁的主体。由于巴西很少批准双边投资协议，也未签署《解决国家与他国国民间投资争端公约》，[④] 因此有观点认为这次修法可以弥补对外资保护较少的情况，从事实上同意了政府以仲裁方式解决纠纷，[⑤] 也是鼓励外资引入的方式。执行新修改的《仲裁法》，在涉及投资者与政府部门签订的大型投资项目的合同中，

---

① Art. 1º § 1ºAadministraçãopúblicadireta e indiretapoderáutilizar-se da arbitragem para dirimirconflitosrelativos a direitospatrimoniaisdisponíveis. § 2ºA autoridade ou o órgão competente da administração pública direta para a celebração de convenção de arbitragem é a mesma para a realização de acordos ou transações.” (NR).

② Art. 1º § 3ºAarbitragem que envolva a administraçãopúblicaserásempre de direito e respeitará o princípio da publicidade.” (NR) 及巴西联邦宪法第 37 条。

③ Joaquim T. de Paiva Munizand Ana Tereza Palhares Basílio, Arbitration Law of Brazil: Practiceand Procedure, APP B-9 (Juris Publishing, Inc. 2006).

④ 魏丹 . 解析巴西双边投资协定的策略 [J]. 武大国际法评论 ,2014(16).

⑤ Felipe Sperandio, The Brazilian Arbitration Act 2015—what's changed? in Lexis®PSL Arbitration pp.1-6 on 18 June 2015, available at Arbitration pp.1-6 on 18 June 2015, http://www.mondaq.com/brazil/x/407550/Arbitration+Dispute+Resolution/The+Brazilian+Arbitration+Act+2015+Whats+Changed, visited on 25 Jun. 2015.

允许政府机构使用仲裁来解决可处置的财产权利争议，有利于加强外国投资者的信心。外国投资者将有更多国际化视角的选择，在合同中订明仲裁地及适用法等，越来越确保了仲裁或者裁决的有效性或者可执行性，变成有法可依的解决冲突的有效机制。

（二）仲裁庭的组成：有关仲裁员的选定

当事人意思自治原则在 1996 年巴西《仲裁法》中就得到体现，如选择仲裁员的数量、他们的资质及任选的方式等。然而，长期以来，巴西一些仲裁规则对仲裁员的选定有严格限制，即只能从机构提供的仲裁员名册中选择。举例来说，巴西—加拿大商会仲裁与调解中心就规定：禁止当事人委任仲裁员名册以外的仲裁员，除非获得商会主席的特批。2015 年《仲裁法》第 13 条规定："双方当事人可以经协商一致，避免仲裁机构的限制性规定，可选择非名册上的仲裁员。"① 修法过程中一些仲裁机构认为公权力不恰当地介入了仲裁机构和申请者之间的民事活动，而且强调仲裁机构预先核准并提供的仲裁员名册确保了仲裁员的专业素质，从而保证了仲裁质量。但是，笔者认为，这一修改还是非常有必要的。巴西《仲裁法》本身就允许临时仲裁，当事人可以选择心仪的仲裁员，而此时机构仲裁中再以名册的方式限制仲裁员的选择并不有利于推广仲裁的使用。ITA 有关拉丁美洲仲裁机构调查（ITA Inaugural Survey of Latin American Arbitral Institutions）的结果显示，绝大多数地区仲裁机构由本地仲裁员构成并运作。这一立法鼓励了更多的新仲裁员执业并避免利益冲突。② 因此，首先，这次修改可以吸引更多的专业人士参与仲裁，经由机构仲裁的平台，利用机构仲裁的资源和较为完善的程序，培养丰富的仲裁经验，构建友好型仲裁制度。其次，这一修改充分体现了当事人意

---

① Art. 13 § 4º As partes, de comum acordo, poderão afastar a aplicação de dispositivo do regulamento do órgão arbitral institucional ou entidade especializada que limite a escolha do árbitro único, coárbitro ou presidente do tribunal à respectiva lista de árbitros, autorizado o controle da escolha pelos órgãos competentes da instituição, sendo que, nos casos de impasse e arbitragem multiparte, deverá ser observado o que dispuser o regulamento aplicável.

② ITA, (2011) The Inaugural Survey of Latin American Arbitral Institutions, p. 12；以及克劳迪奥·芬克尔斯坦，圣保罗天主教大学教授，《巴西的仲裁实践》会议论文发表于《第二届金砖国家法律论坛》，2015 年 10 月 14—16 日，中国，上海。

思自治原则，双方可以经协商一致，避免仲裁机构的限制性规定。2015 年《国际商事仲裁调查报告：改善与创新》的结果显示，38% 的受访者认为仲裁最有价值的特点在于“仲裁员的可选择性”，在选择最心仪的仲裁地时，“仲裁员的能力和对仲裁的熟悉程度”，作为排名第二的因素，高于“是否拥有更好的地方仲裁机构”这一因素。① 对于仲裁员选择的自由范围越广，越有利于当事人更为便利地运用仲裁这一措施。而我国《仲裁法》并未对是否能任选名单外的仲裁员予以规定。以《中国国际经济贸易仲裁委员会仲裁规则》（2015 年版）和《北京仲裁委员会仲裁规则》（2015 年版）为例，这两个机构均规定当事人需根据仲裁员名册选择仲裁员，如当事人指定仲裁名册以外的仲裁员，需仲裁委员会主任批准等。② 再次，这一修改使得当事人可选择更多领域内行业专家作为仲裁员，发挥他们在诸如跨境投资、离岸金融、新兴技术等前沿领域的经验和专业优势，提升纠纷解决的可能性和公平性。最后，这一法律修改可以推广仲裁的广泛使用，逐步改变目前有经验的仲裁员较少的情况，为培养更多的有丰富经验和技能的仲裁员打下基础。显然，巴西通过《仲裁法》修改的方式，放宽了指定仲裁员的自由，不受所选仲裁机构规则的限制，体现了商事仲裁的适应性，呼应了当事人不断变化的需求，体现了对仲裁的支持。

（三）临时措施与仲裁函

联合国国际贸易法委员会将法院参与到仲裁程序中来的情况分为两类：第一类是仲裁员的指定、申请回避及仲裁员委任终结、仲裁庭管辖权、撤销仲裁裁决；第二类则包括法院协助取证、承认仲裁协议以及包括仲裁协议与法院下令采取的临时措施的兼容性、法院下令采取的临时措施、承认和执行

① Queen Mary University of London, 2015 International Arbitration Survey: Improvements and Innovations in International Arbitration (2015) available at http://www.arbitration.qmul.ac.uk/research/2015/index.html, visited 1 Nov. 2015.

② 《中国国际经济贸易仲裁委员会仲裁规则》（2015 年版）第二十六条和《北京仲裁委员会仲裁规则》（2015 年版）第十八条。而《中国国际经济贸易仲裁委员会仲裁规则》（2015 年版）对香港仲裁中心则放宽规定，第七十六条明确允许当事人在仲裁名册以外选择仲裁员。

临时措施及承认和执行仲裁裁决等问题。[①] 因此，临时措施有关的制度设计既反映了法院与仲裁庭的权限划分，也体现了法院对仲裁的支持程度。2006 年示范法修改最大的条文就体现在仲裁庭采取临时性措施的权力的规定。[②]

在 1996 年之前，巴西学界普遍不支持仲裁庭拥有权限采取临时性措施，1973 年的《民事诉讼法典》第 1086 条和第 1087 条也作出了明确禁止。当时，只有极少数巴西学者持相反观点，支持仲裁庭拥有采取临时措施的权力。[③]1996 年《仲裁法》公布时，可惜巴西还没有形成良好的仲裁文化，《仲裁法》根本没有跟从示范法的国际标准，在第 22 条第 4 款关于仲裁庭是否有权采取临时性措施的表述上存在模糊和歧义，导致学界继续对这一观点进行激烈争论。直至巴西高等法院形成了一项判决先例，确认了仲裁庭采取临时措施的权力，学界的争论才宣告平息。[④]

巴西仲裁法有一大优点，就是除非当事人明确表示，法律从不限制仲裁员行使权限。而 2015 年修法的目的是为了推广使用仲裁。2015 年法律修改后的第 22 条 A、B 款分别规定："在仲裁庭组成之前，当事人可以向法院申请临时措施。如果相关利害关系人未能在法院批准采取临时措施的裁定作出的 30 日内申请仲裁，那么临时措施将解除。一旦仲裁开始，那么申请临时措施就需要由仲裁庭决定。仲裁庭可以支持、修改或撤回临时措施。"[⑤]

---

① 为了防止仲裁程序受到法院不可预测的或破坏性的干涉，《国际商事仲裁示范法》第 5 条规定：凡法院可能干预的情况都列在示范法中，即由本法管辖的事情，任何法院不得干预。

② 赵秀文 .《国际商事仲裁示范法》对临时性保全措施条款的修订 [J]. 时代法学 ,2009(3).

③ 少数学者以 Clóvis do Couro e Silva 和 Carlos Alberto Carmona 为代表。SILVA, Clóvis do Couto e., Comentáriosao Código de Procasso Civil, São Paulo: RT, 1982, rol. XI, t. II, n. 695, pp. 604-606. CARMONA, Carlos Alberto. A arbitragem no processo civil brasileiro, São Paulo: Malheiros, 1993. pp. 108-109。

④ STl, Rsp n2 1297974/Rl, Rol. Ministra Nancv Ancirighi, Terceira Turma, julgaria em 12.06.2012, de 19.6.2012. Logo em seguida, STJ, AgRg-MC n 1 9.226/MS, 3 T., Rei. Mm. Massami Uyeda, ReIt pio Ae. Mm. Nancy Andrighi, julgado em 21.06.2012, De 29.06.2012.

⑤ Art. 22-A. Antes de instituída a arbitragem, as partes poderão recorrer ao Poder Judiciário para a concessão de medida cautelar ou de urgência.

Parágrafo único. Cessa a eficácia da medida cautelar ou de urgência se a parte interessada não requerer a instituição da arbitragem no prazo de 30 (trinta) dias, contado da data de efetivação da respectiva decisão.

Art. 22-B. Instituída a arbitragem, caberá aos árbitros manter, modificar ou revogar a medida cautelar ou de urgência concedida pelo Poder Judiciário.

Parágrafo único. Estando já instituída a arbitragem, a medida cautelar ou de urgência será requerida diretamente aos árbitros."

这一修改，也是对2006年修订的《国际商事仲裁示范法》（以下简称《示范法》）的积极回应。2006年版的《示范法》第四章详细规定了临时措施和初步命令，如仲裁庭可经一方当事人请求发出临时措施，责令当事人维持或恢复原状、不对仲裁程序造成危害、保全资产以备执行、保全证据等行为。为防止当事人阻挠临时措施，当仲裁庭认为事先向临时措施所针对的当事人披露临时措施请求有可能阻挠这种措施目的时，仲裁庭可以下达初步命令。初步命令自仲裁庭下达该命令之日起20天后失效。初步命令对当事人具有约束力，但不由法院执行。[①]

《示范法》还规定，仲裁庭发出的临时措施应当被确认为具有约束力，并且除非仲裁庭另有规定，应当向有管辖权的法院提出申请后加以执行。受理承认或执行请求的法院不应在作出这一裁定时对临时措施的实质内容进行审查，拒绝承认与执行的理由受到了《示范法》的严格限制。此外，法院也可以下令采取临时措施，法院发布与仲裁程序有关的临时措施的权力应当与法院在法院诉讼程序方面的权力相同，不论仲裁程序的进行地是否在本国境内。法院应当根据自己的程序，在考虑到国际仲裁的具体特征的情况下行使这一权力。[②]

这次巴西《仲裁法》的修改完善了保全措施的使用，也改善了仲裁员与法院的沟通机制。引入有关保全措施的新规定，本质上来讲避免了由于当事人申请，导致法院和仲裁庭在同一时段就同一事项作出裁定的可能，以仲裁庭组成为分界点，之前由法院采取临时措施，组成后交由仲裁庭行使该权力，理顺了程序，也充分体现了司法权对仲裁的尊重。有观点认为，修法后，一些仲裁机构的规则会与《仲裁法》第22条存在冲突，例如，ICC规则（第28条第2款）和LCIA规则（第25条第3款）在特定情况下，皆允许双方在仲裁庭组成后向法院申请临时措施和强制性措施。[③]但根据《示范法》和《仲裁法》的指引，即使一方当事人在仲裁庭成立后向法院申请临时措施，法院也应根

① 《国际商事仲裁示范法》第17条至第17I条。

② 《国际商事仲裁示范法》第17J条至第35条。

③ Felipe Sperandio, The Brazilian Arbitration Act 2015—what's changed? in Lexis®PSL Arbitration pp.1-6 on 18 June 2015, available at http://www.mondaq.com/brazil/x/407550/Arbitration+Dispute+Resolution/The+Brazilian+Arbitration+Act+2015+Whats+Changed, visited on 25 Jun. 2015.

据自己的程序，驳回当事人的请求。从司法实践来看，在最近十年，巴西高院在有关统一巴西各个地方州立法院有关仲裁事项的判决意见上也作出了卓越贡献。例如，在 ItarumãParticipações S/A v. ParticipaçõesemComplexosBioenergéticos S/A - PCBIOS 案件中，争议方要求法院采取保全措施，但法院认为当事人既然已选择仲裁解决争议，使用仲裁这一方式并不影响对紧急问题的分析和考虑，于是将程序发回给了仲裁员，由其考虑相关的保全措施。①

值得一提的是，巴西虽然可以照搬 2006 年《示范法》的规定，但是立法者却没有这样做，立法者有意确保仲裁开始之前的可预见性，因为仲裁庭成立还需要一段时间，而现实中存在大量在仲裁庭成立之前就有采取临时性措施的请求。法律修订允许双方当事人在仲裁庭尚未组成时，向法院申请临时措施。法院作出采取临时措施裁定的 30 天内，该措施仍然有效。仲裁庭一经组成，就拥有了决定临时措施的绝对管辖权，双方只能向仲裁庭申请保全，仲裁庭就被赋予了受理、修改或解除法院执行的保全措施的权力。这一规定体现了巴西立法者在权衡示范法文本后的精心考量。

另外，1996 年巴西《仲裁法》允许仲裁员向法院寻求帮助，敦促强制第三方证人出庭作证，法院可运用司法力量强制证人出庭。而 2015 年《仲裁法》在第 22 条 C 款中延续了这一规定，并界定了仲裁函的定义和使用。仲裁庭可以向所在地国家的法院发出仲裁函，② 来执行或者确保与仲裁裁决相关的内容在当地得到执行。仲裁函是仲裁庭向法院发出的正式函件，仲裁庭可以通过仲裁函与法院保持沟通，含义在于允许仲裁员以仲裁函的方式向法院提出直接采取执行措施的申请。例如，通知证人作证、协助执行、要求银行（第三方）冻结仲裁当事人的银行账号等。③ 这是将仲裁庭与法院沟通方式正式化，以便法院与仲裁庭更好地合作，运用其固有的司法权力来支持仲裁。如果双方当事人协商一致，仲裁不公开审理，则法院也确保仲裁函的保密性。

① Superior Tribunal de Justiça, REsp 1297974/RJ(2011/0240991-9).

② Art. 22-C. O árbitro ou o tribunal arbitral poderá expedir carta arbitral para que o órgão jurisdicional nacional pratique ou determine o cumprimento, na área de sua competência territorial, de ato solicitado pelo árbitro.

Parágrafo único. No cumprimento da carta arbitral será observado o segredo de justiça, desde que comprovada a confidencialidade estipulada na arbitragem.

③ 卢西亚诺·梅代罗斯，巴西律师协会金砖国家委员会委员，《巴西立法的新举措在金砖国家争议解决中的表现》会议论文发表于《第二届金砖国家法律论坛》，2015 年 10 月 14—16 日，中国，上海。

与中国相比较而言，中国《仲裁法》中没有赋予仲裁庭作出有关保全措施的权力，也未赋予仲裁庭命令采取临时措施和初步命令的权力，无论是财产保全，还是证据保全，仲裁庭均无权作出裁定，而是由仲裁机构将当事人要求采取保全措施的申请，转交给对此有管辖权的法院作出裁定。2012 年我国《民事诉讼法》修改将“责令作出一定行为或者禁止作出一定行为”纳入法院可采取的临时措施范围，但我国《仲裁法》还没有进行相应的修订。另外，对于当事人在申请仲裁之前，不能直接向法院申请此项措施。相比较而言，《中国国际经济贸易仲裁委员会仲裁规则》（2015 年版）和《北京仲裁委员会仲裁规则》（2015 年版）规定了当事人有权依据所适用的法律或双方当事人的约定申请紧急仲裁员程序，以决定采取必要或适当的紧急性临时救济措施。其法律逻辑在于基于当事人自愿达成的仲裁协议约定适用贸易仲裁规则，而贸易仲裁规则规定了仲裁庭决定临时措施的权力，构成了当事人之间的约定，也就赋予了仲裁庭决定临时措施的合法性。这一尝试非常有意义，顺应了国际仲裁发展的新趋势。然而，在我国将来修改《仲裁法》时，能以立法的形式赋予仲裁庭采取临时措施的权力，将更有利于仲裁的发展，为当事人提供更为全面的救济程序。此外，中国也没有将仲裁庭与法院沟通的形式以仲裁函等方式固定化。国际商事仲裁 2015 年调查（2015 International Arbitration Survey）显示，79% 的受访者认为，仲裁员作出临时紧急措施的可执行力度是影响他们选择仲裁地的最重要因素之一。[①] 因此不难看出，巴西《仲裁法》的这次修改在程序上强化了仲裁的效益，也更进一步体现了立法体系与司法系统对仲裁的广泛支持，值得我国借鉴。

（四）部分裁决与国内仲裁裁决的撤销

此次巴西《仲裁法》的修改终结了有关部分裁决有效性的争议，曾有质疑认为，仲裁庭的权力因届满而消灭，那么对于仲裁庭未裁决部分是否影响已作出裁决的效力？此次修法首先明确了仲裁庭的管辖权的消灭是以裁决完双方当事人所有主张之后而终结的。2015 年《仲裁法》修订后第 23 条规定：

---

① Queen Mary University of London, 2015 International Arbitration Survey: Improvements and Innovations in International Arbitration (2015) available at http://www.arbitration.qmul.ac.uk/research/2015/index.html, visited 1 Nov. 2015.

仲裁庭可以作出部分裁决。此外，当事人和仲裁员可同意延长作出最终裁决的时间期限。①第33条规定：如果仲裁庭未能就当事人申请的所有仲裁事项加以仲裁，当事人可以向法院寻求救济。在这种情况下，法院可以要求仲裁庭进入程序并对遗漏的仲裁事项作出裁决。②

谈到部分裁决，按照法律规定，其中如果是由于对裁决未能说明理由或未能满足法律规定的形式要件的，仲裁裁决超越当事人协商一致的仲裁事项范围的，以及仲裁裁决对当事人申请的仲裁事项有遗漏，未作出审查决定的这三种情形，法院可以将仲裁裁决发回原仲裁庭重新仲裁。而其他法定情形则可能会导致整个仲裁裁决被撤销。在2015年修法中规定：法院作出有关仲裁裁决的撤销时，必须说明是否发回原仲裁庭重新仲裁。在法律修改前，如果仲裁庭未能就所有申请事项仲裁，法院有权发回仲裁庭，要求其重新仲裁全部事项，这显然是不合理的。而这次法律修改中认可部分裁决，不仅避免了浪费司法和仲裁资源，同时为当事人提供了申请补充仲裁的选择权，理顺了重新仲裁与撤销仲裁裁决间的法律关系。另外，仲裁裁决的撤销当事人需在收到裁决之日起90天内提出异议申请，2015年的《仲裁法》强调无论异议针对的裁决是部分裁决还是最终裁决。就此而言，这次法律修改解决了在最终裁决作出前是否可以申请撤销部分裁决的可能性的有关争议。

---

① § 1º Os árbitros poderão proferir sentenças parciais.

§ 2º As partes e os árbitros, de comum acordo, poderão prorrogar o prazo para proferir a sentença final(NR).

② Art. 33. A parte interessadapoderápleitearaoórgão do PoderJudiciáriocompetente a declaração de nulidade da sentença arbitral, noscasosprevistosnesta Lei.

§ 1º A demanda para a declaração de nulidade da sentença arbitral, parcial ou final, seguirá as regras do procedimento comum, previstas na Lei nº 5.869, de 11 de janeiro de 1973 (Código de Processo Civil), e deverá ser proposta no prazo de até 90 (noventa) dias após o recebimento da notificação da respectiva sentença, parcial ou final, ou da decisão do pedido de esclarecimentos.

§ 2º A sentença que julgar procedente o pedido declarará a nulidade da sentença arbitral, nos casos do art. 32, e determinará, se for o caso, que o árbitro ou o tribunal profira nova sentença arbitral.

§ 3º A declaração de nulidade da sentença arbitral também poderá ser arguida mediante impugnação, conforme o art. 475-L e seguintes da Lei nº 5.869, de 11 de janeiro de 1973 (Código de Processo Civil), se houver execução judicial.

§ 4º A parte interessada poderá ingressar em juízo para requerer a prolação de sentença arbitral complementar, se o árbitro não decidir todos os pedidos submetidos à arbitragem(NR).

（五）仲裁范围的扩大

除了必须符合可仲裁性的要求外，巴西在几大领域均对仲裁的使用进行了限制，如消费关系、劳动法和特定反垄断问题。[①]2015 年的《仲裁法》修改中，立法者在仲裁法修订草案中建议扩大仲裁范围，允许格式合同、消费合同和劳动合同适用仲裁。[②] 巴西总统最终对试图扩大仲裁范围的立法草案行使了否决权，沿用了现有法律规定在格式合同、消费者合同和劳动合同中对仲裁使用的限制。

而 2015 年修改后的《仲裁法》明确扩大仲裁的范围是公司纠纷。在过往仲裁时间实践中，无论是仲裁执业者或是申请者都曾为同一问题争执不休，即公司章程中的“仲裁条款”能否约束全部股东？特别是后加入公司的股东，加入公司的行为是否意味着这些股东也对先订立的公司章程中“仲裁条款”作出了同意的意思表示？这次法律修改明确了这一问题，即“仲裁条款”对所有股东具有约束力，允许公司通过修改章程来引入仲裁的机制来解决公司以及股东的任何纠纷。同时法律也包括了赋予那些投票反对公司章程中加入仲裁条款的股东退出公司的权利，为了保护中小股东的利益，如果中小股东不同意在公司章程中引入仲裁的话，在 30 天内可享有退股权，由其他股东回购其股份。如果公司修改章程时加入了“仲裁条款”，而股东未行使退出权，或股东加入公司时章程中已经包含“仲裁条款”，视为股东已经同意用仲裁方式解决公司纠纷。值得一提的是，这次《仲裁法》修改的同时，巴西《公司法》也作出了相应修改，表明允许公司章程中规定“仲裁条款”，避免了立法冲突。现在，如果股东在公司将仲裁协议写入章程后，仍选择不退出公司，那么这些股东视为已经同意用仲裁方式解决其纠纷。这一条款也解决了股东间的纠纷，提供了新的纠纷解决途径，更加友好和便利。通过预先设计的条款，减少了沟通成本，推广了仲裁制度，鼓励仲裁的使用，为当事人高效便利解决商事纠纷多提供了一项选择，简化了程序，降低了成本。

---

① 参见乌利亚律师事务所拉丁美洲网络：《国际仲裁指南：拉丁美洲概述》，2014 年 6 月，第 25 页；Paulo G. Fagundes Visentini and AndrÉ Luiz Reis Da Silva, O Brasil e o multilateralismo econômico, político e ambiental: o governo Lula (2003 – 2010), 53 Rev. Bras. Polít. Int. 2010, pp. 54-72。

② 巴西《仲裁法草案》第 4 条。

（六）仲裁的程序优化及推广

有关时效方面，1996 年《仲裁法》规定仲裁申请受理的确立时间即全体仲裁员接受该案的选定（或指定）的时间。也就是说，以独任仲裁员或首席仲裁员（三名仲裁员组成的仲裁庭）接受当事人就特定纠纷选定时开始起算。这次法律修改引入了有关时效的规定，第 19 条澄清了仲裁庭的组成是中断诉讼时效的行为，仲裁一经受理，仲裁申请的日期即是诉讼时效中断之时。①

此外，如上文提到的有关外国仲裁裁决的承认与执行，在 2004 年以前是由巴西联邦最高法院作出的，而 2004 年以后交由巴西高级法院管辖。在 2015 年《仲裁法》的修改中，第 35 条和第 39 条规定了外国仲裁裁决在巴西的承认与执行由高级法院管辖。② 这是对 2004 年以来巴西仲裁实践的法律化，同时贯彻了巴西法院支持仲裁的坚定立场，并不断完善友好型仲裁司法管辖区的发展。

然而，2015 年《仲裁法》的修改中，没有明确放宽对仲裁协议（“仲裁条款”和“仲裁承诺”）的形式要求。《纽约公约》中对仲裁协议的形式要件作出书面形式的要求，1996 年巴西《仲裁法》也跟随了这一规定。而随着电子商务和电子通信的发展，传统意义的书面形式已不能满足实践的需求。因此，2006《国际商事仲裁示范法》修正案的第 7 条为各国提供了两个备选案文。案文一强调任何形式记录下来的，无论是以口头方式、行为方式还是其他方式订立的，即为书面形式。电子通信③ 所含信息可以调取以备日后查用的，或仲裁协议如载于相互往来的索赔声明和抗辩声明中，且一方当事人声称有协议而另一方当事人不予否认的，即为满足了仲裁协议的书面形式要求。

---

① § 1º Instituída a arbitragem e entendendo o árbitro ou o tribunal arbitral que há necessidade de explicitar questão disposta na convenção de arbitragem, será elaborado, juntamente com as partes, adendo firmado por todos, que passará a fazer parte integrante da convenção de arbitragem.

§ 2º A instituição da arbitragem interrompe a prescrição, retroagindo à data do requerimento de sua instauração, ainda que extinta a arbitragem por ausência de jurisdição(NR).

② Art. 35. Para ser reconhecida ou executada no Brasil, a sentença arbitral estrangeira está sujeita, unicamente, à homologação do Superior Tribunal de Justiça(NR).

“Art. 39. A homologação para o reconhecimento ou a execução da sentença arbitral estrangeira também será denegada se o Superior Tribunal de Justiça constatar que:……”

③ 电子通信 是指当事人以数据电文方式发出或类似手段生成、发送、接收或储存的信息，这些手段包括但不限于电子数据交换、电子邮件、电报、电传或传真。

案文二完全没有提出对仲裁协议必须符合形式要件的要求。2015年巴西《仲裁法》的修改没有体现这一趋势，仍保留了需书面形式的规定，也未从立法上为这一规定提供扩大解释，这一小小遗憾仍需在司法实践中不断探讨。

国际商事仲裁2015年调查（2015 International Arbitration Survey）显示，在诉讼与诸多类型的替代性纠纷解决机制中，90%的受访者更偏好选择国际商事仲裁作为其争端解决机制。[①]64%的受访者认为仲裁最可取要素之一在于，仲裁可避免特别法律体系或法院可能的干预，同时受访者选择仲裁地点的主导性原因也在于仲裁地法律结构：法律体系的中立性和公正性，国内仲裁法，过往执行仲裁协议和承认仲裁裁决的情况。而2015年巴西《仲裁法》的修改，在很大程度上回应了当事人不断变化的需求，体现了商事仲裁较强的适应性和以当事人为主导的特性。既改善了国内仲裁法律制度，进一步增强可执行性，避免了法院可能的干预，加强了临时措施的力度，在2015年修改《仲裁法》的同时，也在其他方面进一步改善了国内法律体系，如新民诉法规定设立审前调解机制。[②]巴西对外资持越来越开放的欢迎态度，而仲裁制度在巴西十几年来起到了越来越重要的作用，仲裁作为一种非司法性质的纠纷解决方式，在全球化过程中本身就受到了商事活动和投资者的青睐，而巴西顺应这一潮流继续展现其拥抱仲裁的开放态度。

三、结语

巴西商事仲裁的逐步繁荣正好伴随巴西经济近些年的稳定发展而发生。作为拉丁美洲最大的国家以及新兴市场，巴西的各种大型基建工程、国际技术转让、国际融资项目以及国际并购项目越来越多。随着贸易额和投资额不断增加，可以预测，仲裁在巴西将会成为更加受欢迎的争端解决机制。

对于当事人而言，虽然选择外国仲裁机构有一定的优势，但是，如果在巴西有需要保护的资产，那么，选择在巴西仲裁也可以避免法院承认裁决书

---

① Queen Mary University of London, 2015 International Arbitration Survey: Improvements and Innovations in International Arbitration (2015) available at http://www.arbitration.qmul.ac.uk/research/2015/index.html, visited 1 Nov. 2015.

② 具体参见第13.105/2015号法律，即巴西新《民事诉讼法典》和第13.140/2015号巴西《调解法》。

在时间上产生的拖延。因此，2015 年巴西《仲裁法》的修改，从国内仲裁制度出发，为投资者提供了更多的保护。

从立法层面来看，虽然巴西引入商事仲裁制度的时间较晚，但其发展速度和成就令人瞩目。通过对比巴西《仲裁法》和联合国《国际商事仲裁示范法》以及《纽约公约》的文本可以看出，尽管巴西的商事仲裁制度维持了自身一定的特色，但是仍称得上是“仲裁友好型”的立法，包含了诸如“仲裁庭自裁管辖”“临时仲裁”“仲裁条款独立”等国际通行的原则。2015 年 7 月 27 日生效的巴西《仲裁法》修正案延续了 1996 年《仲裁法》的基本结构，避免了不必要的或过于激进的改革，也避开了可能的利益集团间的冲突，整体修法体现了非常稳健的特点，而小幅微调的内容大多认可了十几年来巴西仲裁实务中的做法，将其纳入正式法律制度的方式非常务实。

巴西《仲裁法》的修改强化了当事人意思自治，扩大仲裁庭的权限。从立法精神上来说，加强了仲裁的友好性；从程序方面来说，提高了程序的效率，改善了仲裁与司法的衔接与沟通。司法系统秉承对商事仲裁服务友好开放态度，放宽对仲裁的监督，加大执行仲裁裁决的力度，而立法支持实践，不断增加为境内外当事人提供国际仲裁服务的能力。此外，随着中国企业“走出去”和经贸投资的高速发展，很多学者呼吁我国也应将商事仲裁定位为专业服务，并吸引更多的国际商事活动当事人将纠纷放在自己国家仲裁。[①] 比对我国和同为新兴市场国家——巴西完善《仲裁法》的历程，对于中国《仲裁法》的修改有积极的借鉴意义，也有利于推广中国的商事仲裁。

巴西是最大的葡语系国家。同时，中国是巴西最大的贸易伙伴。了解巴西仲裁制度的改革和发展，对中国企业“走出去”投资有重大意义，通过学习和交流，减少摩擦并建立高效解决纠纷机制，加强与以巴西为首的金砖国家的法律合作，[②] 始终是中国外交政策的优先方向之一，也为我国参与国际间经贸交流夯实了基础。

---

① 沈四宝、薛源．论我国商事仲裁制度的定位及其改革 [J]. 法学 ,2006(4). 董世忠．国际商事仲裁理念的最新发展 [J/OL]. http://www.cietac.org.cn/hezuo/dsz.htm.

② Yixian Zhao, Profissionais Jurídicos Bilingues Chinês e Português e Direito e Desenvolvimento nos Países dos BRICS, 3.ª Conferência FORGES Fórum da Gestão do Ensino Superior nos Países e Regiões de Língua Portuguesa, Recife, Brazil, December, 2013。

Recognition and Enforcement of Foreign Arbitration Awards under "the Belt and Road Initiative"

李志强

"The Belt and Road Initiative" significantly promotes the Chinese enterprises to invest abroad. With the rapid increasing amount of cases between Chinese and foreign companies, for these companies and their trading partners, the recognition and enforcement of foreign arbitration awards in the jurisdiction of the People's Republic of China and the Chinese arbitration awards to be recognized and enforced in overseas jurisdictions is becoming a particularly important issue.

I. The Legal Culture of the Countries along "the Belt and Road" and the Necessity of Improving the Arbitration Mechanism

The Legal Culture of the Countries along "the Belt and Road"

There are more than 60 countries along "the Belt and Road", and the legal culture is the cornerstone of a country's legal system. The legal culture of the countries along "the Belt and Road" can be divided into four legal system cultures, that is the Chinese legal system culture, the Islamic legal system culture of Saudi Arabia, Iran and other countries, the European Legal system culture of Laos, Vietnam, Cambodia and other countries, as well as the common law legal culture of

Malaysia, Brunei, India etc. Although the national legal culture along "the Belt and Road" is complicated and diversified, they, however, share features in many aspects.

Build a Dispute Settlement Mechanism Compatible with the "the Belt and Road Initiative"

There are more than 90 Chinese enterprises under the central government setting up branches in the countries along "the Belt and Road "to engage in the foreign investment, international trade and engineering contracting. In the development of "the Belt and Road", due to the different political and legal systems of different countries, the arising of a variety of different civil and commercial disputes is inevitable. The enterprises may choose non-litigation ways to resolve disputes, including mediation and arbitration.

As for the legislation, the amendments of the PRC Arbitration Law should be put on the agenda of the NPC Standing Committee legislative plan as soon as possible to start the revision process. In addition, the arbitration organizations shall be improved in order to establish the framework in line with the development of practices and the new mechanism for the foreign related arbitration in the participation of the international arbitration industry.

II. Recognition and Enforcement of Foreign Arbitration Awards in China

In 1987, China acceded to the New York Convention on the Recognition and Enforcement of Foreign Arbitration Awards (the New York Convention). On April 10, 1987, The Supreme People's Court of the People's Republic of China issued the Notice of the Supreme People's Court on the Implementation of the New York Convention on the Recognition and Enforcement of Foreign Arbitration Awards (Supreme Court Notice), explaining related issues of enforcement of foreign arbitration awards according to the New York Convention.

The following aspects shall be noted for those applying for the enforcement of foreign award in China:

1. An Arbitration Award Made Only in the Territory of Another State Party and in Terms of the Dispute Arising from a Contractual and Non-contractual Commercial Legal Relationship under Chinese Domestic Law Shall be Enforceable

2. Recognition and Enforcement Procedures

A party of the arbitration award may apply for the recognition and enforcement of the award in China. The recognition and enforcement are two separate procedures. The Intermediate People's Court hears the recognition procedures. If the court recognizes an arbitration award, the court will grant a ruling that recognizes the arbitration award in China. After the arbitration award is recognized, the applicant needs to apply to execute for the same court for enforcement. The procedure is basically the same as the application for the enforcement of a domestic arbitration award.

The Intermediate People's Court in the following places has jurisdiction over the application for recognition and enforcement:

(1) where the person subjected to enforcement is natural person, his domicile and residence.

(2)where the person subjected to enforcement is legal person, and its main business location.

3. Non-recognition and Non-enforcement of Arbitration Awards

Article 4 of the Supreme Court Notice and Article 5 of the New York Convention provide for the condition of Chinese courts to refuse to recognize and enforce applications for foreign arbitration awards.

(1) Whether can be arbitrated.

Article 5.2 (a) of the New York Convention provides that the court may refuse to enforce the award if the court determines that the matter is not settled by arbitration in accordance with the law of the recognition and enforcement country.

According to the Arbitration Law of the People's Republic of China, only the contract disputes and other property rights disputes arising between the equal status can be arbitrated. Specifically, settlement of family and inheritance disputes and administrative disputes through arbitration is prohibited.

(2)Public policy.

Article 5.2. (b) of the New York Convention provides that a recognition and enforcement may be refused if the court determines that the recognition and enforcement of an arbitration award violates the public policy of recognition and enforcement country.

There is no specific definition of "violation of public policy" under Chinese laws and regulations. However, in the case of TCL Air Conditioner (Zhongshan) Co., Ltd. V. Castel Electronics Pty Ltd, The Supreme People's Court affirmed that violating public policy should be understood as the situation of violating the basic principles of law, violating national sovereignty, endangering public safety and violating good customs Social public interest.

In other cases, The Supreme People's Court emphasizes that the public interest or policy should be strictly interpreted, limit its application and that violations of laws, administrative regulations and mandatory regulations do not necessarily constitute the violation of public interest. Therefore, any decision to refuse to recognize and enforce an arbitration award will undergo a rigorous review.

Although person subjected to enforcement often plays a public policy card in the recognition and enforcement of an application, the Chinese court is very cautious in refusing to recognize and enforce a foreign award on the basis of this provision.

In addition, according to Article 2 of the Notice of the Supreme People's Court on the Relevant Issues Concerning the Handling of Foreign-related Arbitration and Foreign Arbitration by the People' s Court, if the Intermediate People's Court intends to decide not to recognize and enforce the ruling, it must report to The High People's Court under the jurisdiction. If The High People's Court agrees not to perform or refuse to recognize and enforce it, it shall report the opinion to The Supreme People's Court. Until the Supreme People's Court reply, may be ruled not to implement or refuse to recognize and implement. Therefore, in general, the Chinese courts are very careful about refusing to acknowledge and enforce applications.

4. The Respondent's Objection to the Jurisdiction of the Chinese Court

Neither the New York Convention nor The Supreme People's Court provides for the possibility that the parties could challenge the jurisdiction in the procedure of the recognition and enforcement of foreign arbitration awards (and / or whether the parties could appeal for objecting to the jurisdiction results). There are no laws and regulations that specify this issue. To this end, we need to refer to the relevant provisions of The Civil Procedure Law of the People's Republic of China ("Civil Procedure Law").

In accordance with the provisions of Chapter 27 of "Judicial Assistance" in the Civil Procedure Law, the recognition and enforcement procedures are subject to the scope of the judicial assistance process. However, pursuant to article 127 of the Act, the jurisdiction objection is a general procedure for first instance. Therefore, it may be argued that the objection applies only to first instance proceedings. In practice, however, Chinese courts often allow the parties to raise objections in other proceedings.

5. During the Implementation of the Foreign Arbitration Award, the Temporary Relief of the Applicant

The New York Convention and the relevant Chinese laws and regulations do not contain specific provisions for the preservation of property during the recognition of an arbitration award. In practice, it is difficult to persuade the Chinese courts to carry out property preservation during the recognition process. However, once a decision has been made to recognize and enforce the arbitration award, the applicant may apply for the appropriate preservation measures after the commencement of the enforcement procedure.

III. Conclusion

"The Belt and Road Initiative" means that the strategic change of China's opening up policy. However, due to the different legal systems of countries along the Belt and Road, the trade and investment disputes are resolved in different ways.

The pursuit of fairness and justice is the basis of economic and cultural exchanges of the countries in the process of resolving legal disputes. When joining the international community, the Chinese enterprise should also abide by the soft law mechanism. Some of international agreements, government agreements, regional consensus, trade norms, etc., appearing to be soft terms, are principles not to be violated. They are crucial to the promotion of multilateral cooperation.

媒体报道篇

中国企业赴亚洲投融资法律研讨会举行

中国证券网

2017 年 5 月 23 日，由上海上市公司协会、上海股权投资协会、上海国际服务贸易行业协会等联合举办的中国企业赴亚洲投融资法律研讨会在沪举行，全国人大常委会副秘书长李飞和上海市人民政府原参事室主任李昌道分别发表视频讲话，全国政协常委、民建中央副主席、上海市政协副主席周汉民发表主旨演讲，近百位中外企业家、金融家、法学法律工作者参加研讨会。

研讨会上，周汉民结合“一带一路”国际合作高峰论坛的成果，就中国企业“走出去”中重点关注的十大要点和相关法律问题作了精彩的主旨演讲。上海国际仲裁中心副主任兼秘书长马屹、亚洲国际仲裁中心仲裁员、金茂凯德律师事务所创始合伙人李志强等分别就亚太地区争议解决机构的最新发展、中企海外融资及投资法律问题、中国企业在亚洲进行并购融资的法律风险防范等进行了案例分享。

与会专家指出，亚洲国家在世界版图中影响巨大，在“一带一路”发展格局中影响深远，中国企业赴亚洲投融资的浪潮势不可当。面对“走出去”过程中的诸多法律风险，国家、行业协会和企业三方应当成为构建中国企业赴亚洲投融资风险防范机制的重要参与者。

此外，本次研讨会上还举行了上海政法学院教学科研学术实践基地、金茂凯德律师事务所“一带一路”法律研究与服务中心新加坡站和越南站及代表处的揭幕仪式。

据悉，中国企业赴亚洲投融资法律研讨会是继 2016 年 5 月中国企业赴日投融资法律研讨会、2016 年 11 月中国企业赴美投融资法律研讨会和 2017 年 3 月中国企业赴欧投融资法律研讨会后，又一专业法律服务机构联合行业协会和高等院校聚焦中国企业“走出去”投融资法律风险防范的专题研讨会。

中国企业赴亚洲投融资法律研讨会在上海举办

证券时报网

2017年5月23日，由上海上市公司协会、上海股权投资协会、上海国际服务贸易行业协会、金茂凯德律师事务所和上海政法学院联合举办的中国企业赴亚洲投融资法律研讨会在沪举行。

上海国际仲裁中心副主任兼秘书长马屹、环太平洋律师协会、香港国际仲裁中心和香港律师会前主席王桂埙、亚洲国际仲裁中心仲裁员、金茂凯德律师事务所创始合伙人李志强、马来西亚律师范晓钧分别就亚太地区争议解决机构的最新发展、中企海外融资及投资法律问题、中国企业在亚洲进行并购融资的法律风险防范及中企在马来西亚投资案例作分享。

与会专家指出，亚洲国家在世界版图中影响巨大，在“一带一路”发展格局中影响深远，在习近平总书记治国理政新理念、新思想和新战略引领下，中国企业赴亚洲投融资的浪潮势不可当。尽管在“走出去”的过程中我国企业面临各种法律风险，但是完备而高效的防范机制必然能够为其保驾护航。面对诸多的法律风险，国家、行业协会和企业三方应当成为构建中国企业赴亚洲投融资风险防范机制的重要参与者，中外法律工作者应当携手合作打造人类法律服务共同体。

研讨会举行了上海政法学院教学科研学术实践基地、金茂凯德律师事务所“一带一路”法律研究与服务中心新加坡站和越南站及代表处的揭幕仪式。

全国人大常委会副秘书长李飞和上海市人民政府原参事室主任李昌道分别发表视频讲话，全国政协常委、民建中央副主席、上海市政协副主席周汉民发表主旨演讲，上海市政协常委及经济委员会副主任张宁，中共上海市黄浦区区委常委、政法委书记吕南停，上海上市公司协会秘书长钱衡及副秘书长史美健，上海政法学院校长、国际商会仲裁与多元化纠纷解决机制委员会副主席刘晓红，锦江国际集团副总裁王国兴，上海市黄浦区司法局局长刘辉，上海国际仲裁中心副主任兼秘书长马屹，环太平洋律师协会和香港国际仲裁中心前主席王桂埙，上海国际服务贸易行业协会常务副会长吴根宝，黄浦区金融服务办公室副主任陈功，上海市人民政府参事徐静琳等和近百位中外企业家、金融家和法学法律工作者参加研讨会。

据悉，中国企业赴亚洲投融资法律研讨会是继 2016 年 5 月中国企业赴日投融资法律研讨会、2016 年 11 月中国企业赴美投融资法律研讨会和 2017 年 3 月中国企业赴欧投融资法律研讨会之后的又一次专题研讨会。

后 记

2017年5月14日，中国政府在北京成功举办“一带一路”国际合作高峰论坛，由习近平总书记提出的“一带一路”倡议得到国际社会的广泛响应，并写入联合国的法律文件，法律界也积极参与“一带一路”的宏伟事业。2016年2月18日，上海市专业服务贸易重点单位，金茂凯德律师事务所成立了“一带一路”法律研究与服务中心，并在亚洲、欧洲、美洲、大洋洲和非洲设立了25个站点，广泛传播中国法律制度和法律文化的正能量，联合各有关国家和地区的优秀法律专业人士潜心研究各国投融资法律制度，以期为中国企业“走出去”提供优质高效的法律服务。

《内地企业赴港澳台投融资法律研究》是中国企业海外投融资法律研究系列丛书之一，全书精彩回放了2017年5月23日上海上市公司协会、上海股权投资协会、上海国际服务贸易行业协会、金茂凯德律师事务所和上海政法学院联合主办的中国企业赴亚洲投融资法律研讨会上部分专家演讲精要，组织港澳台地区一批高层次的专业律师、国际仲裁员和专家学者教授对基本法和港澳台地区的投融资法律进行剖析，对亚太地区争端解决机制进行研判，其中多篇中外文论著宣传和传播了中国法律制度和法律文化。2017年7月1日，是香港回归祖国20周年纪念日，也是《中华人民共和国香港特别行政区基本法》实施20周年纪念日。本书的出版也是庆祝香港回归祖国20周年的献礼之作。

本书在编撰过程中承蒙全国人大常委会副秘书长、全国人大常委会香港和澳门基本法委员会主任李飞百忙中作总序；著名法学家、曾全程参与《中华人民共和国香港特别行政区基本法》制定工作的上海市人民政府原参事室主任李昌道教授审定本书并作序；德高望重的司法部原部长、中国法学会原会长、中国政法大学原校长和中华全国律师协会首任会长邹瑜题写书名；中央人民政府驻香港特别行政区联络办公室主任张晓明，司法部党组成员、副部长熊选国，中共上海市委常委、上海市人民政府常务副市长周波，上海市政协副主席周汉民和徐逸波担任总顾问，上海市司法局局长陆卫东担任总策划；一批著名的金融家、法学家和企业家担任本书顾问和编委；忻峰、朱立新和刘辉担任本书策划。金融出版社编辑贾真为本书的出版给予了细致的指导，对各方面专家的鼎力支持在此一并致谢！

"长风破浪会有时，直挂云帆济沧海。""一带一路"的伟大事业需要一批又一批法律人不懈努力，由于丰富多彩的法律实践发展迅速，对中国企业海外投融资法律研究的相关总结也是阶段性的。书中疏漏不当之处还请领导、专家和同仁批评指正。

李志强

2017 年 7 月 1 日于上海